教育部人文社会科学重点研究基地成果
中国语言文学国家"双一流"建设学科成果

汉语方言语法研究丛书

顾问　邢福义　张振兴

主编　汪国胜

汉语方言持续体比较研究

罗自群　著

中国社会科学出版社

图书在版编目（CIP）数据

汉语方言持续体比较研究／罗自群著．—北京：中国社会科学出版社，2023.1
（汉语方言语法研究丛书）
ISBN 978 – 7 – 5227 – 1182 – 9

Ⅰ.①汉⋯　Ⅱ.①罗⋯　Ⅲ.①汉语方言—方言研究　Ⅳ.①H17

中国版本图书馆 CIP 数据核字（2022）第 243116 号

出 版 人	赵剑英
责任编辑	张　林
责任校对	夏慧萍
责任印制	戴　宽

出　　版	中国社会科学出版社
社　　址	北京鼓楼西大街甲 158 号
邮　　编	100720
网　　址	http://www.csspw.cn
发 行 部	010 – 84083685
门 市 部	010 – 84029450
经　　销	新华书店及其他书店

印刷装订	北京君升印刷有限公司
版　　次	2023 年 1 月第 1 版
印　　次	2023 年 1 月第 1 次印刷

开　　本	710×1000　1/16
印　　张	22.25
字　　数	358 千字
定　　价	128.00 元

凡购买中国社会科学出版社图书，如有质量问题请与本社营销中心联系调换
电话：010 – 84083683
版权所有　侵权必究

总　　序

20 世纪 80 年代以来，随着汉语方言研究的拓展和深化，方言语法的研究越来越受到学界的关注和重视。这一方面是方言语法客观上存在着不同程度的不容小视的差异，另一方面是共同语（普通话）语法和历史语法的深入研究需要方言语法研究的支持。

过去人们一般认为，跟方言语音和词汇比较而言，方言语法的差异很小。这是一种误解，它让人忽略了对方言语法事实的细致观察。实际上，在南方方言，语法上的差异还是不小的，至少不像过去人们想象的那么小。当然，这些差异大多是表现在一些细节上，但就是这样一些细节，从一个侧面鲜明地映射出方言的特点和个性。比如，湖北大冶方言的情意变调，[①] 青海西宁方言的左向否定，[②] 南方方言的是非型正反问句，[③] 等等，这些方言语法的特异表现，既显示出汉语方言语法的丰富性和复杂性，也可以提升我们对整体汉语语法的全面认识。

共同语语法和方言语法都是对历史语法的继承和发展，它们密切联系，又相互区别。作为整体汉语语法的一个方面，无论是共同语语法还是历史语法，有的问题光从本身来看，可能看不清楚，如果能将视线投向方言，则可从方言中获得启发，找到问题解决的线索和证据。朱德熙和邢福义等先生关于汉语方言语法的许多研究就是明证。[④] 由此可见方言语法对于共同语语法和历史语法研究的重要价值。

[①] 汪国胜：《大冶话的情意变调》，《中国语文》1996 年第 5 期。
[②] 汪国胜：《从语法角度看〈现代汉语方言大词典〉》，《方言》2003 年第 4 期。
[③] 汪国胜、李曌：《汉语方言的是非型正反问句》，《方言》2019 年第 1 期。
[④] 朱德熙：《从历史和方言看状态形容词的名词化》，《方言》1993 年第 2 期；邢福义：《"起去"的普方古检视》，《方言》2002 年第 2 期。

本《丛书》由教育部人文社会科学重点研究基地华中师范大学"语言与语言教育研究中心"筹划实施并组织编纂，主要收录两方面的成果：一是单点方言语法的专题研究（甲类），如《武汉方言语法研究》；二是方言语法的专题比较研究（乙类），如《汉语方言疑问范畴比较研究》。其中有的是国家或教育部社科基金项目的结项成果，有的是作者多年潜心研究的学术结晶，有的是博士学位论文。就两类成果而言，应该说，当前更需要的是甲类成果。只有把单点方言语法研究的工作做扎实了，调查的方言点足够多了，考察足够深了，有了更多的甲类成果的积累，才能更好地开展广泛的方言语法的比较研究，才能逐步揭示汉语方言语法及整体汉语语法的基本面貌。

　　出版本《丛书》，一方面是想较为集中地反映汉语方言语法的研究成果，助推方言语法研究；另一方面是想为将来汉语方言语法的系统描写做点基础性的工作。《丛书》能够顺利面世，得力于中国社会科学出版社张林编辑的全心支持，在此表示衷心的感谢。《丛书》难免存在这样或那样的问题，盼能得到读者朋友的批评指正。

汪国胜

2021 年 5 月 1 日

目 录

绪 论 ………………………………………………………… (1)
  第一节 持续标记问题的提出 ……………………………… (1)
  第二节 本书研究的方法和内容 …………………………… (7)
    一 本书研究的方法 …………………………………… (7)
    二 本书的内容安排 …………………………………… (10)
    三 关于本书的有关说明 ……………………………… (11)

第一章 襄阳话的"倒""在"和北京话的"着" ……………… (16)
  第一节 襄阳话的"倒" ……………………………………… (17)
    一 表示状态持续的"倒$_1$" ………………………… (17)
    二 "倒"的其他语法功能 …………………………… (23)
    三 襄阳话"倒"的系统 ……………………………… (25)
  第二节 襄阳话的"在" ……………………………………… (28)
    一 介词"在$_1$"和副词"在"的关系 ……………… (29)
    二 句尾"在"的语法功能 …………………………… (32)
    三 介词"在$_1$"、副词"在"和句尾"在"
       语法功能的比较 …………………………………… (33)
  第三节 襄阳话"在"和持续意义"倒"的关系 …………… (34)
    一 "倒"和"在"相关句式的比较 ………………… (35)
    二 "倒"和"在"的主要区别 ……………………… (39)
  第四节 北京话"着[tʂə⁰]"的语法意义 ………………… (44)
  第五节 持续标记"着"的特点 ……………………………… (50)
    一 "着"同动词的搭配情况 ………………………… (51)
    二 "着"的语法意义是什么 ………………………… (52)

三 "着"在句子中充当什么成分 …………………… (55)
第二章　现代汉语方言持续标记的类型及其地理分布 ………… (58)
　第一节　声母是［tʂ］／［ts］的持续标记：
　　　　　"着""之/子/仔" ………………………………… (60)
　　一 "着"类持续标记 ………………………………… (60)
　　二 "之/子/仔"类持续标记 ……………………… (65)
　　三 其他相关的持续标记 …………………………… (68)
　第二节　声母是［t］的持续标记："倒/到" …………………… (69)
　第三节　声母是［t］的持续标记："哒""得""的" ………… (77)
　　一 "哒"类持续标记 ………………………………… (77)
　　二 "得"类持续标记 ………………………………… (80)
　　三 "的"类持续标记 ………………………………… (82)
　　四 其他相关的持续标记 …………………………… (84)
　第四节　阳声韵类持续标记："紧/等/稳/餐/恁" …………… (85)
　　一 "紧"类持续标记 ………………………………… (85)
　　二 "等"类持续标记 ………………………………… (87)
　　三 "稳"类持续标记 ………………………………… (88)
　　四 "餐"类持续标记 ………………………………… (89)
　　五 "恁"类持续标记 ………………………………… (90)
　第五节　"起"类持续标记 …………………………………… (90)
　第六节　"住/居"类持续标记 ……………………………… (95)
　第七节　［l］／［n］或零声母类持续标记：
　　　　　"哩/牢/吔/勒""儿" ……………………………… (99)
　　一 声母是［l］／［n］的持续标记 …………………… (99)
　　二 零声母类持续标记 ……………………………… (102)
　第八节　现代汉语方言持续标记地理分布上的特点 ………… (104)
　　一 不同类型的持续标记之间的对应关系 …………… (104)
　　二 不同类型的持续标记的地理分布特点 …………… (106)
　　三 从现代汉语方言分区看持续标记的分布 ………… (107)
第三章　几类持续标记和中古"著"语音上的关系 …………… (119)
　第一节　"着""之/子/仔"类持续标记和

　　　　中古"著"的关系 …………………………………………（121）
　　　　一　官话持续标记"着"和中古"著"的关系 ………（121）
　　　　二　持续标记"之/子/仔"和中古"著"的关系 ……（124）
　第二节　"倒"类持续标记和中古"著"的关系…………………（127）
　　　　一　持续标记"倒"和"到达"的"到" ………………（127）
　　　　二　持续标记"倒"和"附着"意义的"著" ………（129）
　第三节　"哒""得""的"类持续标记和
　　　　中古"著"的关系 ………………………………………（134）
　　　　一　持续标记"哒"和中古"著"的关系 ……………（135）
　　　　二　持续标记"得"和中古"著"的关系 ……………（137）
　　　　三　持续标记"的"和中古"著"的关系 ……………（138）
　第四节　阳声韵类持续标记和中古"著"的关系 ………………（142）
　　　　一　阳声韵类持续标记"紧""等""稳" …………（142）
　　　　二　湘语赣语中的阳声韵类持续标记"餐" …………（148）
　第五节　"起"类持续标记同中古"著"的关系…………………（149）
　　　　一　"起"类持续标记和中古"著"语音上的
　　　　　　关系 ……………………………………………（149）
　　　　二　"起"类持续标记和其他类持续标记地理上的
　　　　　　关联 ……………………………………………（151）
　第六节　"住/居"类持续标记同中古"著"的关系 ……………（154）
　第七节　[l]／[n]类声母持续标记和中古"著"的
　　　　关系 ………………………………………………………（158）
　第八节　零声母类持续标记和中古"著"的关系 ……………（160）
第四章　几类持续标记和中古"著"句法上的关系 ……………（162）
　第一节　从汉语史文献看中古"著（着）"的语法化过程……（162）
　　　　一　汉语史上对"着"的语法化过程的认识 ………（163）
　　　　二　附着意义的"著"语法化的内在动因 …………（168）
　第二节　从现代汉语方言看中古"著（着）"的语法化
　　　　过程 ………………………………………………………（170）
　　　　一　现代汉语方言持续标记同动词的搭配关系 ………（170）

二　现代汉语方言持续标记和表示结果意义的
　　成分 ································· (173)
三　现代汉语方言持续标记和表示完成意义的
　　成分 ································· (182)
四　现代汉语方言持续标记和方位介词 ············· (195)
五　持续标记和补语标记"得" ···················· (205)
六　现代汉语方言持续标记和句尾先时语气
　　词"着" ······························· (208)

第五章　"著"类持续标记的语音演变 ················ (219)
第一节　"著"类持续标记声母的演变 ················ (221)
一　现代汉语方言持续标记的声母和中古"著"的
　　联系 ································· (221)
二　从文献记载看持续标记的声母和中古
　　"著"的联系 ··························· (229)
第二节　"著"类持续标记韵母的演变 ················ (233)
一　入声韵尾 ································ (233)
二　古日母字"儿" ···························· (235)
第三节　"著"类持续标记声调的演变 ················ (238)
一　入声 ···································· (238)
二　舒声 ···································· (239)
三　轻声 ···································· (249)

第六章　从"著"类持续标记看不同方言区之间的联系 ······ (258)
第一节　"著"类持续标记的演变轨迹 ················ (258)
第二节　有关"著"类持续标记演变轨迹的几点说明 ······ (266)
一　《广韵》四个"著"和"著"类持续标记的
　　关系 ································· (266)
二　持续标记和历史上的强势方言 ················ (267)
三　从持续标记看现代汉语方言之间的关系 ·········· (269)
四　"著"类持续标记声韵调发展的不平衡性 ········ (270)
五　"著"类持续标记语音演变和虚词的本字 ········ (271)

六　从现代汉语方言看中古"着（著）"的语法化
　　　　过程 …………………………………………………（273）
余　论 ……………………………………………………………（277）
参考文献及引书目录 ………………………………………………（279）
附　录 ……………………………………………………………（298）
　附录1　论"在 N_处 ＋VP"和"在 ＋VP"的关系 …………（298）
　附录2　现代汉语方言"VP ＋（O）＋在里/在/哩"
　　　　格式的比较研究 ……………………………………（302）
　附录3　"著（着）＋处所词"在共时平面中的
　　　　两种句法位置 ………………………………………（319）
　附录4　吴语"勒海"与"著（着）＋L"的关系 …………（330）
原版后记 …………………………………………………………（340）
再版后记 …………………………………………………………（342）

绪　　论

第一节　持续标记问题的提出

一定的语法意义要通过一定的语法形式来表达，一定的语法形式又反映了一定的语法意义，而语法研究的一个重要的目标就是弄清楚语法形式和语法意义之间的对应关系。但是，由于汉语的形态并不发达，语法意义和语法形式之间并不完全是一一对应的关系，同一种语法意义可能有不同的语法形式，而同一个语法形式在不同的情况下也有可能表达不同的语法意义。汉语方言之间的各种差异，使汉语的语法意义和语法形式二者的关系更加错综复杂。

很长时间以来，汉语的持续意义以及表示持续意义的语法形式等问题一直是语法学界讨论的一个热点问题：无论是书面语中的"着"，还是汉语史、现代汉语方言中表示持续意义的其他成分；无论是表示持续意义的语法形式的来源，还是这种语法形式所表达的语法意义；无论是某一个点的表示持续意义的语法形式的探究，还是不同方言之间表示持续意义的不同的语法形式之间的关系，……这一领域的许多方面的研究已取得了丰硕的成果。当然，尽管许多学者都从不同角度对这一问题进行了探讨，但是，其中存在的分歧还是不少的，比如，迄今为止，关于书面语、北京话的"着"［tʂə⁰］到底表示什么样的语法意义，至少有以下八种不同说法：1."表示进行"；2."表示持续"；3."表示动作完成后的状态"；4."表示状态"；5."表示惯性"；6."表示情状"；7."表示在某种情况下"；8."表示起始体、非完成体、完结体和完成体"。① 有人认为"着"只有一种语法意义，还有人认为"着"有两种、三种、四种，甚至更多的语法意义。根据大量的方言语料，人们已经知道在现代汉语方言中，表示持续意义的语法形式有很大的不同，但是，它们之间又存在或多或少的联系，它们的这种同中有异、异中有同的现象，到底隐藏了一种什么样的关系？汉语史文献中大量出现的表示持续意义的语法形式同现代汉语方言中的表示持续意义的语法形式之间，又存在一种怎么样的关系？……研究越深入，越会发现，这是一个非常复杂的问题。从不同的角度，从现代汉语方言的全局出发，对这个问题进行深入的发掘和研究，是非常有意义的。

就已经掌握的语料来看，现代汉语方言中表示持续意义的方式不止一种，如果从标记的有无来说，则可以分为有语法标记的和没有语法标记两种情况。②

先看看没有语法标记的情况：最常见的现象是用动词原形直接表达持续意义。例如："你在干什么呢？——吃饭。"答句"吃饭"中动词后面、宾语之前没有其他成分。这种情况一般出现在特定的语境中。

再看看有语法标记的情况：

1. 在动词后面加持续标记

当这种标记出现时，句子就能表达动作或状态的持续，例如：书面语的"他正吃着饭呢""门开着呢"中的"着［tʂɤ⁰］"所表达的持续意义。现代汉语方言一般都有类似"着"的持续标记，只不过各个地方的读音有所不同，例如：

黑龙江哈尔滨话：他们正在说着［tʂɤ⁰］话呢//站着！//桌上放着一碗水//坐着吃好，还是站着吃好//说着说着，笑起来了//顺着河走③

江苏南京话：他在大门口站着［tʂʅ⁰］//你把东西拿着吧//墙上

---

① 刘一之：《北京话中的"着（zhe）"字新探》，北京大学出版社2001年版，陆俭明先生的序。

② 再版时，根据此套丛书的统一要求，书名上的"持续标记"已改为"持续体"，但正文部分还是保留旧版"持续标记"的说法。"持续标记"也可以理解为"持续体标记"。

③ 李荣主编，尹世超编：《哈尔滨方言词典》，江苏教育出版社1997年版。

挂着一幅画//戴着帽子在找帽子①

四川成都话：莫得活路做，只好在屋头耍倒［tau^{53上声}］//他说倒说倒就哭起来了//照到/当倒②

湖南长沙话：你跟我徛哒［ta^0］//坐哒看书//治哒治哒就治好哒//照哒咯条路笔直走③

山西太原话：他正吃的［təʔ^0］饭勒//他点的灯做饭勒//看的看的睡着了//顺着/朝着/照着④

新疆乌鲁木齐话：雀娃子在天上飞底［ti^0］呢//满场子底人都举底捶头喊口号儿底呢//吼的吼的萨，癞瓜子出来咧//沿底/朝底/顺底⑤

广东梅县话：食等［ten^{31上声}］儿［ne^0］饭（正吃着饭）//佢手上拿等一本书//细人儿赖等了（赖着）唔肯行//佢对等（朝着）涯来笑⑥

广东广州话：佢冲紧［kɐn^{35阴上}］凉，唔该你等阵//口个位有人坐紧//救护车嚟紧㗎喇⑦

江西于都话：这只事你记紧［tɕie^{35上声}］/稳［vẽ^{35上声}］，唔要记忘//佢嘴角脑含紧/稳一介东西⑧

湖南安仁话：妹妹跳餐［tssˑã^0］不跳哒//妈妈做餐饭手就痛哒//师傅话餐话餐不话哒⑨

重庆话：一家五代在一间屋头挤起［tɕˑi^0］//窗子开起的//肚子绞起绞起痛⑩

---

① 李荣主编，刘丹青编：《南京方言词典》，江苏教育出版社1995年版。
② 李荣主编，梁德曼、黄尚军编：《成都方言词典》，江苏教育出版社1998年版。
③ 李荣主编，鲍厚星、崔振华等编：《长沙方言词典》，江苏教育出版社1993年版。李永明：《湖南几个方言点的动态助词》，转引自伍云姬主编《湖南方言的动态助词》，湖南师范大学出版社1996年版。
④ 李荣主编，沈明编：《太原方言词典》，江苏教育出版社1994年版。田希诚、吴建生：《山西晋语区的助词"的"》，《山西大学学报》1995年第3期。
⑤ 李荣主编，周磊编：《乌鲁木齐方言词典》，江苏教育出版社1995年版。刘俐李：《乌鲁木齐话的回民汉语的语法特点》，转引自黄伯荣主编《汉语方言语法类编》，青岛出版社1996年版。
⑥ 李荣主编，黄雪贞编：《梅县方言词典》，江苏教育出版社1995年版。
⑦ 李新魁、黄家教、施其生等：《广州方言研究》，广东人民出版社1995年版。
⑧ 李荣主编，谢留文编：《于都方言词典》，江苏教育出版社1998年版。
⑨ 陈满华：《安仁方言》，北京语言学院出版社1995年版。
⑩ 喻遂生：《重庆方言的"倒"和"起"》，《方言》1990年第3期。

广西南宁平话：渠讲住［tsy⁰］话，冇得闲//屋里头坐住一帮人//趴住睡//顺住/沿住①

福建福州话：槛门都关吼［lɛ⁰］（窗户都关着）//戴吼帽讨帽//讲吼讲吼就激动咯②

山东淄川话：抄着［ə⁰］手（袖着手）//罗蜷着腿（弯着腿）③

2. 用动词重叠形式表达持续意义

就目前的语料来看，这种用法在现代汉语方言中从北到南还是比较常见的，例如：

陕西户县话可以说"他牙咬咬上（他一直咬着牙）""他走走走走，一下子走到兰州去咧（走啊，走啊，一直走到兰州去了）"等。④

安徽霍邱话用"主语+动词重叠 VV（不轻读）+出现了其他情况"表示当某个动作、行为、状态等正在持续着的时候，出现了其他情况。例如："他们正在叙叙，来个人打岔""他走走栽了一跤""这孩子按老师的要求在抄生字在，抄抄，马虎起来了"。⑤

湖南吉首话用 VV 式"表示动作行为的进行持续及由此而产生的时量的长、程度的深"。例如："他抱本书看看，眼皮来了（他抱着一本书看着看着，瞌睡来了）"，单音动作动词还可构成 VVV 式，所表示的时间过程更长，例如："他屋嫁娘子好勤快，着他屋嫂子斗斗斗，斗离婚了（他妻子很勤快，被他嫂子从中不停地挑拨，最后离婚了）。"⑥

安徽休宁话有"我人边走边讲，讲讲讲讲就着"的用法。⑦

苏州话可以说"俚唱唱唱唱，突然喉咙哑脱哉""俚看看看看，慢

---

① 李荣主编，覃远雄、韦树关、卞成林编：《南宁方言词典》，江苏教育出版社 1997 年版。

② 陈泽平：《福州方言动词的体和貌》，转引自张双庆主编《动词的体》，香港中文大学中国文化研究所、吴多泰中国语文研究中心 1996 年版。

③ 钱曾怡主编，孟庆泰，罗福腾著：《淄川方言志》，语文出版社 1993 年版。

④ 孙立新：《户县方言研究》，东方出版社 2001 年版。

⑤ 赵怀印：《霍邱方言中的一种动词重叠句》，《方言》1995 年第 3 期。

⑥ 李启群：《吉首方言研究》，民族出版社 2002 年版。

⑦ 平田昌司、伍巍：《休宁方言的体》，转引自张双庆主编《动词的体》，香港中文大学中国文化研究所、吴多泰中国语文研究中心 1996 年版。

慢叫眼睛闭拢眍着哉"。①

老派上海话可以说"讲讲，讲讲，辰光就到勒（说着说着时间就到了）"。②

福建连城客家话的一些单音节动词可以通过三叠或四叠表示动作的持续。例如"渠唱唱唱（唱）忽然间紧喉咙都哑撒""细风吹吹吹（吹）＜慢＞＜慢＞子紧变成雨毛子呃（微风吹着吹着慢慢地变成了细雨）"。③

广东阳江话说"其㪗刀去斩（柴），斩下斩，斩紧手指（他拿刀砍柴，砍着砍着，砍着手指头）""其想想下旧时人至哭都（他想着从前的人就哭起来了）"。④

海丰话有"笑笑仔讲（笑着说）""讲讲就哭（说着哭了起来）"等。⑤

福建永春话可以说"门开开，厝内无侬（门敞开着，屋里没有人）"。⑥

3. 用"动词性语素重叠＋着"之类的形式表示持续

这种形式比较有意思，是将上述两种形式糅和在一起了。比如：

山东牟平话"用在动词性叠音词之后，表示持续性的进行状态，构成'VV着'式。这一类动词多数情况下得带'着'：趴趴着、留留着、揪揪着、想想着、竖竖着、架架着"。⑦

浙江汤溪话用"动词重叠＋达"可强调"持续"，例如"尔倚倚达啦（你怎么站着啊？）""渠哭哭达弗肯歇（他一直哭着，不肯停下来）"。⑧

---

① 石汝杰：《苏州方言的体和貌》，转引自戴庆厦主编《中国少数民族语言文学研究文集》（2），民族出版社2002年版。
② 许宝华、汤珍珠：《上海市区方言志》，上海教育出版社1988年版。
③ 项梦冰：《连城（新泉）方言的体》，转引自张双庆主编《动词的体》，香港中文大学中国文化研究所、吴多泰中国语文研究中心1996年版。
④ 黄伯荣主编：《汉语方言语法类编》，青岛出版社1996年版。
⑤ 杨必胜、潘家懿、陈建民：《广东海丰方言研究》，语文出版社1996年版。
⑥ 林连通、陈章太编著：《永春方言志》，语文出版社1989年版。
⑦ 钱曾怡主编，罗福腾著：《牟平方言志》，语文出版社1995年版。
⑧ 曹志耘：《金华汤溪方言的体》，转引自张双庆主编《动词的体》，香港中文大学中国文化研究所、吴多泰中国语文研究中心1996年版。

4. 用动词音变的形式表示持续

和前面的三种形式不同，现代汉语方言还有一种用动词变韵、变调的形式表示持续意义的，虽然目前所看到的语料不是很多，但很值得重视。例如：位于陕西省关中平原中部的户县，当地方言单音节动词或处于动词谓语地位的单音节形容词表示正在进行时，既可带"着"或"着儿"，又可发生拖音或变调：户县方言4个单字调值依次是：阴平31、阳平35、上声51、去声55。不用"着"或"着儿"表正在进行时，阴平、上声兼有拖音（拖音是韵腹或韵母部分省去介音读轻声），阳平字既有拖音又可变作355调值，去声变作51调值。例如：[1]

水渠两边栽着（儿）白杨树/水渠两边栽［tsæ^{31}］æ^0 白杨树

门口围着（儿）一伙人/门口围［uei^{35}］ei^0 一伙人/门口围 uei^{355} 一伙人

引着（儿）娃往东走/引［iẽ^{51}］ẽ^0 娃往东走

门槛上坐着（儿）个老汉/门槛上坐［tsuɤ$^{55-51}$］tsuɤ^{51} 个老汉

他的衣裳穿到身上短［tuã^{31}］ã^0 一大截子

5. 用副词"在"或"在"引导的介词短语表示持续

就普通话而言，副词"在"或"在"引导的介词短语都能表示持续意义，现代汉语方言也是如此。本书将在第一章以襄阳方言为例，分析"在"的问题。限于本书的研究重点，有关"在"的研究，请参考正文后面的附录。

本书将把讨论的重点放在有标记的第一种类型上，考察在"动词+持续标记（+宾语）"这一格式中能够表示持续意义的"标记"，比如，北京话的"着［tʂə^0］"介于动词与宾词之间，表示持续意义，在现代汉语方言中和这个"着"相对应的成分很多，把它们都称为持续标记。

汉语表示持续意义的语法形式有哪些、这些形式的分布情况如何、它们相互之间的关系如何以及它们是同源还是不同源等问题，都是我们关注的、研究的对象，由于最近一些年相关的描写性、研究性的文献比较丰富，在此基础上做进一步的、较为全面的比较研究的条件已经成熟。我们希望通过相关的现代汉语方言事实的比较全面的论证，为解决

---

[1] 孙立新：《户县方言研究》，东方出版社2001年版。中括号里的是音变前的读音。

汉语语法研究中一个久议不决的重要问题提供一些新的分析，或者说，提供解决这个问题的一个新思路。它将有力地说明汉语的语法研究必须从整体汉语出发，现代汉语方言的语法研究对汉语的语法研究具有重要的作用。

我们认为，汉语持续标记的存在和发展、演变和扩散，都充分说明了汉语方言语法的共性和个性，说明了语法形式和语法意义二者的统一和分歧。而持续标记这一语法形式的发展又受它们的语义、语音发展演变的直接影响，持续标记地域上的分布又受到千百年来人口迁移、山川阻隔等非语言因素的影响。通过考察现代汉语方言几类主要的持续标记和中古"著（着）"的关系，探讨汉语持续标记的语法化过程，无论是深度上，还是广度上，都将是一次非常有意义的努力。

第二节　本书研究的方法和内容

一　本书研究的方法

（一）点面结合的描写方法

描写的方法是语言研究，尤其是方言学研究的最基本的方法之一。其核心本质是尽可能真实地、全面地、客观地反映语言或方言的事实面貌。本书所讨论的是一个有很大争议、尚未有定论的语法范畴，因此，对本书所要讨论的各种方言事实进行全面的描述是绝对必要的。只有这样，才能对这一语法形式所表达的语法意义做一深入细致的分析，才能为下一步进行不同方言之间的广泛比较打下坚实的基础。

本书采用由点入手，点面结合的描写方法。从理论上说，任何一种方言都可以作为描写的对象和比较的参照点，本书以湖北境内的襄阳①话作为讨论和研究的出发点，作为描写的一个重点方言，这是基于主、客观两个方面的考虑：（1）它是笔者的母语，笔者可以对相关问题进行比较准确的描写、判断和分析，从而在此基础上推而广之，和北京话以及其他方言的持续标记进行比较深入的比较研究。（2）从方言分区上说，襄阳处在西南官话、中原官话的交界地带；从地理分布上说，现

---

① 原书中的湖北省襄樊市，已于2010年正式更名为湖北省襄阳市。

代汉语方言持续标记的两类主要声母（［t］和［tʂ］/［ts］）在襄阳话中都使用，襄阳是南方的［t］类声母的持续标记和北方的［ts］/［tʂ］类声母的持续标记的一个交会点：襄阳市所辖的部分县市在使用持续标记"倒［ta u⁰］"的同时，还有一个和"倒"相对应的成分"子［tsʅ⁰］"/"支［tʂʅ⁰］"，只不过，"子/支"一般出现在"V 子/支在"格式，使用范围要比"倒"窄得多，例如：①

1. "V 子/支在"格式没有"V 倒在"格式的扩展形式，即没有"V 子/支 O 在""V 子/支 L 在"（O 为宾语，L 为处所词或处所短语）：

他盯倒你在→他盯子/支在→*他盯子/支你在

汤还煮锅里在→汤还煮子/支在→*汤还煮子/支锅里在

他们牵倒手在→他们牵子/支在→*他们牵子/支手在

他爬倒桌子上在→他爬子/支在→*他爬子/支桌子上在

2. "倒"能用在祈使句中，"子/支"则不能：

把门开倒！→*把门开子！

站倒！→*站子！

站倒一边去！→*站子/支一边去！

襄阳话在持续标记上的这些表现使它成为进行现代汉语方言持续标记比较的一个出发点和基础。

本书尽可能穷尽性地收集中国境内现代汉语方言的相关语料，力图在比较丰富的语料基础上，再对所讨论的有关持续标记的几个方面的表现做比较充分的描写，为寻找隐藏在语言背后的对应关系和内在联系打下了比较坚实的基础。

（二）鸟瞰式的比较方法

比较的方法也是语言学，尤其是方言学研究的最基本的方法之一。本书采用鸟瞰式的比较方法就是通过共时比较和历时比较，从整体上考察现代汉语方言几类主要的持续标记的形成和发展过程。

现代汉语的几大方言在漫长的历史发展过程中形成了非常复杂的相互关系。尽管大大小小的差异很多，但共性的东西仍是占主导地位的。大量的方言事实表明，现代汉语方言中，普遍存在表示动作（或状态）

---

① *表示后面的例句不能成立。

正在持续的这一语法现象，尽管它们在表现形式上有或多或少的不同，在语音形式上也存在多样性，但种种迹象表明，它们之间存在千丝万缕的内在联系。

过去，在现代汉语方言持续标记问题的研究上，人们往往是在单点描写的基础上对持续标记的来源进行讨论，局限性很大，得出的结论也许只能适合于这一个方言或一个方言片的解释，超出这个范围就解释不通了。这样做，过分强调了某一个（片）方言的特点，而忽视这一个（片）方言同其他方言之间的联系和共性，在承认现代汉语方言的持续标记有不同的来源、最后殊途同归的同时，也应该看到，由于语音发展的不平衡性和虚词语音发展的特殊性，语法功能相同或相似的、有共同来源的持续标记，语音形式可能差别很大，而语音形式的这种差别直接影响书面表达时用字上的差别，从而在很大程度上干扰到当代人对它们本字和共同来源的探究。

本书力图避免这种片面性，通过共时比较和历时比较相结合的方法，在更加广泛的方言语料基础上，对现代汉语方言持续标记做一次比较全面的、鸟瞰式的考察。具体做法是：从历年来发表的方言论文和专著上，收集有关现代汉语方言中和北京话"吃着饭呢"中的"着［tʂə⁰］"相对应的持续标记的例句和相关论述，通过梳理、排列，排除各方言用字上的干扰，归纳出现代汉语方言持续标记的主要类型和地理分布特点，同时参考到持续标记所兼有的其他的语法功能，然后再结合汉语史文献的研究成果，综合考察中古附着意义的"著"的语法化轨迹，从而寻求现代汉语方言几种主要的持续标记共同来源的最大可能性。

（三）语言学多学科的综合观察的方法

本书讨论的是现代汉语方言持续标记，所以首先得回答什么是"持续"这一语法范畴，才能谈现代汉语方言的持续标记有什么特点；做不同方言的持续标记的比较研究，我们尽可能多地收集了大量的书面语料，目的就是能从地理分布上去发现一些规律；对持续标记进行分类，考察不同类型之间的关系，自然会用到语言类型学的一些研究方法；当从几类有可能具有同源关系的持续标记的共时分布上的差异，去追寻它们历史演变的轨迹时，那些看似孤立的、互不关联的持续标记，实际上呈现在我们眼前的,是躲藏在它们差异背后的那种明显的对应关系,而那些对应关系是进行语法、语音探源的基础。共时平面上的语言差异反映了历时上的语言演变的不同阶段,"从研究方法上讲,在历时线索还不明朗的情况下,可以通过共时分析来'构拟'历时演变的过程,然后用历史材料来验证和修正"。[①]

本书讨论的是方言语法问题,但是,它又不仅仅局限于语法的范围,因为讨论几类持续标记来源于中古附着意义"著"的可能性,又是一个考本字的过程,这个过程自然要涉及语音演变的一些规律,由于几类持续标记是从表示附着意义的动词"著(着)"经过语法化的过程发展而来的,它们的语音演变轨迹,就有可能出现一些不同于一般实词语音演变规律的特点,但是,"例外考验规律。通过例外的分析研究,可以帮助我们进一步掌握规律"[②],我们从几类持续标记发展演变的历程,可以去发现虚词语音演变的一些特点。

我们是基于目前所能收集到的语料进行分析的,和以往的研究相比,这里的材料已经很多了,只是相对于丰富的现代汉语方言事实本身而言,这些语料还是很有限的。但是,这种工作又是非常必需的,因为现阶段进行必要的综合分析研究,有助于我们今后对现代汉语方言持续标记的进一步的调查、描写和研究。不仅如此,我们还相信,我们的工作也将有助于现代汉语方言和汉语亲属语言中相关问题的比较研究。

二 本书的内容安排

本书对现代汉语方言的持续标记进行比较研究,北京话的持续标记是"着[tʂə⁰]",就是近代汉语史文献里的"著","着"本是"著"的俗体字,现"着"为正字,本书根据行文需要,有时写作"著",有时写作"着"。

鉴于目前人们对"着[tʂə⁰]"的语法意义的认识上的分歧,第一章,首先通过一个方言点——襄阳话的"倒"的比较详细的描写,以

[①] 沈家煊:《实词虚化的机制——演化而来的语法评介》,《当代语言学》1998年第3期。

[②] 李荣:《音韵存稿》,商务印书馆1982年版。

及"倒"和"在"的比较，提出"持续标记"这一概念，进而说明对现代汉语表示持续意义的语法形式"着 [tʂə⁰]"的看法。

接着在第二章，从语法意义入手，对已知的现代汉语方言中的持续标记进行了一番梳理。由于持续标记在各个方言中表现的差异性和复杂性，本章选择了持续标记出现的几个主要句式进行比较，不仅根据语音的标准归纳出了现代汉语方言持续标记的主要类型，而且对这些类型在现代汉语方言中的地理分布特点做了进一步的探讨。我们尽最大可能地多选点，因为点越多，越密集，结论就会越可靠。

然后在第三章，通过大量语言事实的排比，从语音着手，根据语音发展的一般规律和虚词演变的特殊规律，推测几类持续标记和中古"著"同源的可能性。

在第四章，参照汉语史上的文献记载、借鉴相关研究成果，从句法上分析几类持续标记和中古入声、附着意义的"著"语法化过程中出现的几种句法表现之间的关系。

在此基础上，第五章进一步分析了几类持续标记语音之间的内在联系，最后在第六章勾勒了"著（着）"类持续标记的演变轨迹。

本书首先是注重语料的可靠性；其次，是从语音、语法两个方面入手，二者相辅相成、缺一不可；另外，很重要的一点，是充分运用了比较的方法：从同一个方言不同虚词的比较，到不同方言持续标记的比较；从虚词同虚词的比较，到虚词和实词的比较；从共时的比较，到历时的比较；从语音的比较，到句法功能的比较……通过比较，去发现问题，解决问题。

三 关于本书的有关说明

（一）关于方言分区

本书经常提到某地点方言属于某方言区，这里所提到的现代汉语方言分区，是依据中国社会科学院和澳大利亚人文科学院合编的《中国语言地图集》① 对现代汉语方言的划分，可以分为五个层次：大区、小

---

① 李荣、熊正辉、张振兴主编：《中国语言地图集》，香港朗文（远东）出版有限公司1987年、1990年版。

区、片、小片、点。现代汉语方言一共分为十个区，十个区也就是十个大方言：官话、晋语、吴语、湘语、赣语、客家话、闽语、粤语、徽语、平话。

官话大区又分为东北官话（吉沈、哈阜、黑松三片）、北京官话（京师、怀承、朝峰、石克四片）、北方官话（保唐、石济、沧惠三片）、胶辽官话（青州、登连、盖桓三片）、中原官话（郑曹、蔡鲁、洛徐、信蚌、汾河、关中、秦陇、陇中、新疆南疆等九片）、兰银官话（金城、银吴、河西、新疆北疆四片）、西南官话（成渝、滇西、黔北、昆贵、灌赤、鄂北、武天、岑江、黔南、湘南、桂柳、常鹤等十二片）、江淮官话（洪巢、泰如、黄孝三片）等八个区。

晋语分为并州、吕梁、上党、五台、大包、张呼、邯新、志延八片；吴语分为太湖、台州、瓯江、婺州、处衢、宣州六片；湘语分为长益、娄邵、吉溆三片；赣语分为昌靖、宜浏、吉茶、抚广、鹰弋、大通、耒资、洞绥、怀岳九片；客家话分为粤台、粤中、惠州、粤北、汀州、宁龙、于桂、铜鼓八片；闽语分为闽南、浦仙、闽东、闽北、闽中、雷州、邵将、琼文八片；粤语分为广府、邕浔、四邑、勾漏、吴化、钦廉七片；徽语分为绩歙、休黟、祁德、严州、旌占五片；平话分为桂南片和桂北片。此外，还有少数未划分的方言，例如：儋州话、乡话、粤北土话、湘南土话，以及在其他少数民族中使用的一些汉语方言，等等。

（二）关于古音的分类

本书讨论持续标记的语音问题时，经常提到古音。这里所说的古音，除非特别指明，一般都是指《切韵》《广韵》这一系韵书所代表的中古音系统，所涉及的有关古音的术语，例如：声母的"系""组""清浊"，韵母的"摄""韵""等""开合口"，以及声调的平上去入等，均是参照《方言调查字表》[①]和《汉语音韵讲义》[②]。

声母有帮组：帮、滂、并、明；非组：非、敷、奉、微；端组：端、透、定；泥组：泥、（娘）、来；精组：精、清、心、从、邪；知

[①] 中国社会科学院语言研究所：《方言调查字表》（修订本），商务印书馆1983年版。
[②] 丁声树撰文、李荣制表：《汉语音韵讲义》，《方言》1981年第4期。

组：知、彻、澄；庄组：庄、初、生、崇；章组：章、昌、书、船、禅；日组：日；见组：见、溪、群、疑；晓组：晓、匣；影组：影、云、以。

韵母有十六摄，其中果、假、遇、蟹、止、效、流七个摄是不带辅音韵尾的摄，只有舒声（平上去），没有入声；咸、深、山、臻、宕、江、曾、梗、通九个摄都是带辅音韵尾的摄，有舒声也有入声。韵母又分一、二、三、四等和开合口，例如：宕摄有开口一、三等，合口一、三等。每一摄有不同的韵目，例如：宕摄开口有唐韵、阳韵、铎韵、药韵，等等。限于篇幅，这里就不一一列举了。"洪细"是就今韵母说的，北京话的开合两呼是洪音，齐撮两呼是细音。

本书在讨论声调调类的时候，今声调的调类有"阴平、阳平、阴上、阳上、阴去、阳去、阴入、阳入"等术语，古声调的调类前加一个"古"字，以和今声调相区别，如"古入声"等。

（三）关于动词的分类

由于持续标记"着""倒"等和动词的关系密切，所以，这里先简单地给动词分一个类。

根据能否和持续标记"着""倒"等结合使用，可以把动词分为持续性动词和非持续性动词。而大多数单音节动词可以和"着""倒"等持续标记搭配，属于持续性动词。

动词的语义千差万别，根据动作抽象的语义性质，我们认为，持续性动词可以分为静态动词和动态动词两类，具体地说：①

静态动词，是相对于动态动词而言，所表示的动作行为能保持一种相对静止稳定的状态，不能表示动作完成后所遗留下来的状态。例如：等、跪、阴、指、盯、端、扶、记、举、看、扛、靠、搂、拿、捏、趴、爬、陪、捧、骑、掐、牵、守、睡、抬、躺、提、听、停、推、拖、望、醒、煮、站、坐、瞪。

一部分能作介词用的动词也归入静态动词中。例如：对、向、朝、沿、顺、随、按、冲、当、借、拿、凭、由、照、跟、靠。

---

① 这里的动词主要参照孟琮、郑怀德、孟庆海、蔡文兰《汉语动词用法词典》，商务印书馆2003年版。

表示心理活动、情感等方面的动词也归入静态动词中。例如：爱、恨、怪、饱、饿、急、慌、怕、(生)气。

动态动词，是相对于静态动词而言，它所表示的动作行为呈现出一种相对不稳定的状态。动态动词又可以分为两小类：

Ⅰ类动态动词：只能表示动作行为本身，但不能表示动作完成后所遗留下来的状态。例如：熬、拔、掰、搬、拌、抱、背、蹦、比、拨、剥、擦、猜、裁、采、踩、测、查、拆、搀、铲、唱、抄、吵、炒、扯、撤、称、吃、抽、锄、传、喘、吹、催、搓、打、滴、递、掂、点、钓、叮、读、夺、躲、剁、疯、干、管、逛、滚、喊、喝、哄、划（~船）、画、挤、捡、剪、讲、搅、教、砍、磕、啃、抠、哭、捞、练、淋、流、漏、骂、摸、闹、跑、骗、敲、求、劝、赛、扇、刷、摔、栓、涮、撕、谈、掏、踢、挖、玩、喂、洗、笑、写、学、淹、演、摇、咬、游、运、砸、凿、造、蘸、追、捉、走、钻、做。

Ⅱ类动态动词：不仅能表示动作行为本身，而且能表示动作行为完成后所遗留下来的状态；动作不能在短时间内反复出现，但是动作的开始和完成之间有一段持续的过程。例如：挂、安、摆、绑、包、补、藏、插、缠、盛、穿、存、带、戴、垫、叠、钉（~钉子）、堵、堆、翻、放、缝、盖、搁、关、裹、糊、夹、接、卷、开、扣、捆、晾、留、埋、排、泡、铺、塞、晒、锁、摊、贴、压、腌、扎（~头绳儿）、栽、种、装、熄。

Ⅱ类动态动词比较特殊：当句子的主语是施事时，它表示的是动作行为本身，用法和Ⅰ类动态动词比较一致；当句子的主语是受事时，它表示的是动作行为完成后所遗留下来的状态，用法和静态动词比较一致。

另外，非持续性动词后面不能跟持续标记"着""倒"，这包括趋向动词、否定词、判断词、非动作动词以及部分动作动词等，例如：

趋向动词：出、来、去、往；

否定词：没、不；

判断词：是；

其他非动作动词：除、能、象、姓、有、在；

动作动词：到、倒（~下）、懂、费、敢、会、离、理、撒（~手）、完、忘、信、塌、丢、断、给、还、回、见、进、起、删、替、献、谢、撞、死、掉、过。

第一章　襄阳话的"倒""在"和北京话的"着"

在谈北京话的"着［tʂə⁰］"之前，还是先考察一下北方官话中的西南官话区鄂北片的襄阳话，笔者的母语。

襄阳市原名襄樊市。2010 年 11 月 26 日经国务院批复同意，湖北省襄樊市更名为襄阳市。襄阳市地处湖北省北部，居长江最大支流汉江的中游，秦岭大巴山余脉，是国家级历史文化名城。地理位置东经 110°45′~113°43′，北纬 31°14′~32°37′。

襄阳市现辖襄州、襄城、樊城 3 个城区以及国家级高新技术产业开发区和国家级经济技术开发区、省级鱼梁洲经济技术开发区三个开发区及枣阳市、老河口市、宜城市、南漳县、保康县、谷城县。总面积为 1.98 万平方千米。东邻随州市，南界钟祥市、荆门市、远安县、宜昌县、兴山县，西连神农架林区、房县、丹江口市，北接河南省邓州市、新野县、唐河县、桐柏县。襄阳市城区被汉水分为南北两城，南为襄城，北为樊城。古时襄阳城、樊城分属荆、豫二州。樊城始于西周，襄阳筑城于汉初。襄阳战略地位十分重要。《读史方舆纪要》称："襄阳上流门户，北通汝洛，西带秦蜀，南遮湖广，东瞰吴越。"历来为兵家必争之地。据 2020 年第 7 次人口普查，襄阳市常住人口 528 万多人。本书所说的襄阳话，指的是襄阳市襄城区居民所说的话。襄阳话音系如下：

1. 声母 18 个（包括零声母）

p　pʰ　m　f　t　tʰ　n　ts　tsʰ　s　z　tɕ　tɕʰ　ɕ　k　kʰ　x　ø

2. 韵母 36 个

ɿ	a	ə	ɯ	ɚ		ai	ei	au	əu	an	ən	aŋ	əŋ
i	ia	ie			io			iau	iəu	inɛ	in	iaŋ	
u	ua	uə				uai	uei			uan	uən	uaŋ	uŋ
y		ye								yɛn	yn		yŋ

3. 单字调 4 个（不含轻声）

阴平 35　　　阳平 53　　　上声 55　　　去声 312

去声 312 调在阴平、阳平、上声、去声、轻声字前读变调 31。

襄阳话古全浊声母字今读塞音、塞擦音时，逢平声字读送气清音，逢仄声字读不送气清音；不分尖团，今精组、见组字在细音前都读［tɕ、tɕʻ、ɕ］声母；古精组洪音和知系字今读［ts、tsʻ、s］声母；三等今有读洪音的，涉及声母的各个系组，以见系字居多；古入声字大多数今归阳平，少数归阴平、上声和去声。

第一节　襄阳话的"倒"

和北京话"他吃着饭呢""门开着呢"中的"着［tʂə⁰］"相对应的成分，襄阳话读作［tau⁰］，通常写作"倒"，这里的"倒"是同音字，不是本字，它不同于襄阳话的动词"倒［tau⁵⁵ 上声］"，例如："墙倒众人推。"

襄阳话虚词的"倒"，大致可以分为三种不同的用法：

倒₁：相当于北京话表示持续意义的"着［tʂə⁰］"；

倒₂：相当于北京话动词后面的"在"；

倒₃：相当于北京话表示动作结果的"着［tʂao³⁵ 阳平］"；

倒₁、倒₂都读［tau⁰］，倒₃有［tau⁰］、［tau⁵⁵ 上声］两个读音。

下面将结合几个主要句式，来讨论虚词"倒"的这些用法。

一　表示状态持续的"倒₁"

"倒₁"的用法相当于北京话的"着［tʂə⁰］"，通过以下几个句式

来考察一下"倒$_1$"的语法意义。(下文,S 表示施事主语或受事主语,V 为动词,O 为名词性宾语,L 为处所词)

(一) S$_{施/受}$ + V 倒$_1$ (+ O)

1. S$_{施}$ + (在 + L) V 倒

他还在家里住倒

我在大门口等倒,你快点儿来

有时候因为表达上的需要省略倒$_1$,这时语义保持基本不变。例如:①

他还在家里住

我在大门口等(你),你快点儿来

说它们语义基本不变,并不等于说前后两个句子一点变化也没有,去掉倒$_1$后动作的持续性明显减弱,说话人陈述的是一个事实,关心的是动作而不是这个动作的状态如何。

进入这个句式的动词一般为静态动词。

2. S$_{受}$ + (在 + L) V 倒

当主语为受事主语时,句子中的"倒"不能省略,下面几个句子如果没有"倒",句子就不成立。例如:

菜在桌子上搁倒,你先去吃→*菜在桌子上搁,你先去吃

鱼在水池子里养倒,还欢得很→*鱼在水池子里养,还欢得很

你看他,天每儿(每天)饭吃倒、电视看倒,哪儿还有啥子不美气的→*你看他,天每儿饭吃、电视看,哪儿还有啥子不美气的

3. V$_1$ 倒$_1$ V$_1$ 倒$_1$……V$_2$

"V$_1$ 倒$_1$"表示动作 V$_1$ 的持续,"V$_1$ 倒$_1$ V$_1$ 倒$_1$"是"V$_1$ 倒$_1$"的重叠形式。例如:

他们说倒说倒就吵起来了

她看倒看倒就趴倒桌上睡着了

他吃倒吃倒,一不小心,卡倒了(鱼刺)

V$_1$ 和 V$_2$ 是两个不同的动词,它们一般都是动作动词,能进入"V 倒(O)"中的动作动词都能做 V$_1$、V$_2$,只不过,这里的 V$_1$ 后面不再有

---

① 为节省篇幅,本书所有例句中最后的句号都省略不写。

名词性的成分，V_2后面一定紧接着表示完成意义的"了"或者句尾有"了"。V_1、V_2可以有共同的施事主语，也可以是不同的主语。

"V倒$_1$（O）"本身就是表示动作V_1的持续，"V_1倒$_1V_1$倒$_1$"更是以重叠的形式表示"V_1倒$_1$（O）"这种状态的持续，上述句子均表示V_1的持续，和"V_1倒$_1$（O）"不同的是，"V_1倒$_1V_1$倒$_1$"引出了动作V_2。

"V_1倒$_1V_1$倒$_1$"出现在前，动作V_2发生在后，表示在"V_1倒$_1V_1$倒$_1$"之后出现了动作V_2，V_2往往是意想不到的。

"V_1倒$_1V_1$倒$_1$"和V_2之间，一般还有"就"等其他过渡性的副词或短语。

4. 祈使句"V倒$_1$（O）"

"V倒$_1$（O）"也可以用在祈使句中，例如：

你给我站倒！　　　　　　　　接倒！

快把衣裳穿倒！　　　　　　　端倒盘子！

把祈使句"V倒"的"倒"看作倒$_1$，是因为句子所表示的意思是：不论动作V是否已经存在，说话人（发令者）希望出现或保持某种动作，说话人关心的不是动作的起点或终点而是动作的过程，"倒$_1$"能够表示动作的持续。

上面几个句子中的"倒$_1$"都不能去掉，没有"倒$_1$"，句子就不能成立，例如：不能说"站！""拿！""快把衣裳穿！"这是因为"站""拿"是典型的静态动词，它们所代表的动作更能明显地表现出一种状态的持续，所以，"倒$_1$"在这里可以体现出动作的持续性。而在"你快把衣裳穿倒"这样以处置式的形式出现的祈使句中，说话人希望出现一种状态，类似"穿"这样的动词，既可以表示动作本身，又可以表示动作完成后形成一种持续的状态，"倒$_1$"附着在这样的动词后面体现动作完成后的状态的持续——这是说话人希望看到的一种情景。

如果动词后面有补语，如"好"等，就不能用"倒$_1$"，这是因为后接补语的祈使句，其语义核心正向补语成分转移，动作的持续性就无法显示出来，例如：

你给我站好！　　　　　　　　接好！

快把衣裳穿好！　　　　　　　端好盘子！

当祈使句中的主语为受事时，动词为静态动词，这时"倒"的重要性就比较明显。例如：

门关倒→*门关

灯熄倒→*灯熄

上面两个句子是表示某一动作的结果所遗留下来的一种状态，若没有"倒"，句子就不能成立，倒,在这里的作用就是用来强调动作的结果所造成的这种状态的持续性。

在表示持续意义方面，静态动词对"倒"的依赖性远远大于动态动词，在祈使句中也是如此。动态动词若出现在祈使句中，一般都是单独使用，不能带"倒"；而许多静态动词既可以单独使用又可以带"倒"。例如：

吃（饭）！→*吃倒（饭）！

滚！→*滚倒！

快点儿走！→*快点儿走倒！

听！→听倒！

坐！→坐倒！

快点儿记！→快点儿记倒！

在含有祈使意味的句子中，动词后面有或没有"倒"，句子的意思会有一些细微的区别。例如：

A 组：你先吃，莫等他

这本书你先看，过两天还他

B 组：你先吃倒，莫等他

这本书你先看倒，过两天还他

如果说"吃"代表动态动词、"看"代表静态动词的话，那么，A 组和 B 组的区别在于：A 组的语气比较干脆，没有什么商量的余地，B 组语气则比较缓和；A 组强调的是动作存在与否，B 组则表现出对动作过程的关注，比如，"吃"这个动作也许已经开始，也许还没有开始，这些都不重要，当说话人希望出现"吃"这个动作时，A 组的说话人更关注出现"吃"这个动作，而 B 组的说话人希望出现"吃着"这个状态，所以 A 组的语气比较干脆，B 组的语气比较缓和，是因为"倒"凸显了动作的持续过程，"V 倒"比"V"本身显得时间要长一些。

（二）L + V 倒₁

"L + V 倒₁"是存现句，用"倒₁"表示一种存在的状态，但是当处所词 L 在句首时，"V 倒₁"中的"倒₁"常常弱化为"了[nau⁰]"，试比较：

里面坐倒₁/了一屋子人

门口站倒₁/了一咕堆人

桌上放倒₁/了一碗水

"L + V 倒₁"中的"倒₁"弱化为"了"以后，语音形式的转移使语法意义和语法形式出现了移位现象，由表示正存在的状态移位为表示动作的完成，这是由句中 V 的特点所决定的：在"L + V 倒₁"存现句里，句中 V 一般都是静态动词或表示动作完成后所遗留下来的状态的 Ⅱ 类动态动词，这里的静态动词所表示的动作，一经形成，也就是动作的一个阶段的完成，这里的 Ⅱ 类动态动词后面用"了"也是表示动作的完成。

（三）V₁ 倒₁（+O）+ V₂

"V₁ 倒₁（+O）+ V₂"是连动句，又分为两种情况：

A 组："V₁ 倒₁ + V₂"

  看倒写，莫写错了

  你这么大了，还要妈妈抱倒走，快下来

  他眼睛不好，还喜欢躺倒看书

B 组："V₁ 倒₁ + O + V₂"

  （找不倒车子，）他只好背倒娃子上医院

A 组和 B 组的相同之处在于："V₁ 倒₁"是 V₂ 的伴随状态，表示方式，"倒₁"在这里表示动作的持续，倒₁不能省略。

A 组和 B 组的不同之处在于：A 组动词 V₁ 没有带宾语 O，B 组动词 V₁ 带了宾语 O。带不带宾语 O，同动词的性质、语用需要有关：当动词 V₁ 为不及物动词时，它自然就不会有宾语；当动词 V₁ 为及物动词时，带宾语的情况有：（1）语用的需要；（2）受事宾语没有提前。

再以否定句为例来说明"倒"的持续意义。

"V 倒"的前面可以加否定词"莫"，有时也可以加"没（有）"，例如：

门莫关倒，有人还没进来

我没（有）躺倒看书

你莫端倒碗满院子里跑

在"门莫关倒"这个句子里，"莫"否定的是"关倒"这种状态；在"你莫端倒碗满院子里跑"这个句子里，"莫"否定的是"端倒碗"这种状态。在"我没（有）躺倒看书"这个句子里，"没（有）"否定的是"睡倒"，不是"看书"，意思是不要在"躺着"这样的状态下看书。

当句子中只有一个动词时，往往只能说"没（有）V"，不说"没（有）V倒"，这是因为，既然没有"V"，也就不会有"V倒"这样的状态，例如：

门没关→* 门没关倒

他没等我→* 他没等倒我

总而言之，以上几个句式可以归纳出"倒$_1$"的一个主要句式："V$_1$倒$_1$（+O）（+V$_2$）"。"V$_1$倒$_1$V$_1$倒$_1$V$_2$"和祈使句"V倒$_1$"是它的特殊形式。V$_1$可以是Ⅰ类动态动词，也可以是Ⅱ类动态动词。

从前面的分析中，可以清楚地看到：

1. 虽然动词的语义差别很大，但是只要动作的开始到结束所在的时间轴上有一段明显的持续过程，或者说，是动作在一定时间内的反复出现（例如：动态动词的Ⅰ类a$_2$小类）形成一种持续的状态，这样的动词都能和"倒$_1$"搭配。反之则不能。

2. "倒$_1$"最基本的语法意义就是表示动作行为的持续或动作行为完成后所遗留下来的状态的持续。如果把动词所表示的动作行为的过程也看作一种状态的话，那么，"倒$_1$"最核心的语法意义就是表示状态的持续。

3. 动词的性质和主语的性质密切相关。比如，当主语为受事主语或处所词时，动词一般为静态动词或表示状态的动态动词，这时动词后面必须有"倒"才能表示持续意义。静态动词更容易和表示持续意义的"倒"结合，对"倒"的依赖性比较强一些，而动态动词带"倒"和不带"倒"所表达的意思会有一些不同：动态动词的Ⅰ类a$_2$小类带"倒$_1$"后表示动作行为的反复出现而形成的持续状态；动态动词Ⅱ类带

"倒₁"后，不再表示动作行为本身，而是表示动作行为完成后所遗留下来的状态。

总之，在上述这些句式中，无论句式结构有什么样的差别，"倒₁"的语法意义始终没有发生任何的改变，如果"V倒"所表达的意思有什么不同的话，那一定是和句式的结构有关，跟"倒₁"无关。把"倒₁"的语法意义同"V倒₁"的意思区分开来是非常必要的。

二 "倒"的其他语法功能

襄阳话的"倒"是一个具有多重功能的成分，除了表示持续意义的用法以外，还有相当于北京话动词后面的"在"的"倒₂"，以及相当于北京话表示动作结果的"着[tʂau³⁵]"的"倒₃"。

（一）相当于北京话"在"的"倒₂"

主要句式是"V+倒₂+L+在"，整个句子表示的是某处存在着某种动作行为或状态。又分为两种情况：

A组：S施+V（+倒₂）+L+在
　　　我睡（倒）你的头前儿在
　　　我把饭留（倒）那儿在
　　　他的名字排（倒）最后在

B组：S受+V+倒₂/了+L+在
　　　书包压倒/了沙发底下在
　　　饭搁倒/了炉子上在
　　　那条裤子晒倒/了哪儿在

A组主语是施事者，"倒₂"可以省略。B组主语是受事者。"倒₂[tau⁰]"往往也可以弱化说成了"了[nau⁰]"，意思没有什么变化，应该看作"倒₂"的语音弱化形式。

根据语境和表达上的需要，L可以省略不说，如：
书搁倒₂桌上在→书搁倒₁在
饭煮倒₂（了）炉子上在→饭煮倒₁（了）在
书包压倒₂（了）沙发底下在→书包压倒₁（了）在

"V（倒₂）L在"可以将L提前变成"在L V倒₁在"，也可以省略L变成"V倒₁在"（没有宾语，这时候的"倒"是不能省略的）。

例如：

他住倒₂家里在→他在家里住倒₁在→他住倒₁在

躲倒₂墙后头在→在墙后头躲倒₁在→躲倒₁在

东西拿倒₂手里在→东西在手里拿倒₁在→东西拿倒₁在

他呆倒₂屋里在→他在屋里呆倒₁在→他（屋里）呆倒₁在

衣裳收倒₂箱子里在→衣裳在箱子里收倒₁在→衣裳收倒₁在

从这些句子的变换中可以看到"V 倒₂ L 在"和"V 倒₁ 在"中的"倒"之间存在某种内在的联系。

"动词 V + 倒₂ + L + 在"句式的特点是：

1. "V 倒₂"后面只能跟表处所的处所词，不会是时间词；倒₂引出动作或状态所在的处所。

2. 如果 V 倒₂前面加否定词"没（有）""莫"，则必须去掉句子末尾的"在"，例如：

我没睡（倒）你的头前儿

书包莫压倒沙发底下

3. 倒₂常常可以省略不说，而句子的基本意思保持不变，但省略前后，语义上还是有细微差别的：用"倒"时，动词尚带有一种类似"到"的趋向性，只不过句尾"在"使这种趋向性表现不明显，"倒"省略后，趋向性进一步减弱。

4. 句尾"在"不能省略，若没有这个"在"，句子的意思就变了。

5. 连动句"V₁倒₂+L+V₂"中的"倒₂"相当于"在"，因为主语也是施事者，和 A 组的情况类似，也可以省略"倒₂"，V₁前也可以加否定词"没（有）""莫"，例如：

躺倒床上看书→我没躺倒床上看书→你莫躺倒床上看书

站倒院子里吃（饭）→我没站倒院子里吃（饭）→你莫站倒院子里吃（饭）

"V₁倒₂+L+V₂"中的"V₁倒₂+L"是 V₂的伴随动作，省略 L 后，就是"V₁倒₁+V₂"了，从这个角度也能看出"倒₂"具有持续意义，例如：

躺倒床上看书→躺倒看书

站倒院子里吃（饭）→站倒吃（饭）

所以，从襄阳话来说，"V+倒$_2$+L"格式也能表达动作行为或状态正在持续的意思，当动词为动态动词Ⅰ类或静态动词时，表示动作行为正在持续；当动词为动态动词Ⅱ类时，表示状态的持续。

（二）表示动作结果的"倒$_3$"

主要句式有"V（得/不）倒$_3$（+宾语O）"，"V 倒$_3$"是动结式，倒$_3$表示动作的结果，读[tau⁰]，后面可以接宾语。例如：

我看倒小王了！

撞倒了，撞倒了！

今儿的（今天）碰倒一件怪事

上面例子中的"看倒""撞倒""碰倒"都是动结式。这里的倒$_3$充当动结式的第二成分，表示结果。

"V 倒$_3$"有一个扩展式"V 得/不倒$_3$"，即在 V 和倒$_3$之间加"得"或者"不"，"V 得/不倒$_3$"中的倒$_3$也表示动作的结果，读[tau$^{55\text{上声}}$]。"V 得/不倒$_3$"表示由动作 V 能或不能达到某种预期的结果，例如：

他找倒那本书了→他找得倒那本书→他找不倒那本书了

"V 倒$_3$"前面可以加否定词"没"组成"没 V 倒$_3$"，这里的倒$_3$也读[tau$^{55\text{上声}}$]，倒$_3$仍表示结果。试比较下面两例：

这个字还是没写倒→这个字还是写不倒

找了半天没找倒那个人→找了半天还是找不倒那个人

"这个字还是没写倒"的意思是说没有写对这个字，"这个字还是写不倒"的意思是这个字写了但没有写对。"没 V 倒$_3$"和"V 不倒$_3$"，尽管它们中的倒$_3$都是表示结果，但由于否定词位置的不同，使它们在使用上表现出细微的差别："没 V 倒$_3$"直接否定动作及其结果，"V 不倒"肯定了动作同时否定了动作结果，换句话说，"没 V 倒$_3$"表示没有做好某事，"V 不倒$_3$"表示做了某事但没有达到预期的结果，二者语用意义不同。由于倒$_3$表结果，意义较实在，所以无论在什么情况下，倒$_3$都不能省略。

三 襄阳话"倒"的系统

（一）区别不同"倒"的方法

前文将"倒"分成倒$_1$、倒$_2$、倒$_3$，并讨论了它们各自的用法，这里将讨论三个"倒"之间的关系问题。

首先，考察一下倒$_1$和倒$_3$的关系。

例如：你看他，他看你

试比较：

A 你看倒他，他也看倒你

B 你看倒了他，他也看倒了你

C 你没看倒他，他也没看倒你

D 你看得/不倒他，他也看得/不倒你

从句式上看，倒$_1$和倒$_3$后面都可以接宾语，同一个"V 倒"（例如："看倒"），如何根据语境区分出哪一个是倒$_1$、哪一个是倒$_3$呢？

方法之一是看"V 倒"后面能否添上动态助词"了"，能添上的是倒$_3$，如例 B 句；不能添上的是倒$_1$，如例 A 句。

方法之二是看句子中有无否定词，有否定词的是倒$_3$，读上声，如例 C、D 句；没有否定词的是倒$_1$，读轻声，如例 A 句。

方法之三是看句子中的"倒"能否省略，能省略的是倒$_1$，如上面例子中的主句没有"倒"，但根据语境，它所表示的意思和 A 句基本一致，只不过 A 句由于"倒"的作用，使动作"看"的持续意味大大增强，而倒$_3$表结果，意义较实在，在任何情况下都不能省略。

当然，在区分倒$_1$、倒$_3$时，上述三种方法选取一种即可，当 V 为不同动词时，还是用上述方法去区分倒$_1$和倒$_3$。这里说的是从书面上去区别倒$_1$和倒$_3$，如果在口语里，可以凭语音区别它们。

其次，考察一下倒$_1$和倒$_2$的关系。

倒$_1$和倒$_2$语音形式相同，在不同的句式中，它们二者可以互相转换。请看下面两组句子：

A 组：   B 组：

    a. 我靠倒$_2$床上在   a. 饭煮倒$_2$锅里在

    b. 我在床上靠倒$_1$在   b. 饭在锅里煮倒$_1$在

    c. 我靠倒$_1$在   c. 饭煮倒$_1$在

A、B 两组的主要不同是：A 组为施事主语，B 组为受事主语。两组所使用的句式可以归纳为：

a. V 倒$_2$ + L + 在

b. 在 + L + V 倒$_1$ 在

c. V 倒$_1$ 在

a 句式、b 句式语序不同，但意思基本相同，都表示在某处存在某种状态，在这两个句式中，"倒"是倒$_1$还是倒$_2$，跟处所词的位置有直接关系。c 句式只比 a、b 句式少了动词或状态存在的处所，只表示某种状态持续着。c 句式很有可能是 a 句式省略了处所词后形成的，"倒"也就由"倒$_2$"变成了"倒$_1$"。

最后，考察一下倒$_2$和倒$_3$的关系。

区分倒$_2$和倒$_3$的方法很简单：

第一，看句子中的"倒"能不能省略而保持意思不变，能省略的一定不是倒$_3$。

第二，看"倒"后面跟的是什么成分，跟宾语的是倒$_3$，跟处所词的是倒$_2$。

（二）三个"倒"的内在联系

倒$_1$、倒$_2$、倒$_3$共同组成了襄阳话的"倒"的系统，三个"倒"之间存在某种内在的有机联系。

1. 一致关系

（1）倒$_1$、倒$_2$、倒$_3$和动词的搭配范围基本上是相同的。

（2）三个"倒"紧紧围绕着动词，反映了动作或状态的不同方面的情况：倒$_1$表示动作行为或状态的持续；倒$_2$表示动作行为或状态已在某处，也含有持续义；倒$_3$表示动作行为的结果。三个"倒"都是在补充说明它们前面的动词。

（3）"V 倒"的前面都可以加否定词"莫""没（有）"。

2. 互补关系

（1）倒$_1$和倒$_3$后面可以带宾语，而倒$_2$的后面是带补语，这就形成了第一个大的互补格局。

（2）V 和倒$_3$之间可以加"得/不"，而 V 和倒$_1$、倒$_2$之间不能加任何成分，这又形成了第二个大的互补格局。

（3）倒$_1$、倒$_2$都读轻声，而倒$_3$在"V 得/不倒"中意义比较实在，读上声，这也应该看作一种互补情况。

（4）在保持句子的意思基本不变的前提下，倒$_2$常常可以省略，倒$_1$有时可以省略，而倒$_3$在任何时候都不能省略，倒$_3$的意义最实在。

第二节　襄阳话的"在"

根据语法功能的不同，可以把襄阳话的"在"分成实词的"在"和虚词的"在"两大类：

实词：在$_0$（动词）

虚词：在$_1$（介词，在动词之前、处所词之前）

　　　在$_2$（副词，直接用在动词之前）

　　　在$_3$（介词，在动词之后、处所词之前）

　　　在$_4$（用在句子末尾）

襄阳话的"在$_0$""在$_1$""在$_2$""在$_3$""在$_4$"五个"在"，读音相同，都读［tsai^{312}］，去声。动词"在$_0$"的用法和北京话一样，例如："他在不在呀？——在。"不再赘述。本节重点谈谈虚词的"在"——"在$_1$""在$_2$""在$_3$""在$_4$"在襄阳话中的使用情况以及它们之间的相互关系和语法特点。

四个虚词的"在"能在以下几个句式中出现，例如：

1. 他在$_1$屋里（家里）吃饭
2. 他在$_2$吃饭
3. 他吃饭在$_4$
4. 他在$_1$屋里吃饭在$_4$
5. 他在$_2$吃饭在$_4$
6. 他还住在$_3$家里
7. 他坐在$_3$第二排在$_4$
8. 东西搁在$_3$柜子里在$_4$

为了表述的方便，把"在$_1$""在$_3$"叫作介词"在"，"在$_2$"叫作副词"在"，"在$_4$"叫作句尾"在"。

一 介词"在$_1$"和副词"在"的关系

（一）动词前的介词"在$_1$"

动词前的介词"在$_1$"所出现的句式，即"在$_1$+L+V（+O）"，仅从字面上看，往往会使人产生歧义。因为它至少会有三种意思：

一是表示在某地存在一种惯常的动作行为，例如："他在$_1$屋里吃饭"，可以表示他每天或通常都在家里吃饭。

二是强调某种动作行为将要或正在某地发生，强调的是处所而不是动作行为，例如："他在$_1$屋里吃饭。"言下之意是"他不到别人家吃饭"。

三是表示某处正在进行某种动作行为，强调的是动作行为，例如："他呢？""他在$_1$屋里吃饭。"意思是说"他在$_1$屋里，他正吃饭"。

当然，当"在$_1$+L+V（+O）"前加上"还"或"正"等词，句子强调的也是动作行为正在进行，例如："他还在$_1$屋里吃饭""他正在$_1$屋里吃饭"。

"在$_1$+L+V（+O）"的主语是施事者，动词 V 一般为动态动词，"在$_1$"前可以加"没（有）""不"等否定词。

（二）副词"在"

副词"在"的句式，即"在$_2$+V（+O）"，副词"在"直接用在动词前，强调动作行为正在进行，动词 V 一般为动态动词和带宾语的静态动词，V 表示动作行为本身。例如：

他在$_2$看书　　　　　　　我在$_2$打电话

你又在$_2$玩电脑

主人："吃菜！吃菜！"客人："在$_2$吃！在$_2$吃！"

对话时，若问句中有副词"在"，肯定性的答句中往往也有副词"在"，例如：

他在$_2$干啥子？他在$_2$吃饭

（三）副词"在"来源于动词前的介词"在$_1$"

在襄阳话中，没有介词"在$_1$"和副词"在"同时出现的句式，这是为什么？笔者认为，副词"在"是"在$_1$+L"的省略形式，副词"在"是来源于介词"在$_1$"。比如：他呢？他在$_1$家里——他在$_1$家里吃饭——他在₂吃饭。①

问话的人可能是要询问"他在₁哪里",也可能是想知道"他在₁哪里"和"干什么",而答话人说"他在₁家里吃饭"或"他在₂吃饭",这两句从语法角度看,都表示"他"发出"吃"这个动作,"吃"这个动作正在进行。从这个意义上说,"他在₁家里吃饭"和"他在₂吃饭"是等价的,"他在₁家里吃饭"省略"家里"变成"他在₂吃饭","家里"的省略是语境和表达的需要所许可的。

前面说过,"在₁+L+V(+O)",仅从字面上看,至少会有三种意思,而"在₂+V(+O)"不再表示惯常的动作行为,也不表示将要发生的动作行为,更不关心动作行为的方位,而只是强调动作行为V正在进行。

"在₁+L+V(+O)"和"在₂+V(+O)"这两个句式的转换关系还能从以下几个方面来谈:

1. 若"在₁+L+V(+O)"中的V表示动作行为本身,一般为动态动词和可以带宾语的静态动词,省略处所词L以后,"在₂+V(+O)"可以成立,例如:

他在₁教室里看书→他在₂看书

他们在₁操场上打球→他们在₂打球

他在₁一家小餐馆端盘子（惯常的动作行为）→他在₂端盘子（动作正在进行）

2. 根据实际情况和表达的需要,"在₂+V(+O)"一般可以添补上处所词,添补上的处所词可以是表示具体的处所的处所词和"这儿/那儿""这里/那里"等指示代词,所以,可能添补上的处所词往往不止一个。例如:

他在₂做作业→他在₁家里（凉台上/院子里）做作业

他在₂洗头→他在₁门口（屋里/厨房里）洗头

他从头到尾都在（那儿）说瞎话,你千万莫信他的话

3. 有时,很难给"在₂+V(+O)"添补上一个处所词,这时的"在"就纯粹表示动作正在进行了。例如:

---

① 罗自群:《论"在 N处+VP"和"在+VP"的关系》,《语言研究》1998年第2期。

莫信他的，他肯定又在$_2$撒谎

他还在$_2$追你，大伙儿都晓得，你怎么会不晓得？

虽说动词所表达的动作行为都是在一定的空间中存在的，但是，"在$_2$撒谎""在$_2$追"中的"在$_2$"后面就很难添加上一个处所词。这与动词语义的影响有关，它使动作行为发生的处所比较模糊、不确定。

4. 当"在$_2$+V（+O）"的主语本身就是处所词时，"在$_2$"后面也很难再加上一个处所词了。例如：

楼上还在$_2$吵架→*楼上还在$_1$那里吵架

外面还在$_2$下雨→*外面还在$_1$那里下雨

房顶上还在$_2$漏水→*房顶上还在$_1$那里漏水

"在$_1$+L+V（+O）"的主语是施事者，不是处所词时，"在$_2$+V（+O）"的这种情况，可以看作处所词L的前置，目的是强调动作行为的处所，整个句子表示在某个地方某个动作行为正在进行。

副词"在"是动词前的"在$_1$+L"结构省略处所词的结果。从"在$_1$+L+V（+倒）（+O）"的三种表达的可能性，到"在$_2$+V+（+倒）（+O）"只是表达动作行为正在进行，"在"已经由单纯表达空间意义，转变为兼表空间意义和时间意义了——副词"在"后面可以添加相应的处所词，说明它仍保留空间意义；副词"在"更突出地强调动作行为正在进行，说明它已经具备了表达时间意义的功能。

（四）动词后、处所词前的介词"在$_3$"

襄阳话"V+在$_3$+L"中的介词"在$_3$"的用法，和书面语紧跟在动词后面的"在"用法比较一致。这里的"在$_3$"可以和句尾的"在"搭配，例如：

他还站在$_3$楼下在$_4$　　　　衣裳挂在$_3$柜子里在$_4$

"在$_3$"不能和"在$_1$"或"在$_2$"同时出现在一个句子里，例如：不能说：

*他还在$_1$楼下站在$_3$那儿　　*衣裳在$_1$柜子里搁在$_3$那儿

动词前的"在$_1$+L"表示的是动作发生的处所，动词后的"在$_3$+L"也能表示动作发生的处所，所以，在一个句子中不能同时出现。如：不能说"*他还在$_1$站在$_3$楼下"。

上面已经分析了，副词"在"来源于动词前的"在$_1$+处所词"的省略形式，它主要是强调动作行为正在进行，这和动词后面的表示动作发生的处所的"在$_3$+处所词"结构相冲突。此外，还有一个原因，这就是许多副词"在"本身仍然隐含着空间意义，它的后面可以添加相应的处所词。

一句话里，围绕着中心动词，不能有"在$_1$""在$_3$"两个"在"引导的表示处所的介词结构，而且，表示时间的"在$_2$"不能和表示空间意义的"在$_1$"或"在$_3$"同现。

二 句尾"在"的语法功能

在没有介词"在$_1$""在$_3$"、副词"在"以及表示持续意义的"倒"的句子里，句尾"在"紧跟在"V（O）"之后，表示动作行为正在进行，句子的主语只能是施事者，例如：

你做啥子？我炒菜在$_4$　　　　你看，他笑在$_4$
我招呼（照料）小娃子在$_4$　　他感冒在$_4$，我也感冒在$_4$

V一般为动态动词或能带宾语的静态动词。人们一般都认为"V在$_4$"就是"在V$_4$"的意思，只不过语气比较缓和一些。在回答询问处所的"V+疑问代词+在$_4$"问句时，肯定性的答句中往往也有句尾"在"，例如：

你的姑娘（女儿）住哪儿在$_4$？住学校里在$_4$
你分哪儿在$_4$？分倒教育柜在$_4$

根据语境和表达上的需要，宾语O可以省略不说，例如：

他（在$_2$）看电视在$_4$→他（在$_2$）看在$_4$
我还在$_2$做饭在$_4$→我还在$_2$做在$_4$

不能用于否定句，即V前不能加"没、没有"之类的否定词，"V（O）在$_4$"的否定形式没有句尾"在"，例如：

＊他没吃饭在$_4$→他没吃饭　　＊我没坐车在$_4$→我没坐车

"V倒+L+在$_4$"中的动作V已经存在，这主要是由句尾"在"造成的，句尾"在"在这里表示动作V已经存在。虽然"V倒+L+在$_4$"中的"倒"经常被省略，但是，只要有"倒"，"V倒+L+在$_4$"中的"倒"肯定相当于书面语的"在"，它不同于"V到+L+来/去"中的"到"就是书面语的"到"，而"V倒+L"中的"倒"则有两种可能，一是相当于书面语的"在",二是相当于书面语的"到"。

三 介词"在$_1$"、副词"在"和句尾"在"语法功能的比较

介词"在$_1$"、副词"在"和句尾"在"都可以单独使用,并且都能表达动作行为正在进行,现在,再考察一下一个句子中同时出现两个"在"的情况。

(一) 介词"在$_1$"和句尾"在"语法功能的比较

前文分析过,"他在$_1$屋里吃饭"可能有三种不同的理解,但是,加了一个句尾"在","他在$_1$屋里吃饭在$_4$"肯定是说动作行为正在进行,不再会有其他的解释了。

(二) 副词"在"和句尾"在"语法功能的比较

副词"在"和句尾"在"同现的句式,即"在$_2$ + V (+ O) + 在$_3$"。先看一个例子:

——他在$_1$干啥在$_4$?他在$_1$吃饭/他吃饭在$_4$/他在$_1$吃饭在$_4$

对"他在$_2$干啥在$_4$"的回答,至少有上面三种意思相同的、含有"在"的说法,这个例子,有几种现象值得注意:

1. 三个答句都是表示动作行为正在进行。

2. 语气的强弱不同。"他在$_2$吃饭"语气最强烈,"他吃饭在$_4$"语气最弱,而"他在$_2$吃饭在$_4$"的语气介于它们二者之间。

3. 在实际语言中,若问句有句尾"在",则答句也往往有句尾"在",这样,答和问的语气才是一致的。

究其原因,这应该是与"在"和动词的相对位置有关。副词"在"直接作用于句子的主要动词,强调动作行为正在进行,肯定的语气更加强烈。而有副词"在"时,句尾"在"的作用就不太明显,它处于句子末尾,不仅在动词的后面,而且会出现在宾语之后,离动词比较远,语气自然就弱一些,甚至相当于一个语气词的作用,所以当说话语气干脆的时候,强调动作正在进行时,句尾"在"可以不出现,"在$_2$ V (O)"同样可以是一个完整的句子。

而类似"他在$_2$吃饭在$_4$"的句子,因为有句尾"在"的影响,语气没有"他在$_2$吃饭"那么强烈,显得缓和一些。

"在$_2$ V (O)"和"V (O) 在$_4$"一般可以互相转换,意思一样,

只不过语气不同而已。"在$_4$"因为处在句尾,多少已经带有语气词的作用。

介词"在$_1$"前可以加"没(有)""不"等否定词。但是"在$_2$V""在$_2$V 在$_4$""V 在$_4$"这些有副词"在"和句尾"在"的格式里,一般不能加"没(有)""不"等否定词。例如:

在$_2$吃→ *没在$_2$吃→没吃/不吃

在$_2$吃在$_4$→ *没在$_2$吃在$_4$→没吃/不吃

吃在$_4$→ *没吃在$_4$→没吃/不吃

副词"在"和句尾"在"的否定形式是"没 V""不 V",为什么介词"在$_1$"有否定形式,而副词"在"、句尾"在"不能和否定词同时出现呢?道理很简单:副词"在"、句尾"在"表示的是动作行为正在进行,如果否定这一点,也等于说动作行为还没有进行,也就意味着动作行为还没有开始、还不存在,所以用"没(有)""不"直接否定动词就行了。

动词"在$_0$"和介词"在$_1$""在$_3$"、副词"在$_2$"、句尾"在$_4$"共同组成襄阳话的"在"的系统。几个"在"的语法意义及其相互关系表现为:

1. 句尾"在$_4$"可以和介词"在$_1$"或副词"在$_2$"在一个句子同时出现,但是介词"在$_1$"或"在$_3$"和副词"在$_4$"不能在一个句子同时出现。究其原因,是因为副词"在$_2$"来源于介词的"在$_1$",是"在$_1$ + L"的省略形式。

2. 尽管介词"在$_1$"、副词"在$_2$"和句尾"在$_4$",它们在句子中的位置不同,但是它们都有一个共同的特点:都能表示动作行为正在进行。它们三者都或多或少地保留动词"在$_0$"的存在义。

第三节 襄阳话"在"和持续意义"倒"的关系

本节将考察:"在"的句式加上"倒"以后,句子有没有什么变化?"在"和"倒"在同一个句子中的相互关系如何?另外,还将通过对"V 倒 L 在""形容词+倒在"的分析,说明"在"和持续意义"倒"的关系。

一 "倒"和"在"相关句式的比较

(一) 在 LV (O) ——在 LV 倒 (O)

他在屋里吃饭→*他在屋里吃倒饭

他在广场上看戏→*他在广场上看倒戏

*汽车在马路边停→汽车在马路边停倒……

"在 LV (O)"表示动作行为正在进行时,动词 V 一般为动态动词和带宾语的静态动词,加"倒"之后,"在 LV 倒 (O)"就不成立,如不说"他在屋里吃倒饭"等。当动词 V 为不带宾语的静态动词时,"在 LV (O)"不能表示动作正在进行,加上"倒"后,"在 LV 倒 (O)"可以说,但是半句话,如"他在旁边坐(动作还没有发生)","他在旁边坐倒,……"。

当"在 LV 倒 (O)"中的动词 V 为静态动词时,又分为两种情况:当静态动词不带宾语时,"V 倒"可以表示某种状态正在持续,但是句子表达不完整,只是半句话,如"汽车在马路边停倒",必须再加上"你快点儿去吵"之类的后续句;当静态动词带宾语时,"在 LV 倒"不能说。

这样看,"在 LV (O)"是一个相对完整的句子,"在 LV 倒 (O)"则是有条件地可以说。"倒"只跟在不能带宾语的静态动词后面,表示状态的持续。

(二) 在 LV (O) 在——在 LV 倒 (O) 在

当 V 不带宾语的单音节动词时,"在 LV 在"不能成立,"在 LV 倒在"能成立,例如:

*他在家里歇在→他在家里歇倒在

*他在床上躺在→他在床上躺倒在

*饭在锅里留在→饭在锅里留倒在

*他在晒台上坐在→他在晒台上坐倒在

*他们还在教室里打在→他们还在教室里打倒在

*那件衣裳在那儿搁在→那件衣裳在那儿搁倒在

当 V 带宾语,或者 V 为双音节词时,"在 LV (O) 在"可以说,但是"在 LV 倒 (O) 在"不能成立,例如:

他在家里吃饭在→*他在家里吃倒饭在

他在学校看表演在→*他在学校看倒表演在

他在厨房里弄饭在→*他在厨房里弄倒（饭）在

他还在超市里上班在→*他还在超市里上倒班在

他们还在教室里打架在→*他们还在教室里打倒架在

（三）在 V（O）——在 V 倒（O）

"在 V（O）"中的"在"直接用在动词前，强调动作行为正在进行，V 表示动作行为本身。但是，"在 V（O）"加上"倒"之后变成的"在 V 倒（O）"是不能说的，例如：

他在看书→*他在看倒书

我在打电话→*我在打倒电话

你又在玩电脑→*你又在玩倒电脑

"V 倒（O）"描述的是一种状态，说话人强调的是动作行为的持续；而"在 V（O）"是一个相对完整的句子，动词"看""打""玩"等前面的"在"强调了动作行为的正在进行，若加上表示动作行为持续意义的"倒"，"在"和"倒"在语用的强调重点上显得重复、累赘，所以，不说"在 V 倒（O）"。

（四）在 V（O）在——在 V 倒（O）在

"在 V（O）在"中的动词 V 一般为动态动词和带宾语的静态动词，V 表示动作行为本身，直接加上"倒"以后，"在 V 倒（O）在"则不能成立，例如：

她还在哭在→*她还在哭倒在

我正在写字在→*我正在写倒字在

妈在看电视在→*妈在看倒电视在

他在弄（饭）在→*他在弄倒（饭）在

不能进入"在 V（O）在"中的动词 V，进入"在 V 倒（O）在"后也不能成立，例如：

他坐倒在→*他在坐倒在

我一直都忍倒在→*我一直都在忍倒在

有句尾"在"的格式，动词前都不能加否定词，"在 V（O）在"也是如此。

(五) V（O/L）在——V 倒（O/L）在

"V（O/L）在"的主语为施事者，V 表示动作行为本身，一般为动态动词或带宾语的静态动词，整个句子表示动作行为或状态正在持续，直接加上"倒"变成"V 倒（O/L）在"，"V 倒（O）在"由于比"V（O）在"多了一个"倒"，突出了动作行为的持续性，前后两句话的意思，还是有一些细微的变化。例如：

唱歌在→唱倒歌在

看电视在→看倒电视在

她洗头在？→她洗倒头在？

他们开会在→他们开倒会在

他弄（饭）在→他弄倒（饭）在

你看，他笑在→你看，他笑倒在

你在做啥子？我炒菜在→我炒倒菜在

他和老张搭班子在→他和老张搭倒班子在

当 V 为动态动词Ⅱ类时，有"倒"没有"倒"，意思不一样，表示动作行为本身时，没有"倒"，表示状态的持续时，有"倒"。例如：

他开门在→他开倒门在

他包东西在→东西包倒在

房子他还在盖在→房子盖倒在

"V 倒（O）在"中 V 还可以是不带宾语的静态动词，或为表示生理、心理的动词，这时"倒"不能省略。例如：

*他坐在→他坐倒在

*饭留在→饭留倒在

*心里慌在→心里慌倒在

*肚子还饿在→肚子还饿倒在

*这个亲戚（我们）还走在→这个亲戚（我们）还走倒在

"走"表示动作行为本身时，属于动态动词，在这一句里，"走"表示引申义，指亲友之间的来往，属于静态动词的用法，因而，这时"走"后面的"倒"也不能省略。

当"V 倒（O）在"中静态动词 V 后面没有宾语时，"倒"常常弱化读为"了 [nau^0]"，如上面"坐""饿""留""开""熄""关"等

动词后面的"倒"都可以换成"了",意思保持不变,又如:

当时,她还病倒/了在

当 V 为双音节动词时,往往不用"倒";若用"倒",对于动宾式合成词来说,"倒"一定是介于两个语素之间,与"V 倒 O 在"一致。例如:

打(倒)雷在　　　　　　　上(倒)班在

莫怕,有警察保护(倒)在　排(倒)队在

"V 倒 (O) 在"和"V (O) 在"一样,不能用于否定句,即 V 前不能直接加"没(有)""不"之类的否定词,这是因为动作行为本身不存在,动作行为所造成的状态也就无从谈起。例如:

门开倒在→*门没开倒在

他还饿倒在→*他没饿倒在

他们开会在→*他们没开会在

你看,他笑在→*你看,他没笑在

饭给他留倒在→*饭没给他留倒在

句尾"在"除了可以和副词"在"同现、共同表示动作行为正在进行之外,也可以和"倒"一起出现在表示状态的持续的句子中,说明句尾"在"和"倒"存在更多的共同点,也说明了句尾"在"同副词"在"的一个不同之处:副词"在"和"倒"不能同现(如上文),句尾"在"可以和"倒"同现。襄阳话"V₁ 倒 (O) V₂"可以加上副词"在"或者加上句尾"在",例如:

他还躺倒看书在 →他还在躺倒看书→*他还在躺倒看书在

有句尾"在"的句子是一个相对完整的句子,"V 倒 (O)"则不是。另外,"V 倒 (O)"可以用于祈使句,但是"V 倒 (O) 在"不能用于祈使语气,例如:

当时,你还等倒在→*你等倒在!

"V (O) 在"和"V 倒 (O) 在"的后面还可以加不同的语气词,例如:

他怎么还哭倒在哝?(疑问句)

昨天买的鱼还活倒在吧?(是非问)

你催啥子催,我不在做在吧!(反问句)

我站倒在呀！（陈述句）

他还等倒在嘛！（陈述句）

上面这几个句子，句尾"在"后面还有"唻、吧、呀、嘛"等语气词，这些语气词是附着在整个句子之上的，句子的语气因受不同语气词的影响而不同，但是都不和"倒"、句尾"在"有直接关系。

另外，"VL在"往往被看作"V倒L在"的省略形式，例如："放桌子上在"和"放倒桌子上在"，语义没有什么差别。

（六）"介词+倒+L/名词/代词+V"

有一部分动词也能作介词用，可以根据紧跟在它们后面的成分来区别它们是介词还是动词，下面两组，前一句中的"顺""按"可看作介词，后一句的"顺""按"是动词，例如：

顺倒他的话说（在）——我顺倒（他）在

按倒图纸盖房子——他还按倒在

（七）"形容词+倒在"

一些状态形容词，如"红、亮、斜、弯、阴、晴、歪、偏、肿……"等，也可以和"倒"结合，组成"形容词+倒"，表示一种动作行为的持续，既可以单独使用，也可以进入"V_1倒OV_2"中表示伴随的动作。"形容词+倒"后面加"在"之后就变成了一个相对完整的句子了。例如：

脸红倒→红倒脸说→脸红倒在→红倒脸在

腰弯倒→弯倒腰说→腰弯倒在→弯倒腰在

通常所说的动词、形容词兼类词一般都可以进入这个格式。而进入这个格式的词都已经具备动词的特点了，都动词化了，用法和静态动词的一致，不能再被程度副词修饰了。例如：

很红——＊脸很红倒——＊脸很红倒在

"形容词+倒+在"中的"倒"不能省略。

二 "倒"和"在"的主要区别

（一）"倒"和"在"的不同用法

前面讨论了五类有代表性的"倒""在"的句式，总结如下：

　　　　　　A 组　　　　　　　　　　B 组

1.（部分＊）在 LV（O）　　→（部分＊，半句话）在 LV 倒（O）

2.（部分＊）在 LV（O）在　→＊在 LV 倒（O）在

3. 在 V（O）　　　　　　　→＊在 V 倒（O）

4. 在 V（O）在　　　　　　→＊在 V 倒（O）在

5.（部分＊）V（O）在　　　→V 倒（O）在

这里，分别给它们提供一个例句，以便进行对比：

1.（部分＊）他在家里吃饭　　→（部分＊，半句话）他在家里待倒

2.（部分＊）他在家里吃饭在　→＊他在家里吃倒饭在

3. 他在吃饭　　　　　　　　→＊他在吃倒饭

4. 他在吃饭在　　　　　　　→＊他在吃倒饭在

5.（部分＊）他吃饭在　　　　→他吃倒饭在

两边的"部分＊"含义不同：A 组没有"倒"句式中，"部分＊"表示适用于动态动词，不适用于带宾语的静态动词；B 组有"倒"句式中，"部分＊"表示适用于不带宾语的静态动词。

第 1、第 2 应该属于同一类问题："在 LV（O）""在 LV 倒"和"在 LV（O）在"都对动词 V 带不带宾语有所限制。

第 3、第 4 应该属于同一类问题：副词"在"强调动作正在进行，与表示持续意义的"倒"相冲突——副词"在"本身就有足句作用，"在 V 倒（O）"不成立，加了句尾"在"以后，"在 V 倒（O）在"照样也不成立。

第 5，当动词 V 为不带宾语的静态动词时，"V（O）在"不能成立，但是"V 倒（O）在"却没有任何限制。

第 2、第 5 中"在 LV（O）在"、"V（O）在"的动词 V 若是不带宾语的静态动词时，句式不能成立，这是因为要回避"静态动词＋在＋L"的格式，如襄阳话有"看在我的面子上，……"，所以就没有"他看在"这样的句式，前面也说过，像"他在旁边坐"表示动作尚未发生，若表示动作正在持续，一般会说"他坐倒旁边在"。

表示持续意义的"倒"和几个"在"的相互关系和各自的特点表现在：

1. 副词"在"、句尾"在"有足句作用；"倒"没有。

2. 副词"在"、句尾"在"都能表示"正在"的时间意义；在没有"在"的情况下，"倒"无法明确表示"正在"的时间意义。

3. 副词"在""倒"直接作用于动词，而句尾"在"则从属于句子；副词"在"只能表示动作正在进行，句尾"在"还能表示状态正在持续。

4. "倒"和动词搭配的范围要远远大于副词"在"和动词的搭配范围，"倒"不仅能和"在V"中的动词搭配，还可以和不能带宾语的静态动词搭配。只要动作行为本身具有持续性或动作行为在一定时间内反复出现并能形成持续性，都可以加"倒"。

（二）副词"在"、句尾"在"和持续意义的"倒"同时间的关系

副词"在"、句尾"在"和持续意义的"倒"都和时间有关，但是它们和时间的关系又有很大的差别，也正是这种差别，使它们的语法意义有着明显的不同。

1. 副词"在"、句尾"在"与时间的关系

许多学者都已经注意到，由"在"引导的介词短语在句中的作用，已从单纯表空间演变为兼表时间。我们认为，空间和时间是密切相关的，任何一个实际的动作都是存在于一定的空间和时间内的。当一个动作在一定的空间持续性地存在的时候，这个动作就同时占据了这段时间，客观上也就为表处所的成分兼表时间提供了可能（罗自群1999）。

句尾"在"也和副词"在"一样，和时间有关，即和说话的时间（"现在"）或说话人特指的某一段时间（"当时"）一致，都表示"正在"的时间概念。这是因为副词"在"的来源和句尾"在"的来源有一致性，都是介词结构"在+L"的省略形式。由表示空间意义转变为同时表示时间意义，由表示空间的存在转变为同时表示时间的存在。

句尾"在"和副词"在"都有表示"存在"的意思，都是由表示空间意义的存在兼表时间意义的存在，都比介词"在"意义要虚化一些。不仅如此，由于句尾"在"处在句子末尾的位置，虽然还不完全属于语气词，但是它已显得更加虚化：副词"在"后面一般还可以加处所词，句尾"在"后面则不能；副词"在"表示动作行为正在进行，句尾"在"可以和"在V（O）"或"V倒（O）"同现，既可以表示动作行为正在进行，又可以表示动作行为所遗留下来的状态正在持续，它

更侧重于表示时间"正在"的意思——说话的时间或说话人所指的那一段时间。

假如一种动作行为或一种状态已经存在并在持续当中，那么，它从过去的某一个时间点上开始，到现在，又一直到将来的某一个时间点上结束，这期间的任何一点或一段都可以用副词"在"或句尾"在"表示动作行为正在进行，当句子中有时间词的时候，往往需要在动词前增加某个副词以便加强语气，时间词表示过去时，加"正"；时间词表示现在时，加"在"；时间词表示将来时，加"还"。例如：

当时，他（正）读书在

（今年），他（在）读书在

＊明年，他读书在——明年，他还（在）读书在

这里的"读书"是上学的意思。"当时，他（正）读书在"表示过去一段时间内"读书"这个事情正在进行，加上"正"，语气会更加强烈一些。而"明年，他读书在"之所以不能成立，是因为"读书"这个事情现在并不存在，但如果加一个"还（在）"变成"明年，他还（在）读书在"，句子就能成立，表示"读书"这个事情现在已经存在并且会一直持续到明年。又如：

我进去的时候，他正看倒书在

明儿十点钟的时候你去看，他肯定还睡倒在

明年这个时候，他肯定还在打工

所以说，副词"在"和句尾"在"有强调"正在"的意味，它们本身并没有表示过去、现在或将来，只不过，根据语境的不同和语用的需要，表示现在的时间词经常省略。

2. 持续意义的"倒"与时间的关系

无论是副词"在"强调的动作行为，还是句尾"在"表示的动作行为或状态，它们有一个共同点，那就是都表示"存在"——它可以是过去曾经有过的，也可以是现在已经有的乃至延续到将来的某一段时间，但绝不会是尚未存在的。这一点，持续意义的"倒"和它们不同。

"倒"的句式中，"在 LV 倒（O）"能说，也只是半句话，它和"在 LV 倒（O）在""V 倒（O）在"去掉"在"的影响后就是"V 倒（O）"——"V 倒（O）"中的"倒"强调动作行为或状态的持续，

"倒"与动作行为或状态持续的时间长度有关，而动作行为或状态持续的时间长短不一，短的可以是人可以感知的最短的时间，比如几秒钟，长的可以是几年、几十年、几百年、几千年，甚至更长。但动作行为或状态持续的时间的长短同这个动作是不是一定存在于过去、现在或者将来无关，因而"倒"与说话人的时间参照点没有直接的关系，所以，"V 倒 (O)"可以是过去的，也可以是现在的，还可以是将来的。例如："V 倒 (O)"可以是祈使句，V 是尚未出现的动作行为。

由于副词"在"强调的是动作行为，直接作用于动词，而句尾"在"从属于句子，二者不在一个句法层面上。所以，下面，分析一下在同一个句法层面上的副词"在"和持续意义的"倒"的区别。

副词"在"和持续意义的"倒"紧贴动词、直接作用于动词 V，但是语法意义不同："V 倒"是从动作的内部进行观察的，它着重强调的是动作 V 正处在一个持续的过程之中，忽视了动作过程中的每个具体的环节，即忽视了不同动词的语义差别。而"在 V"是从动作的外部进行观察，它把动作看作一个整体，强调的是动作本身已经存在，至于正处于哪一个具体的动作环节也并不关心，强调动作本身的存在就是强调动作行为正在进行当中。"﹡在 V 倒 (O)"和"﹡在 V 倒 (O) 在"不能成立，是因为"倒"和副词"在"的语法意义相冲突，不能在一个句子中同时出现。

"倒"最核心的意义是表示持续，请看：

静态动词 + 倒：无论是表示动作行为的本身还是表示动作行为所遗留下来的状态，只要是静态动词，它的后面往往要跟"倒"来表示持续意义。

动态动词 + 倒：可以分为三种情况：(1) 动态动词I类 a_1 小类，加上"倒"之后，强调了动作行为正处在一个持续的过程之中。(2) 动态动词I类 a_2 小类，加上"倒"之后，强调了动作行为正处在一个因动作行为的反复出现而形成的持续的过程之中。(3) 动态动词II，加上"倒"之后，强调的是正处在动作行为所造成的状态的持续过程之中。

静态动词对"倒"的依赖性比较强一些，动态动词加"倒"以后语义重点会发生一些变化。

实际上，用"倒"对动词进行严格的分类是比较困难的，可以从认知的角度来看这种现象：说话人不管文化水平的高低，他在讲话时，什么时候用"倒"、什么时候不用"倒"，是非常清楚的，因为不管动词的语义具体表示什么，不管动词属于哪一类，只要表示动作行为本身的持续，或者表示动作行为所遗留下来的状态的持续，就能用"倒"。"V倒（O）"中的"倒"不涉及动词V持续的时间的长短、不考虑动词不同语义上的差别，也不管动作是已然的还是未然的（祈使句），它只强调动作或状态的持续性。

因此，"倒"附着在有持续意义的动词后面，取消了不同动词V的区别性特征，凸显了动作或状态的持续意义，是表示持续意义的语法标记。

综上所述，"在V（O）"的"在"直接作用于动词，强调动作行为正在进行（"进行"是眼下比较流行的一个词，权且用"进行"表示动作行为的"存在"），将它称作"进行标记"；"进行标记""在"包含"正在"的时间意义。"V倒（O）"的"倒"是动作行为或状态的持续的标记，简称"持续标记"。

持续标记"倒"相对于表示动作或状态的持续意义而言，它也只是一个充分条件，不是必要条件。"倒"的出现是和需要表达或强调这种持续意义的语用上的要求密切相关的。

持续标记"倒"和进行标记"在"还有一个很大的区别，那就是："倒"不能单独使用，必须附着在动词或形容词的后面才能使用，而"在"因为还可以作动词，可以单独使用，"在"作介词的时候，介词结构也可以单独使用。

第四节　北京话"着[tʂə⁰]"的语法意义

襄阳话的"倒""在"和北京话的对应关系如表1所示。

表1

襄　阳　话	北　京　话
V倒[tau⁰]在	V着[tʂə⁰]呢
V倒[tau⁰] L在/V在L	V的[tə⁰] L

续表

襄　阳　话	北　京　话
V 倒 [tau⁰] 了/V 不倒 [tau⁵⁵]	V 着 [tʂau³⁵] 了/V 不着 [tʂau³⁵]
在 LV（倒）	在 LV（着）

（2）地道的北京话没有副词"在"的用法，它只出现在北京普通话中。①

（3）襄阳话的"V 倒 [tau⁰] L 在"和北京话的"V 的 L"对应，北京话的"V 的 L"还和书面语的"V 到 L""V 在 L"对应。

（4）襄阳话的结果补语、可能补语"倒 [tau⁰] / [tau⁵⁵]"，对应北京话的"着 [tʂau³⁵]"。

一些学者对北京话表示持续意义的"着 [tʂə⁰]"进行了比较深入细致的研究，这里举例说明并做一番讨论。

赵元任认为："着"，进行态。在主要谓语 [表示动作在进行的] 句子末了一般都有助词"呐"，或者在动词之后加个"着"跟它配合，或者不加。例如："他干嘛呐？他打着电话呐？"带"着"的形式又能用于命令句。例如："拿着！/记着！/等着！/坐着！/戴着帽子！/帽子戴着！"②

周一民认为："着"附着在动词、形容词之后，表示动作变化正在进行或性质状态正在延续。"着"一般用于现在时，但也可以用于过去时或将来时。……"着"表示动作进行的句子动词前常有"正、在、正在"等副词；如果没有后续谓语或分句的话，句尾必须有"呢"。"着"表示状态持续的句子则没有上述条件限制。……一般来说，表示动作进行的句子，如果动词前有"正、在、正在"等副词，句尾有"呢"，那么"着"便可以省去。表示状态持续的句子动词后如果有数量词组，则"着"常可以省去。③

这两段话说明北京话的"着"的几个特点：（1）一般用于现在时，

---

① 刘一之：《北京话中的"着（zhe）"字新探》，北京大学出版社 2001 年版。
② 赵元任著、吕叔湘译：《北京口语语法》，商务印书馆 1979 年版。
③ 周一民：《北京口语语法（词法卷）》，语文出版社 1998 年版。

但也可以用于过去时或将来时（例如：命令句）——"着"并不是专门或只能表示现在。（2）表示状态持续的句子中有"着"就行了，而表示动作正在进行的句子中，则少不了"正、在、正在"或"呢"，有"呢"的时候根据需要可以加上"着"——"着"和"正、在、正在""呢"在表示持续、进行方面有所不同。（3）当动词后面有数量词组时"着"常可以省去，说明这时"着"的作用体现不出来了。

北京话"着"的这几个特点和襄阳话表示持续意义的"倒"的特点是一样的。北京话的"着"也是表示持续意义的。再看看北京话的一些例子。

周一民把北京话有"着"的句子归纳为下面七种：①

1. "动+'着'"根据动词的不同分别表示动作进行或状态持续。例如：

门冲东开着（状态持续）

他正开着门呢（动作进行）

他在那儿瞅着你呢（动作进行）

老王今儿穿着一身儿新（状态持续）

警卫就在门口儿站着（状态持续）

上面的例子说"他正开着门呢""他在那儿瞅着你呢"是"动作进行"，说"警卫就在门口儿站着"是"状态持续"，区别的标准是什么？我们认为，它们的区别，应该是有没有句尾"呢"引起的，是"呢"凸显了动作正在进行，而几个句子中的"着"表达的语法意义还是一样的。

有些表心理活动的动词后经常带"着"。例如：②

我算计着日子差不多了　　　我估摸着他该来了

2. "动+'着'"有后续谓语或分句的时候，"着"表示该动作与后续动作同时进行，"动+'着'"可以是后续谓语或分句的方式、达到目的的手段等。例如：

老师坐着在那儿讲课　　　我顶着西北风儿往单位骑

---

① 周一民：《北京口语语法（词法卷）》，语文出版社1998年版。

② 刘一之：《北京口语中的"着"》，转引自北京大学中文系编《语言学论丛》（第22辑），商务印书馆1999年版。

这点儿菜留着给你姐姐　　　他们争着抢着要上那儿去

我们认为，在上面这几个例子中，表示"该动作与后续动作同时进行"的是"动+'着'+后续谓语/分句"，不是"着"。

3. "动+'着'"重复后接谓语，表示动作进行当中出现另一个动作或情况。例如：

我们走着走着天慢慢儿亮了　　　他们俩说着说着就打起来了
我这儿想着想着到时候儿还是给忘了

4. 在"处所+动+'着'+名"的存在句型中，"着"表示人或事物存在状态的持续。例如：

胡同口儿围着一大帮人　　　椅子上坐着一男一女
墙上挂着一把大纸扇子　　　外边儿下着小毛毛儿雨

刘一之认为："这类句子通常提供的是一种场景描写。……这类句子'着'前出现的动词有一个共同的特点，就是既可以表示一个动作，又可以表示这个动作完成后的持续阶段。"

5. "形+'着'"的"着"表示某种性质状态正在持续。例如：

老王在他们单位正红着呢
今儿早上我看楼道灯还亮着
地就这么湿着，你也不张罗着擦擦
他比我高着一大截
这些日子天老阴着，没晴过

上面的"湿着""高着"，不能说成襄阳话的"湿倒""高倒"，襄阳话的形容词出现的句式一般是"形容词+'倒'+'在'"，能出现在"形容词+'倒'"中的形容词不多。北京话可以说"快着！""慢着！"，而襄阳话不能说"快倒！""慢倒！"只能说"快点儿！""慢点儿！"。

6. "动/形+'着'+'点儿'"是用于祈使句的格式，"着"表示的是将来时的进行或持续。例如：

这事儿您给想着点儿！　　　你过马路看着点儿！
饺子馅儿大着点儿！　　　小伙子，悠着点儿！

襄阳话可以说"动+'倒'+'点儿'"，没有"形容词+'倒'+'点儿'"的用法。

7. "着"有时也可以自由隐现,下面句子中的"着"可有可无:

他们几个正在那儿钓(着)鱼呢!

姑娘左手拿(着)一把花儿

这衣服我穿短(着)一大块

我们再来看看其他学者对北京话"着"的研究情况。

刘一之认为"我做饭呢"和"我做着饭呢",加上一个"着",意思就不一样了。鸟居鹤美认为"他吃饭哪"和"他吃着饭哪"意思是不一样的,而太田辰夫则认为它们"其实没有什么差别"。① 我们认为,前后两句话的基本意思没有大的变化,但还是有些不同,加"着"以后,强调动作"做""吃"在持续的过程中,没有"着"时只是一般的陈述,两句话要表达的语用意义不同。

比较下面两句:

a 我计划在这儿盖一间小厨房

b 我计划着在这儿盖一间小厨房

刘一之认为:a 句的意思是有了一个计划,"要在这儿盖一间小厨房"。b 句的意思是不仅有了一个计划,而且有了一些具体的想法。我们认为,从这个例子也可以说明"着"突出表现了动作"计划"处在一个持续的过程之中。

根据刘一之的调查,北京口语可以说"睡觉呢""洗衣服呢""做功课呢""看电视呢",而不能说"睡着觉""洗着衣服""做着功课""看着电视",他认为北京话不能用"着"表示动作的进行。从这一点也可以看出,在北京口语里,"呢"有足句的功能,"着"没有。

刘一之认为:如果句中只有一个动词,这个动词又是动态动词的话,那么,后面是不能带"着"的。我们认为,一般情况下,动态动词后面不用带"着"也能表达动作正在进行,但当说话人需要强调这个动作的过程的持续时,还是需要带"着"的,例如:"她还唱着歌呢。"动态动词和"着"的结合要比静态动词和"着"的结合频率低,这是因为动态动词可以直接以零标记的形式表示动作的进行。

---

① 刘一之:《北京口语中的"着"》,转引自北京大学中文系编《语言学论丛》(第22辑),商务印书馆1999年版。

北京话的"着"还有一种特殊用法:"V 着 A（A 是形容词）",例如:

有的菜看着好看,吃着不好吃　　　这椅子坐着不舒服
走着太累了　　　　　　　　　　来着不方便
这烧饼咬着太硬

关于这种句式,刘一之认为:"这种句式统一的意思是:通过 V 这种动作行为而产生的一种感觉。"张黎认为:"这类句中的'V 着'实际上是一种条件,即作为一种状态存在的条件……这类句中的谓语实际上是一种主观评价,……可见,这是一种评议句,即对作为条件的状态进行评议。"

笔者认为,"V 着 A"中的"V 着"在这里是一种假设的条件——动作 V 处于持续状态——"V 着"是它后面的形容词说明的对象。看看"这烧饼咬着太硬"这句话,意思是"咬着"的时候,让人感觉"太硬"。"咬几口"或"咬一口"并不重要,关键是"咬"的过程在人的潜意识中被看作一种持续过程,哪怕时间是比较短暂的。"太硬"的这种感觉是从"咬"的过程中得到的,尽管说话人说这句话时并不做这个动作,但是"咬"的这个动作过去肯定是出现过。从这个例子中,"着"只表示持续意义,与动作行为或状态是否正在进行或存在没有直接的关系。

赵元任说:有些动词必得带"着",不能带零后缀,例如:托着。/向着。/冲着。/记着（=记得）。[①] 刘一之也说:有些动词因为后边总带着"着",似乎"V 着"已经成了一个词,例如:觉着、显着、透着、记着、憋着、瞒着……这些例子中的"着"大都可以用襄阳话的"倒"替换。

在现代北京话中,很多介词后面都可以带"着"。比如:照着、按着、比着、同着、跟着、由着、趁着、随着、冲着、当着、凭着、向着……刘一之认为:"介词所表示的意思是比较虚的,它不是一种行为动作,没有起点和终点,也无所谓进行或持续。所以在介词后面的'着'无论如何都不能说是表持续或进行的。"我们认为,可以带"着"

[①] 赵元任著、吕叔湘译:《北京口语语法》,商务印书馆 1979 年版。

的介词，一般同时具有动词的特点，能表示动作行为，在一定场合也可以当动词用，它们是动词、介词的兼类词，当介词带"着"时，这时的介词更接近动词，它后面的"着"和动词后面的"着"语法意义是一样的，还是表示持续，"介词+着"仍然具备某种动作行为在一段时间内持续的特点。另外，这些介词在使用过程中，是"可以"带"着"，不是"必须"带"着"，当它们不带"着"时，它们更像介词。

刘一之认为，"着"后面不能出现表示时段、时点的词语。我们认为，这是因为"着"本身就包含了时段，这个时段是隐性的、不具体的，所以，"着"不能和显性的、具体的表示时段的时间词语同时出现在一个句子里，这样，也就更不能和表示时点的时间词语同时出现在一个句子里。

刘一之认为，"着"后面不能出现表示处所的词语。我们认为，中古汉语的"著"的后面可以有处所词，只不过后来分化了，在北京话里，"着"的功能显得比较单一。

刘一之指出：值得注意的是，"V着（O）"所给出的并不是时间条件，例如，不能说："＊我们吃着饭，他来了。"他说："北京口语中的'着'……大多数情况下，它不能独立成句。即便是在少数可以独立成句的情况下，语义仍不能表达一个完整的意思，需要其他的知识来补充。"

通过分析，可以清楚地看到，北京话"着"的这些特点和襄阳话的"倒"是一样，"着"同样可以看作持续标记。

第五节 持续标记"着"的特点

在过去很长时间里，关于北京话、书面语"着"的语法意义等问题，前辈时贤做了大量的研究，并取得了很大的进展，我们的工作就是在他们的研究基础上进行的，通过前面几节的比较分析，我们认为，襄阳话的"倒"和北京话、书面语的"着"的语法意义都是表示持续，这里，将列举与此相关的一些研究成果，进一步论述这种观点的合理性。

一 "着"同动词的搭配情况

据戴耀晶的统计①常用动词里不能带"着"的有四分之一强。从语义上可将不能带"着"的动词分为能愿、属性、心理、行为四类,其中以表示行为动作的居多。例如:

表能愿的:能、能够、可能、可以、应该、应当、敢、敢于、肯、愿意、愿、得;

表属性的:姓、像、相符、是、等于、属于、总计;

表心理的:相信、佩服、希望、害怕、懂、喜欢、赞成、讨厌、明白、了解;

表行为的:到达、取消、离开、来、去、开始、毕业、听见、死、脱离、停止、成立、结婚、开幕。

能带"着"的能愿类、属性类、心理类动词都不是瞬间动词。

不能带"着"的行为类动词是瞬间动词。

上面这几类词不能带"着"的动词,本身不具备"时段特征"或者说不能表现出"时段特征"。

戴耀晶说:"时间词语、动量词语、动结式词语都不与'着'同现,因为它们会破坏'着'观察事件内构成的非完整性。"我们认为,"时间词语、动量词语、动结式词语都不与'着'同现",是因为它们与"着"的语法意义相冲突,一句话若只有一个动词,则动词只能表达一种语法意义,它不能同时表达两种不同的语法意义。

石毓智认为:"着"要求它前面的成分必须有"时段持续"的语义特征,如:"看、听、说、走、跑、吃、喝、睡、坐、躺、挂、悬、放、向、朝、标志、意味"等。没有"时段持续"语义特征的动词不能跟"着",例如:"死、塌、垮、炸"等。述补结构和动词重叠式也因为不具备"时段特征",所以不能跟"着"。②

另外,表时点的副词可以消去动词的"时段特征",从而使动词不能和"着"搭配,例如:﹡他立刻坐着。

---

① 戴耀晶:《现代汉语时体系统研究》,浙江教育出版社1997年版。
② 石毓智:《论现代汉语的"体"范畴》,《中国社会科学》1992年第6期。

虽然有不同的句式，但是动词和"着"的搭配是比较自由的、只有非常少的一部分动词不和"着"（及其变体）搭配。

二 "着"的语法意义是什么

迄今为止，关于"着"（zhe）所表示的语法意义的不同说法大致有以下八种（刘一之 2001）：1."表示进行"；2."表示持续"；3."表示动作完成后的状态"；4."表示状态"；5."表示惯性"；6."表示情状"；7."表示在某种情况下"；8."表示起始体、非完成体、完结体和完成体"。[①]

其中，认为"着"只有一种语法意义的，并且认为"着"是表示持续意义或进行意义的有：吕叔湘（1942）"动作正在持续之中"（"着"还表示动作的状态化）、太田辰夫（1947/1987）"状态的持续"；王力（1943）"进行貌"；鸟居鹤美（1943）"持续"；高名凯（1948）"表示某动作或某历程尚在继续进行之中"；胡明扬（1958）"表示持续"；赵元任（1968）"进行式"；陈刚（1980）"状态持续态"；刘月华等（1983）"动作或状态的持续"；陈平（1988）"表示有关动作正处于进行或持续状态"；李临定（1990）"表示动作在持续中"或者"表示状态在持续中"；石毓智（1992）"持续体"；戴耀晶（1994）"持续体"；项梦冰（1996）"持续"；吴启主（1996，载伍云姬1996）"表示动作持续进行"；徐通锵（1997）"表示连续性时程的延续"；邢福义（1998）"持续"；陈月明（1999）"持续"；陆俭明（1999）"表示行为动作或状态的持续"；李小凡（2003）"持续体"；等等。

认为"着"有两种或两种以上的语法意义，其中包括"进行"和"持续"两种意义的有：北大《现代汉语》（1961/1993）、胡裕树（1962）、赵金铭（1979）、吕叔湘（1980）、房玉清（1980）、朱德熙（1982）、木村英树（1983）、于根元（1983）、刘宁生（1985）、龚千炎（1991）、李讷、石毓智（1997）、周一民（1998），等等。[②]

---

① 刘一之：《北京话中的"着（zhe）"字新探》，北京大学出版社2001年版。
② 以上两段随文注释的地方，材料出处可在后面的参考文献中参阅，或选自刘一之《北京话中的"着（zhe）"字新探》，北京大学出版社2001年版。

在第三节里通过襄阳话"倒"和"在"的比较,已经说明了"进行""持续"的不同,在第四节里,也看到北京话的"着"表示持续、不表示进行。

太田辰夫是比较早地研究"着"的语言学家之一,他早在1947年就明确提出:北京话用不同的形式表示动作的进行和状态的持续。动作的进行是动态的,状态的持续是静态的。他认为,北京话有自己特殊的时态:句末加助词"哪",表示进行;动词后加"着"表示状态的持续。表状态持续的句子如果是现在时的终止形,则句末要加上"哪"。①

中国社会科学院语言研究所词典编辑室编撰的《现代汉语词典》②对词条"着(zhe)"的解释也强调了"着"的持续意义:

(1)表示动作的持续:他打~红旗在前面走/他们正谈~话呢

(2)表示状态的持续:大门敞~/茶几上放~一瓶花

(3)用在动词或表示程度的形容词后面,加强命令或嘱咐的语气:你听~/步子大~点儿/快~点写/手可要轻~点儿

(4)加在某些词后面,使变成介词:顺~/沿~/朝~/照~/为~

陈刚说:进行式有两个时间上的特点:一是它的扩展性,二是限制性,二者缺一不可。"着"并不管某个动作在时间上是否有限制,所以不表示进行。例如:"他们开着会呢/外头下着雪呢/一场热烈的讨论还在进行着",他认为,其实这些句子去掉"着",仍然表示进行,因为"在"和"呢"已经把进行的意思表达出来了。而如果去掉"在"和"呢",给人的感觉是还没说完——只是提供了一些情况,而在这些情况下发生的事情还没说出来。在它们后边添上点儿什么,句子才显得完整了。……在传统白话文里,单句或主句的主要动词附"着"的不多,而且绝大多数是状态持续态。……汉语运用"着"是表示持续,并不管某个动作在时间上是否有限制。汉语能表示进行意义,但是不用"着"来表示。"着"常用在从句中,不出现在主句的主要动词后面,从句里有持续态,都是为主句提供背景或条件的。③

---

① 刘一之:《北京话中的"着(zhe)"字新探》,北京大学出版社2001年版。

② 中国社会科学院语言研究所词典编辑室编:《现代汉语词典》(第7版),商务印书馆2019年版,第1661页。

③ 陈刚:《试论"着"的用法及其与英语进行式的比较》,《中国语文》1980年第1期。

刘月华、潘文娱、故韡认为，"着"是动态动词，语法意义主要表示动作或状态的持续，"着"的作用在于描写。①

陈月明认为，"在"与"着₁"都具有［延续］特征，不同的是，"在"表示活动在进行之中，"着₁"表示动作的持续；"在"的辖域是整个 VP，"着₁"的辖域是动词 V；"在"字句是表述性的，而"着₁"字句是描述性的。②

关于对"着"语法意义的认识，还有几个问题，需要明确一下：

1. 什么是"状态"？

动作的存在，本身就是一种状态，只不过，有的状态在时间上显得非常短暂，有的状态可以根据需要，在时间上可长可短，这就是瞬间动词和非瞬间动词的区别。瞬间动词若在一段时间内反复出现，也能形成一种持续的状态。

什么是表示动作行为？什么是表示动作行为所遗留下来的状态？这其实是一个很难回答的问题，先来看看下面几个来自《现代汉语词典》（第 7 版）的例子：

"坐：把臀部放在椅子、凳子或其他物体上，支持身体的重量。"

"站：直着身体，两脚着地或踏在物体上。"

"穿：……5. 把衣服鞋袜等物套在身体上。"

汉语的许多动作动词根据语义的不同，可以分为：（1）只表示动作行为本身的动词；（2）既可以表示动作行为本身，又可以表示动作行为所遗留下来的状态的动词。如果"坐着""站着"是表示动作行为（有人把"坐着"也看作"动作行为所遗留下来的状态"），那么，"穿着"是表示动作行为，还是表示动作行为所遗留下来的状态？

又如，"帽子戴着呢"和"门开着呢"中的动词表示的是动作行为还是动作行为所遗留下来的状态？帽子只要在头上顶着就是戴，有外力的影响；但是门已经是开着的情形下，还有外力的影响吗？

不管把动词分多少类，人们在说话时对什么时候用"着"，什么时候不用"着"，什么时候可用可不用，界限是非常清楚的，这是否说明

---

① 刘一之：《北京话中的"着（zhe）"字新探》，北京大学出版社 2001 年版。
② 刘一之：《北京话中的"着（zhe）"字新探》，北京大学出版社 2001 年版。

了这样一个问题:"着"抽象的语法意义只有一个,说话人不管动词是表示动作的还是表示状态的,它在需要表示动作或状态的持续性的时候,往往很自然地就会用"着"。而"坐着""穿着"是表示动作持续还是状态的持续则是语法学家的事情。

2. 什么是动态动词、静态动词?"着"和状态的关系是什么?

"着"侧重于表示静态的持续,但它又不仅仅只表示静态的持续,在现代北京话、书面语里,它还能表示动态的持续,只要是含有持续意义的动词,不论它是静态的,还是动态的,只要语用上的需要,都可以带"着"。"动态"和"静态"应该是动词的语义性质,绝对不是"着"的性质,但是加上"着",可以进一步强调动词的动态或静态特征。

动词加"着"以后,表示的是动作行为或状态的持续,"着"取消了不同动词的区别性特征,不考虑这个动词的语义特征如何,也不管动词是动态动词还是静态动词,更不涉及动作行为或状态何时开始、何时结束,只要这个动作行为或状态能在开始和结束之间存在的任何两点之间持续,这个动词就可以在它需要突出持续意义时加上"着",所以,从这个意义上说,"着"应该是动词(动作行为或状态的持续意义)的外在表现形式。

三 "着"在句子中充当什么成分

"着"到底该充当什么成分,这在语法学界也有不同的看法。陆俭明归纳了以下四种说法:记号、体标记(形尾)、动词后缀(词尾/后附成分)、动态助词(小品词/语助词)。他倾向于把这个"着"分析为助词,理由是:

"汉语里没有印欧语里那种'时(tense)',这几乎已成为汉语语法学界的共识。有没有印欧语里那种'体(aspect)'?看法就不一了。我们认为,汉语里同样没有像印欧语里那种'体(aspect)'。'体(aspect)'作为一个语法范畴,一定有一个完整的系统;某一种'体'一定有某种特定的形式标志,而且一定能适用于虽不说全部也应该是绝大部分动词。……我们说汉语里没有像印欧语里那种'体(aspect)',这不等于说汉人没有动作进行、持续或完成的观念,而是说汉人的这些观念不是通过动词的'体'标记来表示,而是通过词汇或句法来表示的。有鉴于此,所以我们不采用'着(zhe)是体标记或动词形尾'的这些说法。"①

我们也不采用"'着(zhe)'是动词后缀、动词词尾或动词后附成分"这些的说法,因为我们不认为"着(zhe)"是一个词。

我们把"着(zhe)"分析为助词的重要根据还在于,"着"虽然能表示行为动作或状态的持续,但行为或状态的持续不一定必须由"着"来表示。

我们同意陆俭明的分析,需要补充的是,把"着"看作助词,实际上它还具有补语的某些特点。

陈刚认为:表示"持续态"的作用实际上是补语作用的弱化。② 木村英树发现,凡是带结果补语的及物动词性结构,结果补语一般指的是受事者的情况或者状态,而不是施事者的情况或者状态。他认为:凡是能够暗含受事者在动作完成后附着或留存在特定处所意义的动词都可以附上"着"(表示状态持续,下同),不能暗含这个意义的动词都不能附上"着"。他认为,"着"在语法功能上类似结果补语,把它理解为时态词尾和结果补语之间的过渡成分,即"结果补语性词尾"比较合理。他说,"着 d"也有和结果补语不一致的地方,例如,结果补语和动词之间可以插入"不"和"得",但"着"不行。③

对动词和"着"之间不能插入"不"和"得"的原因,我们的解释是:当"V 着"中间加了"不"或"得"之后,"着"意义变得比较实在,随之,它的读音也跟着发生了变化,北京话的"着"由读轻声的[tʂə⁰]变成读阳平的[tʂao³⁵],而襄阳话的"倒"也由读轻声的[tau⁰]变成读上声的[tau⁵⁵]。轻声的表持续义,非轻声的表结果义。所以说,读轻声的"着"和补语的位置一致,但又和一般的结果补语不同:"着"同句子中的施事者、受事者没有直接的关系,只是和动词发生直接的联系,意义比较虚;而表示结果义的补语成分"着"意义比较实在,补充说明的对象是它

---

① 陆俭明:《"着(zhe)"字补议》,《中国语文》1999 年第 5 期。
② 陈刚:《试论"着"的用法及其与英语进行式的比较》,《中国语文》1980 年第 1 期。
③ [日]木村英树:《关于补语性词尾"着/zhe/"和"了/le/"》,《语文研究》1983 年第 2 期。

前面的动词，它必须和动词一起补充说明施事者或受事者的状态。

述补结构后面不能加"着"，是因为述补结构表示的是补语成分对动词的补充说明，动词后面的"着"作用和补语是一致的，所以，述补结构后面不能再加"着"。

总之，只要语义上，某一动作行为或状态有持续性，语用上，又需要表现或强调这种持续性，那么，语法上，就可以用"V＋'着'"这种格式表示动作行为或状态的持续性。不仅仅是动词，一些形容词、动词介词的兼类词也是如此——在一定的语义、语用条件下，自然就会带"着"。

从另一个角度说，"V＋'着'"这种格式可以表示动作行为或状态的持续性，并不等于说，表示动作行为或状态的持续性一定要用"V＋'着'"这种格式。二者不是互为条件的。汉语可以用不同的手段（语法手段、词汇手段）来表示持续，那么，持续标记"倒"／"着"，在表达持续这一语法意义时，是充分条件，而不是必要条件。

第二章 现代汉语方言持续标记的类型及其地理分布

桥本万太郎曾说:"汉语的发展在东亚大陆有几千年的比较稳定的历史,所以现在我们从东北到岭南能够发现渐变的语言构造的类型推移。世界上没有一个别的语言能提供给语言学家这么大规模的、这么丰富的类型的推移的资料。"① 在本章中,我们将重点讨论持续标记在现代汉语方言中的表现形式、分布情况以及它们在类型上的特点,充分展示现代汉语方言持续标记的丰富性和多样性。我们把在一定的句式中,附在动词后、宾语前的表示动作的持续意义的语法成分看作持续标记——它们受自身语义的限制或语用表达的需要而出现在一定的句式中,紧紧跟在具有持续性特点的动词后面,凸显动词的持续意义,表示动作行为或状态正在持续。

据目前所掌握的现代汉语方言语料来看,持续标记在方言中的分布比较广,而且语音形式也是多种多样,不同的调查者在记录持续标记时所使用的汉字,有的是同音字,有的是当地方言的习用字,还有的是调查者本人所推测的本字。因此,采用什么标准给持续标记分类是一个非常关键的问题。考虑到持续标记作为虚词的语音特殊性——单纯从一个方言点或方言片的读音很难准确推导出它们的本字,而且在书面语料中,不同方言语法成分的用字在一定程度上掩盖了它们语音上的联系,所以,在分类时,我们更多注重的是所讨论的语法成分的语音形式,而不是调查者所使用的汉字,尽可能地排除用字字形上的干扰,把考察的重点放在这个语法成分的口语读音和语法意义上——只要处在动词之

---

① [日]桥本万太郎:《现代吴语的类型学》,《方言》1979年第3期。

后、宾语之前这个位置表示动作或状态的持续意义，不论它在方言或文献中的用字如何，我们都将根据它们实际的读音进行分类。因此，统一体例，本章在行文及例句中一般都附上调查者提供的语音形式。

根据语音标准，将现代汉语方言的持续标记划分为以下几类：

1. 声母为［tʂ］/［ts］的"着"类持续标记、"之/子/仔"类持续标记；

2. 声母为［t］的"倒/到"类持续标记、"哒"类持续标记及"得""的"类持续标记；

3. 阳声韵"紧/等/稳/餐/恁"类持续标记；

4. "起"类持续标记；

5. "住/居"类持续标记；

6. 声母为［l］/［n］的"吼"类持续标记；

7. 零声母类持续标记。

本章根据上述给持续标记的分类来分章节：首先主要按照声母排列不同的章节，同一节中，声母相同的，又根据韵母的不同排列，先舒声韵（开齐合撮），后入声韵，同时参照声调排列，先舒声后入声。至于每一节方言点的排列顺序，一方面参照现代汉语方言分区，从北到南、从官话到非官话、从省会城市到地方来排列语料；另一方面在同一个省份，主要是按照一定的地理位置来排列，而对于不同方言区之间过渡地带的方言点，主要按它所在的省份地域排列，不按它所属的方言区来排列。在列举方言语料的时候，不注明它所属的方言区。

由于现代汉语方言的丰富性和复杂性，表持续意义的成分能够出现的句式不一定完全对应，表示持续意义的成分在同一个方言中还可能兼有其他的语法功能，不同方言的情况更是有许多差别。为了有一定的代表性和便于比较，本章选取例句的一个依据是，每个方言点的例句一般都是持续标记出现的以下几个主要句式或结构的：

1. "动词+持续标记（+宾语）"或"动词+宾语+持续标记"

考察的是陈述句（包括存现句）、疑问句、祈使句等中的持续标记，这是比较常见的一种形式。

2. "动词$_1$+持续标记+动词$_2$"

考察的是连动句中的持续标记，这也是比较常见的一种句式。

3. "动词₁＋持续标记＋动词₁＋持续标记＋动词₂"

"动词₁＋持续标记"的重叠形式也能表示一种状态的持续。

4. "介词＋持续标记"

由于汉语的介词一般来源于动词，而且方言中介词和动词兼用现象还比较多，所以，这里考察一下"介词＋'着'"中"着"的相应成分，可以从一个侧面帮助人们加深对持续标记的认识。

从第一章可以看出，从襄阳话到北京话，以上是持续标记经常出现的句式，本章为了节省篇幅，一个方言点，一般一种形式只选择一个例句做代表。

本章尽可能穷尽性地收集相关语料，所选用的语料，除襄阳话等是笔者田野调查所得以外，其他均来自学界历年来发表的论文、专著。由于方言语料的参差不齐，就某一个方言点来说，上述句式不一定都能找到相应的例句，但是，这并不妨碍讨论问题，因为本章重点是比较现代汉语方言中持续标记的类型有哪些、分布情况如何。当然，尽管我们已经尽最大努力收集相关文献资料，但由于时间等客观条件所限，还会有所遗漏。需要强调的是，我们在语料的选择上没有任何主观倾向，完全是从语言事实出发、尊重语言事实。

第一节　声母是［tʂ］／［ts］的持续标记：
"着""之/子/仔"

本节主要介绍声母是［tʂ］／［ts］的持续标记，根据韵母的不同，大致又可以分为：一、"着"类，韵母是［ɤ］／［ə］／［o］／［ɔ］／［ou］／［au］／［uə］／［uo］等，还包括有喉塞音韵尾的；二、"之/子/仔"类，韵母是［ɿ］／［ʅ］；三、其他相关的持续标记。

一　"着"类持续标记

分四小类：一是［ɤ］／［ə］之类央元音或类似央元音的韵母，二是［o］／［ɔ］／［ou］之类的开口呼韵母，三是［uə］／［uo］之类合口呼韵母，四是有喉塞音韵尾的。

（一）韵母为［ɤ］／［ə］之类的

北京话：老王今儿穿着一身新//门冲东开着//他们争着［tʂɤ⁰］抢

着要上那儿去//我们走着走着天慢慢儿亮了//跟着①

天津话：站着［tʂə²¹］！//坐着吃比站着吃好//说着说着笑起来了//跟着②

河北昌黎话：他们正说着［tʂə⁰］话呢//桌子上放着一碗水//坐着吃好，还是站着吃好//说着说着笑起来了③

黑龙江哈尔滨话：他们正在说着［tʂɤ⁰］话呢//站着！//桌上放着一碗水//坐着吃好，还是站着吃好//说着说着，笑起来了//顺着河走④

吉林长春话：她炒着［tʂɤ⁰］菜呢//骑毛驴看唱本，走着瞧//笑笑着哭了起来//沿着这条小路，我一直向前走去⑤

内蒙古海拉尔话：他正跟一个朋友说着［tʂə⁰］话呢//坐着吃比站着吃得劲儿些⑥

通辽话：他拽着［tsə⁰］野藤条，顺着犄里拐弯儿的小山道儿向上爬

乌兰浩特话：他提着［tsə⁰］斧子锯就去了//脖子上挂着一根锁链子//旁边儿跟着一个十来岁的小孩儿

山西广灵话：坐着［tsə⁰］吃比站着吃好⑦

运城话：老四呢？他正跟一块人说话着［tʂɤ⁰］哩//坐着吃比立着吃好些⑧

万荣话：一伙人唱歌着［tʂɤ⁰］哩//他正吃饭着哩⑨

陕西西安话：路不远，你走着［tʂɤ⁰］去//走着走着跌倒咧⑩

户县话：他的（他们）正开会着［tʂɤ⁰］呢//坐着吃比立着吃

---

① 周一民：《北京口语语法（词法卷）》，语文出版社1998年版。
② 根据邢向东提供的语料。
③ 河北省昌黎县县志编纂委员会、中国社会科学院语言研究所：《昌黎方言志》，科学出版社1960年版。
④ 李荣主编，尹世超编：《哈尔滨方言词典》，江苏教育出版社1997年版。
⑤ 根据吴长安提供的语料。
⑥ 马国凡、邢向东、马叔骏：《内蒙古汉语方言志》，内蒙古教育出版社1997年版。
⑦ 侯精一、温端政主编：《山西方言调查研究报告》，山西高校联合出版社1993年版。
⑧ 温端政主编，吕枕甲编：《运城方言志》，山西高校联合出版社1991年版。
⑨ 李荣主编，吴建生、赵宏因编：《万荣方言词典》，江苏教育出版社1997年版。
⑩ 李荣主编，王军虎编：《西安方言词典》，江苏教育出版社1996年版。

好//走着儿［tʂə⁰］走着儿天黑咧①

甘肃宕昌哈达铺话：他正上课着［tʂɤ⁰］嘞//走着走着停下来了②

山东即墨话：背着［tʂə⁰/tʂʅ⁰］手//眼看着//捎带着（顺便）/照着/朝着/顺着③

诸城话：养着［tʂə⁰］狗//站着吃怪使人（累人），快坐着吃吧④

临沂话：（兰山话）顶着［tʂə⁰］碓白子耍把戏——出力不讨好⑤

河南洛阳话：你扶着［tʂə⁰］墙站那儿//趴着睡//冲着＝对着⑥

湖北方言：秭归（金沙镇）、均县（青山港）两个点说"坐着"⑦

云南方言：据《云南方言调查报告》记载，36个方言点说"坐着"，例如：昆明、广通、镇南、昆阳、嵩明、宜良、江川、宁洱、澜沧（募延）、缅宁、陆良（静宁乡）、西畴（新街）、富宁（剥隘）、凤仪（上锦场）、蒙化、漾濞、永平、洱源（龙门村）、剑川、祥云（左所）、盐丰、姚安、大姚、盐兴（黑井）、武定、禄劝、寻甸（歇庄）、维西（叶子村）、顺宁（洛党）、双江（耿马）、镇康（明朗街）、龙陵、潞西、陇川、腾冲、玉溪（新民村）等。另外，元谋、牟定、昌宁（远丙镇）、云县、镇沅、罗次、弥渡、墨江（碧溪镇）、泸西、师宗等10个方言点说"坐□［tʂə 阴平］""坐□［tʂɤ 阴平］"等。只有罗平说"坐□［tʂ·ɤ 阴平］（坐着）"⑧

玉溪澄江话：他正吃着［tʂə⁰］饭//他打着电话（他正在打电话）⑨

（二）韵母是开口呼［o］/［ɔ］/［ou］之类的

山西临汾话：那家（他们）开会着［tʂo¹³ 阳平］哩//人不在，锁门

---

① 孙立新：《户县方言研究》，东方出版社2001年版。
② 莫超：《白龙江流域汉语方言语法研究》，中国社会科学出版社2004年版。
③ 钱曾怡主编，赵日新、沈明、崀长举等：《即墨方言志》，语文出版社1991年版。
④ 钱曾怡主编，钱曾怡、曹志耘、罗福腾：《诸城方言志》，吉林人民出版社2002年版。
⑤ 钱曾怡主编，马静、吴永焕著：《临沂方言志》，齐鲁书社2003年版。
⑥ 李荣主编，贺巍编：《洛阳方言词典》，江苏教育出版社1996年版。
⑦ 赵元任、丁声树、杨时逢等：《湖北方言调查报告》，"中研院"历史语言研究所专刊，台联国风1972年版。
⑧ 杨时逢：《云南方言调查报告》，"中研院"历史语言研究所专刊之五十六，"中研院"历史语言研究所1969年版。
⑨ 张茀：《澄江方言志》，云南民族出版社1996年版。

着哩①

青海西宁话：有个老奶奶，没儿没女，养着［tʂɔ⁵³上声⁻⁰］个花牛犊儿//家学校里常也没住着（他经常不在学校里住）//站着！门口里站着一伙人//家对人嗬实话好着哩//想着说，憂抢着说//侧着睡//顺着河往下走②

山东沂水话：背着［tʂɔ⁰］抱着一样沉儿//吃着吃着地倒了牙//顺着/朝着/抒着/对着③

荣成话：低着［tʂɔ⁰］头//闭着嘴//接着/照着/顺着//眼看着④

利津话：吃着［tʂou⁰］饭//朝着/旅着/趁着⑤

德州话：倒背着［tʂou⁰/tʂɔ⁰］手儿//顺着/旅着/沿着/靠着/贴着/冲着⑥

宁津话：倒背着［tʂou⁰］手儿//背着那老鼓唱秧歌儿//从小儿跟着［tʂɔ⁰］爹爹过//本着/依着/沿着/顺着/朝着⑦

临沂话：（兰山话）屋漏顶着［tʂɔ⁰］席，锅漏架面泥，家漏治不的//骨拐搂着骨拐睡//（沂水话）腰里扎着［tʂɔ⁰］个红扎腰//（平邑话）背着［tʂau⁰］儿媳妇上泰山——挨压落不出好来⑧

江苏徐州话：大门敞着［tʂou⁰］，你也不知道关//抿着个嘴笑//两个人吵着吵着就撕不（扭打）一块儿去了//可着（沿着）河边儿走⑨

安徽淮北话：老师正在办公室写字着［tʂɔ⁰/tʂəu⁰］来//树上的花红着来//他说着说着瞅咾俺一眼⑩

---

① 潘家懿：《临汾方言的语法特点》，《陕西师大学报》1987年第4期。
② 李荣主编，张成材编：《西宁方言词典》，江苏教育出版社1994年版。张成材、朱世奎：《西宁方言志》，青海人民出版社1987年版。
③ 钱曾怡主编，张廷兴著：《沂水方言志》，语文出版社1999年版。
④ 钱曾怡主编，王淑霞著：《荣成方言志》，语文出版社1995年版。
⑤ 钱曾怡主编，杨秋泽著：《利津方言志》，语文出版社1990年版。
⑥ 钱曾怡主编，曹延杰著：《德州方言志》，语文出版社1991年版。
⑦ 钱曾怡主编，曹延杰著：《宁津方言志》，中国文史出版社2003年版。
⑧ 钱曾怡主编，马静、吴永焕著：《临沂方言志》，齐鲁书社2003年版。
⑨ 李荣主编，苏晓青、吕永卫编：《徐州方言词典》，江苏教育出版社1996年版。
⑩ 郭辉：《淮北方言动词和形容词的体》，转引自卢小群、李蓝主编《汉语方言时体问题新探索》，中央民族大学出版社2014年版。

江西湖口话：坐着［tʂo³⁵］①

湖南临武官话：桌子上放着［tso¹¹阳平］一碗水//坐着吃好，还是站着吃好//说着说着笑起来了②

宜章赤石土话：佢在这里食着［tsʻo⁰］饭呢//话着话着，笑起来嘚③

云南路南话：坐着［tʂo⁴⁴阴平］④

（三）韵母是合口呼［uə］／［uo］之类的

内蒙古巴彦浩特话：他正跟一个朋友说话着［tʂuə⁰］呢//坐着吃比站着吃好点//没有钱坐车骑马，就绕着山走⑤

陕西商县话：你做啥哩？我看书着［tʂuo²¹阴平］哩//说着说着，北风又来打岔⑥

宁夏固原话：吃着［tʂuɤ³¹］饭//跳着舞⑦

山东寿光话：开着［tʂuə⁰］会//低着头⑧

潍坊话：进城有急事，想着［tʂuə⁰］找个近便儿桥过，来回地走着⑨

博山话：耷拉着［tʂuə⁰/ə⁰］耳朵//坐着吃强起站着吃//对着⑩

诸城话：师父领着［tʂuə⁰］上西河里去洗澡。……进城有急事，想着找个近便儿桥过，来回地走着，……上去就编趴着//旅着（顺着）⑪

临沂话：（沂南话）里边包着［tʂuə⁰］黄金块//站着不跟坐着

---

① 刘纶鑫：《客赣方言比较研究》，中国社会科学出版社1999年版。
② 李永明：《临武方言——土话与官话的比较研究》，湖南人民出版社1988年版。
③ 沈若云：《宜章土话研究》，湖南教育出版社1999年版。
④ 杨时逢：《云南方言调查报告》，"中研院"历史语言研究所专刊之五十六，"中研院"历史语言研究所1969年版。
⑤ 马国凡、邢向东、马叔骏：《内蒙古汉语方言志》，内蒙古教育出版社1997年版。
⑥ 张成材：《商县方言志》，语文出版社1990年版。
⑦ 杨子仪：《固原话语法特点撮要》，《宁夏大学学报》1986年第1期。
⑧ 钱曾怡主编，张树铮著：《寿光方言志》，语文出版社1995年版。
⑨ 钱曾怡主编，钱曾怡、罗福腾著：《潍坊方言志》，语文出版社1992年版。
⑩ 钱曾怡：《博山方言研究》，社会科学文献出版社1993年版。
⑪ 钱曾怡主编，钱曾怡、曹志耘、罗福腾：《诸城方言志》，吉林人民出版社2002年版。

高//（费县话）火正着着［tʃuə⁰］//他正吃（着）饭,有人来找他了①

河南郑州话:镇张往儿武陟县躺着［tʂuo⁰］那半截儿塔//七九八九,扶着犁走//井水跟着罐儿往上涨②

舞阳话:爹织布,娘纺花,小孩儿闹着［tʂuo⁰］要吃妈//咱走着说着//跟着爹爹还好过,就怕爹爹娶后娘③

（四）有喉塞音韵尾的

内蒙古临河话:一个叫张龙,给姓郎的这家财主揽长工着［tʂə⁰］嘞④

山西大同话:坐着［tʂəʔ³²］吃比站着吃强⑤

陕西神木话:小张又写他那篇小说着［tʂəʔ⁴］嘞//他听着听着睡着了⑥

江苏丹阳话:手里拿则［tsæ³阴入/tæ³阴入］一本书//坐则讲//他穿则拖鞋来上班⑦

二 "之/子/仔"类持续标记

李荣指出:北京口语里,"着呢"两个轻音字相连常常说成 zhi nə,所以有人,例如老舍,就写成"之呢"。见《骆驼祥子》77 页（人民文学出版社,1955 年版）:"老头子棒之呢。"⑧ 有的作者把这个"之呢"还写作"着呢",例如北京话:"晾的衣服还卤（潮湿）着［tʂʅ⁰］呢//他玩篮球癖（醉心于干某种活动）着呢",⑨ 虽然"卤""癖"是形容词,但它们后面的"着"读音为［tʂʅ⁰］,在此做一旁证。这种写

---

① 钱曾怡主编,马静、吴永焕著:《临沂方言志》,齐鲁书社 2003 年版。钱曾怡主编,邵艳梅、张贵霞、张涛、王全宝著:《费县方言志》,商务印书馆 2019 年版。
② 卢甲文:《郑州方言志》,语文出版社 1992 年版。
③ 崔灿、夏跃进:《舞阳方言研究》,转引自黄伯荣主编《汉语方言语法类编》,青岛出版社 1996 年版。
④ 马国凡、邢向东、马叔骏:《内蒙古汉语方言志》,内蒙古教育出版社 1997 年版。
⑤ 侯精一、温端政主编:《山西方言调查研究报告》,山西高校联合出版社 1993 年版。
⑥ 邢向东:《神木方言研究》,中华书局 2002 年版。
⑦ 李荣主编,蔡国璐编:《丹阳方言词典》,江苏教育出版社 1995 年版。
⑧ 李荣:《文字问题》,商务印书馆 1987 年版。
⑨ 陈刚编:《北京方言词典》,商务印书馆 1985 年版。

法在山东、东北等地也常见。老北京人和东北人都说"好吃不如饺子，好受不如倒子（倒着）"。类似的用法在各地的表现还有：

黑龙江哈尔滨话：他吃了好几个香蕉了，还没够儿，还紧子[tsɿ⁰]（紧着）要//约觉子①

东北官话：我们都在这等子[tsɿ⁰]呢//不疼再接子打，疼就忍子点儿//他玩儿子玩儿子就把这事儿给忘了//就冲子工作队来的②

宁夏银川话：闭着[tʂʅ⁰]眼睛撒网——瞎张罗//外头下雨着呢//由着/对着/顺着/冲着/沿着③

中宁话：婆姨在炕上躺着[tʂʅ⁰/tiº]呢//吃着碗里的，瞅着锅里的//墙根里蹲着两个老汉④

山东济南话：你看着[tʂʅ⁰]我//家里正吃着饭呢//她抱着孩子走唡//冲着/朝着/对着/向着/顺着⑤

聊城话：他手里拿子[tsɿ⁰]一本书//这件事你记子点儿//都正觉子出奇⑥

临清话：背着[tsɿ⁰]手儿//侧歪着（侧身躺）//接着/随着/捎着/顺着⑦

即墨话：背着[tʂʅ⁰/tʂəº]手//眼看着//捎带着（顺便）/照着/朝着/顺着⑧

金乡话：拿子[tsɿ⁰]（拿着）//看子（看着）//照子（按照）//捋子（沿着）⑨

青岛话：含着[tʂʅ⁰]（拿着）⑩

---

① 李荣主编，尹世超编：《哈尔滨方言词典》，江苏教育出版社1997年版。
② 尹世超：《东北官话的介词》，转引自戴昭铭主编，周磊副主编《汉语方言语法研究和探索——首届国际汉语方言语法学术研讨会论文集》，黑龙江人民出版社2003年版。
③ 李荣主编，李树俨、张安生编：《银川方言词典》，江苏教育出版社1996年版。
④ 李倩：《宁夏中宁方言的虚词"着"》，《语文研究》1997年第4期。
⑤ 李荣主编，钱曾怡编：《济南方言词典》，江苏教育出版社1998年版。
⑥ 钱曾怡主编，张鹤泉著：《聊城方言志》，语文出版社1995年版。
⑦ 张鸿魁：《临清方言志》，中国展望出版社1990年版。
⑧ 钱曾怡主编，赵日新、沈明、扈长举等：《即墨方言志》，语文出版社1991年版。
⑨ 钱曾怡主编，马风如著：《金乡方言志》，齐鲁书社2000年版。
⑩ 青岛市史志办公室编：《青岛市志（方言志）》，新华出版社1997年版。

第二章　现代汉语方言持续标记的类型及其地理分布

胶州话：斤溜着［tʂʅ⁰］（提着）①

平度话：你听着［tʂʅ⁰］//扛着锨②

安徽巢县话：爹爹门口坐吱［tʂʅ³］在//门口坐吱爹爹在//墙上挂吱牌子在//牌子墙上挂吱在//坐吱不如站吱//讲吱讲吱就哭将起来③

巢湖话：他站之［tʂʅ⁰］在//书他拿之在④

庐江话：驮之［tʂʅ⁰］你兄弟（背着你弟弟）//掐之（拿着）//桌子高头顿之一把锯镰刀（桌子上面放着一把镰刀）//是坐之吃饭好，是站之吃饭好？⑤

桐城话：他正在跳着［tʂʅ入声］舞//他们正说着话呢//桌子放着一本书//门口站着一群人⑥

霍邱话：那本书他看子［tsʅ³¹］在//他们喝子酒在//火车已经出站了，她还在站台上望着望着⑦

江苏南京话：他在大门口站着［tʂʅ⁰］//你把东西拿着吧//墙上挂着一幅画//戴着帽子在找帽子⑧

苏州话：俚穿仔［tsʅ⁰］一件新衣裳//墙头上挂仔一幅地图//骑仔马上山//照仔/沿仔/顺仔/为仔⑨

涟水话：家屋灯还亮着［tsʅ⁰］呢//吃着东西就不要说话//顺着这条路走到底，就到了⑩

上海话：身浪著仔［zʅ¹³阳舒/tsʅ⁵⁵阴上］一件滑雪衫//低仔头看书//

---

①　青岛市史志办公室编：《青岛市志（方言志）》，新华出版社1997年版。
②　钱曾怡主编，于克仁著：《平度方言志》，语文出版社1992年版。
③　李运明：《巢县方言语法拾零》，转引自黄伯荣主编《汉语方言语法类编》，青岛出版社1996年版。
④　许利英：《巢湖方言词汇》（一）（二）（三），《方言》1998年第2、3、4期。
⑤　周元琳：《安徽庐江方言的虚词"之"》，《方言》2000年第2期。
⑥　汪大明：《安徽桐城方言中的助词"着"》，第二届国际官话方言学术研讨会论文，重庆，2000年11月。
⑦　赵怀印：《霍邱方言中的一种动词重叠句》，《方言》1995年第3期。赵怀印：《霍邱方言（句法）》，转引自黄伯荣主编《汉语方言语法类编》，青岛出版社1996年版。
⑧　李荣主编，刘丹青编：《南京方言词典》，江苏教育出版社1995年版。
⑨　李荣主编，叶祥苓编：《苏州方言词典》，江苏教育出版社1993年版。李小凡：《苏州方言语法研究》，北京大学出版社1998年版。
⑩　鲍明炜、顾黔主编，胡士云著：《涟水方言研究》，中华书局2011年版。

坐仔吃比立仔吃适意//顺仔选条路一直走//当仔/比仔/照仔/朝仔/为仔①

崇明话：带子［tsɿ^{424阴上}］伞，落雨出来撑（带着伞，下雨时撑）//围腰里袋子两升米（围裙里兜了两升米）//夷朝子我笑②

嘉定话：倒背仔［tsɿ^{34阴去}］手//坐仔勒吃比立得勒吃好点//对仔/沿仔③

浙江宁波话：面孔红仔［tsɿ^{35阴上}］//嘴巴扪仔笑（手掩着嘴笑）④

海盐通园话：抱仕［zɿ^0］小囡寻小囡⑤

江西永修话：门口围之［tʂɿ^0］一群人//外头落之大雨，渠也跑出去⑥

云南保山话（杨时逢1969）：坐着（之）⑦

据不完全调查，湖北襄阳的"V子［tsɿ^0］在"主要分布在襄州区东津、竹条、泥咀、新集、法龙，宜城县朱市、小河以及南漳县龙门、九集、武镇等地；"V之在"主要分布在南漳县城关、涌泉、李庙、长坪以及宜城县城关等地。例如：

他站之/子在//他说之/子在//门开之/子在//饭煮之/子在⑧

三 其他相关的持续标记

山东新泰话：倒背着［tʃɔ^0］手儿//歪快着睡（穿着衣服睡）//指着（指望，依靠）//旅着（顺着，沿着）//含着骨头露着肉（比喻说话吞吞吐吐，说一半留一半）⑨

---

① 李荣主编，许宝华、陶寰编：《上海方言词典》，江苏教育出版社1997年版。
② 李荣主编，张惠英编：《崇明方言词典》，江苏教育出版社1993年版。
③ 汤珍珠、陈忠敏：《嘉定方言研究》，社会科学文献出版社1993年版。
④ 李荣主编，汤珍珠、陈忠敏、吴新贤编：《宁波方言词典》，江苏教育出版社1997年版。
⑤ 胡明扬：《通园话的助词》，转引自黄伯荣主编《汉语方言语法类编》，青岛出版社1996年版。
⑥ 刘纶鑫：《客赣方言比较研究》，中国社会科学出版社1999年版。
⑦ 杨时逢：《云南方言调查报告》，"中研院"历史语言研究所专刊之五十六，"中研院"历史语言研究所1969年版。
⑧ 据罗自群的调查。
⑨ 钱曾怡主编，高慎贵著：《新泰方言志》，语文出版社1995年版。

烟台话：提溜着［rə³¹平声］（提着）//鞔达着（鞋）//看着（监视，照看）①

青海西宁话：家们正说着［tʂɛ⁰］话哩//从门头顶上滚着下来//在炕上睡者［tʂɛ⁵³上声］//干者唱者//野人婆儿吓慌了，手碰者锅头上了②

第二节 声母是［t］的持续标记："倒/到"

本节主要介绍声母是［t］的"倒/到"类持续标记，韵母有［au］/［ɑu］/［ou］/［əu］/［o］/［ɔ］等。

山东章丘话：我就不拿咧，省得提留倒［tɔ⁰］它//排倒队望外走//他摊倒摊倒一家伙子了咧//为倒它长腻呃，棉花地里必须得锄得细法法的③

安徽宿松话：倚到［tau⁵¹上声］，不要动//坐倒㗑④

六安（丁集）话：把门锁倒［tɔ⁰］勒//坐倒//弯倒腰拈⑤

湖北方言：据《湖北方言调查报告》记载，说"坐⌐倒"的有45个方言点，例如：汉口、汉阳（奓山）、汉川（麻河渡）、天门（乾镇）、京山（永隆河）、荆门（团林铺）、当阳（县城与慈化寺之间）、江陵（沙市东北龙湾司）、宜都（古老背）、长阳（都镇湾）、兴山、巴东（平阳河）、恩施、宣恩（长潭河）、来凤、利川（忠路）、郧西、郧县、保康、南漳（青泥村）、襄阳、钟祥、枣阳（清潭镇）、随县、鹤峰（五里坪）、应山（平林）、应城、云梦、孝感（花园）、礼山（三礼城）、黄陂（祁家湾）、黄安（桃花店）、黄冈（杨罗）、鄂城（段家店）、麻城（宋埠）、英山（金家铺）、黄梅（李陵口）、蕲春（漕河）、竹溪（塔儿湾）、大冶、嘉鱼（簰州）、阳新（三溪口）、通山（山口）、蒲圻（羊楼洞）、监利等，还有广济（武穴）、咸宁（贺胜桥）、武昌、沔阳（仙桃镇）、枝江、宜昌、松滋（杨林市）、光化、安陆等9

---

① 钱曾怡等：《烟台方言报告》，齐鲁书社1982年版。
② 张成材、朱世奎：《西宁方言志》，青海人民出版社1987年版。
③ 钱曾怡主编，高晓虹：《章丘方言志》，齐鲁书社2011年版。
④ 李如龙、张双庆主编：《客赣方言调查报告》，厦门大学出版社1992年版。
⑤ 刘祥柏：《六安丁集话体貌助词"倒"》，《方言》2000年第2期。

个点说"坐到ᵖ"。著者还特别说明："'坐到''站到','到'字如读上声者姑写作'倒',与去声作'到'相区别。"另外,石首、通城(十里市)、罗田(多云乡)3个点说"坐to⁰",公安(淤泥湖)说"坐tou⁰"①

武汉话:要记倒[tau⁰]他的话//桌子上放倒一碗水//他站倒说//他先找了老张,跟倒又找了小李//沿倒/朝倒/顺倒/照倒/为倒②

襄阳话:他在家里歇倒[tau⁰]在//汤还煮倒在//你给我站倒//他们说倒说倒就吵起来了//顺倒这条大路一直走③

随州话:在那儿放到//坐到说//跟到跟到没见了④

长阳话:跟到[tau⁰],不要掉吖队//睡到看书不卫生⑤

荆门话:把灯点到[təu⁴⁵去声]//不能睡到看书//他写到写到笔没得墨水哒⑥

荆沙话:我们只好干望倒[tau⁰/təu⁰/tou⁰]//他扛倒袋子跑哒⑦

天门话:你站倒,我有话跟你说//坐倒吃//听倒听倒睡着哒//照倒他的样子做⑧

仙桃话:不要让灯亮到!//他横到走⑨

英山话:我企倒[tau³⁴ 上声]//他坐倒不走⑩

阳新话:把东西园好倒[tɔ²¹ 上声],莫把别人偷去了//坐倒喫比哎立倒喫好什//顺倒河边走⑪

---

① 赵元任、丁声树、杨时逢等:《湖北方言调查报告》,"中研院"历史语言研究所专刊,台联国风1972年版。
② 李荣主编,朱建颂编:《武汉方言词典》,江苏教育出版社1995年版。
③ 罗自群:《襄樊方言的"V倒O/L在"》,《语言研究》1999年增刊。
④ 刘村汉:《随州方言语法条例》,转引自刘海章等著《荆楚方言研究》,华中师范大学出版社1992年版。
⑤ 杨发兴:《长阳方言志》,长阳土家族自治县新华印刷厂1994年版。
⑥ 刘海章:《荆门方言要略》,转引自刘海章等《荆楚方言研究》,华中师范大学出版社1992年版。
⑦ 王群生:《湖北荆沙方言》,武汉大学出版社1994年版。
⑧ 邵则遂:《天门方言研究》,华中师范大学出版社1991年版。
⑨ 杜佐祥:《仙桃话中的助词"到"和"哒"》,转引自刘海章等《荆楚方言研究》,华中师范大学出版社1992年版。
⑩ 陈淑梅:《湖北英山方言志》,华中师范大学出版社1989年版。
⑪ 黄群建:《阳新方言志》,中国三峡出版社1995年版。

通山话：徛倒［tɑu⁴²上声］//灯亮倒得①

通城话：小王心咧想倒小李在②

陕西汉中话：吃到［tau⁰］//走到去//上班到的③

甘肃文县城关话：他正上课倒［tau⁰］嘞//坐倒吃比站倒吃舒服//话说倒说倒就走调了④

四川方言：据《四川方言调查报告》记载，有80个方言点说"坐倒"，例如：成都、华阳（龙潭寺）、资阳（伍隍场）、资中（文家渡）、安岳（石佛场）、永川（兴隆场）、潼南（五桂场）、蓬溪、南充、岳池、武胜（飞龙场）、江北（三圣场）、巴县、长寿（天台乡）、大竹、酆都、酉阳、秀山（邑梅）、忠县、梁山、城口、通江、宣汉、达县（白衣镇）、阆中、苍溪、昭化、剑阁、梓潼、绵阳、安县、绵竹、广汉、金堂、名山、懋功、靖化、南部（富村驿）、西充（岷山场）、盐亭（双碑场）、射洪（文聚场）、茂县（清平乡）、什邡（双盛场）、郫县、理番、灌县、温江、彭山、大邑（新场）、峨眉、眉山、青神、犍为（张沟）、马边、雷波、高县、长宁（安宁桥）、兴文、叙永、古蔺、南溪、合江（王家场）、綦江、简阳（草地堰）、仁寿（鹤鸣场）、井研、荣县（河口场）、隆昌、荣昌（界石场）、仪陇、蓬安（利溪场）、三台、遂宁（拦江镇）、罗江（新盛场）、德阳、中江（大桑镇）、乐至（何兴场）、黔江、巫溪、巫山等。另外，宜宾说"坐□［təu上声］"，筠连（巡司场）说"坐□［to⁰］"⑤

成都话：莫得活路做，只好在屋头耍倒［tau⁵³上声］//他说倒说倒就哭起来了//照到/当倒/背倒/朝倒/对倒/顺倒/沿倒⑥

重庆话：出两个题目大家讨论倒//比倒箍箍买鸭蛋（谚语）//经常把他提醒倒提醒倒的//看倒看倒的走//围倒锅边转⑦

---

① 黄群建：《通山方言志》，武汉大学出版社1994年版。
② 刘国斌著，陈有恒审订：《通城方言》，中国文史出版社1991年版。
③ 孙立新：《陕南方言略说》，《方言》1998年第2期。
④ 莫超：《白龙江流域汉语方言语法研究》，中国社会科学出版社2004年版。
⑤ 杨时逢：《四川方言调查报告》，"中研院"历史语言研究所专刊之八十二，"中研院"1984年版。
⑥ 李荣主编，梁德曼、黄尚军编：《成都方言词典》，江苏教育出版社1998年版。
⑦ 喻遂生：《重庆方言的"倒"和"起"》，《方言》1990年第3期。

贵州贵阳话：好好听倒［tau⁵³上声］//围倒他要糖吃//讲倒讲倒的笑起来了//看倒你的面子才借给他//朝倒/对倒/跟倒/顺倒/拼倒①

大方话：出门的时候要好好的把包包拿ᵊ到//坐ᵊ到看电视比站ᵊ到看电视舒服//说ᵊ到说ᵊ到的他就来了②

云南方言：据《云南方言调查报告》记载，说"坐ᵊ倒"的有峨山、马龙（张安屯）、巧家、平彝、永胜、大理、云龙（石门井）、邓川（中所）、宾川（挖色）、永仁（仁和镇）、大关、永善（井桅）、绥江、盐津（普洱渡）等14个方言点③

永富话：你好生听到［tɑo⁵³上声］④

永胜话：他在做啥子？他吃倒饭//他还睡倒//读倒读倒就睡着了⑤

永善、巧家、威信话：吃倒饭//他背倒书包走了⑥

江苏南京话：你站倒［tɔɔ⁴⁴去声］，后面人看不见了//对倒［tɔɔ⁰］⑦

扬州话：谈著［tɔ⁰/tsu⁰］话//灯亮著哩//我不好说了，你看著办吧！//沿著河边找⑧

浙江处衢话：（龙游话）坐倒［tɔ⁴⁵阴上］来//（开化话）坐倒［tɯi⁰］食比倚倒食好/坐倒//（常山话）坐倒［tɯi⁰］吃比倚倒吃□［lɔ²²］好星/坐倒//（玉山话）坐倒［tɯi⁵²阴去］跌比倚倒跌□［lɯi²²］好信⑨

宁波话：头莫抬介高，伛倒［tɔ³⁵阴上］（弯曲，低下头）眼⑩

福建连城话：壁上挂倒一张画⑪

---

① 李荣主编，汪平编：《贵阳方言词典》，江苏教育出版社1994年版。
② 李蓝：《贵州大方话中的"ᵊ到"和"起"》，《中国语文》1998年第2期。
③ 杨时逢：《云南方言调查报告》，"中研院"历史语言研究所专刊之五十六，"中研院"历史语言研究所1969年版。
④ 卢开礦、张茀：《永富方言志》，语文出版社1988年版。
⑤ 何守伦：《永胜方言志》，语文出版社1989年版。
⑥ 毛玉玲：《云南方言语法特点》，《玉溪师专学报》1987年第1期。
⑦ 李荣主编，刘丹青编：《南京方言词典》，江苏教育出版社1995年版。
⑧ 李荣主编，王世华、黄继林编：《扬州方言词典》，江苏教育出版社1996年版。
⑨ 曹志耘、秋谷裕幸、太田斋、赵日新：《吴语处衢方言研究》，日本好文出版社2000年版。
⑩ 李荣主编，汤珍珠、陈忠敏、吴新贤编：《宁波方言词典》，江苏教育出版社1997年版。
⑪ 项梦冰：《连城（新泉）方言的体》，转引自张双庆主编《动词的体》，香港中文大学中国文化研究所、吴多泰中国语文研究中心1996年版。

建宁话：坐倒［tau⁵^{阴去}］食①

邵武话：倚到，莫动//坐倒［tau⁰］食②

江西南昌话：你不要昧到［tau⁰］良心话事//省吃俭用掐到（抠着）赌③

黎川话：记到［tou⁰］还钱把渠//莫背到光看书//汝跟到渠行//照到/沿到/对到④

萍乡话：记到［tau³⁵^{上声}］//坐到喫//捉到（对着）我骂一餐⑤

客家话：拿倒几块钱去上圩//你倚倒来话//该瓶酒留倒你爸爸食//间里坐倒十几个人⑥

婺源话：坐到［tɔ⁰］吃比倚到吃好些⑦

另据李如龙、张双庆的调查：⑧

都昌话：坐倒［tau⁰］喫//倚到，莫动

修水话：坐倒［tau⁵^{阴去}］喫//倚到，莫动⑨

安义话：坐倒［tau⁰］喫//倚到，莫动

宜丰话：坐倒［tɑu¹¹²^{上声}］喫//倚到，莫动

新余话：坐倒［tau⁰］喫//立到［tau^{去声}］，不要动

吉水话：坐倒［tau⁰］喫//倚到，莫动

余干话：坐倒［tau⁰］喫//倚到［tau⁴⁵^{阴去}］，莫动

弋阳话：坐倒［tau³⁵^{阴去}］喫//倚到，不要动

南城话：坐倒［tou³^{阴去}］喫//倚到，莫动

石城（龙岗）话：倚到［tau³¹/²⁴］一坪个人炙热头（站着一坪的人晒太阳）//渠欢喜倚到食（他喜欢站着吃）//戴到帽子寻帽子（戴

---

① 李如龙、张双庆主编：《客赣方言调查报告》，厦门大学出版社1992年版。
② 李如龙、张双庆主编：《客赣方言调查报告》，厦门大学出版社1992年版。
③ 李荣主编，熊正辉编：《南昌方言词典》，江苏教育出版社1995年版。
④ 李荣主编，颜森编：《黎川方言词典》，江苏教育出版社1995年版。
⑤ 李荣主编，魏钢强编：《萍乡方言词典》，江苏教育出版社1998年版。
⑥ 刘纶鑫：《江西客家方言概况》，江西人民出版社2001年版。
⑦ 平田昌司主编：《徽州方言研究》，日本好文出版社1998年版。
⑧ 李如龙、张双庆主编：《客赣方言调查报告》，厦门大学出版社1992年版。
⑨ 去声依声母送气与否分为甲乙两类，不送气类（阳去甲）调值为4，送气类（阴去乙）调值为45。

着帽子找帽子)①

湖南方言：据《湖南方言调查报告》记载，说"坐ᶜ倒""站/企/立ᶜ倒"的有长沙、湘潭、澧县（大河乡）、安乡、汉寿（文蔚乡）、华容、湘阴（大塘）、岳阳（樟木铺）、临湘（林口）、平江（三墩）、黔阳（新路河）、会同、绥宁（阳武）、城步、叙浦、新化（龙源村）、邵阳、祁阳、衡山（黄桑桥）、攸县（高枕乡）、汝城（南乡）、衡阳、蓝山、安仁（新渡村）、永兴（白泥塘）、郴县（良田）、常德、龙山（洗车河）、鄼县（王家渡）、桂东、桂阳、新田（沙田村）、临武（上漧）、东安（学士桥）、零陵（邮亭墟）、江华（黄泥渡）、永顺（列夕）、保靖、永绥、古丈、沅陵、芷江、靖县、麻阳、乾城等45个方言点。另外，石门（皂角）、桑植（赤溪坪）、桃源（赫曦）、临澧、安化（归化镇）、泸溪、辰溪、耒阳（东湾）、资兴（谭村）、武冈（白仓）、永明、慈利等12个方言点也说"坐ᶜ倒"②

华容话：手抓倒［tau²¹上声］绳子！//把鸡子捉到！//坐倒吃比徛倒吃好些//你顺倒这条路走③

岳阳话：看倒//跟倒［tao⁰］好人学好样，跟倒邪人跳假神④

安乡话：大家都望斗［tou⁰］他的//你仔细听斗//他拄斗拐杖走路⑤

石门话：门关倒［tɑu⁰］的//哄倒他睡//讲倒讲倒就哭起来哒//跟倒他走⑥

常德话：他在门口站到［tau³¹上声/tou³¹上声］//他扶到/起一个老人家//她忍到眼雨（泪）不敢哭//讲到讲到，笑起来哒//跟到（顺着）这

---

① 曾毅平：《石城（龙岗）方言的体》，转引自李如龙、周日健主编《客家方言研究》，暨南大学出版社1998年版。

② 杨时逢：《湖南方言调查报告》，"中研院"历史语言研究所专刊之六十六，"中研院"历史语言研究所1974年版。

③ 吴泽顺、张作贤：《华容方言志》，湖南人民出版社1989年版。

④ 方平权：《岳阳方言的动态助词》，转引自伍云姬主编《湖南方言的动态助词》，湖南师范大学出版社1996年版。

⑤ 应雨田：《安乡方言的动态助词》，转引自张双庆主编《动词的体》，香港中文大学中国文化研究所、吴多泰中国语文研究中心1996年版。

⑥ 易亚新：《石门方言的动态助词》，转引自张双庆主编《动词的体》，香港中文大学中国文化研究所、吴多泰中国语文研究中心1996年版。

条大路走①

平江话：坐倒［tɑu⁰］噢//倚到，莫动②

醴陵话：坐倒［tau⁰］噢//倚到［tau³³去声］//话到话到就笑起来儿③

长沙话：看到［tau⁴¹上声］看到天就亮哒④

浏阳土话：以只鸟哩你畜倒［tau⁰］（这只鸟你养着）//门开倒//桌上放倒一本书//抱倒脑壳打瞌睡⑤

吉首话：翻倒［tau⁰］困（仰面睡）//他站倒站倒就倒了//当倒/背倒/对倒/照倒/顺倒⑥

新化话：盏电灯尽倒亮倒［tɔ⁰］，唔怕浪费电？//单位派倒我去出差//我行倒行倒冇力哩⑦

邵阳话：他们正在讲倒［tao⁴²上声］话//闭倒眼睛//他讲倒讲倒就哭起来了⑧

隆回话：看倒［təu²¹上声］黑板//看倒己打球//挨倒挨倒挖⑨

绥宁话：你站倒［tɑo⁵⁵阴平⁻⁵¹］呷，□［ks·i³³］坐倒呷（你站着吃，他坐着吃）⑩

攸县话：水，正在火上热到［tau⁰］//睏到看书要不得⑪

安仁话：老师坐到［tɔ⁰］讲时闻//对到/当到⑫

---

① 李永明：《湖南几个方言点的动态助词》，转引自张双庆主编《动词的体》，香港中文大学中国文化研究所、吴多泰中国语文研究中心1996年版。
② 李如龙、张双庆主编：《客赣方言调查报告》，厦门大学出版社1992年版。
③ 李如龙、张双庆主编：《客赣方言调查报告》，厦门大学出版社1992年版。
④ 伍云姬主编：《湖南方言的动态助词》，湖南师范大学出版社1996年版。
⑤ 李冬香：《浏阳方言"倒"字研究》，硕士学位论文，湖南师范大学，1998年。
⑥ 李启群：《吉首方言研究》，民族出版社2002年版。
⑦ 罗昕如：《新化方言研究》，湖南教育出版社1998年版。
⑧ 储泽祥：《邵阳方言研究》，湖南教育出版社1998年版。
⑨ 丁加勇：《隆回方言的动态助词》，转引自伍云姬主编《湖南方言的动态助词》，湖南师范大学出版社1996年版。
⑩ 曾常红：《绥宁方言的动态助词概述》，转引自伍云姬主编《湖南方言的动态助词》，湖南师范大学出版社1996年版。
⑪ 董正谊：《攸县方言的动态助词》，转引自伍云姬主编《湖南方言的动态助词》，湖南师范大学出版社1996年版。
⑫ 陈满华：《安仁方言》，北京语言学院出版社1995年版。

祁阳话：那只细个子爱哭，要抱到［tau⁵⁴ 上声］，要动到，要走到，还要请到∥桌子上放到一碗水∥坐倒吃比倚倒吃好些∥当到/背到①

汝城话：坐倒［tau²¹ 上声］食比倚倒食好点子②

鄠县话：佢手上拿倒［tʌu²］书∥坐倒食饭③

沅陵乡话：他牵倒［taɔ⁵³ 上声］那条牛∥望倒吾笑∥对倒（对着）④

临武官话：含到［tau⁵³ 上声］眼泪∥站到∥对到我笑⑤

临武土话：含到［tau⁵⁵/³³ 上声］眼泪∥坐到咬好，还是倚到咬好∥对到我笑⑥

宜章赤石土话：背到［tau²¹ 去声］手∥坐到食比倚到食好些∥跟到（顺着/沿着）⑦

广东乐昌皈塘土话：倚倒［tau³³ 上声］，唔得摇∥坐倒（来）食（坐着吃）⑧

南雄珠玑话：枱头放倒［tau³¹ 上声］一碗水（桌上放着一碗水）∥坐倒来食还是倚倒来食好⑨

信宜话：黄老财知哆，诈倒［tou³⁵ 阴上］顶好心子对做工佬讲……⑩

雷州话：两侬相惜倒［tɔ³¹ 阴上］无拍架∥伊生倒飞鸽目（比喻势利眼），谁有钱谁好∥无倒冇仔去，留倒饲鹅（别把瘪谷倒了，留着喂鹅）∥坐倒食⑪

---

① 湖南省地方志编纂委员会编：《湖南省志方言志》（上、下册），湖南人民出版社2001年版。李维琦：《祁阳方言研究》，湖南教育出版社1998年版。
② 湖南省地方志编纂委员会编：《湖南省志方言志》（上、下册），湖南人民出版社2001年版。
③ 毛秉生：《鄠县客家话的语法特点》，转引自黄伯荣主编《汉语方言语法类编》，青岛出版社1996年版。
④ 杨蔚：《沅陵乡话研究》，湖南教育出版社1999年版。
⑤ 李永明：《临武方言——土话与官话的比较研究》，湖南人民出版社1988年版。
⑥ 李永明：《临武方言——土话与官话的比较研究》，湖南人民出版社1988年版。
⑦ 沈若云：《宜章土话研究》，湖南教育出版社1999年版。
⑧ 张双庆主编：《乐昌土话研究》，厦门大学出版社2000年版。
⑨ 林立芳、庄初升：《南雄珠玑方言志》，暨南大学出版社1995年版。
⑩ 罗康宁编著，叶国泉审定：《信宜方言志》，中山大学出版社1987年版。
⑪ 李荣主编，张振兴、蔡叶青编：《雷州方言词典》，江苏教育出版社1998年版。

广西贺州（莲塘）话：𠊎食倒饭//灯着倒，人又唔见//企倒！①

临桂平话：他担倒［tou³³阴去］担柴（他挑着（一）担柴）//桌面上放倒本书（桌上放着（一）本书）//他坐倒车肚（他坐在车里）//欠他几块钱，成日（整天）追倒追倒问②

第三节 声母是［t］的持续标记："哒""得""的"

本节继续介绍几类声母也是［t］的持续标记，根据韵母的不同，大致又可以分为：一、"哒"类，韵母为［a］/［ɑ］/［æ］等开口呼，有舒声的，也有入声的；二、"得"类，韵母为开口呼，有［ɤ］/［ə］/［e］/［ɛ］等，有舒声的，也有带喉塞音韵尾的；三、"的"类，韵母为齐齿呼［i］等，有舒声的，也有带喉塞音韵尾的；四、其他相关的持续标记。

一 "哒"类持续标记

（一）舒声的"哒"类持续标记

安徽歙县话：坐到［ta⁰］尔呐吃比倚到尔呐吃好些③

江苏苏州话：沉倒［tæ⁵¹阴上/³³］头（低下头）④

江西永新话：坐倒［tɒ⁰］噢//站□到［tɒ⁵⁵去声］，唔要动⑤

湖北仙桃话：不要把身子歪哒//桥上横哒栏杆//站哒讲//当哒面说⑥

钟祥话：他们看见达一个走路的人，身上穿达［ta⁰］一件棉袍，脑壳上戴达一顶毡帽⑦

---

① 邓玉荣：《贺州（莲塘）客家话体助词"典"和"倒"》，转引自朱方冈主编《广西语言研究》，广西师范大学出版社1999年版。
② 周本良：《桂北平话与推广普通话——临桂义宁话研究》，广西民族出版社2005年版。
③ 平田昌司主编：《徽州方言研究》，日本好文出版社1998年版。
④ 李荣主编，叶祥苓编：《苏州方言词典》，江苏教育出版社1993年版。
⑤ 李如龙、张双庆主编：《客赣方言调查报告》，厦门大学出版社1992年版。
⑥ 杜佐祥：《仙桃话中的助词"到"和"哒"》，转引自刘海章等《荆楚方言研究》，华中师范大学出版社1992年版。
⑦ 赵元任：《钟祥方言记》，科学出版社1956年版。

大冶话：她洗倒［ta⁰］衣裳，来不了//沙发上趴倒一只猫子//老师倚倒讲课//两个人争倒争倒打起来了①

阳新话：站到［tɔ³⁵阴去］，莫动//坐倒喫//话到话到就笑起来了②

湖南方言：据《湖南方言调查报告》记载，说"坐［ta/ta上声］""站/企［ta/ta上声］"的有湘乡（泉塘）、茶陵（清水村）、沅江（河渡桥）、通道、宜章（梅田）、大庸（东坪弓）、常宁（大同铺）等7个方言点。还有益阳（大桥镇）的"坐ta"、武冈（白仓）的"企tʌ"。③

张家界话：完还渴哒［ta⁰］的（我还渴着呢）④

益阳话：睏哒［ta⁰］//水龙头开哒冇关起//壁上挂哒一张画//倚哒讲⑤

汨罗长乐话：捻哒［ta⁴⁵］拳头（攥着拳头）//抓哒一根绳（抓着一根绳）//住哒服侍老人家（住着服侍老人家）⑥

长沙话：他眼睛望哒［ta⁰］老师，心里在默神//你跟我倚哒//坐哒看书//治哒治哒就治好哒//照哒咯条路笔直走⑦

浏阳话：眯叮［ta⁰］眼睛笑//坐叮吃比站叮吃好些//照叮/沿叮（顺着）⑧

韶山话：倚哒［ta⁴²上声］！//看到他骑哒马，正在爬坡//对哒我哭起来哒⑨

湘潭话：老赵骑哒［tɔ⁴²上声］单车去买票//货车子还是对哒我撞哒

---

① 汪国胜：《大冶方言语法研究》，湖北教育出版社1994年版。
② 李如龙、张双庆主编：《客赣方言调查报告》，厦门大学出版社1992年版。
③ 杨时逢：《湖南方言调查报告》，"中研院"历史语言研究所专刊之六十六，"中研院"历史语言研究所1974年版。
④ 谢伯端：《张家界方言》，湘潭大学出版社2016年版。
⑤ 徐慧：《益阳方言语法研究》，湖南教育出版社2002年版。
⑥ 陈山青：《汨罗长乐方言研究》，湖南教育出版社2006年版。
⑦ 李荣主编，鲍厚星、崔振华等编：《长沙方言词典》，江苏教育出版社1993年版。李永明：《湖南几个方言点的动态助词》，转引自伍云姬主编《湖南方言的动态助词》，湖南师范大学出版社1996年版。
⑧ 夏剑钦：《浏阳方言研究》，湖南教育出版社1998年版。
⑨ 曾毓美：《韶山方言研究》，湖南师大出版社1999年版。

过来①

湘乡话：他正在那里倚嗒［ta⁰］吃饭//小明勾嗒咯脑壳不做声//我边行边讲，讲嗒讲嗒就到夹哩②

辰溪话：我向哒［ta³¹上声］他在（我正看着他）//车子上装哒好多萝卜//那条伢儿讲哒讲哒在就困着了③

溆浦话：立到［taʌ⁰］咯//坐到呷比立到呷好尼//立到［taʌ²³上声］写/对到④

武冈话：跕哒［ta⁰］//倚哒⑤

衡山话：我是站哒［ta⁰］咯//那挡围哒一堆人//莫困哒看书//你跟哒他走⑥

茶陵话：站着［tɒ³³阴去］门勒，唔要动//坐倒喫⑦

广西柳州话：张老师上到［ta⁵⁴上声］课，你等一下子//门口围到一堆人//想到想到自己都好笑//按到他讲的去办⑧

四川广元话（旺苍坝）：坐达⑨

（二）入声的"哒"类持续标记

江苏丹阳话：手里拿则［tsæʔ³阴入/tæʔ³阴入］一本书//坐则讲//他穿则拖鞋来上班⑩

---

① 曾毓美：《湘潭方言的动态助词》，转引自伍云姬主编《湖南方言的动态助词》，湖南师范大学出版社1996年版。

② 王芳：《湘乡方言的动态助词》，转引自伍云姬主编《湖南方言的动态助词》，湖南师范大学出版社1996年版。

③ 谢伯端：《辰溪方言的动态助词》，转引自伍云姬主编《湖南方言的动态助词》，湖南师范大学出版社1996年版。

④ 贺凯林：《溆浦方言研究》，湖南教育出版社1999年版。

⑤ 湖南省地方志编纂委员会编：《湖南省志方言志》（上、下册），湖南人民出版社2001年版。

⑥ 毛秉生：《衡山方言动态助词"哒"和"咕"》，转引自伍云姬主编《湖南方言的动态助词》，湖南师范大学出版社1996年版。

⑦ 李如龙、张双庆主编：《客赣方言调查报告》，厦门大学出版社1992年版。

⑧ 李荣主编，刘村汉编：《柳州方言词典》，江苏教育出版社1995年版。

⑨ 杨时逢：《四川方言调查报告》，"中研院"历史语言研究所专刊之八十二，"中研院"历史语言研究所1984年版。

⑩ 李荣主编，蔡国璐编：《丹阳方言词典》，江苏教育出版社1995年版。

浙江温州话：门开墻［ta³¹³⁽阴入⁾］//灯点墻//坐墻讲//跪墻哭①

湖南衡阳话：跪咑［ta³³⁽上声⁾］不准起来！//桂妹子望咑门外咯小狗//争咑争咑，来哒一个走路咯//得草皮子盖哒［ta²²⁽入声⁾］（用草皮盖着）//脑壳高头戴咑一顶毡帽②

常宁话：老王搭哒［ta³³⁽入声⁾］眼皮子养神//坐哒呷比站哒呷好些//讲哒讲哒睏觉到//对哒③

二 "得"类持续标记

（一）舒声的"得"类持续标记

山西武乡话：门口立的［tə⁰］一大群人//他点的灯作饭咧④

山东牟平话：硬着［tə⁰］头皮子去了//别抢着说//说着说着哭了//顺着/沿着/照着/朝着⑤

浙江温州话：八九点钟罢你还倒底［tei³⁵⁽阴上⁻⁰⁾］（躺着）睏不爬起啊⑥

安徽徽州方言：⑦

绩溪话：坐到［tɤ⁰］尔搭吃倍倚到尔搭吃好些

休宁话：坐□［te⁰］吃比倚□［te⁰］吃好点儿

黟县话：坐得［tɐɻ⁰］□［nɛi³］吃比倚得□［nɛ i³］吃好

湖北竹山（邓家河）、崇阳（白霓桥）话：坐得［tə⁰］⑧

浠水话：他拿得［tə³］一本书//他在那边坐得//他站得吃饭⑨

---

① 李荣主编，游汝杰、杨乾明编：《温州方言词典》，江苏教育出版社1998年版。
② 李永明：《湖南几个方言点的动态助词》，彭兰玉：《衡阳方言的动态助词》，转引自伍云姬主编《湖南方言的动态助词》，湖南师范大学出版社1996年版。
③ 吴启主：《常宁方言的动态助词研究》，转引自伍云姬主编《湖南方言的动态助词》，湖南师范大学出版社1996年版。吴启主：《常宁方言研究》，湖南教育出版社1998年版。
④ 田希诚、吴建生：《山西晋语区的助词"的"》，《山西大学学报》1995年第3期。
⑤ 李荣主编，罗福腾编：《牟平方言词典》，江苏教育出版社1997年版。
⑥ 李荣主编，游汝杰、杨乾明编：《温州方言词典》，江苏教育出版社1998年版。
⑦ 平田昌司主编：《徽州方言研究》，（日本）好文出版社1998年版。
⑧ 赵元任、丁声树、杨时逢等：《湖北方言调查报告》，"中研院"历史语言研究所专刊，台联国风1972年版。
⑨ 詹伯慧、李元授：《鄂南蒲圻话的词汇语法现象》，《武汉大学学报》（社会科学版）1962年第5期，转引自黄伯荣主编《汉语方言语法类编》，青岛出版社1996年版。

湖南方言：据《湖南方言调查报告》记载，南县、凤凰、浏阳（唇口铺）说"坐□［tə］""站/企□［tə］"，宁乡（汤泉乡）有"坐得"。道县说"坐□［te］"①

华容话：他把得你，你就接倒［te²¹上声］②

涟源话：闭者［tɛ⁰］眼珠//坐者讲，莫倚者讲//照者（依照，跟随，沿）③

娄底话：滴东西拿者［te⁰］回来哩//睏者//坐者吃比倚者吃好滴//讲者讲者笑起来了//有么子话就当者讲介，莫存到心里④

东安土话：他在食倒［tei⁵⁵上声］饭个//门口倚倒一群人//老母亲指倒崽个鼻头大骂//讲倒讲倒，笑起来了//对倒照子大骂老母（对着镜子大骂妻子）⑤

云南方言：据《云南方言调查报告》所载，有9个方言点把"坐着"说成"坐□［tə阴平］""坐□［tɤ阴平］"，例如：富民、河西（汉邑）、会泽、宣威、景东、镇雄（仁和乡）、安宁、弥勒、昭通等，有6个方言点说"坐得［tɤ⁰］"，例如：呈贡、禄丰、华宁、新平、曲靖、思茅等，霑益（文化乡）说"坐□［te阴平］"⑥

（二）有喉塞音韵尾的"得"类持续标记

内蒙古西部汉语方言：看电影的［təʔ⁰］嘞//人家正在家里等的嘞//我咋走的走的停住了//咱们骑上毛驴看书嘞——走的瞧//墙上贴的一张画儿⑦

内蒙古呼和浩特话：老张嘞？正跟一个朋友说话的［təʔ⁰］嘞⑧

---

① 杨时逢：《湖南方言调查报告》，"中研院"历史语言研究所专刊之六十六，"中研院"历史语言研究所1974年版。
② 吴泽顺、张作贤：《华容方言志》，湖南人民出版社1989年版。
③ 陈晖：《涟源方言研究》，湖南教育出版社1999年版。
④ 李荣主编，颜清徽、刘丽华编：《娄底方言词典》，江苏教育出版社1994年版。刘丽华：《娄底方言研究》，中南大学出版社2001年版。
⑤ 鲍厚星：《东安土话研究》，湖南教育出版社1998年版。
⑥ 杨时逢：《云南方言调查报告》，"中研院"历史语言研究所专刊之五十六，"中研院"历史语言研究所1969年版。
⑦ 邢向东、张永胜：《内蒙古西部方言语法研究》，内蒙古人民出版社1997年版。
⑧ 马国凡、邢向东、马叔骏：《内蒙古汉语方言志》，内蒙古教育出版社1997年版。

包头话：那女的骑的［təʔ⁰］一头毛驴，他男人在前边儿拉的嘞

乌海话：老三就说嘞："钥匙在门上挂的［təʔ⁰］嘞，你个儿拿哇。"就拿的钥匙进了家了……咱们煮的吃……老二就挨的睡开了

山西太原话：他正吃的［təʔ⁰］饭勒//门上挂着一块匾//他点的灯做饭勒//看的看的睡着了//顺着/朝着/照着①

交城话：他手里荷的［təʔ⁰］一本本//门前站的几个人//你是客人，坐的喝水哇②

祁县话：坐的［təʔ²²］吃比站的吃好③

陕西延川话：他提得［təʔ⁴¹²］筐，我□［xæ⁵³］（拿）得锄//打得红旗反红旗//他跑得回来了（他跑着回来了)④

神木话：小花背得［təʔ⁴］书包上学校去了//外头下得鹅毛大雪//他听得听得睡着了⑤

浙江绍兴话：坐得［teʔ¹²/teʔ⁴⁵/deʔ¹²］吃，勿可呆得吃（坐着吃，不要站着吃）//墙壁高头挂得一张图画（墙上挂了/着一幅图）//革呆子，骑得马还要寻马来（这傻瓜，骑着马还要找马)⑥

江西永丰话：坐得［tɛʔ³］（坐着)⑦

三 "的"类持续标记

（一）舒声的"的"类持续标记

新疆乌鲁木齐话：满场子底人都举底［ti⁰］捶头喊口号儿底呢//雀娃子在天上飞底呢//桌子上搁底一碗茶//吼的吼的萨，癞瓜子出来咧

---

① 李荣主编，沈明编：《太原方言词典》，江苏教育出版社1994年版。田希诚、吴建生：《山西晋语区的助词"的"》，《山西大学学报》1995年第3期。

② 潘家懿：《交城方言的语法特点》，《语文研究》1981年第1期。

③ 杨述祖、王艾录著：《祁县方言志》，祁县县志办公室1984年版。

④ 张崇：《延川方言虚字初探——延川话中"得、来、价（家）、格"的语法作用》，硕士学位论文，西北大学，1981年。

⑤ 邢向东：《神木方言研究》，中华书局2002年版。

⑥ 陶寰：《绍兴方言的体》，转引自张双庆主编《动词的体》，香港中文大学中国文化研究所、吴多泰中国语文研究中心1996年版。

⑦ 刘纶鑫：《客赣方言比较研究》，中国社会科学出版社1999年版。

（吼着吼着，癞蛤蟆就出来了）//沿底/朝底/顺底/挨底/照底①

甘肃武都汉王话：病治的［ti⁰］治的就不行了//小心的小心的钱包还是让小偷偷了②

山西洪洞话：担的［ti⁰］担子飞快地跑//□（他）写的写的笑起来哪③

山东牟平话：空的［ti⁰］手儿//敞的口儿//盖的盖儿④

湖南常德话：外头下的［ti⁰］雪，你出去搞么得//屋里烧的火，离不得人的⑤

吉首话：河边栽得［ti⁰］好多椿木树//岩碑上雕得几个字⑥

宁远平话：饭（正）煮倒［tie⁰］的//先生照倒书讲课//你帮倒我逮倒伊本书（你帮我拿着这本书）//盯倒黑板！//三个人挤倒挤倒眠（三个人挤着挤着睡）⑦

福建永安话：徛地［ti^阴去］话⑧

（二）入声或有喉塞音韵尾的"的"类持续标记

内蒙古集宁话：……就走到布告跟前去看，嘴里头嚼的［tiəʔ⁰］麻糖……⑨

二连浩特话：这傻三牵的［tiəʔ⁰］马就回了家了

山西山阴话：他吃饭的［tiəʔ⁰］哩//听的听的就睡着了⑩

五台话：他正说话的［tiəʔ²¹ ⁱⁿ⁾⁾⁾］咧//家里坐的些些人（许多人）//他点的灯做饭咧//看的看的睡着啦

---

① 李荣主编，周磊编：《乌鲁木齐方言词典》，江苏教育出版社1995年版。刘俐李：《乌鲁木齐话的回民汉语的语法特点》，转引自黄伯荣主编《汉语方言语法类编》，青岛出版社1996年版。
② 莫超：《白龙江流域汉语方言语法研究》，中国社会科学出版社2004年版。
③ 乔全生：《从洪洞方言看唐宋以来助词"着"的性质》，《方言》1998年第2期。
④ 钱曾怡主编，罗福腾著：《牟平方言志》，语文出版社1995年版。
⑤ 郑庆君：《常德方言研究》，湖南教育出版社1999年版。
⑥ 李启群：《吉首方言研究》，民族出版社2002年版。
⑦ 张晓勤：《宁远平话研究》，湖南教育出版社1999年版。
⑧ 陈章太、李如龙：《闽语研究》，语文出版社1991年版。
⑨ 马国凡、邢向东、马叔骏：《内蒙古汉语方言志》，内蒙古教育出版社1997年版。
⑩ 田希诚、吴建生：《山西晋语区的助词"的"》，《山西大学学报》1995年第3期。

汾阳话：他正吃饭的［tiəʔ¹⁻³¹］咧//他正吃的饭咧////桌上放的一本书他点的灯做饭哩//看的看的睡着咧

陵川话：他正和一个朋友说的［tiəʔ³］话哩//坐的吃比站的吃好些//说的说的笑起来了

文水话：在墙儿上挂的［tiəʔ²阴入］哩//钟走的哩①

平遥话：桌子上摆的一架钟//看的［tiʌʔ¹³阴入］吃不下去还要挣扎咧//坐的坐的就睡着了②

浙江宁波话：帐子仍旧挂的［tiɿʔ⁵⁵阴入］//肉，冰箱里有的③

福建厦门话：顺着［tioʔ⁵⁵阳入］（沿着）河仔墘（河边）行④

沙县话：倚着［tio阴入］话⑤

湖南东安土话：坐得［ti⁴²入声］食比倚得食好□［ti³³阴平］⑥

四 其他相关的持续标记

海南闽南方言：太阳爬上塔尖，宛如塔尖上托着［ddio⁴²阳去］一只火球⑦

海口话：伊坐着［ʔdo²¹³阴上］共侬讲话带//门开着带//顺着即条路行去//照着即样做⑧

屯昌闽语：坐倒［ʔdo³²⁵阴上］写舒服过跪倒写（坐着写比跪着写舒服）//伊乜都无想做，但是偃倒闷（他什么都不想干，只是躺着发愁）⑨

---

① 胡双宝：《文水方言志》，《语文研究》1984年增刊。
② 侯精一：《现代晋语的研究》，商务印书馆1999年版。
③ 李荣主编，汤珍珠、陈忠敏、吴新贤编：《宁波方言词典》，江苏教育出版社1997年版。
④ 周长楫：《厦门话带"了、去、着"补语的述补结构》，转引自詹伯慧、李如龙、张双庆《第四届国际闽方言研讨会论文集》，汕头大学出版社1996年版。
⑤ 陈章太、李如龙：《闽语研究》，语文出版社1991年版。
⑥ 鲍厚星：《东安土话研究》，湖南教育出版社1998年版。
⑦ 梁明江：《海南方言说要》，海南出版社1994年版。文读课文举例。
⑧ 李荣主编，陈鸿迈编：《海口方言词典》，江苏教育出版社1996年版。
⑨ 钱奠香：《海南屯昌闽语语法研究》，云南大学出版社2002年版。

第四节　阳声韵类持续标记："紧/等/稳/餐/恁"

和前面阴声韵的持续标记不同，在现代汉语方言中还有不少地方是阳声韵的（包括鼻化音的）持续标记。本节主要介绍韵母为［-n］/［-ŋ］的阳声韵类持续标记，根据声母的不同，又可以分为：一、"紧"类，声母为［tɕ］/［k］；二、"等"类，声母为［t］；三、"稳"类，声母为［v］/［m］或零声母；四、"餐"类，声母为［tsʻ］；五、"恁"类，声母为［n］。

一　"紧"类持续标记

江西石城（龙岗）话：大细子桗紧［kin³¹ᐟ²⁴］，渠行唔开（小孩哭着，她走不开）//外婆供紧鸡，冇人工（外婆喂着鸡，没时间）//外厢<在>落紧雨，要带雨盖（外面下着雨，要带雨伞）①

于都话：佢正食紧［tɕiẽ³⁵上声］饭，唔要吵佢//台子脑放紧一碗水（桌上放着一碗水）//你记紧带本书来//话紧话紧佢就叫嘿（说着说着他就哭起来了）②

大余话：话紧［tɕiəŋ⁴²上声］话紧就笑起来了③

龙南话：坐紧［tɕin⁵³上声］④

湖南鄜县话：佢看紧［tɕin³¹］已本书（他看着这本书）⑤

嘉禾土话：香婆娘对紧［tɕin³⁵阴上］镜子梳头⑥

广东韶关土话：

大村：桌头放紧［kin²⁴］一碗水（桌上放着一碗水）

---

① 曾毅平：《石城（龙岗）方言的体》，李如龙、周日健主编：《客家方言研究》，暨南大学出版社1998年版。
② 李荣主编，谢留文编：《于都方言词典》，江苏教育出版社1998年版。
③ 李如龙、张双庆主编：《客赣方言调查报告》，厦门大学出版社1992年版。
④ 刘纶鑫：《客赣方言比较研究》，中国社会科学出版社1999年版。
⑤ 毛秉生：《鄜县客家话的语法特点》，转引自黄伯荣主编《汉语方言语法类编》，青岛出版社1996年版。
⑥ 卢小群：《嘉禾土话研究》，中南大学出版社2002年版。

向阳：坐紧［kiaŋ²⁴］/倒［tau²⁴］来食好，还系徛紧/倒来食好？（坐着吃好，还是站着吃好？）//桌头放紧一碗水

周田：坐紧［kiaŋ²⁴］/倒［tau²¹⁴］来食好，还系徛紧/倒来食好？//柏哩放紧一碗水

桂头：□lu²²头落紧［kaŋ³²⁴］水。

连平话：阿公正食紧［tɕin³¹ 上声］烟，等下争喊佢（爷爷正抽着烟，等会儿才叫他）①

乐昌长来土话：讲紧［kai²⁴ 上声］讲紧就哭起来（说着说着就哭起来了）②

连州星子土话：坐紧［kiŋ⁵⁵ 上声］（来）食（坐着吃）//路底边落紧雨//讲紧讲紧就哭了//跟紧（跟着）③

广州话：佢冲紧［kɐn³⁵ 阴上］凉，唔该你等阵（他正在洗澡，请你等一会儿）//吓个位有人坐紧（那个座位有人坐着）//救护车嚟紧喋喇（救护车已经在路上了）④

东莞话：记紧［kɐn¹³ 阴上］=记住（记着，不忘记）⑤

据詹伯慧的调查语料：⑥

开平话：□紧［kɐn⁵⁵ 阴上］（记着，下同）

云浮话：记紧［kɐn²⁴ 阴上］

台山话：记紧［kin³⁵ 阴上］

阳江话：有一个夫娘邓仔去村，孖紧［kɐn²¹］其个仔，担紧一担里粽，回到半路遇紧落大水（有一个妇人带儿子走娘家，背着儿子，挑着一担粽子，走到半路就遇着下大雨）//墙上高挂紧一个篮（墙上挂着一个篮子）⑦

---

① 傅雨贤：《连平话谓词的体貌探究》，转引自林立芳主编《第三届客家方言研讨会论文集》，《韶关大学学报》2000年增刊。
② 李如龙、张双庆：《介词》，暨南大学出版社2000年版。
③ 张双庆主编：《连州土话研究》，厦门大学出版社2004年版。
④ 李新魁、黄家教、施其生等：《广州方言研究》，广东人民出版社1995年版。
⑤ 李荣主编，詹伯慧、陈晓锦编：《东莞方言词典》，江苏教育出版社1997年版。
⑥ 詹伯慧主编：《广东粤方言概要》，暨南大学出版社2002年版。
⑦ 黄伯荣主编：《汉语方言语法类编》，青岛出版社1996年版。

另据李如龙、张双庆的调查语料：①

连南话：坐紧［kin²²上声］食//徛紧，唔冒□//外背落等水//讲紧讲紧就笑起来吔

翁源话：外背落紧［kin²¹上声］水//徛紧，唔爱动//讲紧讲紧就笑哩

揭西话：坐紧［kin²¹上声］来食//徛紧，唔好动

西河话：外头落紧［kin³¹上声］雨//徛紧，毛动//坐紧食//讲紧讲紧就笑□来

清溪话：外边落等［kin²¹上声］水

增城话：佢做紧［kɐŋ¹³阳上］咪？佢食紧饭（他正在做什么？他正在吃饭）②

新丰客家话：坐紧［kin³¹上声］来食比企紧来食较好//带头介四只人拿紧浪篙看倒黄蜂斗（窝）就打……③

信宜话：亚刘讲紧［kɐŋ³⁵阴上］话（老刘正在讲话）//佢食紧饭④

香港话：出边落紧［kin⁴¹上声］水//徛紧唔好□//坐紧来食⑤

广西南宁话：你等下，我打紧［kən⁰］电话（我正打着电话）//渠喫紧饭，喫齐再凑你讲（吃完再跟你讲）⑥

二 "等"类持续标记

广东梅县话：食等［ten³¹上声］儿［ne⁰］饭（正吃着饭）//细人儿赖等了（赖着）唔肯行//佢对等（朝着）𠊎来笑⑦

四县话（兴宁、五华、平远、焦岭）：企著［ten³¹上声］（站著）//著著（穿著）//食著饭⑧

广西贺州（莲塘）话：𠊎食典［tɛŋ⁰］饭//介只门开典咩，你落去

---

① 李如龙、张双庆主编：《客赣方言调查报告》，厦门大学出版社 1992 年版。
② 何伟棠：《增城方言志》（第一分册），广东人民出版社 1993 年版。
③ 周日健：《新丰方言志》，广东高等教育出版社 1990 年版。
④ 罗康宁编著，叶国泉审定：《信宜方言志》，中山大学出版社 1987 年版。
⑤ 李如龙、张双庆主编：《客赣方言调查报告》，厦门大学出版社 1992 年版。
⑥ 李荣主编，覃远雄、韦树关、卞成林编：《南宁方言词典》，江苏教育出版社 1997 年版。
⑦ 李荣主编，黄雪贞编：《梅县方言词典》，江苏教育出版社 1995 年版。
⑧ 罗肇锦：《客语语法》，台北学生书局 1985 年版。

啊//壁头贴典地图①

三 "稳"类持续标记

江西客家话：小张话稳事（小张正说着话）//做稳做稳，大水就冲过来了//话稳话稳，渠就来哩②

石城（龙岗）话：涨稳 [ven$^{31/24}$] 大水，过桥要好践（涨着大水，过桥要小心）//渠歇稳，唔要吵人（他正睡着，不要吵）③

另据刘纶鑫的调查语料：④

全南话：坐稳 [vun^{42上声}]

定南话：坐稳 [vən^{31上声}]

铜鼓话：坐稳 [vən^{21上声}]

上犹话：渠捧稳细伢子走个//外头落稳大雨，渠也跑出去//话稳话稳渠就来哩

于都话：这只事你记稳 [vẽ^{35上声}]/紧，唔要记忘//佢嘴角脑含稳/紧一介东西⑤

修水话：说稳 [vən^{21上声}]（说着）⑥

赣县话：外头落稳 [vəŋ^{31上声}] 雨//话稳话稳就笑起来⑦

三都话：话稳 [vən^{21上声}] 话稳就笑起来哩⑧

福建武平话：徛稳，唔爱动//出背落稳 [meŋ^{31上声}] 哩雨//讲稳打哩就笑啊起来⑨

---

① 邓玉荣：《贺州（莲塘）客家话体助词"典"和"倒"》，转引自朱方冈主编《广西语言研究》，广西师范大学出版社 1999 年版。
② 刘纶鑫：《江西客家方言概况》，江西人民出版社 2001 年版。
③ 曾毅平：《石城（龙岗）方言的体》，转引自李如龙、周日健主编《客家方言研究》，暨南大学出版社 1998 年版。
④ 刘纶鑫：《江西客家方言概况》，江西人民出版社 2001 年版。
⑤ 李荣主编，谢留文编：《于都方言词典》，江苏教育出版社 1998 年版。
⑥ 刘纶鑫：《江西客家方言概况》，江西人民出版社 2001 年版。
⑦ 李如龙、张双庆主编：《客赣方言调查报告》，厦门大学出版社 1992 年版。
⑧ 李如龙、张双庆主编：《客赣方言调查报告》，厦门大学出版社 1992 年版。
⑨ 李如龙、张双庆主编：《客赣方言调查报告》，厦门大学出版社 1992 年版。

长汀话：倚稳［veŋ⁴²上声］，唔敢动①

连城话：扶稳［vaŋ⁵¹］定来（［把它］扶住喽）//门开稳定，内底无人//渠侪举稳定伞得街上行②

广东连平话：老张正在打稳［vun³¹上声］麻将（老张正在玩着麻将）③

新丰水源话（蛇声）：其早捞（跟）人家讲稳［un¹³上声/⁴⁴］话咧//坐稳食好过企稳食④

河源话：倚稳，唔好跃//门口落稳［un³⁴上声］水//坐稳来食⑤

广西陆川话：倚稳，毛动//外头落稳［vun²²上声］雨//坐稳食//讲稳讲稳就笑□□来⑥

四 "餐"类持续标记

湖南长沙话：讲餐［tsʻan⁰］讲餐笑起来哒//打头还不错，搞餐搞餐他就泻劲哒⑦

湘潭话：贵伢子看餐［tsʻan³³阴平］看餐书就困着哒⑧

韶山话：三阿公做餐［tsʻan⁵⁵阳去］生意又办厂，忙不赢//贵伢子看餐看餐书就困哒⑨

益阳话：自来水流餐［tsʻan⁰］冇得哒//他讲餐讲餐哭起来哒⑩

---

① 李如龙、张双庆主编：《客赣方言调查报告》，厦门大学出版社1992年版。
② 项梦冰：《连城（新泉）方言的体》，转引自张双庆主编《动词的体》，香港中文大学中国文化研究所、吴多泰中国语文研究中心1996年版。
③ 傅雨贤：《连平话谓词的体貌探究》，转引自林立芳主编《第三届客家方言研讨会论文集》，《韶关大学学报》2000年增刊。
④ 周日健：《新丰方言志》，广东高等教育出版社1990年版。
⑤ 李如龙、张双庆主编：《客赣方言调查报告》，厦门大学出版社1992年版。
⑥ 李如龙、张双庆主编：《客赣方言调查报告》，厦门大学出版社1992年版。
⑦ 李荣主编，鲍厚星、崔振华等编：《长沙方言词典》，江苏教育出版社1993年版。
⑧ 曾毓美：《湘潭方言的动态助词》，转引自伍云姬主编《湖南方言的动态助词》，湖南师范大学出版社1996年版。
⑨ 曾毓美：《韶山方言研究》，湖南师范大学出版社1999年版。
⑩ 崔振华：《益阳方言的动态助词》，转引自伍云姬主编《湖南方言的动态助词》，湖南师范大学出版社1996年版。

攸县话：吃餐［tãi⁴⁴阴平］吃餐，佢走过哩（偶尔用）①

安仁话：妹妹跳餐［ts·ã⁰］不跳哒//妈妈做餐饭手就痛哒//佢吃餐吃餐就丢脱只碗哒②

五 "恁"类持续标记

山西晋城话：他正做恁［nə̃⁰］饭呢//看恁看恁睡着啦③

广东海丰话：老李着许下企恁［niŋ⁵¹阴上］（老李在那里站着）//落恁雨，你去地tẽ²¹³？（下着雨，你上哪儿去？）//柜顶摆恁一架电视机（柜子上摆着一个电视机）④

第五节 "起"类持续标记

"起"类持续标记的分布范围主要集中在西南官话和湘语中，其语音形式大多是［tɕ·i］，上声或轻声。除了［tɕ·］，声母还有［ts·］/［s］/［tʃ·］/［ʃ］/［tɕ］/［ɕ］/［c·］/［k·］/［h］等其他形式的。

湖北荆沙话：这事，你也只能望起［tɕ·i⁰］//我把鞋子倒穿起，只见去了不见来//秀英听了，把头发一散起，衣服一披起，裤子一提起，鞋子一拖起，伢儿一抱起……⑤

武穴话：我开会起的（我正在开会）//他吃起的（他正在吃饭）⑥

四川方言：据《四川方言调查报告》所载：涪陵（世忠场）、邻水（坛子坝）、南江（大河口）、新繁、富顺、万县（新场）、云阳（农坝乡）等地将北京话的"坐着"说成"坐起"；南川（南平场）、崇庆（三河口）、夹江、峨边（沙坪）、屏山（高筍乡）、叙永

---

① 董正谊：《攸县方言的动态助词》，转引自伍云姬主编《湖南方言的动态助词》，湖南师范大学出版社1996年版。
② 陈满华：《安仁方言》，北京语言学院出版社1995年版。
③ 田希诚、吴建生：《山西晋语区的助词"的"》，《山西大学学报》1995年第3期。
④ 杨必胜、陈建民：《海丰方言动词的态》，《语言研究》1984年第2期。
⑤ 王群生：《湖北荆沙方言》，武汉大学出版社1994年版。
⑥ 陈淑梅：《鄂东方言语法研究》，江苏教育出版社2001年版。

（城）、江津（白沙）等地说"坐□［tɕʻi^{上声}］"；开县（李家坝）说"坐□［tɕie^{上声}］"，"□［tɕi^{上声}］""□［tɕie^{上声}］"应该就是"起"①

成都话：我吃起［tɕʻi^{53上声}］饭在//眯起眼睛//站起//仰/侧/趴起睡②

重庆话：她经常背起［tɕʻi⁰］个绿书包//生起病都坚持上班//外头正下起雨的，等一下儿走//她想起想起的哭③

贵州贵阳话：在那里跍起［tɕʻi^{53上声}］//坐起吃//跳起跳起的去骂④

大方话：坐起（坐着）看电视//吃起（吃着）饭说话//我跑起跑起地喊（边跑边喊）他都喊不转来//听起（听着）录音机写字⑤

云南永胜话：一个姓张的兵头背起官兵衣甲银三百两，来到街心头酒店吃酒//那头来个娃娃子，身上穿起红袍子，腰上系着红带子//饿老鹰仰起飞——抓天无路⑥

永富话：门还锁起的//船在滩头掉起的，紧都扯不上嗽（船还被阻留在河滩里，老拉不上来)⑦

湖南方言：据《湖南方言调查报告》记载，石门（皂角）、桑植（赤溪坪）、桃源（赫曦）、临澧、安化（归化镇）、泸溪、辰溪、耒阳（东湾）、资兴（谭村）、宁乡（汤泉乡）、嘉禾、道县、晃县（凉伞）、益阳（大桥镇）等14个方言点说"站/企起"⑧

吉首话：我早早帮电脑开起［tɕʻi⁰］，等学生上机（我早早将电脑开着，等着学生上机）//门口挂起灯笼好闹热（门口挂着灯笼很热闹）//打起赤脚板儿到处跑（赤着脚到处跑)⑨

张家界话：是坐倒起，还是站倒起吃？（是坐着吃，还是站着吃？）//

---

① 杨时逢：《四川方言调查报告》，"中研院"历史语言研究所专刊之八十二，"中研院"历史语言研究所1984年版。
② 李荣主编，梁德曼、黄尚军编：《成都方言词典》，江苏教育出版社1998年版。
③ 喻遂生：《重庆方言的"倒"和"起"》，《方言》1990年第3期。
④ 李荣主编，汪平编：《贵阳方言词典》，江苏教育出版社1994年版。
⑤ 李蓝：《贵州大方话中的"⁰到"和"起"》，《中国语文》1998年第2期。
⑥ 何守伦：《永胜方言志》，语文出版社1989年版。
⑦ 卢开礸、张弗：《永富方言志》，语文出版社1988年版。
⑧ 杨时逢：《湖南方言调查报告》，"中研院"历史语言研究所专刊之六十六，"中研院"历史语言研究所1974年版。
⑨ 李启群：《吉首方言研究》，民族出版社2002年版。

您屋里斗篢空起没？（您家里篢空着吗?）//手儿背背起（背着手）①

　　常德话：他命令：低起［tɕ·i³¹ 上声］脑壳！（他命令：低头!）//他亘天枯起眉头（整天皱起眉头）②

　　石门话：勾起［tɕ·i⁰］个脑壳//开起门的//饭煮起的//带起他转③

　　安乡话：站起［tɕ·i⁰］吃亏（站着累）//灯是亮起的，不要怕//背起比抱起舒服④

　　岳阳话：提起［tɕ·i⁰］一挂，放倒一堆//打起梆梆响，称起无四两//水看起看起涨起来哒⑤

　　汨罗长乐话：他一坐哒就跷几［ɕi²¹］箇二巴腿（他一坐下就跷起二郎腿）//把灯笼下挂几（把灯笼都挂着）//只管拑几吃（只管夹着吃）//他讲几讲几就哭起来嘚（他说着说着就哭起来了）⑥

　　华容话：你说嘞，我听起在//门开起在⑦

　　益阳话：穿起［tɕ·i⁴¹ 上声］一套西装//抿起嘴巴笑⑧

　　长沙话：骑起［tɕ·i⁴¹ 上声］一部新单车//抿起嘴巴笑⑨

　　浏阳话：皱起［ɕi⁰］眉毛（皱着眉毛）//侧起困（侧着睡）//他横起眼睛望盯我⑩

　　湘潭话：咯件风衣看起［tɕi⁴² 上声］不打眼，穿起还蛮体面。//工资

---

① 谢伯端：《张家界方言》，湘潭大学出版社2016年版。
② 李永明：《湖南几个方言点的动态助词》，转引自伍云姬主编《湖南方言的动态助词》，湖南师范大学出版社1996年版。
③ 易亚新：《石门方言的动态助词》，转引自伍云姬主编《湖南方言的动态助词》，湖南师范大学出版社1996年版。
④ 应雨田：《安乡方言的动态助词》，转引自伍云姬主编《湖南方言的动态助词》，湖南师范大学出版社1996年版。
⑤ 方平权：《岳阳方言的动态助词》，转引自伍云姬主编《湖南方言的动态助词》，湖南师范大学出版社1996年版。
⑥ 陈山青：《汨罗长乐方言研究》，湖南教育出版社2006年版。
⑦ 吴泽顺、张作贤：《华容方言志》，湖南人民出版社1989年版。
⑧ 崔振华：《益阳方言的动态助词》，转引自伍云姬主编《湖南方言的动态助词》，湖南师范大学出版社1996年版。
⑨ 崔振华：《长沙方言中的"起"》，《湖南师大学报》1985年增刊。
⑩ 夏剑钦：《浏阳方言研究》，湖南教育出版社1998年版。

都发不出，做起有得劲①

韶山话：咯件风衣看起不打眼，穿起还蛮体面//侧起瞓（侧面睡）//大起胆子讲罗（大着胆子讲罢）②

湘乡话：头发就披起［k·i²］（头发披着）//板起副面骂人//他唱起唱起一下唧（就）哑夹喉里子（他唱着唱着一下子哑了喉咙）③

娄底话：房门开起［tɕ·i²］//鬈起线眉毛（皱着眉头）//笼起个手//浮起浮起④

新化话：头发就披起（头发披着）//背起双手行路//其做起事来死起死起（他做起事来要死不活）⑤

涟源话：吹起［tɕ·i⁰］只嘴巴（撅嘴）//帽子歪戴起，鞋子横穿起//缩起瞓（蜷成一团睡）//（红漆桌子）日里摆起陪宾客，夜里摆起作文章//讲起讲起到哩门边上哩⑥

辰溪话：馆子还开起［tɕ·i³¹］门在（饭馆还开着门）⑦

攸县话：走起［tɕ·i⁰文］/［ɕi⁰白］走起脚都走痛哩（走着走着，脚都走痛了）⑧

隆回话：门关起［tɕ·i⁰］格//还在咯里哭起哭起，嘈死哩⑨

溆浦话：未必完税要唱起［tɕ·i⁰］歌完？（难道交税还要唱着歌交？）//要子新年新时你空起手板进屋嘞？（为什么大过年的你空着手进门呢？）//墙上画起两只虎⑩

---

① 曾毓美：《湘潭方言的动态助词》，转引自伍云姬主编《湖南方言的动态助词》，湖南师范大学出版社1996年版。

② 曾毓美：《韶山方言研究》，湖南师大出版社1999年版。

③ 王芳：《湘乡方言的几个动态助词》，转引自伍云姬主编《湖南方言的动态助词》，湖南师范大学出版社1996年版。

④ 李荣主编，颜清徽、刘丽华编：《娄底方言词典》，江苏教育出版社1994年版。

⑤ 罗昕如：《新化方言研究》，湖南教育出版社1998年版。

⑥ 陈晖：《涟源方言研究》，湖南教育出版社1999年版。

⑦ 谢伯端：《辰溪方言的动态助词》，转引自伍云姬主编《湖南方言的动态助词》，湖南师范大学出版社1996年版。

⑧ 董正谊：《攸县方言的动态助词》，转引自伍云姬主编《湖南方言的动态助词》，湖南师范大学出版社1996年版。

⑨ 丁加勇：《隆回方言的动态助词》，转引自伍云姬主编《湖南方言的动态助词》，湖南师范大学出版社1996年版。

⑩ 贺凯林：《溆浦方言研究》，湖南教育出版社1999年版。

祁阳话：枯起［tʃʅ⁰/ʃʅ⁰］眉毛//脚是那样翘起①

安仁话：佢爬起［ʃi⁰］上去哒（他爬着上去了）//那个人打起巴掌笑//莫饿起肚子出工（别饿着肚子下地干活）②

衡阳话：其扳起［tɕ·i³³ 上声］副脸（他板着脸）//门口顿起一竿旗（门口竖着一竿旗）//走起走起又不走③

衡山话：他坐起［i³³］那垱，你问他（他坐着在那里，你问他）④

常宁话：鼓起［tɕ·i³］眼睛像灯笼，打起官腔古隆冬//关起窗子//写起名字⑤

临武官话：□眯起［xi⁵⁵ᐟ³³ 上声］眼睛（他闭着眼睛）//桌面上放起一碗水⑥

汝城话：趺起［sʅ 上声］口面（板着张脸）//煮起食（煮着吃）⑦

东安土话：弓起［tɕ·i⁵⁵ 上声］腰子走（弯着腰走）//抬起走我外婆门口过（抬着从我姥姥门口过）⑧

江永土话：他牵起［ɕi³⁵ 阴上］那头牛//他骑起那架车归了屋//向起（向着）我笑//顺起⑨

临武土话：大起胆子话吧//桌面上放起一碗水//话起话起笑起来喋⑩

宜章赤石土话：着起［ɕie⁵³ 上声］衣衫//挑起（挑着）⑪

宁远平话：门侧倚起一个讨食古（门前站着一个乞丐）//带起奶崽

---

① 李维琦：《祁阳方言研究》，湖南教育出版社1998年版。
② 陈满华：《安仁方言》，北京语言学院出版社1995年版。
③ 李永明：《湖南几个方言点的动态助词》，彭兰玉：《衡阳方言的动态助词》，转引自伍云姬主编《湖南方言的动态助词》，湖南师范大学出版社1996年版。
④ 彭泽润：《衡山方言研究》，湖南师范大学出版社1999年版。
⑤ 吴启主：《常宁方言的动态助词研究》，转引自伍云姬主编《湖南方言的动态助词》，湖南师范大学出版社1996年版。
⑥ 李永明：《湖南几个方言点的动态助词》，转引自伍云姬主编《湖南方言的动态助词》，湖南师范大学出版社1996年版。当地动词"起"，念［k·i⁵⁵ 上声］。
⑦ 柴李军：《湖南汝城语法特点初探》，转引自黄伯荣主编《汉语方言语法类编》，青岛出版社1996年版。
⑧ 鲍厚星：《东安土话研究》，湖南教育出版社1998年版。
⑨ 黄雪贞：《江永方言研究》，社会科学文献出版社1993年版。
⑩ 李永明：《临武方言——土话与官话的比较研究》，湖南人民出版社1988年版。
⑪ 沈若云：《宜章土话研究》，湖南教育出版社1999年版。

头去盯病（带着孩子去看病）//地高头的谷子，扫起扫起有四、五斤①

浙江海盐话：墙头浪贴起 [tɕ·i²¹³] 张地图霍（墙上贴着一张地图）②

处衢话：（遂昌话）坐乞 [tɕ·iɿ⁵]③ 跌比倚乞跌好些//（云和话）坐起 [tsʻɿ³²⁴ 上声] 吃比倚起吃好粒④

广东乐昌长来土话：帮起（护着（他））//覆起瞓（趴着睡）//坐起来食（坐着吃)⑤

东莞话：大佬一手扯起 [hɐi³⁵ 阴上] 细佬口个头毛//佢对起（对着）我笑⑥

广西临桂平话：披起 [hi⁵³ 上声] 个头毛（披着头发）//戴起个帽子//咧起咧起个嘴（嘴一直张着)⑦

有几个方言的持续标记声母为 [tɕ]、韵母为齐齿呼，调查语料中的用字不是写作"起"，但是和"起"的关系近一些，例如：

江西婺源话：我拿之 [tɕi⁰] 伞，不怕落雨//门开之，家里没人//墙上贴之一幅画⑧

安徽休宁话：渠手里担着 [tɕio⁰] 个茶杯//渠着着一身新衣裳//门口倚着三个人//坐着吃比倚着吃好点⑨

第六节 "住/居"类持续标记

"住/居"类，由于各地方言古今语音演变的差异性，"住/居"类的声母有 [ʔd] / [d] / [t] / [ts] / [tʂ] / [tʂ] / [tʃ] / [tɕ] / [t

---

① 张晓勤：《宁远平话研究》，湖南教育出版社1999年版。
② 张薇：《浙江方言资源典藏 海盐》，浙江大学出版社2019年版。
③ 乞：也相当于"起"或"起来"。
④ 曹志耘、秋谷裕幸、太田斋、赵日新：《吴语处衢方言研究》，日本好文出版社2000年版。有下画线的是同音字。
⑤ 张双庆主编：《乐昌土话研究》，厦门大学出版社2000年版。
⑥ 李荣主编，詹伯慧、陈晓锦编：《东莞方言词典》，江苏教育出版社1997年版。
⑦ 周本良：《桂北平话与推广普通话——临桂义宁话研究》，广西民族出版社2005年版。
⑧ 冯爱珍：《婺源方言的体助词"之"》，全国汉语方言学会第9届学术讨论会论文，汕头，1997年2月。
⑨ 平田昌司、伍巍：《休宁方言的体》，转引自张双庆主编《动词的体》，香港中文大学中国文化研究所、吴多泰中国语文研究中心1996年版。

ɕ·〕/〔k·〕/〔pf〕等，韵母也有〔u〕/〔əu〕/〔ɿ〕/〔y〕/〔i〕/〔iu〕等不同形式，一般读去声或轻声。由于符合"住"在当地的古今演变规律，调查者多写作"住"。以下还是按照从北到南的地理位置排列语料。

内蒙古西部汉语方言：对住〔tsu^{45去声}〕/〔tsu^0〕=朝住/趁住/照住/跟住/贴住①

山西太原话：下班路上就住〔tsu^{45去声}〕（捎带）买上咧，不用专意跑//照住（沿着）②

忻州话：攥住〔tʂəu^0〕拳头=攥住拳头//顺住〔tʂəu^{53去声}〕/沿住/就住③

万荣话：叉住〔fu^0〕/〔pfu^0〕手儿//顺住/沿住④

陕西西安话：链住〔pfu^0〕（连续，不间断）⑤

青海西宁话：家（他）对住〔tʂu^{213去声}〕我着笑唰//家抓住〔tʂu^0〕我的手不放啊可⑥

四川松潘话：坐住（坐着）⑦

山东济南话：记住=记着〔tʂɿ^0〕=想住⑧

江苏东海话：只是张着〔tʂu^0〕嘴干嚎//你摸着给我点灯！//人家跪着，他就在这三尺地上拉板凳坐着，和州官平起平坐⑨

高邮话：他还吃住〔tsu^0〕饭呢//硬住头皮回答//场上亮住灯呢//他走住走住天黑了下来⑩

---

① 邢向东、张永胜：《内蒙古西部方言语法研究》，内蒙古人民出版社1997年版。
② 李荣主编，沈明编：《太原方言词典》，江苏教育出版社1994年版。
③ 李荣主编，温端政、张光明编：《忻州方言词典》，江苏教育出版社1995年版。
④ 李荣主编，吴建生、赵宏因编：《万荣方言词典》，江苏教育出版社1997年版。
⑤ 李荣主编，王军虎编：《西安方言词典》，江苏教育出版社1996年版。
⑥ 李荣主编，张成材编：《西宁方言词典》，江苏教育出版社1994年版。原文注：这里的"住"不强调抓牢。
⑦ 杨时逢：《四川方言调查报告》，"中研院"历史语言研究所专刊之八十二，"中研院"历史语言研究所1984年版。
⑧ 李荣主编，钱曾怡编：《济南方言词典》，江苏教育出版社1998年版。
⑨ 苏晓青：《东海方言研究》，新疆大学出版社1997年版。
⑩ 姚亦登、金江丰、朱文夫、鞠彩萍：《高邮话动词后的"块"和"住"》，《贵州大学学报》（社会科学版）2002年第3期。

扬州话：谈著［tɔ⁰］/［tsu⁰］话//灯亮著哩//我不好说了，你看著办吧！//沿著河边找①

河南内黄话：他低住［tɕ'y⁰］那个头，一声儿不吭//开住门得吧//拿住吃吧②

浚县话：低住［tʂʅ⁰］头，噘住嘴，一句话也不说//开住窗户吧//说住说住哭开了//老鼠顺住墙跑了③

郑州话：请他捎带着［tsu⁰］（顺便）给我买本书④

驻马店话：他正看住［tsu³¹⁽去声⁾］书哩//坐住吃比站住吃带劲//站住！//说住说住，笑起来来//桌子上放住一碗水//靠住河走⑤

湖北房县话（桃源）：坐住（坐着）⑥

湖南平江话：话住［k'y⁰］话住就笑起来啰⑦

益阳话：他讲住［tɕ y⁰］讲住哭起来哒//他看住看住书歇着哒⑧

娄底话：行住［tɕ'y⁰］行住就倒翻到地下（走着走着就倒在地上）//看住看住就发大风来（看着看着就刮大风了)⑨

湘乡话：我边行边讲，讲住［dy²］讲住就到夹哩⑩

衡山话：他吃居［tɕy³³⁽阴平⁾］吃居不吃吖（他吃着吃着不吃了）//他坐居坐居睏□吖（他坐着坐着睡着了）⑪

汝城客家话：留喥［tu⁽去声⁾］之（留着给他）//放喥明日食（放着

---

① 李荣主编，王世华、黄继林编：《扬州方言词典》，江苏教育出版社1996年版。
② 李学军：《河南内黄方言研究》，中国社会科学出版社2016年版。
③ 辛永芬：《浚县方言语言研究》，中华书局2006年版。"住"较受限制，一般只用在祈使句、连动句中，表示一种状态保持或伴随状态。多数情况下，"住"可以替换成D变韵。
④ 卢甲文：《郑州方言志》，语文出版社1992年版。
⑤ 笔者调查所得。
⑥ 赵元任、丁声树、杨时逢等：《湖北方言调查报告》，"中研院"历史语言研究所专刊，台联国风1972年版。
⑦ 李如龙、张双庆主编：《客赣方言调查报告》，厦门大学出版社1992年版。
⑧ 崔振华：《益阳方言的动态助词》，转引自伍云姬主编《湖南方言的动态助词》，湖南师范大学出版社1996年版。
⑨ 彭逢澍：《娄底方言的动态助词》，转引自伍云姬主编《湖南方言的动态助词》，湖南师范大学出版社1996年版。
⑩ 王芳：《湘乡方言的几个动态助词》，转引自伍云姬主编《湖南方言的动态助词》，湖南师范大学出版社1996年版。
⑪ 彭泽润：《衡山方言研究》，湖南师范大学出版社1999年版。

明天吃)//检嗾明年着（收着明年穿）①

广东广州话：呢班细路成日都嘈住［tsy²²阳去］我//你地食住先喇//口个个位有坐住（那个座位有人坐着）//梳住两条辫仔（梳着两条小辫儿）//落住［tʃy²²阳去］雨，唔好走喇（下着雨，别走了）//记住②

东莞话：赊住［tsy³²去声］（延期收款，赊欠）//挂住（记住）/忍住（忍着）/记住＝记紧（记着，不忘记）③

信宜话：牌□写住［tsy¹¹阳去］"黑帮"两个大字④

据詹伯慧的调查语料：⑤

顺德话：记住［tsy²¹阳去］（记着，下同）

中山话：记住［tsy³³去声］

韶关话：记住［tsy²²阳去］

廉江话：记住［tsi¹¹阳平］

增城话：照住［tʃiu²²阳去］（照着）//趁住（趁着）⑥

广西贵港话：眯紧住，佢穿住衫头（别急，他正在穿衣服呢）//间屋住住固老人（这间房子住着一个老人）//睇住，睇住，开水到！（看着，看着，开水来了！）⑦

南宁平话：渠讲住［tsy⁰］话，冇得闲（他正说着话没有空）//屋里头坐住一帮人//渠是走取来嘅（他是跑着来的）//趴住睡//顺住/沿住⑧

福建建阳话：倚住［tiu阳去］话⑨

松溪话：倚住［tiu阳去］话

---

① 柴李军：《湖南汝城语法特点初探》，转引自黄伯荣主编《汉语方言语法类编》，青岛出版社1996年版。

② 李荣主编，白宛如编：《广州方言词典》，江苏教育出版社1998年版。李新魁、黄家教、施其生等：《广州方言研究》，广东人民出版社1995年版。

③ 李荣主编，詹伯慧、陈晓锦编：《东莞方言词典》，江苏教育出版社1997年版。

④ 罗康宁编著，叶国泉审定：《信宜方言志》，中山大学出版社1987年版。

⑤ 詹伯慧主编：《广东粤方言概要》，暨南大学出版社2002年版。

⑥ 何伟棠：《增城方言志》（第一分册），广东人民出版社1993年版。

⑦ 麦穗：《广西贵港方言的"住"》，《语言研究》2002年特刊。

⑧ 李荣主编，覃远雄、韦树关、卞成林编：《南宁方言词典》，江苏教育出版社1997年版。

⑨ 陈章太、李如龙：《闽语研究》，语文出版社1991年版。

建瓯话：操住［tiu⁵⁵ᵃ⁸去］手（叉着手）//门开住①
澳门：你坐住！别站起来//路上停住一辆车②
海南屯昌话：伊□［iaŋ³²⁵］带讲话住［ʔdu³³ᵃ⁸上］（他还坐在那儿说话呢）③

第七节 ［l］／［n］或零声母类持续标记："哩/牢/唎/勒""儿"

根据声母的有无，本节分为三部分：一、声母是［l］／［n］的"哩/牢/唎/勒"类持续标记；二、零声母类持续标记。

一 声母是［l］／［n］的持续标记

声母为［l］／［n］的持续标记也可以分为舒声韵和入声韵两种情况。

（一）韵母为舒声韵的

天津话：桌上放着［ə²¹/ʐə²¹/tʂə²¹］一碗水④
山西平鲁话：他坐哩［li⁰］汽车走了//门开哩哩//看哩看哩瞌睡了⑤
忻州话：背抄哩［liə⁰］手（背着手）//她哩两只手撑哩个下脖子（下巴）考虑事情哩
和顺话：他正吃哩［lei⁰］饭哩//门开哩//他点哩灯做饭哩//看哩看哩睡着啦
湖南嘉禾话：坐□［lɤ］（坐着）⑥
江永土话：义老大再复记倒［lau³⁵阴上］了"好吧"//睏倒（躺下）//跪倒⑦

---

① 李荣主编，李如龙、潘渭水编：《建瓯方言词典》，江苏教育出版社1998年版。
② 曹志耘主编：《汉语方言地图集》，商务印书馆2008年版。语法卷067图、068图。
③ 钱奠香：《海南屯昌闽语语法研究》，云南大学出版社2002年版。
④ 根据邢向东提供的语料。
⑤ 田希诚、吴建生：《山西晋区的助词"的"》，《山西大学学报》1995年第3期。
⑥ 杨时逢：《湖南方言调查报告》，"中研院"历史语言研究所专刊之六十六，"中研院"历史语言研究所1974年版。
⑦ 黄雪贞：《江永方言研究》，社会科学文献出版社1993年版。黄雪贞：《湖南江永方言音系》，《方言》1988年第3期。

江苏苏州话：对牢 [læ^{13阳平}]（对着）①

上海（嘉定）话：闭牢 [lɔ^{31阳平}] 眼睛//盖牢//挽牢//对牢仔＝对仔（对着）②

浙江杭州话：我扶牢 [lɔ^{213阳平}]（扶着）你走//你坐牢不要动//对牢（对着）③

宁波话：记牢 [lɔ^{24阳平}]（记着，记住）//运道来起来连牢仔来，轿也来，马也来，推也推不开④

温州话：门口头儿人还□ [bu^{31阳平}]（聚集）牢 [lə^{31阳平}] 在埨，不肯散//两姊妹手对手挽牢走//该年不顺境，一家人接牢病⑤

福建闽语：和书面语"站着说"相对应的说法是：⑥

莆田话：徛咧 [lɛ^0] 讲

古田话：徛咧 [le^0] 讲

厦门话：徛咧 [le^0] 讲

漳州话：徛咧 [le^0] 讲

永春话：徛咧 [le^0] 说

泉州话：徛咧 [lə^0] 说

福鼎话：徛咧 [lo^0] 讲

龙岩话：徛咧 [lo^0] 讲

大田话：徛咧 [lɤ^0] 讲

尤溪话：徛咧 [lɤ^0] 讲

福州话：槛门都关吼 [lɛ^0]（窗户都关着）//池边栽吼 几兜树//徛吼讲//戴吼帽讨帽//讲吼 讲吼 就激动咯（讲着讲着就激动了）⑦

---

① 李荣主编，叶祥苓编：《苏州方言词典》，江苏教育出版社1993年版。
② 汤珍珠、陈忠敏：《嘉定方言研究》，社会科学文献出版社1993年版。
③ 李荣主编，鲍士杰编：《杭州方言词典》，江苏教育出版社1998年版。
④ 李荣主编，汤珍珠、陈忠敏、吴新贤编：《宁波方言词典》，江苏教育出版社1997年版。
⑤ 李荣主编，游汝杰、杨乾明编：《温州方言词典》，江苏教育出版社1998年版。
⑥ 陈章太、李如龙：《闽语研究》，语文出版社1991年版。陈泽平（1998）将这里的"咧 [lɛ^0]"写作"吼"。
⑦ 陈泽平：《福州方言动词的体和貌》，转引自张双庆主编《动词的体》，香港中文大学中国文化研究所、吴多泰中国语文研究中心1996年版。

漳平话：坐落［lo⁰］食比倚落食有恰好//扶落（扶着）①

海南屯昌话：奀天倘乌乌住［lo³³⁽ᵃⁿᵍ⁾］（天还很黑/天还黑着呢）②

云南方言：据《云南方言调查报告》所载，有一些地方把"坐着"的"着"读作［l］/［n］声母，如：元江说"坐老"，石屏说"坐□［lo⁽ⁱⁿᵖⁱⁿᵍ⁾］"，个旧、蒙自（大屯）、开远等说"坐□［lə⁰］"，易门（新城）、晋宁（清和乡）等说"坐□［nə⁰］"，通海说"坐□［nə⁽ⁱⁿᵖⁱⁿᵍ⁾］"③

（二）韵母为入声韵的

山西沁县话：老王扛勒［ləʔ⁰］锄头去地了//坐勒吃比立勒吃好些//他说勒说勒就笑了④

河南获嘉话：他正吃饭的［liʔ⁰］//他在那儿买菜的//他在门儿外头站的⑤

上海话：耳朵耷落［lɔʔ¹³⁽ᵃⁿᵍ⁾⁾⁽ⁱⁿ⁾］（耳朵耷拉着，形容垂头丧气）//坐啦［la¹³⁽ᵃⁿᵍ⁾⁽ˢʰᵘ⁾/laʔ¹³⁽ᵃⁿᵍ⁾⁽ⁱⁿ⁾］喓动⑥

浙江处衢云和话：坐落［loʔ²⁴⁽ᵃⁿᵍ⁾⁽ⁱⁿ⁾］去（坐着去）⑦

舟山话：其冲勒［lɐʔ¹²⁽ⁱⁿᵖⁱⁿᵍ⁾⁽ⁱⁿ⁾］（冲着）我来//坐勒吃比立勒吃好眼⑧

福建厦门话：覆咧［lẽʔ¹¹⁽ⁱⁿᵖⁱⁿᵍ⁾⁽ⁱⁿ⁾］睏（趴着睡）⑨

泉州话：队长车坐嘞［ləʔ⁰］来唠（队长骑着车来了）//门开嘞，里面无侬//讲嘞讲嘞煞困去⑩

---

① 张振兴：《漳平方言研究》，中国社会科学出版社1992年版。
② 钱奠香：《海南屯昌闽语语法研究》，云南大学出版社2002年版。
③ 杨时逢：《云南方言调查报告》，"中研院"历史语言研究所专刊之五十六，"中研院"历史语言研究所1969年版。
④ 田希诚、吴建生：《山西晋语区的助词"的"》，《山西大学学报》1995年第3期。
⑤ 贺巍：《官话方言研究》，方志出版社2002年版。
⑥ 李荣主编，许宝华、陶寰编：《上海方言词典》，江苏教育出版社1997年版。
⑦ 曹志耘、秋谷裕幸、太田斋、赵日新：《吴语处衢方言研究》，日本好文出版社2000年版。
⑧ 方松熹：《舟山方言研究》，社会科学文献出版社1993年版。
⑨ 周长楫：《厦门话带"了、去、着"补语的述补结构》，转引自詹伯慧、李如龙、张双庆《第四届国际闽方言研讨会论文集》，汕头大学出版社1996年版。
⑩ 李如龙：《泉州方言的体》，转引自张双庆主编《动词的体》，香港中文大学中国文化研究所、吴多泰中国语文研究中心1996年版。

二 零声母类持续标记

零声母类持续标记，一般读轻声、韵母也有不同程度的弱化。

辽宁长山群岛长海话：走儿去的//红儿个脸儿①

山东淄川话：抄着［ə⁰］手（袖着手）//罗蜷着腿（弯着腿）②

博山话：用□［ə⁰/tʂuə⁰］他哩，他又走哩//你坐□说③

烟台话：抬儿上山④

长岛话：一个小匣，盛儿两个老鸹儿⑤

江西清溪话：徛儿［e⁰］食（站着吃）//讲儿讲儿就笑起来⑥

黎川话：话仔［ε⁰］话仔（说着说着），就笑起来了⑦

长汀话：要买坐票，坐啊［a⁰］去大埔⑧

福建宁德话：徛唎［e⁰］讲⑨

周宁话：徛唎［i⁰］讲⑩

另外，还有一种特别的形式：用动词变韵的方式表示持续意义，无持续标记。

河南浚县话：这一片儿他哥管ᴰ嘞（这一片他哥哥管着呢）//小波头上戴ᴰ帽ᶻ嘞（小波头上戴着帽子呢）//衣裳在柜里放ᴰ嘞（衣服在柜子里放着呢）⑪

---

① 厉兵：《长海方言的儿化与子尾》，《方言》1981年第2期。
② 钱曾怡主编，孟庆泰、罗福腾著：《淄川方言志》，语文出版社1993年版。
③ 钱曾怡：《博山方言研究》，社会科学文献出版社1993年版。
④ 钱曾怡等：《烟台方言报告》，齐鲁书社1982年版。
⑤ 钱曾怡：《论儿化》，《中国语言学报》（总第五期），商务印书馆1995年版。
⑥ 李如龙、张双庆主编：《客赣方言调查报告》，厦门大学出版社1992年版。
⑦ 李荣主编，颜森编：《黎川方言词典》，江苏教育出版社1995年版。
⑧ 饶长溶：《关于客家方言体貌助词"啊"》，粤北土话及周边方言国际研讨会论文，广东韶关，2000年11月。
⑨ 陈章太、李如龙：《闽语研究》，语文出版社1991年版。
⑩ 陈章太、李如龙：《闽语研究》，语文出版社1991年版。
⑪ 辛永芬：《浚县方言语言研究》，中华书局2006年版。

［l］／［n］或零声母类持续标记地理分布比较零散，且语音形式比较多样，就韵母而言，既有舒声韵，又有入声韵，舒声韵有［a］／［æ］／［ɛ］／［e］／［o］／［ɤ］／［ɔ］／［ə］／［i］等单元音韵母和［au］／［uə］／［iə］等复元音韵母，入声韵有［ɑʔ］／［eʔ］／［ɚʔ］／［oʔ］／［ɔʔ］／［əʔ］／［iʔ］等，大致看来，和前面几节持续标记的韵母比较对应。

零声母类持续标记，至少持续标记还有自己的韵母、声调，而陕西户县①、河南浚县用动词变韵的方式表示持续意义，把持续标记作为独立音节的这一形式也取消了。

现代汉语方言持续标记除了以上列举的类型之外，还包括一些语音比较特别、不便归类的持续标记，比如：

1. 持续标记"弗郎兴"：

江苏丹阳话：读弗郎兴［fæʔ³ lɑŋ³³ ɕiŋ³³］书（正读着书）∥说弗郎兴话（正说着话）②

2. 持续标记"开"：

广东广州话：佢睇开［hɔi⁵³阴平］书，咪嘈佢③

3. 持续标记"埋"：

广东广州话：等埋［mai²¹阳平］我∥围埋一堆∥闩埋门读书④

东莞话：笥埋［mai²¹阳平］手（笼着手）∥缩埋一团⑤

4. 持续标记"发""翻"：

湖南汝城客家话：走发［fɛ上声］适（走着去）∥跌发走（跌跌撞撞地走）∥坐翻［fa阴平］在箇子（坐在这儿；在这儿坐着）∥着翻一件衫（穿着一件衣服）⑥

---

① 见绪论第一节。
② 李荣主编，蔡国璐编：《丹阳方言词典》，江苏教育出版社1995年版。
③ 李荣主编，白宛如编：《广州方言词典》，江苏教育出版社1998年版。
④ 李荣主编，白宛如编：《广州方言词典》，江苏教育出版社1998年版。
⑤ 李荣主编，詹伯慧、陈晓锦编：《东莞方言词典》，江苏教育出版社1997年版。
⑥ 柴李军：《湖南汝城语法特点初探》，转引自黄伯荣主编《汉语方言语法类编》，青岛出版社1996年版。

5. 持续标记"町地":

广东梅县话：梳町地毛（正在梳头发）//食町地饭//写町地字①

第八节　现代汉语方言持续标记地理分布上的特点

本章第一节至第七节排列了全国 34 个省、自治区、直辖市及特别行政区中的 32 个省、自治区、直辖市（不包括西藏、台湾②）的持续标记情况，涉及 550 多个地名——四川 98、云南 88、湖南 83、湖北 69、广东 31、江西 30、山东 25、福建 24、山西 21、安徽 14、浙江 12、内蒙古 10、江苏和河南各 7、陕西 6、广西 5、上海、甘肃和宁夏各 3、贵州和海南各 2；另外，吉林、北京、天津、重庆、黑龙江、辽宁、河北、重庆、青海、新疆、香港、澳门各 1。尽管各地有关持续标记的语料多少不一，所采用的方言点的分布也不太均匀，但通过以上七节不同类型的持续标记的梳理，我们已经能从中发现一些有规律性的现象。

一　不同类型的持续标记之间的对应关系

尽管现代汉语方言千差万别，表示持续意义的形式也有所不同，但每个方言点都至少有一个持续标记，不用持续标记的方言，目前还没有发现。

各地方言的持续标记往往在一定条件下还可以表示其他的语法意义，尽管它们负载的语法功能不尽相同，但是在表示持续意义方面表现出很强的一致性。从前面七节所列举的语料中就可以看出，尽管持续标记和一些具体动词的搭配上可能会有这样或那样的不同，但是，持续标记前面的动词具有持续性是一条普遍的共性。同一个方言中，不管它有一个、两个，还是几个不同的持续标记，它们都能共同表示持续意义，在陈述句、祈使句、疑问句"动词 + 持续标记（+ 宾语）"（兰银官话、晋语等中的许多方言的持续标记在宾语的后面）、连动句"动词$_1$ + 持续

---

① 李荣主编，黄雪贞编：《梅县方言词典》，江苏教育出版社 1995 年版。梅县话的"等儿"相当于北京话的"着"，它也可以说成"町地［taŋ^{53去声} ti^{53去声}］"，当地无固定写法。"町地［taŋ^{53去声} ti^{53去声}］"在梅县口语中常见，但在其他客话中罕见。

② 台湾地区的相关情况，在下文中也有所涉及。

标记+动词₂"以及"动词+持续标记+动词+持续标记"、"介词+持续标记"等格式的使用，也表现出很强的一致性。表2将几种主要的持续标记所出现的基本句型进行了归纳，可以看出不同类型的持续标记形成了比较明显的对应关系：

表2①

	V+标记（+O）	V₁+标记+V₂	V+标记+V+标记	P+标记
着	他们正在说着[tsɤ⁰]话呢	坐着吃好，还是站着吃好	说着说着，笑起来了	顺着河走
子/之/仔	我们都在这等子[tsʅ⁰]呢	不疼再接子[tsʅ⁰]打，疼就忍子点儿	他玩儿子[tsʅ⁰]玩儿子就把这事儿给忘了	顺仔[tsʅ⁰]
倒	好好听倒[tau⁵³上声]	围倒他要糖吃	讲倒讲倒的笑起来了	顺倒
哒	你跟我徛哒[ta⁰]	坐哒看书	治哒治哒就治好哒	照哒咯条路笔直走
得	硬着[tə⁰]头皮子去了	别抢着说	说着说着哭了	顺着
的	雀娃子在天上飞底[ti⁰]呢	满场子底人都举底摇头喊口号儿底呢	吼的吼的萨，癞瓜子出来咧	顺底
紧/等/稳/餐/恁	佢正食紧[tɕiē⁻³⁵上声]饭	坐紧[kin阴上]来食	话紧[tɕiē⁻³⁵上声]话紧佢就叫嘿	香婆娘对紧[tɕin³⁵阴上]镜子梳头
起	在那里跕起	坐起吃	跳起跳起的去骂	顺起
住/居	渠讲住[tsy⁰]话，冇得闲	趴住[tsy⁰]睡	话住[kʻy⁰]话住就笑起来啰	顺住[tsy⁰]
[l]/[n]	槛门都关吼[lɛ⁰]	戴吼帽讨帽	讲吼讲吼就激动咯	——
零声母	□[ə⁰]他嚏，他又走嚏	徛儿[e⁰]食	讲儿[e⁰]讲儿就笑起来	

---

① 例句均选自前面的例句，不再注明出处。V表示动词，O表示宾语，P表示介词。同一横行中的持续标记，如果来自不同的方言，则分别标注读音。目前还没有看到相当于"顺着"的"顺吼""顺儿"的材料。

二 不同类型的持续标记的地理分布特点

既然在现代汉语的各个方言都有持续标记,几个主要的持续标记类型在用法上也是相互对应的,那么,它们在地理分布上又有什么特点呢?

现有的汉语方言分区主要是基于语音的标准,几类持续标记与汉语方言分区的关系,既有联系又不完全一致。我们发现,不同的持续标记都有它们一定的通行范围,而这个范围和现有的方言分区有一定的联系,但每一种持续标记往往又不局限在同一个方言区内使用,跨方言区使用的情况是比较常见的。如表3所示:

表3

持续标记	通行的方言区
"着"类	官话(如东北、中原、胶辽、兰银等)、晋语等
"之/子/仔"类	官话(如东北、胶辽、江淮、西南、兰银等)、吴语等
"倒/到"类	官话(如江淮、中原、西南、兰银等)、湘语、赣语、客家话、吴语、徽语、粤语等
"哒"类	西南官话、湘语、平话、徽语、吴语等
"得"类	官话(如胶辽、西南、兰银等)、晋语、湘语、吴语、徽语等
"的"类	官话(如东北、胶辽、西南、兰银等)、晋语、吴语、闽语等
"紧/等/稳/餐/恁"类	客家话、粤语、平话、湘语等
"起"类	西南官话、湘语、吴语等
"住/居"类	官话(如东北、中原、胶辽、西南、兰银等)、晋语、湘语、吴语、粤语、闽语、平话等
"[l]/[n]"类	西南官话、晋语、吴语、闽语等
零声母类	胶辽官话、客家话、闽语等

声母方面,形成了一个舌尖音[t]和[tʂ]/[ts]的对应——"倒"类持续标记和"着"类持续标记在中、东部形成南北对峙的两大分支,前者分布在长江流域以北的广大地区,后者分布在长江流域及以南的广大地区。从北到南,既有[t]分布区的和[tʂ]/[ts]分布区的对应,又有一个方言区域内部、一个方言点内部的[t]和[tʂ]/[ts]的对应;另外,还有[t]/[tʂ]/[ts]声母和[l]/[n]声母的

对应，等等。以"着"为代表的［tʂ］／［ts］类声母的持续标记主要分布在北京、黑龙江、河北、山西、陕西、宁夏、内蒙古、青海、山东、江苏、安徽、河南、湖北、湖南、广东、广西、云南等省、自治区、直辖市，包括了官话（如北方官话、中原官话、胶辽官话、东北官话、兰银官话等）、晋语、湘语、粤语等。分布区域非常广泛。"之/子/仔"除了分布在东北官话区及山东境内，在声母［tʂ］／［ts］和［t］两类持续标记分布区之间狭长的交界地带上，从东部的上海，到安徽，再到中部的襄阳，直至西部的宁夏断断续续地散布着。

以"倒"为代表的［t］声母的持续标记主要分布在山东、山西、陕西、内蒙古、新疆、湖北、四川、重庆、贵州、云南、湖南、江西、安徽、江苏、浙江、广东、广西等省、自治区、直辖市，包括了官话（如东北官话、兰银官话、西南官话、江淮官话等）、晋语、湘语、赣语、吴语、徽语、粤语、客家话等。分布区域也非常广泛。还有"哒""得""的"几类持续标记的地理分布，一方面与"倒"类持续标记相辅相成，另一方面比"倒"的分布范围更广。这几类，看似零星，实则难舍难分。

以上［tʂ］／［ts］和［t］两类声母的持续标记的分布有很明显的交错现象，大致有两种具体表现：一是在一定区域内，使用［tʂ］／［ts］声母的持续标记的方言点和使用［t］声母的持续标记的方言点的交错分布。二是在同一个方言点，［tʂ］／［ts］声母的持续标记和［t］声母的持续标记同时并存（如宁夏中宁的"着［tʂʅ⁰］／［tiº］"）。

以"紧/等/稳"为代表的阳声韵类持续标记主要分布在江西、广东、广西、福建等省、自治区，包括客家话、粤语、平话等，"餐"主要分布在湖南的湘语区内。

能够作为持续标记的"起"主要分布在湖北、四川、重庆、贵州、云南、湖南等省市，包括西南官话和湘语。"起"的分布范围相对比较集中。

"住/居"类持续标记的分布范围比较广。

另外，韵母方面，形成了入声韵和非入声韵、齐齿呼和开口呼等的对应。声调方面，形成了入声调和舒声调、轻声和非轻声的对应。这里不再赘述。

三 从现代汉语方言分区看持续标记的分布

目前的汉语方言分区，主要是以语音标准来划分的，但从以上每种持续标记的分布区域来看，它们和一定的方言分区有联系，但是又往往不局限在一个方言区内部，有的跨几个方言（大）区，有的只是一个区域的一部分地方。所以，在第二章排列不同类型的持续标记的时候，就没有按照它们所在的方言区，而是按照它们实际的地理位置来排列的。

从前面七节可知，至少有 21 个省、自治区、直辖市有［tʂ］／［ts］类持续标记，有 19 个有［t］类持续标记，有 13 个有"住"类持续标记①，有 9 个有"起"类持续标记，有 7 个有"等"类阳声韵持续标记，有 5 个有零声母类持续标记。各地通行的种类也不一样，持续标记种类最多的是湖南，有 6 种。如表 4② 所示：

表4

类别 地名	［tʂ］／［ts］	［t］	紧	起	住	［l］／［n］	零声母	种类
湖南	+	+	+	+	+	+	-	6
山西	+	+	+	-	+	+	-	5
福建	-	+	+	-	+	+	+	5
山东	+	+	-	-	+	-	+	4
湖北	+	+	-	+	+	-	-	4
云南	+	+	+	-	-	+	-	4
江西	+	+	+	-	-	-	+	4
江苏	+	+	-	-	+	+	-	4
浙江	+	+	-	+	-	+	-	4
广东	-	+	+	+	+	-	-	4
广西	-	+	+	+	+	-	-	4
内蒙古	+	+	-	-	+	-	-	3
陕西	+	+	-	-	+	-	-	3
河南	+	-	-	-	+	+	-	3
四川	-	+	-	+	+	-	-	3

---

① "住/居"类持续标记的简称。下文同。
② "＋"表示有，"－"表示无。

续表

类别 地名	[tʂ]/[ts]	[t]	紧	起	住	[l]/[n]	零声母	种类
天津	+	-	-	-	-	-	+	2
重庆	-	+	-	+	-	-	-	2
青海	+	-	-	-	-	+	-	2
甘肃	+	+	-	-	-	-	-	2
安徽	+	-	-	+	-	-	-	2
上海	+	-	-	-	-	+	-	2
贵州	-	+	-	+	-	-	-	2

另外，黑龙江、吉林、辽宁、北京、河北、宁夏等地只有[tʂ]/[ts]类持续标记，新疆只有[t]类持续标记，香港只有"等"类阳声韵持续标记，而海南的持续标记是浊声母的。

从第二章可以看到，持续标记的分布比较复杂，同一种持续标记可以在一个相当广泛的区域通行，而在一些地方，同时有几种持续标记并存。

先说说官话。官话区在持续标记问题上有几个明显的特点：

据目前所掌握的语料来看，就某一个方言点而言，一方面，许多地方只用一种持续标记，即只有一种语音形式的持续标记，例如：只有"着"，或只有"的"或"得"，或只有零声母类持续标记（如山东一些地方）；另一方面，也有许多地方有两种持续标记，即有两种不同的语音形式的持续标记——这又可以分为几种情况来说：一是"着"和"倒"两种类型可能并存；二是"之/子"和"的"两种类型可能并存（如兰银官话）；三是"倒"和"起"两种类型可能并存（如西南官话）；四是"着"和"起"两种类型可能并存（如西南官话）；五是"之/子"和"倒"两种类型可能并存（如江淮官话）；六是"倒"和"住/居"可能并存；七是声母相同而韵母不同的两个持续标记可能并存，如西宁话，有"着[tʂɔ^{53上声}]""者[tʂɛ^{53上声}]"两种形式。当然，还有[t]声母的持续标记和它的弱化形式[l]/[n]声母的持续标记也可能并存。当然实际情况远不止以上这几种。在官话区，通常情况下，一个方言点有一种或两种持续标记，三种不同语音形式的持续标记就不多见，如哈尔滨话，有"着"和"子"，还有"的"。

在有的方言区，同时有不同读音的持续标记并存，或者说是交错分布。比如，据不完全调查，分布于有胶辽官话和冀鲁官话的山东省境内的持续标记就有不少类型（见表5）。

表5

	着				子		的		零声母	其他
	[tʂə]	[tʂuə]	[tʂɔ]	[tʂou]	[tsɿ]	[tʂɿ]	[tə]	[ti]	[ə]	
北方官话	—	寿光、潍坊、博山$_1$	德州$_1$	利津、德州$_2$	聊城、临清	济南	—		淄川、博山$_2$	新泰 [tʃɔ]
胶辽官话	即墨$_1$	—	荣成、沂水	—	—	平度、青岛、胶州、即墨$_2$	牟平		—	烟台 [rə^{31}]
冀鲁官话	—	—	—	—	金乡	—	—		—	—

再看看非官话。非官话区在持续标记问题上，和官话区有一致的地方，同时表现出比官话区更复杂的特点：就某一个方言点而言，两种不同的持续标记并存的情况比较常见，三个不同的持续标记并存的情况也不少。比如，在赣语区，"倒"和"到"可能并存；在湘语区，"哒""倒"和"起"可能并存；在吴语，除了用动词后面加介词短语的形式表示持续意义以外，一些地方还有使用"仔"或"倒"的情况；在粤语区，"紧""住"和"倒"可能并存；在客家话中，"紧"和"稳"可能并存，"紧"或"稳"和"倒"可能并存；在闽语区，就现有语料看，尽管各点持续标记的读音差别比较大，但是就一个方言点而言，多使用一种持续标记。

表6是前文出现的湖南41个方言点使用9种持续标记的情况。"地名"一栏还包括这个方言点所使用的持续标记的种类，"持续标记类型"一栏还包括这种持续标记在41个方言点中出现的次数。从中可以看出，"起"类持续标记和"倒"类持续标记占有比较明显的优势。

表6①

持续标记类型 地名	起 30	倒 26	哒 12	餐/紧 8	住 6	的 5	得 4	着 2	[l]/[n] 2
1 茶陵		+							
1 醴陵		+							
1 邵阳		+							
1 绥宁		+							
1 沅陵		+							
1 武冈			+						
1 嘉禾				+					
2 安乡	+	+							
2 江永	+	+							
2 隆回	+	+							
2 石门	+	+							
2 新化	+	+							
2 溆浦	+	+							
2 岳阳	+	+							
2 常宁	+		+						
2 辰溪	+		+						
2 衡阳	+		+						
2 汨罗长乐	+		+						
2 涟源	+						+		
2 宁远平话	+						+		
2 鄘县		+		+					
2 平江		+			+				
3 浏阳	+	+	+						
3 祁阳	+	+	+						
3 安仁	+	+		+					
3 攸县	+	+		+					

---

① "+"表示前文已有相对应的语料；没有"+"的，是还没有收集到相应用法的语料。

续表

持续标记类型\地名	起 30	倒 26	哒 12	餐/紧 8	住 6	的 5	得 4	着 2	[l]/[n] 2
3 汝城	+	+			+				
3 常德	+					+			
3 东安土话	+	+				+			
3 吉首	+					+			
3 华容	+	+					+		
3 宜章	+							+	
3 韶山	+		+	+					
3 湘潭	+		+	+					
3 衡山	+		+		+				
3 湘乡	+		+		+				
3 张家界	+		+			+			
3 娄底	+				+		+		
3 临武		+				+		+	
4 长沙	+		+	+					
4 益阳	+		+	+	+				

同一个方言点有不同的持续标记,产生的原因很多,主要有下面几种情况:一是新派、老派使用上的不同,如昆明话的"着",老派读 [tʂə^{44阴平}],新派读 [tə^{44阴平}];① 二是产生的时间上的不同,如尹世超认为,和"着"相比,哈尔滨读"子"的是底层;② 三是语法功能上的不同,如广州话中的"紧"和"住"使用上有明显的区别。当然,在不同的持续标记分布交会的一些地带,同一个点有几个不同类型的持续标记,如湖南等地,它们的内部分工比较复杂。但一般来说,表6中不止一种持续标记的方言点,常用的一个或两个持续标记都能表示动作正

---

① 尹世超:《东北官话的介词》,转引自戴昭铭主编,周磊副主编《汉语方言语法研究和探索——首届国际汉语方言语法学术研讨会论文集》,黑龙江人民出版社2003年版。

② 荣晶、丁崇明:《再论昆明话的"着"》,首届国际汉语方言语法研讨会论文,哈尔滨,2002年12月。

在进行和状态正在持续，没有形成动态的持续和静态的持续的互补局面，只不过，不常用的那种持续标记往往出现在特定的格式（如"V +持续标记 + V +持续标记"）中。

表7给我们呈现的是现代汉语方言"着"类、"子"类、"倒"类、"哒"类、"得"类、"的"类、"稳"类、"餐"类、"紧"类、"起"类、"住"类、[l]／[n]类及零声母类（用ø表示）持续标记在同一个方言点并存的各种组合类型。

表7

编号	组合类型	举例	种类
1	着1—着2	德州话：[tʂou⁰]—[tʂɔ⁰] 户县话：[tʂɤ⁰]—[tʂə⁰]	1
2	着—子	北京话：[tʂɤ⁰]—[tʂʅ⁰] 即墨话：[tʂə⁰]—[tʂʅ⁰]	2
3	着—倒—起	宜章赤石土话：[tsʻo⁰]—[tau²¹ 去声]—[ɕie⁵³ 上声] 临武官话：[tso¹¹ 阳平]—[tau⁵³ 上声]—[xi⁵⁵/³³ 上声]	3
4	着—哒	丹阳话：[tsæʔ³ 阴入]—[tæʔ³ 阴入]	2
5	着—得	神木话：[tʂəʔ⁴]—[təʔ⁴]	2
6	着1—(着2)—住1—(住2)	西宁话：[tʂɛ⁰]—[tʂɔ⁰]—[tʂ ʻu⁰] 西安话：[tʂɤ⁰]—[pfu⁰] 万荣话：[tʂɤ⁰]—[pfu⁰]—[fu⁰] 郑州话：[tʂuo⁰]—[tsu⁰]	2
7	着—(着2)—ø	天津话：[tʂə²¹]—[ʐə⁰]—[ə²¹] 博山话：[tʂuə⁰]—[ə⁰]	2
8	子—倒—的—[l]/[n]	宁波话：[tsʅ³⁵ 阴上]—[tɔ³⁵ 阴上]—[tiiʔ⁵⁵ 阴入]—[lɔ²⁴ 阳平]	4
9	子1—(子2)—倒	襄阳话：[tsʅ⁰]—[tsʅ⁰]—[tau⁰] 南京话：[tsʅ⁰]—[tso⁰]	2
10	子—的	中宁话：[tsʅ⁰]—[ti⁰]	2
11	子—哒—[l]/[n]	苏州话：[tsʅ⁰]—[tæ⁵¹ 阴上/³³]—[læ¹³ 阳平]	3

续表

编号	组合类型	举 例	种类
12	子—哒	永新话：[tʂʅ⁰]—[tɒ⁰]	2
13	子1—子2—[l]/[n]1—[l]/[n]2—[l]/[n]3	上海话：[tsɿ⁵⁵ 阴上]—[zɿ¹³ 阳舒]—[lɑ¹³ 阳舒]—[lɑʔ¹³ 阳入]—[lɔʔ¹³ 阳入]	2
14	倒1—倒2—倒3—起	荆沙话：[tau⁰]—[təu⁰]—[tou⁰]—[tɕ·i⁰]	2
15	倒1—倒2	沅陵乡话：[tɑɔ⁵³ 上声]—[tə u⁰]	1
16	倒1—倒2—的—起	常德话：[tau³¹ 上声]—[tou³¹ 上声]—[ti⁰]—[tɕ·i³¹ 上声]	3
17	倒—哒	阳新话：[tɔ²¹ 上声]—[tɒ³⁵ 阴去]	2
18	倒—哒—起	浏阳话：[tau⁰]—[ta⁰]—[cɿi⁰]	3
19	倒—哒—起—餐	长沙话：[tau⁴¹ 上声]—[ta⁰]—[tɕ·i⁴¹ 上声]—[ts·an⁰]	4
20	倒—得	华容话：[tau²¹ 上声]—[te²¹ 上声]	2
21	得—住—起	娄底话：[te⁰]—[tɕ·y⁰]—[tɕ·i²]	3
22	倒—的—起	吉首话：[tau⁰]—[ti⁰]—[tɕ·i⁰]	3
23	倒—起	长阳话：[tau⁰]—[tɕ·i⁰] 成都话：[tɕ·i⁵³ 上声]—[tau⁵³ 上声] 贵阳话：[tau⁵³ 上声]—[tɕ·i⁵³ 上声] 婺源话：[tɔ⁰]—[tɕ i⁰] 岳阳话：[tao⁰]—[tɕ·i⁰] 石门话：[tau⁰]—[tɕ·i⁰] 祁阳话：[tau⁵⁴ 上声]—[ʃʅ⁰] 隆回话：[təu²¹ 上声]—[tɕ·i⁰] 绥宁话：[tɑo⁵⁵ 阴平⁻⁵¹]—[k·i³³] 安乡话：[tou⁰]—[tɕ·i⁰] 溆浦话：[tɑʌ⁰]—[tɕ·i⁰]	2

续表

编号	组合类型	举 例	种类
24	倒—住—起	汝城话：[tau²¹ 上声]—[tu 去声]—[sɿ 上声]	3
25	倒—起—餐	韶山话：[ta⁴² 上声]—[tɕ·i⁰]—[tsʻan⁵⁵ 阳去] 攸县话：[tau⁰]—[tɕ·i⁰ 文]/[ɕi⁰ 白]—[tsʻãi⁴⁴ 阴平] 安仁话：[tɔ⁰]—[ʃi⁰]—[tsʻã⁰]	3
26	倒—紧	鄞县话：[tʌu²]—[tɕ in³¹] 乐昌皈塘土话：[ta u³³ 上声]—[kãi²⁴ 上声]	2
27	倒—住—紧	信宜话：[tou³⁵ 阴上]—[tsy¹¹ 阳去]—[kɐn³⁵ 阴上]	3
28	倒—稳	修水话：[vən²¹ 上声]—[ta u⁵ 阳去]	2
29	倒—紧—稳	石城(龙岗)话：[tau³¹/²⁴]—[kin³¹/²⁴]—[ven³¹/²⁴]	3
30	倒—住	扬州话：[tɔ⁰]—[tsu⁰] 平江话：[tɑu⁰]—[k·y⁰]	2
31	倒—∅	黎川话：[tou⁰]—[ɛ⁰]	2
32	哒—得—[l]/[n]	温州话：[ta³¹³ 阴入]—[tei³⁵ 阴上⁻⁰]—[lə³¹ 阴平]	3
33	哒—起	张家界话：[ta⁰]—[tɕ·i⁰] 衡阳话：[ta³³ 上声]—[tɕ·i³³ 上声] 辰溪话：[ta³¹ 上声]—[tɕ·i³¹] 常宁话：[ta³³ 入声]—[tɕ·i³] 汨罗长乐话：[tɑ⁴⁵]—[ɕi²¹]	2
34	哒—起—餐	湘潭话：[tɒ⁴² 上声]—[tɕi⁴² 上声]—[tsʻan³³ 阴平]	3
35	哒—住—起	湘乡话：[ta⁰]—[dy²]—[k·i²] 衡山话：[ta⁰]—[tɕ·y³³ 阴平]—[ɕi³³]	3
36	哒—住—起—餐	益阳话：[ta⁰]—[tɕy⁰]—[tɕ·i⁴¹ 上声]—[tsʻan⁰]	4
37	得1—得2—得3	绍兴话：[teʔ¹²]—[teʔ⁴⁵]—[deʔ¹²]	1
38	得—的—起	东安土话：[tei⁵⁵ 上声]—[ti⁴² 入声]—[tɕ·i⁵⁵ 上声]	3
39	得—起	休宁话：[te⁰]—[tɕio⁰] 涟源话：[tə⁰]—[tɕ·i⁰]	2
40	得—[l]/[n]	黟县话：[tɐɤ⁰]—[nɛi³]	2
41	的—得	牟平话：[tə⁰]—[ti⁰]	2
42	起—[l]/[n]	江永土话：[ɕi³⁵ 阴上]—[lau³⁵ 阴上]	2

续表

编号	组合类型	举例	种类
43	紧—稳	连平话：[tɕin³¹ 上声]—[vun³¹ 上声] 于都话：[tɕiɛ³⁵ 上声]—[vẽ³⁵ 上声]	2
44	紧—[l]/[n]	嘉禾土话：[tɕin³⁵ 阴上]—嘉禾话：[lɤ⁰]	2
45	住—得	太原话：[tsu⁴⁵ 去声]—[təʔ⁰]	2
46	住1—住2—紧	广州话：[tsy²² 阳去]—[tʃy²² 阳去]—[kɐn³⁵ 阴上] 增城话：[tʃiu²² 阳去]—[kɐŋ¹³ 阳上] 南宁话：[tsy⁰]—[kən⁰]	2
47	住1—住2—[l]/[n]	屯昌闽语：[ʔdo³²⁵ 阴上]—[ʔdu³³ 阴上]—[lo³³ 阳上]	2

表7有14种持续标记在不同的方言中，要么和自己同类的另一种语音形式的持续标记并存，要么和其他一类或两类、三类的持续标记并存，这样，最少的有一类持续标记（如德州话、户县话、沅陵乡话、绍兴话），最多的有4类持续标记（如宁波话、长沙话、益阳话），一共有47种组合类型。

值得注意的是，有17种组合类型（编号3、14～20、24、30、31、33～35、37、41、43）只有湖南话的用例①，还有4种组合类型（编号25～27、38）有湖南话的用例，说明湖南这一地域内的持续标记种类多、搭配方式多样，表达方式更丰富。

从以上可知，现代汉语方言持续标记"着"类、"子"类、"倒"类、"哒"类、"得"类、"的"类、"等"类、"起"类、"住"类、[l]/[n]类及零声母类持续标记等11类，在不同的地方呈现出不同的搭配并存关系，如表8②所示。

---

① 这里没有包括衡阳话的[ta³³ 上声]和[ta²² 入声]。
② 表中都是代表字，代表第二章出现的某一持续标记类型，比如，"紧"代表的是"紧/等/稳/餐/恁"一类。"＋"表示这两种类型在同一个地方并存；"－"表示尚未发现有这两种类型在同一个地方并存的例子；"＊"表示同类型的持续标记在同一个地方有不同的语音形式；"o"表示同类型的持续标记在同一个地方只有一种语音形式。

表 8

	着	子	倒	哒	得	的	紧	起	住	[l]／[n]	Ø
着	*	+	+	+	+	−	−	+	+	+	+
子	+	o	+	+	−	+	−	−	−	+	−
倒	+	+	*	+	+	+	+	+	+	+	+
哒	+	+	+	o	−	−	+	+	+	+	−
得	+	−	+	+	*	+	−	+	+	+	−
的	−	+	+	−	+	o	+	−	+	+	−
起	+	−	+	+	+	+	−	o	+	+	−
紧	−	+	+	−	−	+	*	+	+	+	−
住	+	−	+	+	+	−	+	+	*	+	−
[l]／[n]	+	+	+	+	+	−	+	+	+	*	−
Ø	+	−	+	−	−	−	−	−	−	−	o

从表 8 中可知：

1. 最强势的是"倒"类，可以和其他所有类型在同一个地方并存。

2. "着"类、"子"类除了并存和不并存的相同之外，在其他地方是互补的，必居其一；都不和"等"类并存。

3. "哒"类、"得"类，除了零声母类之外，也是除了并存和不并存的相同之外，在其他地方是互补的，必居其一；二者合并起来看，和"倒"类一样，可以和其他所有类型在同一个地方并存。

4. "的"类、"起"类，除了零声母类之外，也是除了并存和不并存的相同之外，在其他地方是互补的，必居其一；二者合并起来看，和"倒"类一样，可以和其他所有类型在同一个地方并存。

5. "哒"类与 2 类持续标记不并存；"着"类、"得"类、"起"类、"住"类与 3 类持续标记不并存；"[l]／[n]"类与 4 类持续标记不并存；"子"类、"的"类、"紧"类与 5 类持续标记不并存。

6. 零声母类持续标记只和 2 类持续标记并存，与其他 8 类持续标记不并存。

每类持续标记的地理分布范围大小不一，由于"倒"类持续标记分布范围比较广，加之这个地域范围内还有其他持续标记，所以，并存的概率就远远比北方的"着"类、"子"类要大，而后者不能与南方的

"等"类并存,就是因为地理分布上的差异导致没有交集。

  总之,就现有的语料,我们对现代汉语方言持续标记的类型进行了一次总结性的梳理,粗略地勾勒了它们在地理上的分布,这样做,不仅可以给人们一个比较全面的认识,而且有助于进一步探求这种地理分布背后的成因。

第三章　几类持续标记和中古"著"语音上的关系

在第二章中，根据语音形式的不同，我们将现代汉语方言中的持续标记分成了不同的类型，关于这些持续标记的来源，多年来一直是众多学者关注、研究、讨论的话题，当然，不少学者是从某一个方言点或在一定方言区通行的持续标记出发，推测它们的来源。如果说读音不同的持续标记可能有不同的来源，这是一个比较简便的解释，但是它无法回答这样一个问题：尽管这些持续标记的语音形式有这样或那样的差别，但是为什么它们会形成这么明显的对应关系？作为由共同的源头古代汉语发展而来的现代汉语方言，它的持续标记会不会有着共同的来源呢？梅祖麟从比较广泛的方言范围考察了持续标记"着""倒""哒""仔"等和中古"著"的关系，将持续标记的探源问题从过去的立足单个或几个方言的观察，扩大为同时对更大范围的方言标记的考察。[①] 这对本书的研究很有启发性。但是他的有关这些持续标记和中古"著"语音上的推测，受到一些质疑。不少人都认为许多汉语方言的持续标记来自中古的"著"，但是，中古的"著"有不同的读音：

成书于北宋的《广韵》中的"著"有4种读音：

著：服衣于身，张略切。宕摄药韵、知母、入声

著：附也，直略切。宕摄药韵、澄母、入声

著：著任，丁吕切。遇摄语韵、端母、上声

---

① 梅祖麟：《汉语方言里虚词"著"字三种用法的来源》，《中国语言学报》（总第三期），商务印书馆1988年版。

著：明也处也立也补也成也定也，陟虑切。遇摄御韵、知母、去声而成书于五代后周时期的《佩觿》上12："箸有陟句、知主、呈略、知虐四翻，俗别为着。"《佩觿》的字形、反切跟《广韵》《集韵》有所不同，对比如下：①

《佩觿》	《广韵》	《集韵》
箸 陟句翻	箸著 陟虑切	箸著 陟虑切
箸 知主翻	著 丁吕切	著 展吕切
箸 呈略翻	著 直略切	著 直略切
箸 知虐翻	著 张略切	箸著 陟略切

李荣认为：《广韵》上声语韵"著，丁吕切"的音在现代方言里的位置不明。……又入声药韵："著，服衣于身"，张略切；"著，附也，直略切"。后来入声的读法分化出"着"的写法来。有的方言"着衣、着棋"，都用张略切的音，和"着棋"相关的有"高着、绝着、这一着"等说法。北京不说"着衣"说"穿衣裳"，不说"着棋"说"下棋"，但北京说"高着、绝着、这一着"，不过入声变成阴平 zhao[55]，因此就出来招的写法"高招、绝招、这一招"。"着"长略切一音用于"附着 zhuo[35]、着 zhao[35] 火"，找着 zhao[35] 了，"说着 zhə～zhi 话呢、冷着 zhə～zhi 呢"中"着呢"两个轻音字相连常常说成 zhi nə，所以有人，例如老舍，就写成"之呢"。……"著"一个写法一共分化出"著着招之"四个写法来。

现代汉语方言中各种持续标记和中古"著"的关系到底如何，许多学者从不同方面去推测，都有一定的合理性，但是，由于各个研究者使用的语料、研究的方法等因素影响，这些推测又都有一定的局限性。而对于现代汉语方言持续标记来源的探讨，首先要把眼界放得更开阔一些，不能只局限在某一个方言点或过于狭小的方言区范围内谈；其次应该从语音、语法两个角度，从共时、历时两个层面展开来谈，这样才有可能更全面、更客观地发现持续标记的本来面貌。

一般都认为，持续标记是由实词演变而来，那么，在其语法化的过程中，它和实词的语音演变规律肯定是有同有异。李荣曾明确指

---

① 李荣：《文字问题》，商务印书馆1987年版。

出："声母和韵母可以成为声调分化的条件，声调和韵母可以成为声母分化的条件，声母可以成为韵母分化的条件。因此，研究语音对应规律的时候，要注意声韵调之间的关系，不能把声韵调孤立起来研究。""从古音演变成今音，声、韵、调三方面是互相影响、互相制约的。一方面，声母的分化，在发音方法上主要拿声调做条件，在发音部位上主要拿韵母做条件。另一方面，韵母的分化主要拿声母的发音部位做条件，声调的分化主要拿声母的发音方法做条件。""语音是变的。语音变化是有规律的。研究这种规律可以帮助我们认识语言的现状，了解语言的历史。""语音演变规律有些零碎的例外。例外考验规律。通过例外的分析研究，可以帮助我们进一步掌握规律。""有些字音，看起来好像是音变规律的例外，其实不是例外，这是由于不了解来历（不知道'本字'，不知道'语原'）造成的。只要认清来历，这种例外就不成其为'例外'，成为'例内'了。字形是变的，同义字互相替代又是古今常见的现象，所以我们研究'本字'，必须讲究音义密切符合，能利用字形而不为字形所束缚。"[①] 以上这些话是我们研究持续标记的语音来源的出发点。

现代汉语方言持续标记的来源是一个还是几个？在第二章对整个现代汉语方言持续标记类型的共时平面分布情况比较分析的基础上，这一章将从语音演变的一般规律和虚词语音演变的特殊规律出发，利用现代汉语方言的语言材料，重点推测"着/仔""倒""哒""得""的""紧/等/稳""起""住"等几类持续标记和中古表示附着意义的"著"的关系，探讨这些持续标记和"著"同源的可能性。[②]

第一节 "着""之/子/仔"类持续标记和中古"著"的关系

一 官话持续标记"着"和中古"著"的关系

官话的持续标记"着"和中古附着意义的"著"之间存在一定的

[①] 李荣：《音韵存稿》，商务印书馆1982年版。
[②] 本章引用了不少的方言语料，为节省篇幅，所引用的材料若在前面已经出现过，本章一般不再注明。

渊源关系——"著"：澄母、宕摄开口三等药韵、入声，例如：方言中"睡着""附着"中的"着"。从表示持续意义的用法上看，"着"是"著"的后起字，"著"和"着"其实是一个字的两种写法。本书在说到现代汉语方言时一般用"着"字，在谈到中古汉语时，一般用"著"字，这里主要是遵从使用者的习惯。

持续标记"着"（[tʂ]／[ts]类声母）通行的范围，主要集中在官话区，例如：北方官话区、中原官话区、东北官话区和胶辽官话区是"着"通行的中心地带，兰银官话区、西南官话区、江淮官话区的部分地区也使用"着"。

表9选取了部分方言点，考察一下它们的持续标记"着"和表示附着意义的"着"、表示结果/可能补语的"着"三者在读音上有什么联系。

表9

方言点	（附/睡）着	结果/可能补语	持续标记
北京	tʂuo^{35} 阳平／tʂao^{35} 阳平	tʂao^{35} 阳平／tʂɤ^{0}	tʂɤ^{0}
哈尔滨	tʂau^{24} 阳平	tʂau^{24} 阳平	tʂɤ^{0}
利津	——	tʂɔ^{53} 阳平	tʂou^{0}
寿光	——	tʂuə^{0}	tʂuə^{0}
潍坊	——	tʂuə^{0}	tʂuə^{0}
博山①	tʂuə^{55} 上声	——	tʂuə^{0}／ə^{0}
沂水	tʂɔ^{53} 阳平	tʂuə^{0}／tʂuə^{53} 阳平	tʂɔ^{0}
荣城	——	tʂɔ^{0}	tʂɔ^{0}
洛阳	tʂə^{31} 阳平	tʂə^{31} 阳平	tʂə^{0}
舞阳	——	tʂuo^{53} 阳平	tʂuo^{0}
襄阳	tsuo^{53} 阳平	——	tsuo^{0}（文）
临武官话	tso^{11} 阳平	——	tso^{11} 阳平

---

① 博山话古全浊声母入声字今读上声。

续表

方言点	（附/睡）着	结果/可能补语	持续标记
西安	pfo⁰/pfo²⁴ 阳平	pfo⁰	tʂɤ⁰
户县	tʂɤ⁰（文）	tʂɤ⁰（文）	tʂɤ⁰/tʂə⁰
西宁	tʂuo²⁴ 阳平	tʂuo²⁴ 阳平	tʂɔ⁰/tʂɔ⁵³ 上声
商县	——	tʂuo²¹ 阴平	tʂuo²¹ 阴平
徐州①	tʂɔ²¹³ 阴平/tsɔ²¹³ 阴平	tʂou⁰	tʂou⁰
昆明	——	tʂo³¹ 阳平	tʂə⁴⁴ 阳平/tʂ³³ 阴平

从表9来看：

1. 表示附着意义的"著"多读不送气清音，韵母方面一般都是洪音，在很多地方读阳平，这些都符合古全浊入声字在官话区的古今演变规律。

2. 表示结果意义的"着"和表示附着意义的"着"，语音比较一致。

3. 表示持续标记的"着"多读轻声，还有读上声（如山东博山）和阴平（如陕西商县、江苏徐州和云南昆明等地）的；韵母方面既有表示结果意义的"着"和表示附着意义的"着"一致的，也有主要元音已经央化、高化的——用声调（轻声、阳平、上声、阴平）的手段和韵母央化、高化的手段，可以把表持续意义的"着"和附着义、结果补语的"着"区别开。

这里还补充几个语料：

陆俭明指出：北京话里出现在"别V着！""小心V着！"两种祈使句中的"着"（zhe⁰），例如："别伤着！""小心摔着！"这个"着"看来是"着（zhao³⁵）"的变体，因为它跟陈述句里表示结果的"着（zhao³⁵）"同义。② 这个现象至少从语音上可以说明北京话中读 zhe⁰ 和读 zhao³⁵ 的两个"着"的联系："别V着！""小心V着！"中的"着"

---

① 徐州话古清声母与次浊声母入声字今读阴平，古全浊声母入声字今读阳平。
② 陆俭明：《"着（zhe）"字补议》，《中国语文》1999年第5期。

读 zhe⁰，虽然还是表结果意义，但是因为处在句子末尾的位置上，语音发生弱化，和持续标记的"着"同音了。

在河北方言中，"高着、支着、着数、花着、没着、着风、着凉、着火、睡着了、着慌、着忙、着迷、着魔、穿着、附着、着陆、着笔、着眼、着手、着色、着墨、着想、着重、着装"等语词中的"着"，都可以读白读音 [tʂau]。①

从 [au]、[ɔ]、[o] 等韵母到 [ɤ]、[ə] 韵母的过程，可能有不同的途径：可以是因为语法化引起的语音弱化而直接演变来的，也可能是实义的"着"经过儿化过程演变来的，关于这一点将在后面的章节中再进一步讨论。

二 持续标记"之/子/仔"和中古"著"的关系

从声母、韵母来看，持续标记"之/子/仔"主要有 [tʂʅ⁰] 和 [tsɿ⁰] 两种形式，例如：北京、山东济南、青岛、胶州、即墨、平度、宁夏银川、中宁、安徽巢县、霍邱、江苏南京等地读作 [tʂʅ⁰]，哈尔滨等东北官话、山东聊城、临清、金乡、湖北襄阳、江苏苏州等地读作[tsɿ⁰]，安徽桐城话读作 [tʂʅ入声]，上海话读作 [zɿ¹³阳舒/tsɿ⁵⁵阴上]，崇明话读作[tsɿ⁴²⁴阴上]，嘉定话读作 [tsɿ³⁴阴去]；江西婺源读作 [tɕi⁰]……

我们发现"之/子/仔"在地理分布上有一些有趣的现象，是不能用"巧合"二字去解释的：

从地图上看，"之/子/仔"的分布虽然在地域上是断断续续的，但是，除了东北官话以及山东境内的一些方言之外，持续标记"之/子/仔"正好处在 [tʂ] / [ts] 声母和 [t] 声母这两大类持续标记的交界线上：从西向东，有宁夏的兰银官话、湖北的西南官话，一直到安徽的江淮官话、江苏的吴语，基本上可以看出一条北方的持续标记"着"和南方的持续标记"倒"的分界线。

宁夏中宁话属于兰银官话，从地理位置上看，它的北部是内蒙古西部汉语方言（晋语）的持续标记"的 [təʔ⁰]"，南部有中原官话的持续标记"着 [tʂɤ⁰]"；它的东边有山西晋语"的 [təʔ⁰]"，西边有新

---

① 刘淑学：《中古入声字在河北方言中的读音研究》，河北大学出版社 2000 年版。

疆乌鲁木齐话的"底［ti⁰］"。所以，在中宁话中，持续标记有［tʂʅ⁰］和［ti⁰］两种读音，而且二者又是"自由变体"①，这种现象绝非偶然。

襄阳位于湖北西北部，地处中原官话和西南官话的交界地带，它的一些县市在使用持续标记［tsʅ⁰］／［tʂʅ⁰］的同时，也用持续标记"倒"，而襄阳是持续标记"倒"通行范围的最北面，再往北走就是河南——持续标记"着"的通行范围了。

湖北的东边就是安徽，安徽是［tʂ］／［ts］类和［t］类两类持续标记的交会地带，境内使用［t］类持续标记的有六安（丁集）、绩溪、歙县、休宁、黟县等地。安徽的北部是使用"着"的河北，南部是使用"倒"的江西。

由安徽再往东，是江苏的南部和浙江的北部——这里是北部吴语区，是持续标记"仔"使用的主要地区，尽管"仔"在很多情况下是表示完成意义，但是不能否认"仔"在一定条件下还能和其他的持续标记一样，具有表示持续意义的功能。新南京话一般不用"着［tʂʅ⁰］"而用"倒"［tɔ⁴⁴去声］表示持续，可以看作"着"和"倒"二者的交会并由"倒"的使用占据了上风。

"之/子/仔"也可以出现在"着"的分布区域，以弱化形式出现，例如：山东和东北的一些地方——和"着"分布的中心区域相比，这两处也可以看作"着"分布的边缘地区了。

关于"之/子/仔"的本字，我们认为，它们其实也是"着"，是"着［tʂɤ⁰］／［tʂə⁰］"字读音弱化的结果，［tʂʅ⁰］和［tsʅ⁰］声母上的不同主要是由于这些方言中知组声母是否分［tʂ］和［ts］造成的。许多学者也做过一些相关的研究：

赵元任指出，北京话的"着"最弱化的形式是［tʂʅ］~［tʂ］。②

据尹世超的调查，东北官话除了使用持续标记"着"以外，还多用"子"。③ 而郭正彦记录的哈尔滨话还可以说"说的说的就笑起来了"

---

① 李倩：《宁夏中宁方言的虚词"着"》，《语文研究》1997年第4期。
② 赵元任著、吕叔湘译：《北京口语语法》，商务印书馆1979年版。
③ 尹世超：《东北官话的介词》，转引自戴昭铭主编，周磊副主编《汉语方言语法研究和探索——首届国际汉语方言语法学术研讨会论文集》，黑龙江人民出版社2003年版。

"走的走的就不想走了",① 其中"的"做持续标记。和其他的方言比较来看,哈尔滨话的"的",是持续标记的底层形式,而"子"是"着"的语音弱化形式。

李倩认为:宁夏方言是在明代移民的基础上形成的,明代志书记载"宁夏多江南人""杂五方",清代志书说"秦晋江淮""吴楚为多",而民间口碑材料则说多山西洪洞县大槐树移民。中宁话的"着[tʂʅ⁰]"和"的[ti⁰]",二者为自由变体。这种换用现象在敦煌变文中就偶有出现,宋代也有零星的用例,大量的例子是在元代以后的文献中。文献中的"着""的/地"互用一般仅限于处所词和持续貌标记用法。②

冯爱珍认为:婺源方言的"之",在休宁方言中用作"着[tɕio⁰]",在吴语中用作"仔[tsʅ⁰]"和"哉[tsE⁰/tsəʔ⁰]","之、着、仔、哉"应该是同一来源,即来自《广韵》直略切的"著"。"著"演变为表示动作状态的完成、持续及进行的成分之后,由于轻声容易造成韵母弱化含混的变异趋势,所以,"著"在婺源方言中发展成了"之"。③

梅祖麟则认为:吴语的"仔"字就是中古知母鱼韵的"著(着)"字。④

至于"之/子/仔"的语音上的解释,我们赞同钱乃荣的观点,钱乃荣指出:"关于体助词'着'的语源问题,我赞成说从表示'附着'义的动词'着'语法化变来的……关于体助词'着'的语音拟测,我认为还不如用语音的演变原理来看更为合理。动词'着'是重读的,声韵母原来都是明确的。但是一旦语法化变成了虚词,语音就可能有所变化。虚化在语音上的普遍特征是读作'轻声',元音模糊中性化,韵尾辅音失落或加出,甚至声母也会变化。作为'附着'义的'着'应是药韵字,而非鱼韵的'显著'的'著',在吴语区今读入声'[zaʔ⁰]'或'[tsɑʔ⁰]','[tsʅ⁰]'(写作'仔''之''子'等,都是俗字)的读法,是

---

① 郭正彦:《哈尔滨话的一些语法特点》,《学习与探索》1981年第2期。
② 李倩:《宁夏中宁方言的虚词"着"》,《语文研究》1997年第4期。
③ 冯爱珍:《婺源方言的体助词"之"》,全国汉语方言学会第9届学术讨论会论文,汕头,1997年2月。
④ 梅祖麟著、陆俭明译:《吴语情貌词"仔"的语源》,《国外语言学》1980年第3期。

韵尾完全失落读成声母延长音的结果。"①

第二节 "倒"类持续标记和中古"著"的关系

持续标记"倒"的使用范围很广,从地域上看,主要分布在四川、湖北、湖南、江西、云南,还有陕西、江苏、广东等省份部分地区;从方言区来看,主要是西南官话、湘语、赣语,另外还有中原官话、江淮官话、吴语、客家话、粤语以及闽语。

一 持续标记"倒"和"到达"的"到"

关于持续标记"倒"的来源问题,有一种意见认为"倒"来源于去声的"到达"的"到"(都导切)。这种说法值得商榷。虽然在一些地方,持续标记的"倒"读去声,但是"倒"不应该是来自去声的"到"。

许多语料表明,不用持续标记"倒"的方言中的"到达"的"到",尽管各地读音(特别是韵母和声调调值、调型方面)有一些差别,但是在声调调类方面保持着很强的一致性,读去声或阴去,符合"到"的古今声调演变规律,例如:

北京话:到 [tau^{51去声}]　　哈尔滨话:到 [tau^{53去声}]
太原话:到 [tau^{45去声}]　　西安话:到 [tɑu^{44去声}]
银川话:到 [tɔ^{13去声}]　　西宁话:到 [tɔ^{213去声}]
乌鲁木齐话:到 [tɔ^{213去声}]　　济南话:到 [tɔ^{21去声}]
洛阳话:到 [tɔ^{412去声}]　　柳州话:到 [tɑ^{24去声}]
常德话:到 [tau^{35去声}]　　娄底话:到 [tɤ^{35阴去}]
嘉定话:到 [tɔ^{34阴去}]　　苏州话:到 [tæ^{513阴去}]
温州话:到 [tə^{42阴去}]　　广州话:到 [tou^{33阴去}]
宁远平话:到 [tie^{53阴去}]　　南宁平话:到 [tau^{55阴去}]
梅县话:到 [tau^{53去声}]　　四县话:到 [to^{53去声}]

---

① 钱乃荣:《20世纪初上海话和北京话中的体助词"着"》,转引自潘悟云主编《东方语言与文化》,东方出版中心2002年版。

建瓯话：到［tau³³ 阴去］　　　海口话：到［kau³⁵ 阴去］

但是，在许多方言以"倒"做持续标记的方言中，"倒"和"到"读音不同，"倒"除了读轻声以外，多读上声、阴上，而"到"仍读作去声或阴去，例如：

成都话：倒［tau⁵³ 上声］——到［tau²¹³ 去声］

贵阳话：倒［tau⁵³ 上声］——到［tau²⁴ 去声］

萍乡话：倒［tau³⁵ 上声］——到［tau¹¹ 去声］

长沙话：倒［tau⁴¹ 上声］——到［tau⁵⁵ 阴去］

临武土话：倒［tau⁵⁵ 上声］——到［tau¹¹ 去声］

南雄珠玑：倒［tau³¹ 上声］——到［tau⁴² 去声］

信宜话：倒［tou³⁵ 阴上］——到［tou³³ 阴去］

雷州话：倒［tɔ³¹ 阴上］——到［kau²¹ 阴去］

新丰客家话：倒［tɔ³¹ 上声］——到［tɔ⁵³ 去声］

新丰水源话（蛇声）：倒［tau¹³ 上声］——到［tau³¹/²¹ 去声］

如果说是因为区别语法功能的需要，从读去声的"到（效开一，端母，去声）"中分离出来了一个读上声的"倒"①，那么，应该如何解释从去声的"到"分离出来的"倒"为什么没有读其他调类，而偏偏选择了上声？从语音演变的一般规律来看，古去声的清声母字今读上声的现象也不好解释，而且，在这么大的分布范围，读上声"倒"的方言调值、调型差别也很大，如果不是语音上的类的变化，也很难解释这种现象。

从一些方言语料本身来看，的确容易让人把持续标记的"倒"和去声的"到"联系起来，这里，分析一下一些地方读去声的"倒"的原因：

1. 一般情况下，当人们在记方言中一些本字不明的字的时候，往往会用本方言中语音相同或相近的字代替，在记方言中的读轻声的虚词时更是如此。例如：

李永明在记录临武话的文章中写道："到达的'到'，在临武方言中，念去声；作为词尾的'到'，念上声（如作为末字，常常变轻声），

---

① 轻声的"倒"不谈。

与打倒的'倒'字同音，本来也可写作'倒'，但本地人觉得写作'倒'字不可理解，他们习惯上用'到'字。物随主人意，我们还是尊重当地的习惯，写作'到'字。"① 他在记录常德话的时候也做了类似的说明。调查者写"倒"，注重的是它的声调，而被调查者觉得不可理解，是因为想到了它的意义。

"倒"字有去声和上声两读，如"倒退"的"倒"和"倒下"的"倒"。据目前所掌握的语料，《湖北方言调查报告》② 最早使用"倒"做持续标记，并且有一段特别说明："'坐到''站到'，'到'字如读上声者姑写作'倒'，与去声作'到'相区别。"记录者用"倒"这个字是考虑到它的读音比较接近，并不等于认为这个字就是本字。

以今推古，当在文献中看到表示持续意义的"到"的时候，是不是也应该想一想，这个"到"会不会是一个语音相同或相近的代替字，用"到"这个字形，并不代表它一定就是本字。方言调查中，可能记音的人以为本字是去声的"到"，故在记音时，把读轻声的持续标记记作所谓的本字的"到"了？

2. 虚词"倒"常常出现在"V得/不倒"中的可能补语位置上，而去声的"到"也能出现在这个位置上，在一些方言中，"倒"是在语音、语义相近的驱使下，逐渐向表示"到达"意义的、去声的"到"的读音靠拢，这是一种词汇替换现象。当然，还必须注意到这种现象：从方言语音演变的情况来看，在有的方言，古全浊入声字今读去声，例如：江西的萍乡话。因此，也不能完全排除去声的"倒"直接来源于古全浊声母的"著"的可能性。

二 持续标记"倒"和"附着"意义的"著"

现在看看"倒"是否有可能来源于附着意义的"著"。

这里，先把持续标记的"倒"的读音和同一方言点的表示到达的"到"、作结果/可能补语的成分（"倒"），以及"附着""睡着"中的"着"读音做一番比较：

---

① 李永明：《临武方言——土话与官话的比较研究》，湖南人民出版社 1988 年版。
② 赵元任、丁声树、杨时逢等：《湖北方言调查报告》，"中研院"历史语言研究所专刊，台联国风 1972 年版。

表 10

方言点	（附/睡）著	结果/可能补语	持续标记	到（达）
武汉	tso²¹³ 阳平	tso²¹³ 阳平/tau⁰	tau⁰	tau³⁵ 去声
襄阳	tsuo⁵³ 阳平	tau⁵⁵ 上声	tau⁰	tau³¹² 去声
成都	tsʻo²¹ 阳平	tsʻo²¹ 阳平/tau⁵³ 上声	tau⁵³ 上声	tau²¹³ 去声
贵阳	tso³¹ 阳平	tau⁵³ 上声	tau⁵³ 上声	tau²⁴ 去声
永胜	tso³¹ 阳平（文）/ tsɑɔ³¹ 阳平（白）	—	tɑɔ⁴² 上声	tɑɔ⁴⁵ 去声
南京	tʂoʔ⁵ 入声	tʂoʔ⁵ 入声/tɔ¹¹ 上声/tɔ⁴⁴ 去声	tɔ⁴⁴ 去声	tɔ⁴⁴ 去声
南昌	tsʻɔʔ² 阳入	tau²¹³ 上声	tau⁰	tau³⁵ 阴去
萍乡	tʂɔ¹¹ 去声	tau³⁵ 上声	tau³⁵ 上声	tau¹¹ 去声
于都	tʂɤ⁴² 阳去	tɔ³⁵ 上声	tɔ³⁵ 上声	tɔ²² 阴去
黎川	tsʻɔʔ⁵ 阳入	tou⁰	tu⁰/tou⁰	tu⁵³/tou⁵³ 阴去
长沙	tʂo²⁴ 入声	tau⁵⁵ 阴去	tau⁴¹ 上声/ta⁰	tau⁵⁵ 阴去
吉首	tsʻo⁵⁵ 阴去	tsʻo⁰/tau⁴² 上声	tau⁰	tau³⁵ 去声
临武土话	tsʻo³³ 阴平	tau⁵⁵/³³ 上声	tau⁵⁵/⁰ 上声	tau¹¹ 去声
临武官话	tso¹¹ 阳平	tau³⁵ 去声	tso¹¹ 阳平/tau⁵³ 上声	tau³⁵ 去声
宜章土话	tsʻɯ³³ 入声	tau²¹ 去声	tau²¹ 去声	tau²¹ 去声
南雄珠玑	tsʻo⁵⁴ 入声	tau³¹ 上声	tau³¹ 上声	tau⁴² 去声
信宜	——	tou³⁵ 阴上	tou³⁵ 阴上	tou³³ 阴去
东莞	tsø²⁴ 入声	tsø k²² 阳入/tɔ u³⁵ 阴上/tɔu³² 去声	tsø k²² 阳入	tɔu³² 去声
雷州	——	tɔ³¹ 阴上/ka u²¹ 阴去/[ʔ do²¹³ 阴上]	tɔ³¹ 阴上	kau²¹ 阴去

从表 10 中可以看出：

1. 在使用持续标记"倒"的方言中，西南官话、赣语、湘语、客家话、粤语、闽语等多读作上声，和去声的"到达"的"到"分得很清楚。

2. "附着""睡着"的"着"在一些方言中仍保留入声的读法，而在许多古全浊声母今读阳平的方言中也读作阳平，萍乡话的古入声全浊声母字今读作去声，于都话的古入声全浊声母字今读作阳去，还有赣语和客家话中古全浊声母今读作送气清音，等等，"附着""睡着"的"着"基本上符合各地方言古今语音演变的一般规律。

3. 持续标记"倒"和作结果/可能补语的"倒"的读音在很多方言中是一样的。

4. 有实在意义的"附着""睡着"的"着"和作结果/可能补语的成分读音在有的方言中是一样的，但在很多方言中也不一样，保留入声这一特点的地方更多一些。

5. "附着""睡着"的"着"和持续标记的"倒"读音，在有的方言中是一样的，但更多的是形成一种对应关系：（1）前者的 [tʂ] 和 [ts] 声母和后者的 [t] 声母；（2）前者的 [o] [ɔ] 韵母和后者的 [au] 韵母；（3）前者的入声、阳平调和后者的上声、轻声调。

下面，再从声母、韵母、声调几个方面分别探讨一下持续标记"倒"语音的形成过程。

（一）关于持续标记"倒"声母 [t] 的来源

在现代汉语方言中，古知组字今读 [t、tʰ] 声母是古今语音演变的常见情况，具体如下：

在闽语中比较多见，比如潮阳话，630 个古端透定知彻澄六个声母字的读音，其中读 [t、tʰ] 的有 600 个字。① 又如福清话，古澄母今白读多数是 [t] 声母，少数是 [tʰ] 声母，文读是 [ts] 声母。②

另外，"古知彻澄三母字今白读 [t] 或 [tʰ] 也见于（闽语）周围大多数的客家话和部分的吴语和赣语"。③ 据张琨的研究："（浙江省）平阳南乡腔钱库蛮话中有三十九个知组声母字仍然读舌尖塞音声母"，"平阳北乡腔白沙蛮话只有十个知组声母字仍然读舌尖塞音声母"④，"浙江南部丽衢片吴语方言中有少数知组声母字在有的方言中声母读舌尖塞音[t]或 [d] 声母，此外，江西省玉山、广丰两个吴语方言中也

---

① 张盛裕：《潮阳声母与〈广韵〉声母的比较》，《方言》1982 年第 1、2、3 期。
② 冯爱珍：《福清方言声母与〈广韵〉声母比较》，《方言》1990 年第 2 期。
③ 张振兴：《闽语及其周边方言》，《方言》2000 年第 1 期。
④ ［美］张琨：《汉语方言中的几种音韵现象》，《中国语文》1992 年第 4 期。"有几个知母常用字在许多现代方言中仍然读舌尖塞音声母。'爹'知母麻韵三等字，是普通称呼父亲的亲属词，在现代大多数言语中像北京话读 [tiɛ]。"

有少数知组声母读舌尖塞音声母。"①"浙江武义方言中有些知组声母字读的和端组声母字相同。"②

江西境内的客家方言，分客籍话和本地话两大派系。客籍话"知"的白读音声母为［t］；知三、章组读［ţ］／［t］的地方有：安义县、奉新县冯川镇、靖安县、高安县、宜丰县新昌镇、上高县敖阳镇、万载县康乐镇、分宜县、新余市渝水区、丰城市尚庄镇、贵溪县、余江县杨溪乡、鹰潭县、进贤县民和镇、东乡县、金溪县秀谷镇、资溪县鹤城镇、临川县上顿渡镇、南丰县琴城镇、宜黄县凤凰镇、崇仁县巴山镇、峡江县、安福县平都镇、永新县、吉水县、吉安市河东片、永丰县恩江镇、泰和县、奉新县澡溪乡、永奉县龙冈乡龙云村、贵溪县樟坪畲族语。③ 从第二章得知，江西境内的客家话也有使用持续标记"倒"的，而持续标记"倒"在赣语中的使用更为普遍。

湖南沅陵乡话的持续标记读"倒［təu］"，当地的知彻澄三母一般读为［t、tʻ、d］，古入声一部分保留喉塞音韵尾［-ʔ］，一部分（主要是古全浊入）并入其他声调。泸溪瓦乡话中知母声母或读［ţ］或读［t］，彻母声母读［ţʻ］，澄母声母有读［ţ］的，有读［ţʻ］的，有读［ɖ］的，有读［ɳ］的，有读［d］的。④

湖南汝城话的持续标记和结果补语同音，都读"倒［tau²¹上声］"，当地中古知组澄母部分字，今声母文读为［tsʻ、tɕʻ］，白读为［t、tʻ］。

娄底话属于湘语的娄邵片，跟长沙等地的方言明显不同，古全浊声母舒声字今读浊音声母；古知、章、见三组的三等字，很多今有［t、tʻ、d］和［tɕ、tɕʻ、dʑ］两读。娄底话的持续标记虽然不是"倒"，但也是读［t］声母的"者［tẽ⁰］"。

一种语音现象，如果它在现代汉语方言中的分布范围很广但又不集中，那么，这种语音现象很有可能在早期的某一时期分布范围就很广，只是后来因为语音的演变和语言发展的不平衡性，使这种现象在许多地

---

① 傅国通、方松熹、蔡勇飞、鲍士杰、傅佐之：《浙江吴语分区》，浙江省语言学会《语言学年刊》第三期（方言专刊），《杭州大学学报》1985 年增刊。

② 傅国通：《武义方言的连读变调》，《方言》1984 年第 2 期。

③ 刘纶鑫：《客赣方言比较研究》，中国社会科学出版社 1999 年版。

④ ［美］张琨：《汉语方言中的几种音韵现象》，《中国语文》1992 年第 4 期。

方消失了，但是在少数一些地方还分散性地保留着。历史上知组曾读如端组，晚唐知组才从端组分化出来，① 在知组同端组曾经混为一组的历史背景和南方许多方言的知组字仍读［t、tʻ］声母的现有条件下，各地很有可能来源于中古药韵"著"的持续标记读［t］声母的现象，更有理由被看作"古无舌上音"特点的存留。

（二）关于持续标记"倒"韵母［au］/［ɔ］/［o］的来源

古宕摄开口三等入声知组字在现代汉语方言中韵母读［au］/［ɔ］/［o］的现象也比较常见，比如：

北京话的古宕摄知章组开口三等入声今读也是［uo］或［au］韵母。

山西有一些方言点，宕江两摄部分舒声字今白读音韵母，与果摄开合口一等字今韵母、宕江两摄入声字今韵母相同或相近，韵母主要元音为［o］或［ə］、［ɔ］。②

南昌话宕摄开口三等入声知组字主要元音读［ɔ］；萍乡话宕摄入声三四等知章组今读［ɔ］；于都话宕摄一等三等知系，今舒声字韵母都是［ɔ̃］，主要元音都是［ɔ］。而南昌话、萍乡话都用持续标记"倒"。

湖南浏阳话处在湘语和赣语的交界线上，有入声调，宕开三药韵读［o］。当地除了在湘语区使用持续标记"哒"以外，在赣语区使用持续标记"倒［tau］"。

湘语常宁话澄母今读［tʻ］，或读［tsʻ］，少数读［tɕʻ］，或读［ts］，个别读［t］。宕摄入声今读［o］、［io］，"着"读［tʻo³³ 阴声］；涟源话"（穿）着""（睡）着"读［to⁵⁵ 阴去］。

药韵在贵阳话多读［o］，但也有读［au］的。贵阳话有持续标记"倒［tau⁵³ 上声］"。

王力指出："（元代）入声韵部全部消失了，并入了阴声韵部。""宋代的觉药并入元代的歌戈和萧豪，其中一部分字（……'着'、……）兼入歌戈和萧豪"，"并入歌戈者大约是文言音；并入萧豪者大约是白读

---

① 王力：《汉语语音史》，中国社会科学出版社 1985 年版。
② 侯精一、温端政主编：《山西方言调查研究报告》，山西高校联合出版社 1993 年版。

音。"宕摄入声字在《中原音韵》中萧豪、歌戈两部并收。① 从上述语料中可以看到：宕摄药韵在很多地方的主要元音都是[o][ɔ]。所以说，持续标记"倒"的韵母符合中古"著"（宕摄开口三等入声字）语音演变的一种方式。

（三）关于持续标记"倒"读上声的问题

持续标记"倒"的声母和韵母同中古"著"的关系容易理解，最难解释的是声调。由于做持续标记的"倒"读音往往已经弱化，很多方言读为轻声，一时看不出它的单字调类。也有不少的方言"倒"弱化以后，主要表现为元音的高化或央化，但仍然保留独立的调类。在持续标记"倒"通行的区域，它跟做结果补语、可能补语的"倒"在调类上往往有一致性，大多读为上声。持续标记做结果补语时读上声调，这时候意义比较实在，读的应该是"倒"的本调。有关上声的问题，详见第五章第三节。

第三节 "哒""得""的"类持续标记和中古"著"的关系

梅祖麟曾假设长沙话的"达"，湘阴、平江、浏阳的[tə⁰]本字也应是"著"；② 徐丹说："从对比北京话及西北方言入手，我们看到'V着/V的'的平行不应是偶然现象。从更大的方言范围，我们注意到有许多相当于'着'，但音与[t]有关的字，'的/得/达/到/倒'。历时的语料和音韵演变的线索使我们推测，这些字的本字大概是'著'。"③ 上述两位学者都推测现代汉语方言中与[t]声母有关的"达""的"等几个持续标记本字可能是"著"。在这一节，将在前贤研究的基础上，继续探讨"哒""的""得"等几个[t]声母的持续标记和中古宕摄澄母药韵"著"的关系。

---

① 王力：《汉语史稿》，中华书局 1980 年版。
② 梅祖麟：《汉语方言里虚词"著"字三种用法的来源》，《中国语言学报》（总第三期），1988 年版。
③ 徐丹：《从北京话"V 着"与西北方言"V 的"的平行现象看"的"来源》，《方言》1995 年第 4 期。

第三章　几类持续标记和中古"著"语音上的关系

一　持续标记"哒"和中古"著"的关系

从第二章的语料看，持续标记"哒"的通行范围主要集中在湖南境内以及周边的湖北、江西、广西的一些地方。说"哒"是持续标记，是指在一定的语境下，其实，在很多情况下，"哒"是表示完成等意义的。

"哒"的声母同持续标记"倒"一样，应该也是"古无舌上音"特点的遗留；声调除了读入声（如常宁话、衡阳话）、轻声外，主要就是读上声，也和上声的"倒"一致，道理应该也是一样的，最关键是它的韵母，和前面的"着""倒"不同，如何看待"哒"和中古宕摄澄母药韵"著"的关系。

中古宕摄澄母药韵"著"是一个入声字，在持续标记"着""倒"等的分布区域里，表示附着意义的"着"在许多方言中的韵母是 [au]、[ɔ]、[o] 等，有的还保留入声调，例如：长沙的 [tʂo²⁴⁽ᴵ⁾]、南雄珠玑话的 [tsˑo⁵⁴⁽ᴵ⁾]，有的还有喉塞音韵尾 [ʔ]，例如：南京话的 [tʂoʔ⁵⁽ᴵ⁾]、南昌话的 [tsˑɔʔ²⁽ᴵ⁾]，这几个点韵母的主要元音发音比较接近，开口度都不太大。

再看看吴语区，有的方言点的持续标记和"哒"有一些相通之处：

除了温州话的持续标记"墥"[ta³¹³⁽阴入⁾] 以外，丹阳话的持续标记"则"读 [tsæʔ³⁽阴入⁾/tæʔ³⁽阴入⁾]，声母是清声母，且有 [ts] 和 [t] 两读，韵母的主要元音是 [æ]，开口度比较大，有喉塞音韵尾 [ʔ]，读阴入，"则"除了表示持续以外，还有表示完成、做方位介词的用法，加之丹阳话"逮着""碰着"的"着"读 [tsɑʔ⁵⁽阳入⁾]，"穿着""困弗着"的"着"读 [tsɑʔ³⁽阴入⁾]，我们有理由认为这个"则"也有可能来源于中古宕摄澄母药韵"著"——因轻读，声母先清化，由阳入调变成了阴入调；声母的两读也正好说明了持续标记正处在由 [t] 向 [ts] 变化的过程中的二者并存阶段。

上海话可以用"啦"[lɑ¹³⁽阳舒⁾/lɑʔ¹³⁽阳入⁾] 作持续标记，"啦"有舒、入两读，和丹阳话的"则"联系起来看，声母读 [l] 可以看作 [t] 或 [ts] 的弱化形式，韵母是 [ɑ]。这个"啦"应该和丹阳话的"则"是同源的。

还有苏州话"睏着哉""寻着哉"的"喫着一吓"的"着"读 [zɑʔ]³ᵉ⁸ⁿ⁸；杭州话的"穿着"的"着"读 [tsaʔ]⁵ᵉ⁸ⁿ⁸、"寻着得"的"着"读 [dzɑʔ]²ᵉ⁸ⁿ⁸。

再看看南部吴语的一些宕摄知母"着"的读音材料，它们的主要元音和"哒"也很接近，例如：①

云和话：着（～衣）[taʔ]⁵ᵉ⁸ⁿ⁸　　常山话：着（～衣）[tʌʔ]⁵ᵉ⁸ⁿ⁸

广丰话：着（～衣）[tɤʔ]⁵ᵉ⁸ⁿ⁸　　遂昌话：着（～衣）[teʔ]⁵ᵉ⁸ⁿ⁸

开化话：着（穿）[tʌʔ]⁵ᵉ⁸ⁿ⁸②

再看看晋语的一些情况：③

古入声韵母在今入声区的音值是不同的，比如：在有两组入声韵母的中区、东南区、北区，古宕摄入声字，今归低的 aʔ 组（ɑʔ、ʌʔ、ʌʔ）；而西区、中区阳泉片（限齐齿呼、撮口呼），中区太原片的太原（限文读和不分文白读）、孝义，东南区长治片的长治、潞城、沁源等地，古宕摄一三等入声字，今归高的 ɔʔ 组（ɤʔ、eʔ）。在只有一组入声韵母的地方，古入声韵今合流为一组塞音尾。以平遥为例：有入声韵 [ʌʔ、iʌʔ、uʌʔ、yʌʔ]——主要元音都是 [ʌ]。

古入声韵在今山西方言非入声区（南区、东北区）派入四组韵，都不带塞音尾，也不带元音韵尾，差别在于主要元音的舌位：一组低、一组中后、一组中前、一组高。

表 11 列举的是山西晋语区宕摄药韵"着"的一些方言点的语料。

表 11

方言点	着	方言点	着	方言点	着
太原	tsaʔ⁵⁴ ᵉ⁸ⁿ⁸	五寨	tsaʔ³² ⁸ⁿ⁸	山阴	tʂʌʔ⁴ ⁸ⁿ⁸
太谷	tsaʔ⁴³⁴ ᵉ⁸ⁿ⁸	天镇	tʂaʔ³² ⁸ⁿ⁸	大同	tʂɒʔ³² ⁸ⁿ⁸
文水	tsaʔ³¹² ᵉ⁸ⁿ⁸	高平	tʂaʔ¹ ⁸ⁿ⁸	阳城	tʂʌʔ¹² ⁸ⁿ⁸
娄烦	tʂaʔ²¹² ᵉ⁸ⁿ⁸	平定	tʂaʔ⁴ ⁸ⁿ⁸	沁县	tsʌʔ⁴ ᵉⁿ⁸

---

① 曹志耘、秋谷裕幸、太田斋、赵日新：《吴语处衢方言研究》，日本好文出版社 2000 年版。

② 宕开三药韵少数知、庄组字的白读音为 [ʌʔ] 韵。

③ 侯精一、温端政主编：《山西方言调查研究报告》，山西高校联合出版社 1993 年版。

以上 12 个方言点，"着"都是读入声，有喉塞音韵尾，虽然声母已经变成了［ts］／［tʂ］，但是，它们的主要元音是单元音［a］或和［a］接近的单元音。

这里，补充几个语料：北京话的古宕摄开口三等知组舒声字的主要元音是［a］；广西玉林话的古宕摄开口三等（庄组除外）和梗摄开口二等字的韵母今大多读为单元音韵母［a］，只有个别字例外，这一个语音特征为玉林话所独有。①

方言比较的结果，我们有理由认为，湘语、赣语中的持续标记"哒"可以看作古宕摄澄母药韵的"著"声母清化、喉塞音韵尾脱落之后的产物。换句话说，从韵母方面讲，吴语、晋语等方言中带有喉塞音韵尾的持续标记是湘语、赣语等中的持续标记"哒"的早期形式，正因为如此，所以直到今天，在有的地方里，脱落塞音韵尾的"哒"还保留着入声调。

二　持续标记"得"和中古"著"的关系

在考察了持续标记"哒"和中古宕摄药韵"著"之间的关系后，就更容易解释持续标记"得"和"著"的关系。

据陈章太、李如龙的调查，属于闽语的福建大田话、尤溪话中和书面语的"找不着"的"着"相对应的语音形式分别是［tɤ^{阴上}］、［tɤ^{阴平}］。②

上面说到，晋语区一些地方的持续标记"的"，有喉塞音韵尾［ʔ］，韵母没有［i］介音的那一类主要元音是［ə］，声母也有读［t］的，如内蒙古西部汉语方言的"［təʔ^{入声}］"、山西太原话的"［təʔ^{21阴入}］"、交城话的"［təʔ^{入声}］"、祁县话的"［təʔ^{22阴入}］"等。

持续标记"得"的主要语音形式是［tə^0］——声母［t］和持续标记"哒"一样，韵母是央元音——和晋语的没有［i］介音的持续标记"的［təʔ］"相比，"得"的读音有可能是喉塞音韵尾直接脱落

---

① 李连进：《平话音韵研究》，广西人民出版社 2000 年版。
② 陈章太、李如龙：《闽语研究》，语文出版社 1991 年版。

所致，当然，也有可能是其他舒声韵母弱化所致，即"得"类持续标记是"哒"类持续标记的直接继承者。当然，这些都还需要结合有关方言的周边情况和方言的形成等问题，具体问题具体分析，不能一概而论。

山东牟平话的"着[tə⁰]"，山西武乡话的"的[tə⁰]"，湖北浠水、竹山、崇阳等的"得[tə⁰]"，云南一些方言点的"得[tə^阴平]／[tɤ^阴平]／[tɤ⁰]／[te^阴平]"，湖南华容话的"倒[te²¹上声]"，涟源话的"者[tɛ⁰]"、娄底话的"者[te⁰]"，安徽休宁话的"□[te⁰]"，黟县话的"得[tɐɛ⁰]"——这些持续标记都有可能来源于中古宕摄药韵的"著"。

持续标记"得"的分布比较分散，不像前面的"着""倒""哒"那样通行区域比较大。

三 持续标记"的"和中古"著"的关系

晋语是指山西省及其毗连地区有入声的方言，分布在山西、河北、河南、内蒙古、陕西等五省、自治区175个县市。这里的持续标记"的"在很多地方都有喉塞音韵尾[ʔ]。有喉塞音韵尾[ʔ]的持续标记，声母又分为[t]和[tʂ]／[ts]两大类及其它们的弱化形式，韵母又可以分为有[i]介音的和没有[i]介音的两大类，例如：

1. 没有[i]介音的

内蒙古西部汉语方言：[təʔ^入声]

陕西神木话：[tʂəʔ^入声]

山西太原话：[təʔ^21阴入]　　大同话：[tʂəʔ^32入声]

交城话：[təʔ^入声]　　祁县话：[təʔ^22阴入]

2. 有[i]介音的

山西山阴话：[tiəʔ^4入声]　　五台话：[tiəʔ^21入声]

文水话：[tiəʔ^2阴入]　　汾阳话：[tiəʔ^1-31]

平遥话：[tiʌʔ^13阴入]　　陵川话：[tiəʔ^3阴入]

现在看看这些持续标记和中古宕摄药韵的"著"之间的联系：

没有[i]介音的情况，可以看作"著"古全浊声母清化，演变成为［t］，入声韵尾演变为喉塞音韵尾［ʔ］，主要元音弱化为［ə］。例如：太原话的宕摄药韵"着"，今读"着"［tsaʔ⁵⁴ 阳入］，和持续标记"的"［təʔ²¹ 阴入］，和"着"的高降调相比，"的"的这种低降调也可以看作持续标记的轻读，持续标记声母仍读为［t］，但是韵母和"着"相比，已经是比较弱化的形式。

再看看有［i］介音的情况，山阴话的"着"读［tʂʌʔ⁴ 入声］/［tʂəʔ⁴ 入声］，五台话的"着"读［tsɔʔ³² 入声］，这两个地方持续标记都读［tieʔ 入声］；陵川话的"着"读［tɕiʌʔ³ 阴入］，只有陵川话的"着"和持续标记"的"读音最接近，都有［i］介音。

中古宕摄药韵"著"是一个开口三等字，据有关学者的研究，知庄章三组声母在《中原音韵》中已经合并为一套声母，认为知二庄组和知三章组的对立，主要表现为韵母的不同，前者不带［i］介音，后者带［i］介音。① 江永《音学辨微·八辨等列》（引言）："音韵有四等：一等洪大。二等次大。三四等皆细，而四等尤细。"李荣说："'三四等皆细，而四等尤细。'这是什么意思呢？三四等都有很多字读细音，所以说'皆细'。三等读洪音的还比较多，如非组字、知系字等；……总之，江永的四句话是在北京语音那一路音系的基础上说的。"② "三等韵母在古代都是有［i］介音或者是以［i］为主要韵母的，但是到北京语音里可不全是细音，也有读洪音的。"③

中古宕摄开口三等入声字在现代方言中保留［i］介音的情况比比皆是：

北京话的端系、见系今韵母白读［iao］；襄阳话、吉首话的端系、见系今韵母都读［io］。

钱乃荣认为与宕开三阳韵各系（除庄组）［iaŋ］类韵相配的药韵字（如略削脚）在旧松江府地区读为［iɑk］，其他许多地区有并入［iaʔ］，青年又并入［ieʔ］和［iiʔ］韵的。温州话的宕摄开口三等（知

---

① 李立成：《元代汉语音系的比较研究》，外文出版社 2002 年版。
② 李荣：《方言研究中的若干问题》，《方言》1983 年第 2 期。
③ 丁声树撰文，李荣制表：《汉语音韵讲义》，《方言》1981 年第 4 期。

组和章组）读细音，不读洪音。① 金华话的"寻着了""点着了""望得着"的"着"读 [dʑiəʔ]^{12阳入}。②

湖南汝城话的宕摄开口三等药韵入声字多为 [iəu]，古知组澄母字今文读为舌面塞擦音 [tɕ、tɕʻ] 或舌尖塞擦音 [tɕ、tɕʻ]，白读为舌尖塞音 [t、tʻ]。例如："着 [tsʻu]（文）/ [tiəu]（白）""长 [tsaŋ]（文）/ [tiaŋ]（白）""丈 [tsʻaŋ]（文）/ [tʻiaŋ]（白）"，等等。③

在湘南、桂北的一些土话中，知母"着"的今读也有 [i] 介音。例如：湖南江永的"[liu]^{5阴入}"、东安的"[tiu]^{42入声}"、宜章的"[tiəu]^{33入声}"、广西贺州的"[tiəu]^{33}"、富川的"[liɤ]^{24}"、钟山的"[tsio]^{44}"，还有属于粤语的藤县的"[tʃiak^3]"，等等。南宁平话的"睡着喇""吓着喇"的"着"（澄母药韵）读 [tsiɐk]^{2下阳入}。

据庄初升的调查，粤北土话中有知组三等读如端组的现象，在一些地方知母"着"的今读有 [i] 介音或者韵母就是 [i]。例如：④

黄圃话：着（～衣）[tiɤɯ^{33}]　　皈塘话：着（～衣）[tiu^{31}]

三溪话：着（～衣）[tiu^{52}]　　丰阳话：着（～衣）[tiɛ^{21}]

三江话：着（～衣）[tiɛ k^2]　　星子话：着（～衣）[ti^{21}]

石塘话：着（～衣）[tiu^{42}] /着（睡～）[tʻiu^{41}]

在粤北另外一些土话中，知母"着"的今读没有 [i] 介音。例如：

梅村话：着（～衣）[tɛu^{21}]　　保安话：着（～衣）[tɛi^{11}]

连州话：着（～衣）[tei^{24}]　　西岸话：着（～衣）[te^{11}]

长来话：着（～衣）[tʌu^{12}] /=着（睡～）[tʌu^{12}]

北乡话：着（～衣）[tyɛ^{31}] /着（睡～）[tyɛ^{212}]

台湾闽南方言中，"略弱约脚着却药"几个字，泉州腔的韵母为 [ioʔ]，漳州腔的韵母为 [iɤʔ]。⑤

---

① 钱乃荣：《当代吴语研究》，上海教育出版社 1992 年版。
② 李荣主编，曹志耘编：《金华方言词典》，江苏教育出版社 1996 年版。
③ 曾献飞：《湘南官话语音研究》，博士学位论文，湖南师范大学，2004 年。
④ 庄初升：《粤北土话中知组三等读如端组的性质——兼论早期赣语中知二、知三的分化》，日本早稻田大学《开篇》第 21 期，2002 年。
⑤ 张振兴：《台湾闽南方言记略》，福建人民出版社 1993 版；台北文史哲出版社（台一版）1989 年版。

在厦门话中，表示附着意义的和作结果补语的"着"，读［tio ʔ⁵⁵ 阳入］，例如：骸着地/手长会着竹篙/着寒着热，掠（抓）着人/拄着你/找着伊。①

在建瓯话中古入声字多数字还读入声调，无塞音韵尾，也有不少字混入去声，还有混入上声的。作结果、可能补语的"着"，读［tiɔ⁵⁵ 阳去］，例如：碰着/捞（寻找）着了/认得着（认识，认得）。

又据陈章太、李如龙的调查，在有入声的福建闽语中，和书面语的"找不着"的"着"相对应的语音形式多读［t］声母、有［i］介音，声调方面多读阳入，也有读舒声调类的：②

福鼎话：着［tie 阳入］　　莆田话：着［tiɐu 阳入］

泉州话：着［tioʔ 阳入］　　漳州话：着［tioʔ 阳入］

永春话：着［tioʔ 阳入］　　建阳话：着［tiɔ 阳入］

沙县话：着［tio 阴入］　　永安话：着［tiu 阳上］

松溪话：着［tiu 阴去］　　宁德话：着［tøk 阳入］

古田话：着［tyoʔ 阳入］　　周宁话：着［ly 阳入］

由上述事实可以推测，晋语中的持续标记"的"来源于中古宕摄药韵的"著"的可能性是很大的。这些方言中，表示附着意义的"着"声母为［tʂ］/［ts］，持续标记"的"的声母为［t］，正好符合虚词演变语音滞后的特点，［t］在前，［tʂ］/［ts］在后，如果实词"着"为［t］，虚词"的"为［tʂ］/［ts］，反而不好解释了；"的"除了轻声外，一般都是入声或阴入，和读阳入的宕摄药韵"着"不同，可能是持续标记的"的"比实词的"着"先一步清化并入了清入声字；韵母方面，持续标记"的"有［i］介音，应该是保留着"著"的早期形式，这种情况在现在的吴语、湘语、闽语等方言中仍然可见。浙江宁波话的"的［tiʔ⁵⁵ 阴入］"甚至还保留着喉塞韵尾。

基于上述理由，在一些方言中，有［i］介音或主要元音是［i］的持续标记，不管它是否还保留喉塞音韵尾，是否还读入声调，都很有可

---

① 李荣主编，周长楫编：《厦门方言词典》，江苏教育出版社1993年版。

② 陈章太、李如龙：《闽语研究》，语文出版社1991年版。

能是来源于宕摄药韵的"著"。没有喉塞音韵尾或不读入声调的持续标记,应该可以看作进一步的弱化形式。例如:湖南东安土话的"得[ti^{42入声}]"、常德话的"的[ti^0]"、吉首话的"得[ti^0]"、宁远平话的"倒[tie^0]"、山东牟平话的"的[ti^0]"、新疆乌鲁木齐话的"底[ti^0]",等等。

本节集中讨论了现代汉语方言中"哒""得""的"类持续标记,它们最大的共同点是都读[t]声母,它们最大的不同在于有没有喉塞音韵尾,有喉塞音韵尾的"的"类还保留着[i]介音这一较早的语音形式,没有喉塞音韵尾的"哒""得"类,它们主要元音的不同,和它们在较早时期喉塞音韵尾脱落时的元音表现的不同有很大关系,喉塞音韵尾脱落对主要元音的开口度大小的影响,在不同的方言中有可能不同。

第四节 阳声韵类持续标记和中古"著"的关系

本节将重点讨论的是在客家话、赣语、粤语、湘语等一些方言中读阳声韵的持续标记和"著"之间是否也存在某种渊源关系。

一 阳声韵类持续标记"紧""等""稳"

从第二章的语料中可以看出,客家话、赣语、粤语中的阳声韵类持续标记"紧""等""稳"在使用上和其他类型的持续标记形成了明显的对应关系,这种对应关系是促使我们探讨"紧""等""稳"和"著"之间内在关系的最初动因。

(一) 有关声母和[i]介音的一些解释

韵母可以成为声母分化的条件,声母可以成为韵母分化的条件,二者互为条件,在某些客家话和粤语里,声母[tɕ]只能和[i]类相拼,元音[e]只能和[t]类相拼,"紧""等"就体现了声母、韵母在拼合上的和谐关系。这里先讨论一下[tɕ]声母的由来。

古精组和知庄章组的今读,分分合合,错综复杂,但是,有一点需要明确的是，它们在现在的官话中，在洪音和细音前的读音是不同的，比如：北京话，在细音前读［tɕ］组；古知庄章组也有读［tɕ］组声母的，例如：牟平话古知庄章三组字，全县绝大多数村庄读成两套声母［ts、tsʻ、s］和［tɕ、tɕʻ、ɕ］；山西陵川话的宕摄药韵澄母"着"读［tɕiʌʔ³⁴⁸入］；陕西户县话有"睡不着"［tʂɤ］（文）／［tɕˑyɤ］（白），"火着咧""着气"（生气）中的"着"文读是［tʂɤ］，白读是［tɕyɤ］，等等。

在南方许多方言中，古精组字和知章庄三组的分合情况比较复杂。

丹阳话介乎江淮官话与吴语之间，读书音近于官话，说话音近于吴语，二者虽然有很多共同之处，基本上是两个系统。澄母在今洪音韵母前白读不分平仄都读［ts］……澄母在今细音韵母前白读不分平仄都读［tɕ］。①

南部吴语知母"着"有读［tɕ］的情况，例如：②

金华话：着（～衣）［tɕiəʔ⁴阴入］

汤溪话：着（～衣）［tɕio⁵⁵阴入］

文成话：着（～衣）［tɕie²⁴阴入］

温州话：着（～衣）［tɕia³²³阴入］

吴语处衢方言，其分布区域涉及今浙江省西南部金华市、衢州市、丽水地区、温州市，以及江西省东部上饶地区的部分县市、福建省西北角浦城县的部分地区。这里古全浊声母（匣母除外）基本上读浊音。部分知组读作［t、tʻ、d］等塞音声母，与端组声母读音相同。知章组字与同摄（止深二摄除外）三四等的精组字读音相同（龙游话除外），如开化、常山、玉山和庆元等地，大致上都读［tɕ］组或［ts］组声母。

钱乃荣在分析了知组三等韵字和章组字在吴语地区的几种不同情况之后指出，"可以认为知组三等韵知章组声母在吴语中合流后早些时候

---

① 吕叔湘著，张振兴校订：《丹阳方言语音编》，语文出版社1993年版。
② 曹志耘：《南部吴语语音研究》，商务印书馆2002年版。

的发音应为［tɕ、tɕʽ、dʑ、ɕ、ʑ］"。①

宁波话的"着衣镜（穿衣镜）"的"着"读［tɕieʔ⁵⁵阴入］。

前面提到的湘语娄底话，古知组三等字，很多今有［t、tʽ、d］和［tɕ、tɕʽ、dʑ］两读，例如：着［tɕio³⁵阴去］力（用力；努力）。

祁阳话也属于湘语的娄邵片，保留入声调类，但无塞音韵尾，当地的部分宕摄开口三等知组字文读时声母为［tɕ］，白读时声母为［t］，例如：涨［tɕiaŋ⁵³上声］（文）／［tiaŋ⁵³上声］（白），胀［tɕiaŋ³⁵去声］（文）／［tiaŋ³⁵去声］（白）。

同属于湘语娄邵片的新化话，古宕摄开口三等知章组声母字（书母字除外），除了部分地方以外都读［tɕ、tɕʽ、dʑ、ʑ］。

东安花桥土话的入声调类是在白读音中保存下来的，入声字的文读音多读阴平或阳平，宕开三入声字"着"文读是［tɕio¹³阳平］，白读是［tiu⁴²入声］。

江永土话有"着［liu⁵阴入］衣（穿衣）"，还有"着［tɕiu³³阳去/阳入］急"。

嘉禾土话知母、澄母"着"有读［tɕ、tɕʽ］的情况，例如：

	广发县城	石桥乡	塘村镇	泮头乡	普满乡
着（～衣）	tsəu⁵⁵阴去	tɕiəu³¹阳上	tɕiəu⁵¹去声	ȶio³⁵去声	tɕiəu²¹去声
着（睡～）	tsʽu⁵¹阳去	tsu¹³阳平	tɕʽiəu⁵¹去声	tɕʽio³¹阳平	tɕʽiəu³⁵入声

据李连进调查，桂北平话还残留着"古无舌上音"的特点，其知彻澄母字仍有读［t、tʽ］的；桂南平话知彻澄母字一律读［ts、tsʽ］或［tɕ、tɕʽ］。桂北平话都有两套塞擦音［ts、tsʽ］和［tɕ、tɕʽ］，它们分别主要为精组字声母或知系字、见组字（当与细音韵母相拼时）的声母；桂南平话各方言点都只有一套塞擦音［ts、tsʽ］或［tɕ、tɕʽ］来自精组及知系字的声母。这可以说是两个区的较一致的区别特征。② 另外，南宁平话［tɕ、tɕʽ、ɕ］的发音部位稍靠前，略带舌叶音的色彩。精组

---

① 钱乃荣：《当代吴语研究》，上海教育出版社1992年版。
② 李连进：《平话音韵研究》，广西人民出版社2000年版。

（除"心"母外）与知组、庄组、章组合流均读作［tɕ、tɕʰ、ɕ］。"睡着"的"着"，南宁话读［tɕɛk²²］；宁远（清水桥）读［tɕyɔ²²］；欝林（福绵）读［tɕa²¹］；藤县（藤城）读［tɕɛk²²］；平乐（青龙）读［ɕiɔ³⁵］。

据谢留文的研究，客家方言精知庄章四组声母从音类的演变来看有两种类型：1）精知庄章合一，读某一类声母。例如：赣县、大余、井冈山、上犹、南康、全南客家话的知组三等逢细音读［tɕ、tɕʰ］，逢洪音读［ts、tsʰ］。2）精知二庄组读一类声母，知三章组读另一类声母，例如：一些地方知组三等和章组今读［tʃ、tʃʰ、ʃ］。他认为，知三章组读［tɕ、tɕʰ、ɕ］是比精组或见系读［tɕ、tɕʰ、ɕ］更晚起的一种变化。另外，客家话宕、江摄三四等舒声字和入声字今读一般都有［i］介音的，而且主要元音也形成了比较整齐的对应关系：①

梅县	iɔŋ/iɔk	翁源	iɔŋ/iɔk
连南	iɔŋ/iɔk	东莞（清溪）	iɔŋ/iɔk
揭西	iɔŋ/iɔk	信宜（思贺）	iɔŋ/iɔk
信宜（钱排）	iɔŋ/iɔk	高州（新垌）	iɔŋ/iɔk
电白（沙琅）	iɔŋ/iɔk	廉江（青平）	iɔŋ/iɔk
铜鼓（三都）	iɔŋ/iɔk	西河	iɔŋ/iɔk
陆川	iɔŋ/iɔk	香港（西贡）	iɔŋ/iɔk
定南	iɔŋ/iɔk	铜鼓（丰田）	iɔŋ/iɔk
奉新（澡溪）	iɔŋ/iɔk	井冈山	iɔŋ/iɔk
石城	iɔŋ/iɔk	宁都	iɔŋ/iɔk
全南	iɔŋ/iɔʔ	武平	iuŋ/iuʔ
龙南	iɔŋ/iɔʔ		
阳春（三甲）	iaŋ/iak	化州（新安）	iɛŋ/iɛk
廉江（石角）	iaŋ/iak	于都	iã/iaʔ
赣县	iã/iɛʔ	河源	yɔŋ/iɔk
秀篆	iɔŋ/iuʊ	长汀	iɔŋ/io
宁化	iɔŋ/io	大余	iɔ̃/io

---

① 谢留文：《客家方言语音研究》，中国社会科学出版社 2003 年版。

上犹	iɔ̃/io	南康	iɔ̃/io
安远	iɔŋ/iɯ		

大量的方言事实表明，中古宕摄澄母三等字"著"，早期很可能是有[i]介音的，如果说持续标记"紧"是来自"著"，它保持[i]介音的同时，声母清化后和其他的知组字一起变成了不送气清音[tɕ]。而持续标记"等"，由于韵母是开口呼，所以，它的声母是舌尖中音[t]；或者说，[t]声母和开口呼韵母相拼。

客家话没有浊音声母，它在声母方面的最大特点是：古全浊声母字逢塞音、塞擦音时一般念送气音。"紧""等"的声母都是不送气音，似乎不符合现代客家话语音演变的一般规律，但符合官话、新湘语、闽语、徽语、粤语等大多数现代汉语方言的语音演变的一般规律。

（二）"紧/等/稳"阳声韵的由来

和其他的持续标记有一个很大的不同，客家话、赣语、粤语等方言中的持续标记有一个鼻音尾韵。我们推测："紧""等""稳"的阳声韵尾是读鼻音的儿尾音节和已经失去入声韵尾的"著"黏着的结果。具体地说，"紧[tɕin]"是[tɕi]加了一个[n]／[ŋ]，"等[ten]"可以看作[te]加上了一个[n]，"稳[vẽ]"是[ve]加了一个[n]——这个[n]／[ŋ]就是现在仍然比较常见的"儿"尾。"儿"是止摄开口三等支韵日母字，古日母字在今客家话和吴语、徽语中读[n]／[ŋ]的情况还比较普遍：

游汝杰指出：从现代浙北、苏南吴语中残留的极个别儿尾词来看，古吴语的儿尾词是读鼻音的，例如上海话：囡儿nø$^{23-22}$ŋ̍$^{23-44}$。[①]

据钱乃荣的研究，日母字在各地都有白读和文读两种读法，白读苏州、上海等地为[ŋ̍]。吴语的"儿"缀有以下几种：[②]

1. 以单音节形式连在词根音节后面，例如：ŋ̍尾。温州：兔儿ŋ̍$_2$，桃儿ŋ̍$_2$……

2. 以鼻音尾的形式与词根的韵母合并，有时会引起词根韵母的音变。例如：温州：脚蹄儿[diŋ^{52}]……

---

① 游汝杰：《汉语方言学导论》，上海教育出版社1992年版。
② 钱乃荣：《当代吴语研究》，上海教育出版社1992年版。

3. 进而以词根元音尾的鼻化形式出现。例如：上海：麻雀儿［tɕiÃ⁴⁴］……

4. 儿化韵失落，同时把词根的韵尾带落，或改变了原词根的韵尾。例如：双林：勺儿［zo³¹］。

南部吴语越是向南，读鼻音的儿尾词越多，上述"儿"缀的四种形式在北部吴语区域内也都存在，只是儿尾词很少，已经退化。

曹志耘从形式构成的角度，把南部吴语的小称现象分成五种类型，其中"儿缀型"是指"儿"字（一般读［n̠ie］、［n̠i］、［ɲi］、［n］、［ŋ］等）自成音节，附在本音（本词）后面充当词尾；"鼻尾型"是指鼻尾［-n］或［-ŋ］附在本音韵母的末尾，如果本音为鼻尾韵等，就不能再附鼻尾。①

梅县话的"儿"尾自成一个音节，在语流中的实际读音是"儿"和它前面的音节的末尾音素拼合而成的。谢留文以广东、福建、江西、台湾、香港的客家话为例，分析了表示"乳汁义"的"奶"有鼻音尾韵的成因，他提出了一个假设：这个读音可能是"奶+儿"的合音造成的，也就是说，这个读音是"奶"字的儿化韵。他指出，"客家方言的'奶'和儿尾已经合成儿化韵。从理论上来说，这种儿化韵只是儿化韵在演变和发展过程中的某一个片段。由于无法知道早期客家话'儿'尾或儿化韵的情况，今天的客家话也没有其他带鼻音的'儿'尾或儿化韵的例子，'奶'字的儿化韵似乎是一个孤例。"② 据魏钢强的研究，"'女'字作女孩或女儿讲时带［-n］尾，这在江西省东北部的赣语中是普遍现象。""'女'字带［-n］尾的现象分布甚广，不会是偶然的音变。""'女'字带'-儿'［-n］尾的现象东来而西渐的。东面是徽语区，徽语带［-n］尾相当于北方话的儿化……"客家话的"奶"和赣语的"女"读鼻音尾韵的成因，对考察"紧""等""稳"等鼻音尾韵的来源很有启发性。

我们推测：阳声韵类持续标记"紧""等""稳"分别是［tɕi］、［te］、［ve］在以"儿"字读［n］或［ŋ］的方言中，因为儿化的趋势，

---

① 曹志耘：《南部吴语语音研究》，商务印书馆2002年版。
② 谢留文：《客家方言语音研究》，中国社会科学出版社2003年版。

和"儿"拼合的结果？而且，在合并之后，由于和同一方言中的［tɕin］或［ten］等音节形式相同，所以保留了下来，并且，还出现了梅县话在"等［ten³¹ 上声］"之后再加一个"儿［ne⁰］"的情况。客家话的"奶"字和阳声韵类的持续标记大概是属于同一类的问题。①

说阳声韵类持续标记"紧""等"很可能是［tɕi］、［te］和"儿"［n］／［ŋ］拼合的结果，实际上，在现代方言中，也能找到以［te］或［tɕi］为持续标记的语料，例如：云南沾益（文化乡）说"坐 te 阴平"、湖南华容话说"接倒［te²¹ 上声］"、娄底话说"拿者［te⁰］"等；地处皖浙赣三省交界处的婺源县有一个使用频率高的［tɕi⁰］，当地写作"之"，"之"在句中的语法作用是放在动词后面，表示动作的完成或持续等意义；② 安徽休宁话的持续标记"着"读［tɕio⁰］，"着［tɕio⁰］"也可以表示完成。③ 位于江西北端的婺源话和地处安徽南端的休宁话，二者的持续标记的声母、齐齿呼韵母和"紧"是一致的，而且它们在地域上也很接近，这也许可以说明持续标记"紧"的鼻音尾韵是加上读鼻音的儿尾形成的，它们应该有同源关系。

二 湘语赣语中的阳声韵类持续标记"餐"

阳声韵类持续标记"餐"分布的范围，就已有的语料来看，主要集中在湖南的东部，靠近江西的一些属于湘语、赣语的地方，例如：长沙话的"［tsʻan⁰］"、攸县话的"［tãi⁴⁴ 阴平］（偶尔用）"、安仁话的"［tsʻã⁰］"、韶山话的"［tsʻan⁵⁵ 阳去］"、湘潭话的"［tsʻan³³ 阴平］"、益阳话的"［tsʻan⁰］"，等等。

"餐"有可能和都读上声的"紧""等""稳"阳声韵类持续标记是同源的，"餐"的声母读送气清音，符合赣语、客家话古全浊塞音、塞擦音声母今音平仄都送气的规律，而且，从地域上看，"餐"和上面

---

① 魏钢强：《赣语中带［-n］尾的"女"字》，《方言》1997年第3期。
② 冯爱珍：《婺源方言的体助词"之"》，全国汉语方言学会第9届学术讨论会论文，汕头，1997年2月。
③ 平田昌司、伍魏：《休宁方言的体》，转引自张双庆主编《动词的体》，香港中文大学中国文化研究所、吴多泰中国语文研究中心1996年版。

的"紧""等""稳"的分布也是紧密相连的。

通过上述的分析,我们认为,客家话、赣语、粤语、湘语中的阳声韵类持续标记"紧""等""稳""餐"来源于中古"著"的可能性还是很大的,这里要强调的是,"紧""等""稳"都读上声,这不能不让人把它们的产生和读上声的持续标记"倒"联系起来考虑。从分布区域看,阳声韵类持续标记很可能是在同一个时期产生的,并在一定范围内,如客家话、赣语、粤语以及湘语的部分地区保留了下来。具体是什么时候产生的,还要考虑诸多方面的因素,后文将做进一步的探讨。

第五节 "起"类持续标记同中古"著"的关系

分布在湖北、四川、重庆、贵州、云南等省市的西南官话和湘语、赣语、吴语、粤语中的"起"类持续标记是如何产生的呢?第二章第八节表2将现代汉语方言几种主要的持续标记出现的基本句型进行了归纳,可以看出,"起"类持续标记和其他类持续标记形成了比较明显的对应关系。鉴于西南官话主要是在明、清两个时期"湖广填四川"的移民的基础上形成的,在短短的几百年时间里,另辟蹊径,又出现一个新的持续标记,虽然有这个可能但可能性不大,所以,本节将在已有研究的基础上,从语音、地理分布等方面,考察"起"类持续标记和中古附着意义"著"之间的关系。

一 "起"类持续标记和中古"著"语音上的关系

(一)"起"类持续标记的声母

"起"类持续标记的分布范围主要集中在西南官话和湘语中,其语音形式大多是[tɕ·i],上声或轻声,如湖北荆沙、四川成都、重庆、贵州贵阳话大方、云南永胜、永富、湖南吉首、常德、石门、安乡、岳阳、益阳、长沙、湘潭、娄底、涟源、辰溪、隆回、溆浦、衡阳、常宁、东安土话、浙江海盐等地。

声母除了[tɕ·]以外,还有写作"起"但读不送气音的"起

[tɕ]"类持续标记,例如:据杨时逢的《四川方言调查报告》(1984)所载:四川话把"坐着"说成北京话"坐起"的有涪陵(世忠场)等7个方言点,而南川(南平场)等7个点读作"坐tɕ i^{上声}",开县(李家坝)读作"坐tɕ ie^{上声}"——读作不送气音"起"的一共有8个点。贵州大方话有送气的和不送气的两个"起"都有,送气的"起"的用法基本上同北京话的"起",不送气的"起"有多种用法,其中,可以用在动词后表示动作持续。①

另外,"起"类持续标记的声母形式还有:

[tsʻ]:浙江处衢(云和)

[s]:湖南汝城

[ʃ]:湖南安仁

[ɕ]:湖南汨罗(长乐)、衡山、江永、宜章(赤石)

[cʻ]:湖南浏阳

[kʻ]:湖南湘乡

[x]:湖南临武(官话)

[h]:广东东莞、广西临桂

湖南攸县话有[tɕʻi⁰(文)/ɕi⁰(白)]两读、祁阳话有[tʃʻʅ⁰/ʃʅ⁰]两读。

古知庄章组在现代汉语方言中读成[ts、tsʻ、s]和[tɕ、tɕʻ、ɕ]两套声母的地方还不少。赣语、客家话逢古全浊塞音、塞擦音声母今音平仄都送气。湘语的主要特点是古全浊声母逢塞音、塞擦音时,不论今读清音还是浊音,也不论平仄,一律不送气。

前文提到,分布在湖南东部、靠近江西的一些属于湘语、赣语的地方的阳声韵类持续标记"餐",也是读送气音。例如:长沙话([tsʻa nº])、攸县话([tɑ·i⁴⁴阴平])(偶尔用)、安仁话([tsʻã⁰])、韶山话([tsʻa n⁵⁵阳去])、湘潭话([tsʻa n³³阴平])、益阳话([tsʻa nº])等。

持续标记"起"作为虚词,和当地实词的表现不完全一致也是有可能和能够理解的,而上文湖南攸县、祁阳的一词两读,也是一个

---

① 李蓝:《贵州大方话中的"˚到"和"起"》,《中国语文》1998年第2期。

例证。

"附着、睡着"的"着"是实词,在一些地方,声母是读送气音的,例如:成都 [ts'o²¹ 阳平]、萍乡 [tʂ'ɔ¹¹ 去声]、于都 [tʂ'ɤ⁴² 阳去]、吉首 [ts'o⁵⁵ 阴平]。

来自中古入声"著"的持续标记读送气音还是读不送气音,可能性都有。

(二)"起"类持续标记的韵母

韵母上,"起"类持续标记的韵母,一般都是 [i],属于齐齿呼,古澄母药韵的"著"是三等字。而浙江处衢遂昌话的"乞 [tɕ·iiʔ⁵]",上声调,还有喉塞韵尾——和其他有喉塞音韵尾的齐齿呼、开口呼持续标记遥相呼应。

(三)"起"类持续标记的声调

除了读轻声的外,在现代汉语方言中,持续标记读上声的情况比较多,不仅在地理分布上,从北到南、从东到西,都有,而且遍及与"著"相关的每一类持续标记(这个问题留在后面第五章第三节专门讨论)。

二 "起"类持续标记和其他类持续标记地理上的关联

在西南官话"起"类持续标记分布区域,有的是单用,有的是和其他类持续标记并用,有的还可以互换,例如:重庆话(喻遂生 1990)、贵州大方话(李蓝 1998)、广东乐昌土话(张双庆 2000)等,还有两个持续标记合二为一的形式"倒起"(如湖南张家界)。这些应该反映了不同的历史层次,是不同时期的移民造成的。

位于长江以南的湖南,地理位置很特别,古往今来,一直是南北交通的非常重要的通道——它处于官话和非官话的交界地带,也是不同类型持续标记交会或分界的地方。

表 6 中的湖南 41 个方言点使用了 9 种持续标记,其中,30 个方言点有"起"类持续标记,26 个方言点有"倒"类持续标记,12 个方言点有"哒"类持续标记。

表 7 中,最多的有 4 类持续标记并存的 4 个方言点,湖南就占了 2

个（长沙、益阳）；14种持续标记在一个地方并存的47种不同组合类型，有17种是湖南独有的，还有4种有湖南话的用例。

再看看湖南的周边：湖南的北边是湖北，使用持续标记"起"的荆沙市已改名为荆州市，她位于湖北省中南部，长江中游，是春秋战国时楚国都城所在地，是国务院公布的全国首批24座国家历史文化名城之一，"禹划九州，始有荆州"，荆州建城历史长达2700多年。①

湖南的西边是四川。杨时逢的《四川方言调查报告》把四川方言分为第一区、第二区、第三区、第四区，四川把北京话"坐着"说成"坐倒"的有81个点，4个区都有分布。把北京话"坐着"说成"坐起"的只有7个点，4个区都有零星分布，当然，还有8个点读不送气的"起"的，在第一区、第二区。大概是受湖广填四川的影响，作为移民大省，除了上述"倒""起"两大类持续标记之外，四川还有5个点的读音比较特别——可以归入不同的持续标记类别：

坐tsɤ：大足（万古场）（第一区）

坐达：广元（旺苍坝）（第一区）

坐to^{轻声}：筠连（巡司场）（第三区）

坐təu^{上声}：宜宾（城）（第二区）

坐住：松潘（城）（第二区）

湖南也是阳声韵类持续标记中唯一有送气音的"餐"类持续标记所在地，而且，在长沙、韶山等地，与"起"类持续标记并存并用。

再看看湖南的东边，江西赣语、客家话中持续标记，这里有江西石城（龙岗）话的"紧［kin$^{31/24}$］"、于都话的"紧［tɕiẽ^{35上声}］"、大余话的"紧［tɕiəŋ^{42上声}］"、龙南话的"紧［tɕin^{53上声}］"等。当然，湖南境内也有酃县话的"紧［tɕin^{31}］"、嘉禾土话的"紧［tɕin^{35阴上}］"。

湖南的南边是广东，那里有韶关土话的"紧［kin^{24}］／［kian^{24}］／［kiaŋ^{24}］"、连平话的"紧［tɕin^{31上声}］"、连州星子土话的"紧［kiŋ^{55上声}］"、台山话的"紧［kin^{35阴上}］"、连南话的"紧［kin^{22上声}］"、新

---

① 自公元前689年楚国建都纪南城，先后有6个朝代、34位帝王在此建都，有"帝王之都"之称。

丰客家话的"紧［kin³¹ 上声］"等。香港话有"紧［kin⁴¹ 上声］"。

"起"类持续标记和一些地方的"紧"类持续标记的一个共同点，就是都是齐齿呼，二者都在长江以南地区，地理分布上也是互补的，被"哒"类、"倒"类持续标记隔开了；最大的区别，就是前者是阴声韵，后者是阳声韵。

而前文也提到，广大的北方地区，也有齐齿呼的"的"类持续标记，主要出现在黑龙江、内蒙古、新疆、甘肃、山西等外围区域的官话、晋语中。当然，南方的浙江、福建、广西等地的吴语、闽语、平话等地域中也有一些零星的分布。

在北方的［tʂ］／［ts］类持续标记"着"和南方的［t］类持续标记"倒"对峙的大局面之下，齐齿呼的持续标记，北方有"的"类，南方有"起"类和"紧"类，各自成片分布，又南北遥相呼应。相比北方的"的"类持续标记的［t］声母还有可能带喉塞音韵尾来说，南方的不论是"起"类持续标记还是"紧"类持续标记，在声母、韵母方面都有了进一步的发展。

如果说，齐齿呼持续标记代表的是来自附着意义的"著"的早期形式，那么，它被后来出现的其他语音形式的持续标记分隔开来，地理分布范围也被迫处于劣势。

和本书的其他几类持续标记相比，虽然"起"类持续标记是最后一个被认定和中古附着意义的"著"有直接关系的持续标记，但这个关系也是比较扎实的：来源于中古宕摄药韵澄母入声的"著"是三等字，经过千百年的语音演变，分化为齐齿呼和开口呼两种形式——这是两个不同的语音发展阶段，齐齿呼类形式应该更古老。

鉴于现代汉语方言"起"类持续标记和中古附着意义的"著"二者在语音上存在着对应关系，和其他几类持续标记在地理上存在互补关系，我们认为，表示持续意义的"起"不是本字，是同音字，"起"类持续标记应该也和"着"类、"倒"类、阳声韵类等持续标记一样，来源于中古的"著"，是汉语持续标记发展演变中的一个早期的重要阶段和重要语音形式。

第六节 "住/居"类持续标记同中古"著"的关系

持续标记"住/居"[①]和北京话的持续标记"着"的语法功能是一样的,表 12 列举了从北到南各地持续标记"住"在这四种不同格式中的使用情况。

表 12[②]

方言点	Ⅰ. V+标记（+O）	Ⅱ. V₁+标记+V₂	Ⅲ. V+标记+V+标记	Ⅳ. P+标记
青海西宁	—	家（他）抓住［tʂu⁰］我的手不放啊可	—	家对住［tʂ·u²¹³去声］我笑嘞
河南驻马店	他正看住［tsu³¹去声⁻⁰］书哩//桌子上放住一碗水	坐住吃比站住吃带劲	说住说住笑起来来	靠住河走
江苏东海	他就在这三尺地上拉板凳坐着［tʂu⁰］……	……只是张着嘴干嚎	—	—
江苏高邮	他还吃住［tsu⁰］饭呢//场上亮住灯呢	抿住嘴笑	他走住走住天黑了下来	—
江苏扬州	谈著［tsu⁰］话//门开著哩/你看著他!	旁著睡（侧着身子睡）	—	顺著路一直走

---

① 以下简称持续标记"住"。
② V 表示动词,O 表示宾语,P 表示介词。表中的空格是否有相应的格式还有待进一步的调查。河南驻马店话的材料由罗自群调查提供,其余的出处见参考文献。

续表

方言点	Ⅰ.V+标记（+O）	Ⅱ.V₁+标记+V₂	Ⅲ.V+标记+V+标记	Ⅳ.P+标记
湖南娄底	—	—	行住[tɕy⁰]行住就倒翻到地下	—
湖南湘乡	—	—	吃住[dy²²⁽阳去⁻²⁾]吃住饭，客就来哩	—
湖南衡山	—	—	他吃居[tɕy⁴⁴⁽阳去⁻³³⁾]吃居不吃吖	—
广东广州	我等住[tsy²²阳去]你嘅好消息	黄老师打住拍子教学生唱歌	—	佢间屋向住南便
广西贵港	睇住[tʃy²²阳去]电视头///佢屋里的灯仲开住！	佢笑住讲嘛要紧	—	—
广西南宁平话	渠讲住[tsy⁰]话，冇得闲//柜上放住一盆花	睡住看书冇好	—	顺住江边行
福建建瓯	操住[tiu⁵⁵阳去]手//门开住	侧住倒	—	—

《现代汉语词典》中对动词义的"住"（zhu⁵¹）有三种解释：1. 居住，住宿；2. 停住；止住；3. 作动词的补语：a）表示牢固或稳当；b）表示停顿或静止；c）跟"得"（或"不"）连用，表示力量够得上（或够不上）；胜任。①

《广韵》中"住"有两出：一是"止也，又姓，出姓苑，持遇切"（遇摄，合口，三等，澄母，去声）；二是中句切，"停手，又长句切"（遇摄，合口，三等，知母，去声）。

在现代汉语方言中，尽管现代南北方言在语音上的差异很大，但

---

① 《现代北京口语词典》第7版，第1714页。

是，表示持续意义的"住"字在各方言中的读音却都符合各地"住"字古今演变的一般规律，声、韵、调三个方面对应也比较整齐。

表 13

	官　话	非　官　话
今声母	清塞擦音［tʂ］／［ts］／［tɕ］等	清塞擦音［ts］／［tɕ］／［tʃ］和清塞音［t］、浊塞音［d］等
今韵母	［u］／［y］	［y］／［iu］
今声调	轻声、去声、阳去等	轻声、去声、阳去等

长期以来，不少人都以为表示持续意义的"住"是从动词义的"住"、表示结果意义的"住"发展而来的，三种用法的"住"有着共同的来源。但是，也有不少人对此提出了质疑：梅祖麟在分析了吴语"仔"的来源之后说了一句话："我们可以进一步设想，广东话中写作'咗'的完成貌后缀jo和写作'住'的情貌词jyuh可能原来也是伪装的'着'。"① 从上文提到的方言中持续标记"住"能够在以北京话"着"为代表的现代汉语方言持续标记所使用的几种主要格式中出现，和它们形成明显的对应关系，也促使我们必须对持续标记"住"的来源有一个新的认识。持续标记的"住"如果不是来源于动词义的"住"，那它真正的来源是什么呢？我们认为，很有可能也是中古的动词"著"。

志村良治在谈到动词"著"的产生和语源问题时指出："著"跟"箸"有关系，从字形上看，"箸""著"很早就开始混用，先秦时两者没有区别使用，语义也没有产生相应的分化。二者都不见于甲骨文和金文，"著"字《说文》也未收，只有"箸"字，"箸，饭攲也，从竹，者声"，《玉篇》有"箸，饭具也。"指筷子。……他认为，从《广韵》的例子可以看出，随着"著"的语义的分化，它大致有（Ⅰ）附著、（Ⅱ）著衣、（Ⅲ）显著（包括著书）三个系统的语音，汉代已确立"显著"义，以至在经史的注解里被灵活地使用，那时的读音为了跟"附著"的用法相区别，应读作张虑反。"著"可看作以"附著"这一

---

① 梅祖麟著，陆俭明译：《吴语情貌词"仔"的语源》，《国外语言学》1980 年第 3 期。

原义为轴心而发生意义分化的动词。志村良治推测：早在战国时期，由于要区别"著"的不同词义，人们用"箸"这样一个形声字来表示。而"箸"也有"筷子"义，如《陔余丛考》所述，一直在南方使用。① 志村良治的这段分析，使我们更有理由相信：在现代汉语方言中表示持续意义的"住"的本字就是中古去声的"著"字，"住""居"等字只是它在各个方言中的同音替代字。

在《广韵》中，"著"字有四种不同的读音：宕摄药韵知母入声、宕摄药韵澄母入声、遇摄语韵端母上声、遇摄御韵知母去声。从持续标记"住"在一些方言中读去声调的情况看，虽然它从句法位置上看，和中古表示附着意义的、宕摄药韵澄母入声的"著"相同，但是从读音上看，应该更接近遇摄御韵知母去声的"著"（明也处也立也补也成也定也）。但是，如何解释在南方的一些方言中持续标记"住"读阳去调、浊声母的现象呢？在《广韵》中，这个去声的"著"是"音同'箸'"的：很可能是在早期书面语"著"与"箸"的混用阶段，一些地方的人们在口语中已经选取了最常用的"筷子"义的"箸"的读音："箸"是一个古澄母字，演变至今，在一些方言中，比如在南部吴语金华方言中，"筷子"义的"箸〔dzy²⁴ᵃ阳去〕"仍读浊声母，当地的"住"和"箸"同音。现代粤语广州话已经没有浊声母，"住"是它的主要持续标记之一，也是和当地的"箸〔tsy²²阳去〕"同音的。

如果说现代汉语方言中表示持续意义的"住"是来源于中古的"著"，那么，就能从现代方言中看到它和句法位置相同、表示附着意义的"著"有着相同或相似的语法化的过程，事实也是如此。从以下方言"（吃饭）噇着/住了"的说法中，可以看出下面 a 组——做结果补语的"住"（在同一方言中也可以表示持续意义）和 b 组——其他方言中澄母的"着"的对应关系：

  a 组：内蒙古汉语方言：噇住〔tsu⁴⁵去声〕了
     太原话：噇住〔tsu⁴⁵去声〕咧
     扬州话：噇著〔tsu⁰〕了
     建瓯话：哽住〔tiu⁵⁵阳去〕了

---

① ［日］志村良治：《中国中世语法史研究》，江蓝生、白维国译，中华书局 1995 年版。

b 组：忻州话：噇住［tʂəu³¹ 阳平］哪
徐州话：噇着［tʂou⁰］了
黎川话：哽着［tsʻɔʔ⁵ 阳入］了

在北京话里，"V 得/不着"和"V 得/不住"是两种不同的用法，表达不同的意义，但是在官话区还能找到一些零星的对应语料，比如，扬州话（江淮官话）可以说"这们些人都打不住（打不着）一条狗"，而哈尔滨话（东北官话）也可以说，"打不住（打不着）黄皮子（黄鼬）惹一身骚"。这两句中"打不住""住"实际上应该看作"著（着）"，它不同于"V 得/不住"中表示停止、稳固义的"住"。

另外，北京话的"真著＝真着＝真灼（清楚；确凿、准确）"这一个词中的"著"有四种读法：zhuo⁰、zhu⁰、zhao⁰、zhe⁰，包括了zhu⁰，① 这从一个侧面也说明了"著"的不同读音可以在同一个位置上出现这样一个事实。

在长期的历史发展过程中，由于语义、语法，还有语音上诸多的相同或相近，人们在记录虚词时，往往是用口语中的同音字来表示，与它是否为本字无关，这种现象不仅在汉语史文献中时常可以见到，即使在记录现代方言虚词用字的时候，人们仍然常常采用这种同音代替的方法，本节所谈到的"住"应该就是"著"的同音替代字。

第七节 ［l］／［n］类声母持续标记和中古"著"的关系

关于方言中读［l］／［n］声母的持续标记和中古附着意义"著"的关系，许多读［l］／［n］声母的持续标记可以比较明显地看出它们就是［t］声母的弱化形式。比如在浙江处衢，当地使用的主要是［t］声母的持续标记，但云和等地却是读［l］声母的，例如:②

龙游话：坐倒［tɔ⁴⁵ 阴上］来
开化话：坐倒［təɯ⁰］食比俺倒食好

---

① 陈刚、宋孝才、张秀珍编：《现代北京口语词典》，语文出版社1997年版。

② 曹志耘、秋谷裕幸、太田斋、赵日新：《吴语处衢方言研究》，日本好文出版社2000年版。

常山话：坐倒［tɤɯ⁰］吃比倚倒吃□［lɔ²²］好星
玉山话：坐倒［tɐɯ⁵²阴去］跌比倚倒跌□［lɐɯ²²］好信
云和话：坐落［loʔ²⁴阴入］去（坐着去）

一般来说，读［l］／［n］声母的持续标记，分布得比较分散，是因为它是"著"声母清化变成［t］声母之后的弱化形式，所以，如果读［l］／［n］声母持续标记的方言点地处来自"著"的［t］类声母持续标记分布区或者说它们所出现的句式和［t］类声母持续标记一致，那么，我们就认为它们和中古附着意义的"著"很可能存在同源关系。比如：

山西和顺的"哩［lei³³阳平］"、平鲁话的"哩［li³²⁴］"、忻州话的"哩［liə⁰］"、沁县话的"勒［ləʔ⁰］"；

云南元江话的"（坐）老"，石屏话的"（坐）lo阴平"，个旧、蒙自（大屯）、开远的"（坐）lə⁰"，易门（新城）、晋宁（清和乡）等的"（坐）nə⁰"，通海话的"（坐）nə阴平"；

福建漳平话的"（坐）落［lo⁰］"；

湖南江永土话的"到［lau³⁵阴上］"；

江苏苏州话的"（对）牢［læ¹³阳平］"；

上海话的"（奔）落［lɔʔ¹³阳入］"、"（坐）啦［lɑ¹³阳舒］／［lɑʔ¹³阳入］"，嘉定话的"（挽）牢［lɔ³¹阳平］"；

浙江杭州话的"（对）牢［lɔ²¹³阳平］"、宁波话的"（记）牢［lɔ²⁴阳平］"、温州话的"（接）牢［lə³¹阳平］"、处衢云和话的"（坐）落［loʔ²⁴阳入］"。

在一些方言中，知组字读［l］／［n］声母的情况也是比较多的，比如客家话闽语、粤语中这种现象常见，另外，在土话中也有这种情况：湖南阮陵"这个地区的土话或乡话中许多知组声母读舌尖塞音声母或［l］"，例如："张［tioŋ］"，"丈［tʻioŋ］"，"长（～短）场［dioŋ］"，"肠［lioŋ］"等。[①] "江永土话的端母、部分知母今读［l］，它们都读阴调，来自古来母的［l］读阳调，二者不混"。[②]

[①] ［美］张琨：《汉语方言中的几种音韵现象》，《中国语文》1992年第4期。

[②] 黄雪贞：《江永方言研究》，社会科学文献出版社1993年版。

［l］／［n］声母作为［t］声母的一种弱化形式，是比较容易理解的，可以通过比较它们的韵母和声调，比如：江苏、浙江的持续标记"牢"和"落"声母都是［l］，韵母有舒声韵［ɔ］／［æ］和促声韵［oʔ］／［ɑʔ］相对，声调是阳平和阳入相对，这种特点又和"倒""哒"等类持续标记的语音形成了对应关系，① 而浙江的温州话里就有一个失去塞音韵尾但还保留入声调的持续标记"墥［ta³¹³阴入］"，湖南的衡阳话还有一个"哒［ta²²入声］"，等等。

而山西晋城话的"恁［nə̃⁰］"和广东海丰话的"恁［niŋ⁵¹阴上］"作为阳声韵类持续标记的声母弱化形式，为［l］／［n］声母的持续标记和中古附着意义"著"的关系又提供了有力的证明。

第八节 零声母类持续标记和中古"著"的关系

这里只想说说山东的一些方言读零声母的持续标记［ə⁰］。

在胶辽官话中，动词儿化的现象相当普遍。据厉兵调查，辽宁省长山群岛长海县的方言，谓词儿化除去也有专为名词的以外，还有许多不仅没有失去谓词的性质，而且使谓词增加了"体"及其他的一些语法意义，例如：相当于谓词加"着"：走儿去的/红儿个脸儿；相当于谓词加"到、在"：掉儿井儿去了/睡儿炕上，等等。②

像长海这种谓词儿化的形式在山东的烟台、长岛等地也较常见。③

这些动词后面的相当于"着""到"的"儿"不能肯定它就是一定来自"儿"，也许另有来源。这些"儿"使谓语增加了"体"及其他一些语法意义，它会不会是来自中古宕摄药韵澄母的"著"？在北京话中，中古附着意义"著"的读音今读已经分化成几个，其中和胶辽官话相当的是读"着"［tʂɤ⁰］和［tə⁰］（V +［tə］ +处所词），胶辽官话中的相当于"着""到"的"儿"是不是声母［tʂ］／［t］脱落所

---

① 详见第五章表25。
② 钱曾怡：《论儿化》，《中国语言学报》（总第五期），商务印书馆1995年版。
③ 钱曾怡：《博山方言研究》，社会科学文献出版社1993年版。

致？是不是由于声母脱落而变成和"儿"的读音相同，被当作儿化现象同等看待了？我们认为很有这种可能。

博山话的持续标记有［ə⁰］和［tʂuə⁰］两读。① 博山话的［ə⁰］使用面也很宽，兼有书面语"子、儿、里、着、了、地、得、的、个、到"等作用，这种和"儿"的语义及其儿化的语法功能有很大出入，与其说"儿"具有表示完成、持续、方位、结果补语的作用，不如说另有来源。我们更倾向于把山东话中作持续标记的［ə⁰］看作处在语义的次要位置上的虚词的语音弱化形式——声母脱落，韵母央化，声调轻化。在烟台话中，有一个特殊的轻声音节［rə⁰］，［r］是舌尖中闪音，发音方法近似滚音［r］，但是只滚一下。［rə⁰］一般是名词词尾"子"的读音，也可表示动作持续的"着"，例如：提溜着［rə⁰］（提着）／靸达着（鞋）／看着（监视，照看）。烟台话的［rə⁰］和北京话、山东即墨话的"着［tʂə⁰］"、牟平话的"着［tə⁰］"等相比，［rə⁰］或许可以看作［tʂə⁰］或［tə⁰］向［ə⁰］进一步弱化的中间过渡形式。

---

① 钱曾怡：《博山方言研究》，社会科学文献出版社1993年版。

第四章　几类持续标记和中古"著"句法上的关系

吕叔湘曾指出：在语言发展的过程中起作用的不但有时间因素，也还有地域的因素，应该先就每一种材料作一番分析，然后才能进行综合。……地域的因素重要，是因为不同的地域可能说不同的方言，而不同的方言可能语法不同。研究语法史，最好是把资料限于同一个方言的先后阶段，否则会"错认祖宗"。①

现代汉语方言持续标记的来源是多方面的，本章重点从和持续标记相关的句法功能在方言中的表现，探讨和中古附着意义的"著（着）"可能有同源关系的几类持续标记的语法化过程中的一些表现。

第一节　从汉语史文献看中古"著（着）"的语法化过程

汉语史上有关汉语持续标记"着"的语法化过程，许多学者有过非常精辟的论述，不少学者都认为，现代汉语表示持续意义的"着"是来源于中古"附着"意义的"著"；这些学者研究中的分歧表现在："著"的语法化过程究竟是怎样发生的，"著"是如何一步一步演变成现代方言中的持续标记"着"的，"著"的哪一种用法是持续标记"着"的直接来源，等等。限于篇幅，这里选择了一些有代表性的观点——我们认为它们将有助于分析现代汉语方言几类持续标记的来源问题。

---

① 吕叔湘：《汉语语法论文集》，科学出版社1955年版。

一 汉语史上对"着"的语法化过程的认识

曹广顺通过对历史文献的分析,全面总结了动态助词"着"的产生、发展过程,有一定的代表性,这里把他的主要观点引述如下:①

"着"在古代汉语中是动词,有"附着""置放"等义。动词"着"的虚化过程,从汉代以后就开始了。首先出现的是跟在动词之后的用法,也就是连动式的"动+着",这种情况,较集中地出现于汉以后(包括东汉著名佛经翻译家安世高等人)的汉译佛经中。佛经中的"动+着",用法大体上可分为两类:

A类,动词多是一些会产生附着状态的,如"缠、住、覆盖"等。"着"后也多带有表示处所的宾语。整个"动(+宾)+'着'+处所"结构,表示物体通过某种动作而置(附着)于某地。"着"引出放置物体的处所,同时也是前面动作的一种结果,从意义上看,它还带有明显的动词性。例如:

犹如花朵缠着金柱。(《佛本行经》卷二,《大藏经》卷四)

株杌妇闻,忆之在心,豫掩一灯,藏着屏处。(《贤愚经》卷三,《大藏经》卷四)

B类,"着"字都跟在表示思想意识、心理活动的动词之后,其后的宾语是这些思想意识、心理活动的对象,"着"字表示这些动作附着在这些对象上,因此就隐含有一种动作持续或获得结果的意思。但从意义和词性上看,这些"着"字仍都是动词。例如:

迦弥尼鬼者着小儿乐着女人。(《童子经念诵法》,《大藏经》卷一九)

不留心于无明,贪着世间。(《大宝积经》卷九三,《大藏经》卷一一)

魏晋南北朝前后,在译经之外的其他文献中,"着"字上述两种用法的使用都有所发展。A类用法除使用增多外,一个重要的变化是,带"着"的动词中出现了一些不能造成"附着性状态"的,这些"着"字的功能主要是介绍出动作使物体到达的处所,类似用法的出现为"着"

---

① 曹广顺:《近代汉语助词》,语文出版社1995年版。

转变为介词奠定了基础。例如：

一二日，因载着别田舍，藏置复壁中。(《三国志·魏志·阎温传》裴注引《魏略》；卷一八)

王独在舆上，回转顾望，左右移时不至，然后令送着门外。(《世说新语·简傲》)

到了魏晋南北朝，在 B 类用法的影响下，似乎出现了极少动词不带语义限制（汉代 B 类"着"前动词限于表思想意识、心理活动者）的"动 + '着' + 宾"格式。

在魏晋南北朝的基础上，唐代"着"字的用法进一步虚化。A 类例中，带"着"的动词在词义上的限制，唐代已经没有了，动作结果附着、不附着者均有，一些"着"字，主要都是表示动作使物体所及的处所，词性也从动词转向了介词。例如：

帝闻而恶之，以为狂言，命锁着一室。(《拾遗记》，《太平广记》卷九一)

然后令胡上树，以下望之高十余丈，云：止此得矣，可以绢缚身着树。不尔，恐有损落。(《广异记》，《太平广记》卷四二七)

婢惊云：瓮中有人！妇人乘醉，令推着山下。(《广异记》，《太平广记》卷四六〇)

唐代更多的"着"字，是在汉魏 AB 两种含有表示结果义的"动 + '着'"的基础上，发展为直接表示动作完成或获得了某种结果，和以前的用法相比，"着"字使用、语义上都少了许多限制，在虚化的路上前进了一大步。又如：

昨者二千骑送踏布合祖至碛北，令累路逢着回鹘即杀。(李德裕《代刘沔与回鹘宰相书意》，《全唐文》卷七〇七)

唐前侍御史王景融……迁父灵柩就洛州，于埏道掘着龙窟。大如瓮口。(《朝野佥载》《太平广记》，卷四二〇)

黄鹤青云当一举，明珠吐着报君恩（王昌龄《留别司马太守》，《全唐诗》，1449 页)

浅色晕成宫里锦，浓香染着洞中霞。(韩偓《甲子岁夏五月》，《全唐诗》，7815 页)

"着"前面的动词，可以分为动作本身可持续和动作本身虽不能持续，但可以产生持续状态性结果的两类。这些表示动作或动作结果持续的"着"字，已经从动词变成一个表达动作状态的助词了。表示动作状态、结果持续，是动态助词"着"在唐代和晚唐五代最基本的用法。当助词"着"所表达的持续状态是另一个动作进行的条件时，"着"的作用就变为表示动作的进行态了。表示进行态的"动$_1$＋'着'＋动$_2$"格式在唐代也产生了。例如：

多时炼得药，留着待内芝。（高元暮《侯真人降生台记》，《全唐文》卷七九〇）

旧墓人家归葬多，堆着黄金无处买。（王维《北邙行》，《全唐诗》，3375页）

房房下着珠帘睡，月过金阶白露多。（王健《宫词》，《全唐诗》，3442页）

皇帝忽然赐匹马，交臣骑着满京夸。（《长兴四年讲经文》，《敦煌变文集》）

"着"字从动词向助词发展的过程，到唐为止，已经基本完成了。在这个过程里，"着"字经历了：1）跟在某几类动词之后表示附着性结果；2）跟在一般动词之后表示动作结果；3）表示动作状态的持续和进行这三个阶段。经过这三个阶段的抽象和虚化。"着"字的"附着"等动词义逐渐减弱、消失，从一个词汇成分变成了一个语法成分。"着"字的虚化过程，是从占据"动＋着"这样的语法位置开始的，特定的语法位置及与某些特定词义的动词搭配，为"着"的虚化提供了基础和条件。同时，"着"字首先在译经中大量使用，译经（特别是早期译经）对其发展变化的影响，是值得引起注意的问题。

宋代以后，表示动作持续、进行的"着"继续使用，在文献中出现的例句越来越多，用法也发生了一些变化。宋代"着"表示动作持续和进行状态的两种用法并用，表持续的居多，表示动作进行的用例，也比唐代明显增加，随着"动$_1$＋'着'＋动$_2$"这一表示动作进行态格式的使用增多，宋代还发展出"形＋'着'＋动"格式。唐代"着"用来表示动作完成或获得结果的用法，也延续到宋代。宋代表示完成的"着"主要用于一些本身不能持续，也不能造成持续状态性结果的动词。按宋代助词系统内的分工，表完成主要用助词"了（却）"，"着"

用作表示完成，是唐代助词体系形成初期助词混用的延续，从这一点看，这种情况仍是助词体系尚未达到完善的一种表现。例如：

师云："汝道空中一片云，为复钉钉住，为复藤缆着？"（《景德传灯录》卷八）

专一守着一个道心，不令人欲得以干犯。（《朱子语类》卷七八）

却怪白鸥，觑着人，欲下未下。（辛弃疾《丑奴儿》，《全宋词》，1879页）

此等事，本不用问人，问人只是杭唐日子，不济事，只须低着头去做。（《朱子语类》卷一三二）

向尊前，闲暇里，敛着眉儿长叹，惹起旧恨无限。（柳永《秋夜雨月》，《全宋词》，23页）

元明以后，表示持续、进行的助词"着"继续使用，表进行的例子更多，也更典型了。

明代中叶以后，"着"的使用渐渐规范稳定下来，并最终形成了现代汉语中的格局。

下面，再看看一些学者关于"著"的论述：

张赪比较全面、详细地考察描述了魏晋南北朝时期"著"的各种语义和用法，分析了这些语义和用法间的源流关系，发现大部分的语义和用法都是从"附着"义、"放置"义引申发展而来，这些语义和用法的产生和频繁使用大大弱化了"附着"义的"著"的核心语义，使"著"在魏晋南北朝时期可以表示多种情况下的两物位置关系，同时，这些语义和用法的产生和使用也扩大了"著"的使用范围。这些都为"著"下一步的语法化奠定了基础。张赪认为，表持续的动态助词"著"是从表"附着"的"著"直接语法化而来的，且表持续的动态助词"著"在魏晋南北朝时期已经出现。张赪还认为，表"附着"的"著"位于连动式第二个动词的位置上，因为不是主要动词，"著"的"附着"义弱化，"V 著"后面的名词性成分不再局限于表示附着的主体，"著"就开始语法化了，更进一步，出于各种原因"V 著"后的名词性成分隐去不说，"V 著"中就不再有"附着"义、完全语法化了。表"附着"的"著"可以用在连动句的第二个动词的位置上，东汉时期已可见到用例。张赪认为，表持续的助词"著"首先较多出现在受事成分不在句中出现的"V著"句，这样以后随着使用的频繁，在"V著"后出现受事成分，"V著N"变为"V著O"就是很自然的事。①

刘坚等诸位学者认为：静态动词后面的"著"进一步虚化为持续态助词，动态动词后面的"著"进而虚化为完成态助词，在某些方言里可以作结构助词。②

蒋绍愚认为：到了唐代，对于"著"来说，这里是起了一个质的变化：从动词补语变成了动词词尾。"着（著）"的历史变化，是和"着（著）"前面的动词性质有关的。他把"着（著）"前面的动词分为两大类：③

1. 与处所有关的动词，或者说可以进入"动词+介词+处所名词"格式中的动词。此类动词记作Ⅰ，其中又可以分为两小类：动$Ⅰ_a$，是静态的，例如："坐、放、缚、悬、藏、盛"等。动$Ⅰ_a$后的"着"可译为"在"。动$Ⅰ_b$，是动态的，例如："送、度、抛、泻等。动$Ⅰ_b$后的"着"可译为"到"。

2. 与处所无关的动词，或者说不能进入"动词+介词+处所名词"格式中的动词。此类动词记作Ⅱ，其中又可以分为两小类：动$Ⅱ_a$，是可持续的，例如："占、记、看"等。动$Ⅱ_b$，是不可持续的，例如："逢、道、探"等。

蒋绍愚认为，准确的说法应该是：在动$Ⅰ_a$和动$Ⅱ_a$后面的"着"发展为持续貌词尾。动$Ⅰ_a$和动$Ⅱ_a$有一个共同之处：都是表可持续动作。所以，也可以说，持续动词（在六朝时限于和处所有关的持续动词，到唐代扩大为与处所无关的持续动词）后面的"着（著）"是持续貌词尾的来源。

王力认为，到了南北朝以后，"着"字开始虚化，这时候，"着"字一般只用于处所状语的前面，这种"著"字颇有"在"字的意义（附着某处就是在于某处），但它是连上念的，不是连下念的，所以与"在"不同。在这个时候，动词后面并不带有宾语。到了唐代，带

---

① 张赪：《魏晋南北朝时期"著"字的用法》，香港中文大学中国语言及文学系、北京大学中国语言文学系《中文学刊》2000年第2期。
② 刘坚、江蓝生、白维国、曹广顺：《近代汉语虚词研究》，语文出版社1992年版。
③ 蒋绍愚：《近代汉语研究概况》，北京大学出版社1994年版。

"着"字的动词后面开始可以有宾语,"着"字的意义也有了变化,它有"到"的意思。例如:①

衔泥点汙琴书内,更接飞虫打著人(杜甫《绝句漫兴》之三)

方乡闻时夜已深,声声敲著客愁心(雍陶《夜闻方乡》)

日暮拂云堆下过,马前逢著射雕人(杜牧《游边》)

自说孤舟寒水畔,不曾逢著独醒人(杜牧《赠渔父》)

二 附着意义的"著"语法化的内在动因

"语法化是个连续的渐变的过程,每个实词的虚化都有它们各自的诱因,各自的历程。"②从大量的历史文献和众多学者的研究来看,中古的"著"在汉语千百年的发展史中占据非常重要的位置,那么,"附着"意义的"著"为什么会衍生出那么多的用法,它的语法化的内在动因是什么?

王力认为,表示情貌的形尾"着"字是由附着于某一处所的意义演变来的,这就牵涉一个动向问题。在南北朝时期,"着"的动向是向上、向前等("坐箸膝前""悬著帐中")。不但"着"字是这样,其他类似形尾的字也是这样。③

张赪比较详细地考察了魏晋南北朝时期"著"的各种语义和用法,分析了这些语义和用法之间的源流关系,认为大部分的语义和用法都是从"附着"义、"放置"义引申发展而来的,这些语义和用法的产生和频繁使用大大弱化了"附着"义的"著"的核心语义,使"著"在魏晋南北朝时期可以表示多种情况下的两物位置关系,同时,这些语义和用法的产生和使用也扩大了"著"的使用范围。这些都为"著"下一步的语法化奠定了基础。从魏晋南北朝时期的文献中可以看到,在"N_1 著 N_2"格式中,既有附属物在"著"前,所附的主体在"著"后,表示"某物附着在某物上",也有正好相反的,所附的主体在"著"前,附属物在"著"后,表示"某物附上了在某物上"。在"附着"义的演变中变成"附着"义所涉及的两物之间附与主、小与大的重要关

---

① 王力:《汉语语法史》,商务印书馆1989年版。
② 江蓝生:《近代汉语探源》,商务印书馆2000年版。
③ 王力:《汉语语法史》,商务印书馆1989年版。

系在词义演变中变得非常模糊和不重要了,"小的附属物附着于大的主体"的意义已经严重弱化了,"著"可以表示多种情况下的两物位置关系。就是表示附属关系时,"著"的"附着"义也在松动。①

我们认为,暂不论"著"的语法化过程是从东汉还是魏晋南北朝开始的,至少,魏晋南北朝时期"附着"意义的"著"的这种用法已经为它以后的语法化方向打下了一个非常好的语义基础。因为,既然"附着"义的"著"对附属物和所附的主体哪个在前、哪个在后这两种情况都允许,那么,这就有可能出现以下几种情况:

(一)附属物和所附的主体由具体的、可用"大""小"之词形容的物体,即具有领属关系的两个物体,引申出具体的、不能用"大""小"进行比较的物体、没有领属关系的两个物体,进而,这种没有领属关系的具体的物体,又有可能引申出没有领属关系的比较抽象的两个物体/事物。

(二)大的物体可以附着在小的物体之上,小的物体也可以附着在大的物体之上,这两种表达方式为"著"的语义的泛化提供了基础。

(三)既然是附着,"附着"义的"著"必然要涉及两个物体/对象——这两个物体/对象可以是相对静止的状态,也可以由此引申出位移这种动态——一个物体向另一个相对静止的物体移动,比如一个物体向一个空间位置移动,方位介词的用法就出现了,或者,是两个活动的个体在一定条件下相遇,例如:"遭受"义"著"就是两个活动的个体"人"和"风"相遇了,即为"著风"。

(四)"附着"的"著"既然涉及空间上的位移,就为出现表示位移的最终结果、动作的达成或实现的用法打下了基础,占据一定的空间意味着同时要占据一定的时间,当"著"从表示空间概念扩展到表示时间概念的时候,表示持续、完成的用法也就出现了。

"附着"的"著"自身的语义条件为它使用范围的扩大提供了非常便利的条件,而使用范围的扩大又为"著"的语法化过程的推进,创造了独一无二的优势。正如张赪所说,"著"的"附着"义的频繁使用

---

① 张赪:《魏晋南北朝时期"著"字的用法》,香港中文大学中国语言及文学系、北京大学中国语言文学系《中文学刊》2000年第2期。

和其核心语义的弱化紧密相关，使用的频繁使它出现的场合增多，在不同的语境中会表现出各种不尽相同的临时语义，就会弱化原来的核心语义，而核心语义的弱化以及意义和用法的演变又增加了"著"出现的场合，使它能结合的语法成分发生变化，这有可能使词的语法功能发生根本变化，正是这种核心语义的弱化为"著"下一步开始语法化提供了可能和基础。

第二节 从现代汉语方言看中古"著（着）"的语法化过程

不少学者认为，"附着"的"著"是介词"著"的直接来源，书面语持续貌"著"字的间接来源。梅祖麟讨论了虚词"著"字在现代汉语方言里的三种用法：方位介词、持续貌词尾、完成貌词尾，指出"著"字在闽语里用作介词；吴语里用作持续貌词尾、完成貌词尾；湘鄂方言里用作完成貌词尾；官话方言里用作持续貌词尾。他认为介词是完成貌、持续貌词尾的来源。他还认为，虚词"著"字在闽、吴、湘、鄂、官话这几个方言里的语音的不同，是因为中古"著"的不同语音形式（澄母御韵、知母药韵、知母语韵、澄母药韵）在不同方言中的演变造成的。①

既然现代汉语方言中的持续标记、表示完成意义的成分、方位介词等都和附着意义的"著"有着千丝万缕的联系，那么，这种联系在现代汉语方言中又是如何表现的呢？本节将讨论可能来源于中古"著"的持续标记同表示结果意义的成分、表示完成意义的成分、动词后面的方位介词，以及补语标记、句尾先时语气词之间的关系，从而进一步探讨现代汉语方言几类持续标记的来源。

一 现代汉语方言持续标记同动词的搭配关系

汉语史研究表明，持续标记"着（著）"的语法化过程，实际上涉

---

① 梅祖麟：《汉语方言里虚词"著"字三种用法的来源》，《中国语言学报》（总第三期），商务印书馆1988年版。

及两个方面的问题：一方面是"着（著）"是如何从动词到连动句的第二成分，进而发展为持续标记的；另一方面是在"着（著）"前面，紧挨着的动词，它的词义范围是如何一步一步地扩大的：从能造成附着性状态的，到与附着性无关的；从与处所有关的，到与处所无关的；从动作本身可以持续的，到动作的结果可以持续的；从静态动词到动态动词，等等。动词的使用范围的扩大和紧随其后的"着（著）"的语法化的进程这两个方面是相辅相成的。

千百年来，表示持续意义的"着（著）"在文献中一直有所反映，官话中的持续标记"着"和中古的"著"的同源关系是比较明显的，现在的问题是现代汉语方言中的其他各种持续标记和"著"有没有同源关系？在前面第二章，重点排列了现代汉语方言中"动词+持续标记（+宾语）"等格式的使用情况，这里，再看看持续标记前面的动词的使用情况。从大量的现代汉语方言语料和研究成果来看，尽管各地所用的持续标记不完全一样、动词和持续标记的搭配也不完全一一对应，但是它们都有一个共同点，那就是在持续标记前的动词具有持续性：或动作本身具有持续性，或动作所造成的结果具有持续性。

在第一章，我们认为持续标记"着""倒"的语法功能是表示持续，实际上，它们的这种持续性在很大程度上也是由它们前面的动词的性质体现出来的。马庆株根据［完成］［持续］［状态］三项语义特征，把能不能加后缀"着"把动词划分为两类：不能加"着"的动词叫非持续动词（如"死"），能加"着"的动词叫作持续性动词（如"等、看、挂"），这两类动词的区别在于后者能表示持续的动作行为，前者却不能。①

不少人认为，书面语助词"着"既可表动作进行，也可表状态持续。对此，马希文用北京话语料证明，这两者可以统一为"状态范畴"，他指出："（1）动词后边加上'着'就转而指明状态；（2）对 V_a 类动词（如"唱、跳、吃、开（会）"等）来说，这个状态就是'在动作过程中'（因此与英语进行时相当类似）；对 V_b 类动词（如"穿、坐、挂、开（门）"等）来说，这个状态是'动作产生的结局'；（3）状态与动作的

---

① 马庆株：《时量宾语和动词的类》，《中国语文》1981 年第 2 期。

这种关系是动词语义的固有成分（而不是由副词或助词等附加上去的）。"①

在绪论里，介绍了持续标记"着""倒"和动词的搭配情况，不能和"倒"搭配的动词大致包括趋向动词、非动作动词、部分动作动词等，很多动词都可以和"倒"搭配——不管动词的语义具体表示什么，不论是静态的还是动态的，只要表示动作行为本身的持续，或者表示动作行为所遗留下来的状态的持续，都能够进入"V 倒"。

闽语福州话中的"唎"用法比较多，能后附"唎"表示持续意义的动词一般都是状态动词。这里所说的状态动词是与动态动词相对而言的。福州话中的动态动词如"行（走）、跳、食、啜（喝）、爬、做、写、读、笑、啼（哭）、告（叫）、拍（打）、骂"等，状态动词如"倚、坐、蹲、在（倚靠）、掰（睁眼）、卯（闭嘴）、覆（俯下）"等。状态动词后附持续体标记"唎"，表示短暂动作之后所形成的状态持续不变。②

四川成都话有两个持续标记"倒"与"起"，二者在和动词的搭配上有分工："倒"多跟动态动词结合，这类动词如"踢、滚、跑、走、说、唱、笑、做、吃、看、听、想"等；"起"多跟静态动词（包括形容词）结合，这类动词如"斜、正、反、尖、光、亮、红、醒、饿、醉、热"等。③张清源更明确指出：成都话的"倒"和"起"只在跟典型的动态动词和静态动词结合时，才形成对立。④

湘语中的"哒"可以表示持续，也可以表示完成，但一般都不会发生歧义，例如在益阳话中，当"哒"后附表示持续意义的静态动词时，如"坐、睏、倚、栽（蹲）、放、开、守、挂、停"等，"哒"一般都是表示持续意义。⑤

---

① 刘丹青：《无锡方言的体助词"则"（仔）和"着"——兼评吴语"仔"源于"着"的观点》，转引自《中国语言学报》，商务印书馆 1995 年版。

② 陈泽平：《福州方言动词的体和貌》，转引自张双庆主编《动词的体》，香港中文大学中国文化研究所、吴多泰中国语文研究中心 1996 年版。

③ 张一舟、张清源、邓英树：《成都方言语法研究》，巴蜀社 2001 年版。

④ 张清源：《成都话的动态助词"倒"和"起"》，《中国语言学报》（总第四期），商务印书馆 1991 年版。

⑤ 徐慧：《益阳方言语法研究》，湖南教育出版社 2002 年版。

吴语中的"仔"多表示完成意义，也能表示持续意义。以苏州话为例，李小凡把苏州话的持续体分析为完成持续貌和静态持续体两种，持续体有"勒海"和"仔"两个语法标记："勒海"是持续体的专用标记，既适用于完成持续体，又适用于静态持续体；"仔"则只能兼表完成持续体，不能表静态持续体。"勒海"和"仔"都能标记完成持续体，二者的分布大体上互补。①

粤语中的"紧"和"住"两个持续标记，和它们搭配的动词也形成了互补关系，根据彭小川的研究，"V 住"表示静态的持续，"V 紧"表示动态的持续。②

另外，汉语的介词一般来源于动词，从第二章的方言语料可知，除了零声母类持续标记尚没有发现"介词 + 持续标记"的用法，其他几类持续标记都有这类用法，如和北京话"顺着""跟着""朝着""照着""对着"等对应的有："顺着[tʂɤ⁰]"（哈尔滨话）、"跟着[tʂuo⁰]"（郑州话）、"顺着[tʂɔ⁵³上声]"（西宁话）、"朝着[tʂʅ⁰]"（济南话）、"朝仔[ʐʅ¹³阳舒/tsʅ⁵⁵阴上]"（上海话）、"朝倒[tau⁵³上声]"（成都话）、"照哒[ta⁰]"（长沙话）、"照者[tɛ⁰]"（涟源话）、"顺着[tə?⁰]"（太原话）、"朝底[ti⁰]"（乌鲁木齐话）、"顺着[tio?⁵⁵阳入]"（厦门话）、"顺着[?do²¹³阴上]"（海口话）、"对牢[lɔ²¹³阳平]"（杭州话）、"对等"（梅县话）、"跟紧"（广东连州星子土话）、"朝住[tsu⁴⁵去声/tsu⁰]"（内蒙古西部汉语方言）等。

二 现代汉语方言持续标记和表示结果意义的成分

从所收集到的方言语料可以看出：在记声调时，有的著者记的是实际的声调，有的是读轻声而著者记的是他认为的本字的声调，所以，单凭文献记载的持续标记的声调，还不能帮助我们完全准确地了解持续标记的来源，还必须借助于其他途径，比如：持续标记作结果补语时的声调，这时候它的意义比较实在，读的应该是本调。

从汉语史文献中可知，"V 著"从并列式发展到动补式，语法化过

---

① 李小凡：《苏州方言语法研究》，北京大学出版社 1998 年版。
② 彭小川：《广州话表示"进行体"的动态助词"紧"》，《语言研究》2001 年特刊。

程的早期形式应该是表示结果意义，比较现代汉语方言中持续标记和表示结果意义二者读音上的异同，可以帮助我们认识这几类持续标记和附着意义"著"之间的直接联系。

（一）"着"类持续标记和结果意义

第三章已经讲了持续标记"着"和表示附着意义、结果意义的"着"之间的语音对应关系，可以看出，由于所表达的意义虚实不同，持续标记更多的是表现出语音弱化的形式，尤其是读轻声的比较多，而表示结果意义的成分是实词，语音形式比较符合当地方言的附着意义"着"的古今演变规律。如表 14 所示。[①]

表 14

方言点	（附/睡）着	结果/可能补语	持续标记
北京	tʂuo$^{35 阳平}$/tʂao$^{35 阳平}$	tʂao$^{35 阳平}$/tʂɤ^{0}	tʂɤ^{0}
沂水	tʂɔ$^{53 阳平}$	tʂuə$^{53 阳平}$/tʂuə^{0}	tʂɔ^{0}
洛阳	tʂə$^{31 阳平}$	tʂə$^{31 阳平}$	tʂə^{0}
西宁	tʂuo$^{24 阳平}$	tʂuo$^{24 阳平}$	tʂɔ^{0}/tʂɔ$^{53 上声}$

（二）"之/子/仔"类持续标记和结果意义

在第三章，分析了"之/子/仔"类持续标记分布于［tʂ］/［ts］类持续标记和［t］类持续标记通行区域之间，属于语音比较弱化的一类情况，从表 15 中列举的语料也可以看出：

表 15

方言点	结果/可能补语	持续标记
济南	着［tʂuə^{0}/tʂɔ^{0}］	着［tʂʅ^{0}］
聊城	着［tsɔ$^{42 阳平}$］	子［tsʅ^{0}］
临清	着［tsɔ^{0}/tsɔ$^{53 阳平}$］	着［tsʅ］
金乡	着［tsuə^{0}/tsuə$^{42 阳平}$］	子/着［tsʅ^{0}］
平度	着［tʂuə$^{53 阳平}$］	着［tʂʅ^{0}］

---

① 通常情况下，声母为［tʂ］/［ts］，韵母为开口呼或合口呼，声调为阳平等。

续表

方言点	结果/可能补语	持续标记
巢湖	之 [tʂʅ⁰]	之 [tʂʅ⁰]
南京	着 [tʂoʔ⁰/tʂoʔ⁵ 入声]	着 [tʂʅ⁰]
苏州	着 [zaʔ⁰]	仔 [tsʅ⁰]
上海	着 [zaʔ¹³ 阳入]	仔 [zʅ¹³ 阳舒/tsʅ⁵⁵ 阴上]
崇明	着 [zaʔ² 阳入]	子 [tsʅ⁴²⁴ 阴上]
银川	着 [tʂuə⁰/tʂuə⁵³ 上声]	着 [tʂʅ⁰]

位于山东省东南部的临沂市，所辖区县"冻着了"（感冒）中的"着"读音不少，其中，有的和其他地方持续标记的"着"读音很一致。比如：平邑县的 [tʂɑu⁰]，河东区、沂水县的 [tʂɔ⁰]，兰山区、临沭县、郯城县的 [tʂə⁰]，莒南县、沂南县的 [tʂʅ⁰]，等等。①

"之/子/仔"类持续标记所对应的结果补语成分的语音形式大致有这些特点：声母多为 [tʂ] / [ts]，在吴语区为浊声母 [z]；韵母除了舌面元音 [ʅ] / [ɿ] 之外，还有开口呼、合口呼，尤其是在江淮官话、吴语区还有喉塞音韵尾；声调方面，除了有轻声以外，主要有三种对应：1）入声（吴语、江淮官话）；2）上声（兰银官话）；3）阳平（兰银官话以外的其他官话）。值得注意的是，这些结果补语较早的形式应该是吴语读浊声母的、有喉塞音韵尾的、阳入的"着"，它的主要元音为 [ɑ]。安徽巢湖话的持续标记和表示结果意义的都读 [tʂʅ⁰]，这应该是比较弱化的形式。

（三）"倒"类持续标记和结果意义

由于做持续标记的"倒"读音往往已经弱化，很多方言读为轻声，看不出它的单字调类。在持续标记"倒"通行的区域，"倒"作结果补语、可能补语时在调类上往往有一致性，大多读为上声，还有读入声、去声的。例如：

李如龙、张双庆调查的客赣 34 个方言点中，书面语"（你）骗不了我"的相应的说法有 29 个用"到（倒）"作可能补语，而且读上声

---

① 钱曾怡主编，马静、吴永焕著：《临沂方言志》，齐鲁书社 2003 年版。

（包括阴上、阳上）的，有 21 个。在 21 个读上声的方言点中，声母都是 [t]，韵母有 [au]，还有 [ɔu]、[ou]、[ɔ] 之类。① 例如：

客家话：

连南：□ [ŋat⁵] 佢倒 [tau²² 上声] 唔儿

河源：哄唔倒 [tau²⁴ 上声] 佢

揭西：襕唔倒 [tɔu²¹ 上声] 佢

武平：骗佢唔倒 [tɔu³¹ 上声]

宁都：□ [luk²] 佢唔倒 [tau²¹³ 上声]

三都：襕佢唔倒 [tau²¹ 上声]

赣县：哄佢唔倒 [tɔ³¹ 上声]

大余：哄唔倒 [tɔ⁴² 上声] 佢

西河：□ [ʃɔk¹¹] 冒倒 [tau³¹ 上声] 佢

赣语：

吉水：□ [t'ɛt²] 我不倒 [tau³¹ 上声]

醴陵：□ [so⁴⁵] 我不倒 [tau³¹ 上声]

新余：□ [t'ɛ³⁵] 我不倒 [tau²¹³ 上声]

修水：□ [t'ɛt³²] 我不倒 [tau³¹ 上声]

安义：□ [t'ɛ/⁵³] 我不倒 [tau²¹³ 上声]

都昌：□ [ɕia³³²] 我不倒 [tau³⁵² 上声]

建宁：拐阿唔倒 [tau⁵⁵ 上声]

宿松：□ [xu⁴⁵] 我不倒 [tau⁵¹ 上声]

余干：□ [t'ɛk²¹] 不阿倒 [tau²¹³ 上声]

弋阳：哄阿里不倒 [tau⁵¹ 上声]

南城：□ [t'iau¹³] 阿不倒 [tou⁵³ 上声]

"倒" 表示结果意义、可能补语时读上声的用法分布比较广泛，又如：

汉中安康商洛：找不ᶜ到（不知道）//做不ᶜ到（不会做）

襄阳话：找得/不倒 [tau⁵⁵ 上声]

---

① 李如龙、张双庆主编：《客赣方言调查报告》，厦门大学出版社 1992 年版。

宜昌话：你哄不倒［tau⁴²上声］我（你骗不了我）

贵阳话：遇倒［tau⁵³上声］他

永富话：懂倒［tɑo⁵³上声］了（明白了）//懂不倒（不明白）

南京话：你不要躲，他已经看到［tɔo¹¹上声］了

英山话：我猜倒［tau³⁴上声］了

大冶话：车子（我）骑得倒［tɔ⁵³上声］

吉首话：碰倒［tau⁴²上声］//认不倒

长沙话：起码要遇到［tau⁴¹上声］几次蛇

韶山话：嗯哄我不倒［tɔo⁴²上声］（你骗不了我）

新化话：我猜倒［tɔ²¹上声］哩//买得/唔倒

常宁话：撞倒［cɔ³³入声］（碰见）

南昌话：买了好久也买不到［tau²¹³上声］

萍乡话：碰到［tau³⁵上声］唎//寻到唎//累到唎//气到唎

梅县话：见到［tau³¹上声］//遇到//撞到

丹阳话：捞弗到［tɔ²⁴阳平⁻⁵⁵上声］①（够不着）//以为弗到（不认识到，不认为）//怪弗到（怪不得；难怪））

东莞话：撞倒［tɔu³⁵阴上］（遇见）//揾倒（找着了）

信宜话：大家听倒［tou³⁵阴上］亚生噉喊……

南雄珠玑话：猜倒［tau³¹上声］呗

新丰客家话：大家看倒［tɔ³¹上声］都愕□来（愕然）//拿唔倒［tɔ³¹上声］金银，做唔倒皇帝

新丰水源话（蛇声）：后尾（后来）敢（竟）连马尾也冇捉倒［tau¹³上声］，……//财主想，就系（即使）有贼来，也偷唔倒我嘅钱

雷州话：碰倒［tɔ³¹阴上］（遇着）//估倒（猜着）

海康话：□着［tɔ³¹阴上］啦（找着了）//□着啦（遇见了）

屯昌话：伊掠倒［ʔdo³²⁵阴上］三其鱼（他捉倒三条鱼）//行路无注意，碰倒妷塗墙许上（走路不注意，撞到墙上）

---

① 旧时对岳父的戏称，因岳父叫"丈人"，高而够不着，故名。我们认为，这里的"到"读的是本调上声，不是读阳平"到"的变调。

在第三章的表9中，可以看出，一些作结果补语、可能补语的成分的声母、韵母和持续标记的声母、韵母是一样的，声调为上声，而和表示附着意义的"着"的差别比较大，也有的，如成都、吉首等地结果补语、可能补语有两种读音，二者都兼顾，请看表16：

表16

方言点	（附/睡）着	结果/可能补语	持续标记
成都	tsʻo²¹ 阳平	tsʻo²¹ 阳平/tau⁵³ 上声	tau⁵³ 上声
襄阳	tsuo⁵³ 阳平	tau⁵⁵ 上声	tau⁰
贵阳	tso³¹ 阳平	tau⁵³ 上声	tau⁵³ 上声
萍乡	tʂʅ¹¹ 去声	tau³⁵ 上声	tau³⁵ 上声
于都	tʂɤ⁴² 阳去	tɔ³⁵ 上声	tɔ³⁵ 上声
长沙	tʂo²⁴ 入声	tau⁵⁵ 阴去	tau⁴¹ 上声/ta⁰
吉首	tsʻo⁵⁵ 阴平	tsʻo⁰/tau⁴² 上声	tau⁰
临武官话	tso¹¹ 阳平	tau³⁵ 去声	tso¹¹ 阳平/tau⁵³ 上声

江西萍乡话是赣语、于都话是客家话，它们的古全浊声母今逢塞音、塞擦音的，不论平仄，一律读送气清音。古入声全浊声母字在萍乡话读去声、于都话归阳去。湖南吉首的一部分古澄母仄声字读［tsʻ］。

表16中传递了这样一个信息：成都、吉首等地的结果/可能补语都有两种读音，这两种读音应该有不同的来源，一个是直接来自"附着""睡着"的"着"，另一个是和当地读上声的持续标记"倒"同源。而临武官话的持续标记也有两个来源，一个是上声的"倒"，另一个是"附着""睡着"的"着"。

（四）"哒"类持续标记和结果意义

持续标记"哒"的通行范围主要集中在湖南境内以及周边的湖北、江西、广西的一些地方。

湖南湘乡话：撞者［ta²¹ 上声］//找者哩//蹲者①

茶陵话：哄我唔倒［tɤ⁵］（骗不了我）

---

① 湖南省地方志编纂委员会编：《湖南省志方言志》（上、下册），湖南人民出版社2001年版。

湖北大冶话：信收倒 [tɑ⁰] 了//车子（我）骑得倒 [tɒ⁵³去声]①
阳新话：骗我不倒 [tɒ⁵³上声]②
江西永新话：哄唔得 [tɛ⁰] 我倒 [tɒ⁵⁵去声]（骗不了我）③
广西柳州话：猜到 [tɑ⁵⁴上声] 了//遇到个朋友//听到个好消息//打听到地址//烫到手//找没到（没找着）④

从上面的语料可以看出，"哒"类持续标记所在的方言主要对应的是"倒/到"类、"哒"类的结果/可能补语。值得注意的是，湘语和赣语的"哒"类持续标记是处在"倒/到"类持续标记的包围之中的。

（五）"起"类持续标记和结果意义

广东东莞话：麻口（外面）有人畀汽车撞起 [hɐi³⁵阴上]//华仔畀蛇咬起

（六）阳声韵类持续标记和结果意义

阳声韵类持续标记的同一个方言中表示结果意义的，不少是读上声的"倒"，"倒"在许多客家话中也是持续标记。

表17

方言点	结果/可能补语	持续标记
广东梅县	倒 [tau³¹上声]	等 [ten³¹上声]
江西定南	到 [tau³¹上声]	稳 [vən³¹上声]
江西铜鼓	到 [tau⁴⁴阴去]	稳 [vən²¹上声]
江西赣县	到 [tɔ³¹上声]	稳 [vəŋ³¹上声]
福建武平	到 [tou³¹上声]	稳 [meŋ³¹上声]
广西陆川	着 [tsɔk⁴阳入]	稳 [vən²²上声]
广东新丰	倒 [tɔ³¹上声]	稳 [un¹³上声/⁻⁴⁴]/紧 [kin³¹上声]
江西龙南	到 [tau⁵³上声]	紧 [tɕin⁵³上声]
江西大余	到 [tɔ⁰]	紧 [tɕiəŋ⁴²上声]
广东翁源	到 [tou²¹上声]	紧 [kin²¹上声]

---

① 汪国胜：《大冶方言语法研究》，湖北教育出版社1994年版。
② 黄群建：《阳新方言志》，中国三峡出版社1995年版。
③ 李如龙、张双庆主编：《客赣方言调查报告》，厦门大学出版社1992年版。
④ 李荣主编，刘村汉编：《柳州方言词典》，江苏教育出版社1995年版。

表 17 中读上声的阳声韵类持续标记所对应的结果补语多是读上声的"倒"，当然还有广西陆川读阳入的"着"。

湖南东安土话的持续标记是"倒［tei^{55上声}］"，但是却有一个有音无字的、作结果补语的词"□［tɕin^{55上声}］"，和客家话、粤语中的"紧"很有可能是同源关系：①

湖南东安土话：噎□［tɕin^{55上声}］呱哩（噎住了）//胀□呱哩（撑着了）//跌□呱哩（跌倒了）//□［dai^{55上声}］□呱哩（找着了）//吓□呱哩（吓着了）

（七）"住"类持续标记和结果意义

"住"类持续标记和表示结果意义的成分之间的对应关系，以广州话和东莞话为代表来加以说明。

广州话用"住［tsy^{22阳去}］"和"紧［kɐn^{13阳上}］"做持续标记，表示结果意义的有"着［tsœk^{22阳入}］"和"到［tou^{33阴去}］"：②

广州话：瞓着觉//瞓唔着//你好彩遇着我

揾到（找着）//睇到（看见了）//买到（买着了）//枝笔写唔到（这笔写不出来）

东莞话用"住［tsy^{32去声}］"和"紧［kɐn^{13阳上}］"做持续标记，表示结果意义的有"着［tsøk^{22阳入}］"和"倒［tɔu^{35阴上}］"：③

东莞话：吓着BB（婴儿）//焗着发烧//跌着只脚

撞倒（遇见）//揾倒（找着了）//估倒（猜倒；料定）//估不倒（想不到；猜不到）

在第三章，讨论了持续标记"住"的来源，认为它在用法上来自附着意义的"著"但读音取自去声的"著"，这里，可以用一些语料说明"住"和其他可能来自附着意义的"著"的成分在语音上的对应关系，从而进一步说明它和"著"之间的关系。

现代汉语方言中和书面语"嚇着了""（吃饭）噎住了"中的结果补语对应的成分有很多，除了"住"以外，还有不少是和持续标记的

---

① 鲍厚星：《东安土话研究》，湖南教育出版社 1998 年版。
② 李荣主编，白宛如编：《广州方言词典》，江苏教育出版社 1998 年版。
③ 李荣主编，詹伯慧、陈晓锦编：《东莞方言词典》，江苏教育出版社 1997 年版。

读音情况一致（见表18）：

表18

方言点	吓着了	(吃饭)噎住了
乌鲁木齐	吓住[tʂu⁰]咧	噎住[tʂu⁰]咧
银川	吓着[tʂuə⁰]了	噎住[tʂu⁰]了
太原	吓着[tsu⁵³ 上声]了	噎住[tsu⁴⁵ 去声]咧
扬州	吓到[tɔ⁰]了/吓著[tsu⁰]了	□[aŋ⁴²]噎著[tsu⁰]了/噎到[tɔ⁰]了
梅县	吓倒[tau³¹ 上声]了	哽等[ten³¹ 上声]了
于都	—	哽稳[vẽ³⁵ 上声]/紧[vẽ³⁵ 上声]/倒[tɔ³⁵ 上声]哩
武汉	莫吓倒[tau⁰]了他	哽倒[tau⁰]了
牟平	吓着[tə⁰]了	桑着[tə⁰]了
徐州	吓着[tʂou⁰]了	噎着[tʂou⁰]了
南京	吓着[tʂoʔ⁵ 入声]了	噎住[tʂu⁰]/倒[tɔo⁰]了
黎川	—	噎着[tsʼɔʔ⁵ 阳入]了
温州	唬着[dʑia²¹² 阳入]	噎牢[lɔ⁰]
南宁(平话)	吓着[tsiɛ kʲ² 下阳入]喇	—
建瓯	—	哽住[tiu⁵⁵ 阳去]了
海口	—	哽着[ʔdo²¹³ 阴上]喽

另外，内蒙古汉语方言（晋语）的持续标记是"的[təʔ⁰]"，一些地方表示结果意义的是"着[tʂa u³⁵ 阳平]"，例如：内蒙古汉语方言（东巴）的"找着了"；福州话的持续标记是"唡[lɛ⁰]"，表示结果意义的是"着[tuoʔ⁵ 阳入]"，例如："睏着[tuoʔ⁵ 阳入]去了/讨（找）着了/有去着（去过了）"。

把以上几类持续标记和结果/可能补语之间的对应关系梳理一下（见表19），我们发现，做结果/可能补语的成分除了和当地的持续标记一致以外，主要就是两种，一个是"着"类（入声、阳平等），另一个是"倒/到"类（上声、去声）。

表 19

持续标记	结果/可能补语及声调	
着	着	阳平、轻声
之/子/仔	着/之	入声、上声、阳平、轻声
倒	着/倒/到	上声、阳平、去声
哒	倒/到	上声、去声、轻声
的	着	阳平、轻声
阳声韵类	着/倒	入声、上声、轻声
起	起	上声
住	着/倒/到	入声、上声、去声、轻声
[l]／[n]类	着	入声、轻声

另外，既然持续标记读轻声是语法化较高的一种表现形式，那么，如果考察一下它之前的表示结果意义的"着（著）"的声调，就会发现：持续标记读轻声的方言，表示结果意义的补语成分比较常见的情况主要有四种：一个是读轻声的，一个是读阳平的，一个是读上声的，一个是读入声的。读轻声的主要集中在官话区，读阳平的也主要集中在官话区的 [tʂ]／[ts] 类持续标记分布地区，读上声的主要是"倒/到"类、阳声韵类和"起"类持续标记分布区，读入声的主要分布在有入声的地方。

三 现代汉语方言持续标记和表示完成意义的成分

关于汉语表示完成意义的成分的产生，王力把公元 4 世纪到 12 世纪（南宋前半期）看作中古期，他分析了中古时期的五个特点，其中一个特点就是："动词形尾'了'和'着'的产生。"他指出：如果拿"了"和"着"相比较，可以说，作为表示情貌的形尾，"了"比"着"的时代早些。同时，形尾"了"的普遍应用的时代也比"着"早些。就拿《朱子语类》来说，其中"了"字已经很多了，而"着"字好像还处于萌芽状态，只有少数的例子。宋元时代，"了"和"着"的分工还是不够明确的。在许多地方，"着"字表示行为的完成，等于现代汉语的"了"字（或者连"了"字也不能用）。到了明代以后，特别是17世纪（《红楼梦》）时代以后，"了"和"着"才有明确的分工。这是汉语语法的一大进步。动词形尾"了"和"着"的产生，是汉语语法史上划时代的一件大事。它们在未成为形尾以前，经历过一些什么发展过程，是值得我们深切注意的。①

梅祖麟认为北方方言从晚唐开始，"了"和"着"一直有明确的分工。长江沿岸的方言从南宋开始，完成貌、持续貌词尾都用"著"字。宋元的江南文献基本上是用北方话，但也有这种南方方言的渗入，于是就出现"著"字表示完成貌的现象。完成貌"著"字最早出现于《大慧书》（1134—1163），跟北方话"动+'了'+宾"成为完成式的标准句型的年代（11世纪到12世纪初）密切衔接，因此文献上的年代大致可以看作语言里的年代。②梅祖麟进一步分析了完成态"着（著）"字的用例——《朱子语类》7例，《大慧书》5例，杨无咎的词1例，认为这些例证大致可以说明，完成态"著"字是南宋江南白话文献的特征之一。他还认为：完成态词尾"著"的现代分布在长江中下游的江浙皖南一带，可能还一直往西沿江伸展到巴东。文献上完成态"著"的用例，据目前所知，也只限于宋元的江南地区。据此，变成完成态"著"字的虚化演变看来是发生在江南非官话地区。③

江蓝生认为，"著"在动词后面表示完成态，最早见于宋元白话文献。她在比较了动词"得"和"著"虚化为助词的情况之后，指出：这两个词虚化的关键在于当它们跟在动词后面时，可以表示动作的完成、实现或达到（达到也是一种完成或实现），正是在这一用法和意义上才得以虚化为动态助词和结果助词。④

吴福祥说，完成体助词"着"的出现可谓生不逢时，北宋时期完成体助词"了"已经产生，南宋时期"了"的运用已较普遍，所以完成体助词"着"刚一出现，便受到"了"的排挤，最终在北方方言里

---

① 王力：《汉语语法史》，商务印书馆1989年版。
② 梅祖麟：《汉语方言里虚词"著"字三种用法的来源》，《中国语言学报》（总第三期），商务印书馆1988年版。
③ 梅祖麟：《朱子语类和休宁话的完成态"著"字》，转引自北京大学中文系编《语言学论丛》（第21辑），商务印书馆1998年版。
④ 江蓝生：《吴语助词"来""得来"溯源》，《中国语言学报》（总第五期），商务印书馆1995年版。

消失，而只在南方的某些方言里保存下来。①

汉语史的研究表明，"著"在唐代就已经出现表示完成意义的用法，由于受到"了"的挤压，"著"多出现在长江中下游及其以南地区的文献及其方言中。现在再看看现代汉语方言的持续标记和表示完成意义的成分之间的关系。

我们发现，在一些方言中，持续标记和相当于表示完成意义的"了"的成分的读音是一样的，另外，还有的方言表示完成意义的成分，读音虽然和本地的持续标记不一致，却和其他地方的持续标记读音相同或相似，具体情况如下。②

（一）同一方言里完成意义读音和持续标记读音一致的

1. "着"类持续标记和完成意义

青海西宁话：把土挖着[tʂɔ⁵³ 上声/tʂɔ⁰]下来//坡坡儿上蹇去，小心滚着下来了

宁夏同心话：家里请着几个阿訇念经着哩（家里请了几个阿訇正在念经呢）//给他给着五块钱着哩（给了他五块钱）③

湖南吉首话：这段路我们走着[tsʻo⁰]四十分钟//住院用着两千元钱//那本书我只看着几面，人家就抬去了

皖南还有用完成态"著"字的方言：邢公畹 1979 年指出安庆话的"着[tʂo⁰]"有完成态、持续态两种用法，"他吃着饭了（他吃了饭了）""坐着吃"，"着[tʂo⁰]"是入声字，他 1985 年时认为声母是澄母，但没有说明理由。④

安徽岳西话储泽祥的"着[tʂo⁰]"，既可以出现在动词或形容词后面，表示事件的完成，又可以出现在句末，表示情况已经发生，例如：⑤

安徽岳西话：我吃过饭着（我吃过饭了）//莫费力，我喝着茶

---

① 吴福祥：《持续体标记"着"的语法化历程》，《浙江大学汉语史学报》2003 年第四辑。
② 第二章已经出现的方言点，这里不再注明出处。
③ 张安生：《同心方言研究》，宁夏人民出版社 2000 年版。
④ 梅祖麟：《朱子语类和休宁话的完成态"著"字》，转引自北京大学中文系编《语言学论丛》（第 21 辑），商务印书馆 1998 年版。
⑤ 储泽祥：《赣语岳西话的过程体与定格体》，《方言》2004 年第 2 期。

（别客气，我喝了茶——不要再倒茶了）//快来望，桃花开着（快来看哪，桃花开了）

2. "之/子/仔"类持续标记和完成意义

安徽巢湖话：他们两个只做之半边夫妻//衣裳穿之//你一说我心里就有之谱子//树叶黄之

桐城话：我喝着［tʂʅ^{入声}］茶了//自行车丢在街上着

皖西潜怀十县方言：风来着，雨来着，和尚背着鼓来着，媳妇点着火来着

据李金陵的调查，"着"在皖西潜怀十县的这种全地区一致的语法表达方式，仅有语音的细微差别，安庆念如"着"，桐城如"之"，贵池如"子"，其余各县大致读如"得、达、脱、在"不等，但都是轻声。①

安徽庐江话：我洗之衣裳再来陪你拉寡（闲聊）//昨个晚上，我梦之一个怪梦

据周元琳的调查，安徽合肥、巢湖、芜湖、贵池、安庆等地都有一个跟庐江方言"之"用法（持续、完成）基本相同的虚词，只是在合肥、巢湖等地读音是［tʂʅ⁰］，在芜湖、安庆等地读音是［tsʅ⁰］。②

据刘纶鑫的调查，南昌片（包括南昌市、南昌县、新建县、安义县、湖口县、星子县、德安县、瑞昌县西南、修水县、武宁县、都昌县、永修县共12个县市）在语法上，这一片许多地方有一个较典型的动词体助词"着"（或写作"之"）表示完成等意思。其中，永修话的"之"除了表示持续意义以外，在一定条件下也能表示完成，例如：③

江西永修话：渠买之［tʂʅ⁰］苹果，我买之桔仔//火车到之//主任话之会同你去开会//渠看之该张通知

赵元任在《现代吴语的研究》一书中举出了22个吴方言点中用于完成和持续意义的情况，只有浙江东南部的3个吴方言点区分完成貌后缀和持续貌后缀，其余的都不分，有16个吴方言点使用一个单独的情

---

① 李金陵：《皖西潜怀十县方言语法初探》，全国汉语方言学会第8届学术讨论会论文，武汉，1995年10月。
② 周元琳：《安徽庐江方言的虚词"之"》，《方言》2000年第2期。
③ 刘纶鑫：《江西客家方言概况》，江西人民出版社2001年版。

貌词，不过它的语音形式各不相同。大多数吴方言点不区分持续貌后缀和完成貌后缀，二者都用tsɿ或它的方言变体来表示。梅祖麟认为，"著"跟"了"在语法演变过程中曾经竞争完成貌词尾的地位，而在书面语、吴语中产生不同的结果。吴语的"仔"用来表示持续貌和完成貌的作品，最早可以推到晚明，其中最重要的是冯梦龙（1574—1645）的《山歌》，此外还有《六十种曲》中若干南戏的宾白（岩城秀夫1953）等，比如：①

姐看子郎君针搠子手，郎看子娇娘船也横。（《山歌》）

邹家先生，是个余姚人，有子好馆，弗来载。（《锦笺记》，《六十种曲》）

我劝世人没要学撑船。撑子船来弗得闲。……撞着子个虎伤样个埠头扣除得我介尽情了绝意。揽着子个老江湖个主雇算计得我介刻骨样尖酸。（《运甓记·诸贤过江》）

关于吴语中的完成貌后缀tsɿ的起源，梅祖麟提出两种假设的发展过程：一是认为，现代吴语中的情貌体系部分的是由于早期官话的影响，其情形正像其他非官话的方言一样。二是认为，tsɿ表示完成貌应归因于吴语内部的语法—语义过程。他强调指出，吴语中情貌词tsɿ在中古汉语有其根源，现代官话有其同源词，因为吴方言既不可能脱离汉语历史的主流而孤立存在，也不可能跟它的北方邻居官话毫不相涉。这种关系必然扩大到助词的词语的同一性。

江蓝生指出，梅祖麟常举上海话"骑仔马寻马"和"吃仔饭哉"（"仔"即"著"的音借字）作为吴方言"著"兼表持续态和完成态助词的例子，是很正确的。② 在安徽含山话里，"著"既可作完成态词尾，又可作持续态词尾，例如：讲之讲之他就来之（"之"为"著"的音借字）"讲之"的"之"表持续态，"来之"的"之"表完成态。可见助词"著"在早期白话及现代某些方言里也是身兼数职的。③

江苏苏州话：我买仔 [tsɿ^0] 三张电影票//吾吃仔饭哉

---

① 梅祖麟著，陆俭明译：《吴语情貌词"仔"的语源》，《国外语言学》1980年第3期。

② 江蓝生：《吴语助词"来""得来"溯源》，《中国语言学报》（总第五期），商务印书馆1995年版。

③ 刘坚、江蓝生、白维国、曹广顺：《近代汉语虚词研究》，语文出版社1992年版。

上海话：今朝早饭吃仔［zɿ¹³阳舒/tsɿ⁵⁵阴上］一碗泡饭//下仔班就去汰浴

上海话的"仔"一般不能位于句子末尾，如不能说"落雨仔""拿饭吃仔"；"仔［zɿ¹³］"为上海原有的说法；"仔"多见于老派、中派；本字可能是"著"。①

上海崇明话：夷吃子［tsɿ⁴²⁴阴上］两碗饭（他吃了两碗饭）//夷忒嘴臭，得罪子交关人//夷先打子我勒我还手个//今年到底落子几场雪

浙江绍兴话：我等得［tẽʔ¹²/tẽ⁴⁵/dẽʔ¹²］伊半个钟头（我等了他半个小时）//老陈来得一封信（老陈来了一封信）

绍兴话的完成体标记"得"必须紧接在动词之后，是一个完全虚化的体标记。它表示事件的实现，但不强调事件的结束，类似书面语的"了$_1$"。②

3. "倒"类持续标记和完成意义

湖南浏阳话：碰倒咯时唧来倒一个人看见倒［ta u⁰］（碰巧那时候来了一个人看见了）//我六岁就毕倒业（我六岁就毕业了）//我听倒好高兴（我听了很高兴）//他交倒作文就跑（他交了作文就跑）

广东信宜话：一只干将做倒［tou³⁵阴上］只牌，牌□写住［tsy¹¹阳去］"黑帮"两个大字，想捞佢挂上去（一个干将做了个牌子，上面写着"黑帮"，要给他挂上）

雷州话：来倒［tɔ³¹阴上］无何久（没多久）早又想转去啦//涵口（阴沟）给条柴椴倒倒，水无流得出去

4. "哒"类持续标记和完成意义

梅祖麟认为，湘语及湖北境内的表示完成的"达"本字都是"著"。湖南境内这些方言分布在两个地区，一个是湘北洞庭湖沿岸和澧水流域，另一个是东部湘江流域。湘东地区有的方言也用"达"字来表示持续貌，但同时用"达"来表示持续貌和完成貌的方言不多。湖北境内这些方言主要是在鄂中到鄂西长江两岸，从石首西行到公安是一段，中间被完成貌"了"字的江陵话、枝江话、宜都话隔开，然后

---

① 李荣主编，许宝华、陶寰编：《上海方言词典》，江苏教育出版社1997年版。
② 陶寰：《绍兴方言的体》，转引自张双庆主编《动词的体》，香港中文大学中国文化研究所、吴多泰中国语文研究中心1996年版。

再从长阳开始，西行一直到秭归，又沿着清江到利川。另外就是鄂中由钟祥、京山、荆门形成的一块孤岛。"达"字的分布请参看《湖北方言调查报告》第五十八图。这些用"达"的方言持续貌绝大多数用"倒"，少数用"着"。① 最重要的是湘鄂方言完成貌用"著"字，少数湘方言持续貌也用"达"字，跟吴语沿着长江形成一条"吴头楚尾"的长蛇阵，东起海滨，西至巴东，但这条长蛇阵不是连续不断的，而是被下江官话、西南官话的"了""倒"斩成几段的，从这方面也可以看出词尾"着"字在湘鄂地区的流行时期是在官话方言侵入以前。

湖南长沙、湘潭、韶山、辰溪、益阳、衡山、常宁的"哒"，浏阳的"吖"，湘乡的"嗒"，衡阳的"吖"，茶陵的"倒[tɒ^{33阴去}]"等，都能表示持续意义（详见第二章）。下面是"哒"相当于"了"的用例：

湖南浏阳话：外婆来吖[ta^0]，快开门//莫吵吖，就开会//我吃吖饭吖//他到吖北京

湘潭话：志强拿哒[tɒ^{42上声}]人家的书包//事实清楚哒

韶山话：咯山望见那山高，到哒[ta^{42上声}]那山冒柴烧//刘阿公出去哒

湘乡话：等我问嗒[ta^2]他再告给你听

益阳话：开会哒[ta^{11去声}]//上课哒

衡山话：昨日老师表扬哒[ta^0]我//你到哒那里就写信回来啊

衡阳话：我买哒堆[ta^{313阴入}]鳅鱼和鳝鱼//我也不哭哒

常宁话：订哒[ta^{33入声}]合同//学哒游泳

石门话：你吃哒[tA^0]饭没？//关哒门哒

岳阳话：结哒[ta^0]婚//伢崽困着哒

崔振华认为，"哒"的语法功能是由它前面动词的性质所决定的，而"V哒"的意思又和人们的理解密切相关。②

5."得"类持续标记和完成意义

湖南吉首话：一下午画得[ti^0]两幅画儿//这场雨落得三天了

---

① 梅祖麟：《汉语方言里虚词"著"字三种用法的来源》，《中国语言学报》（总第三期），商务印书馆1988年版。

② 崔振华：《长沙方言中的"起"》，《湖南师大学报》1985年增刊。

宁远平话：好勿轻易盯倒［tie⁰］一场戏（好不容易看了一场戏）//我归来后煮倒一碗面（我回来后煮了一碗面条）//我即工叫食借倒十文花钱（我今天中午借了十元钱）

6."的"类持续标记和完成意义

新疆乌鲁木齐话：把白菜洗底［ti⁰］腌上（把白菜洗了腌上）//门也让劈底烧掉咧（门也被劈了烧了）

7."起"类声母持续标记和完成意义

"'起'在普通话中可作表起始的助词，而在湖南大多数方言中，'起'还可表持续，在有些方言中，'起'可兼表持续和完成。"①

湖南张家界话：你搞起没？（你做完了没有？）

益阳话：抓起他//留起他的地址//拿录音机录起他咯句话②

长沙话：张家和李家对起［tɕ·i⁴¹ 上声］亲哒（张家和李家结成亲了）//作业做起哒冒？（作业做完了没有？）//一天踩起一件大衣（一天缝成一件大衣）起③

湘乡话：滴衣服我收起哩（衣服我收好了）//我缔起只鸡哩（我把这只鸡绑起来了）④

涟源话：只锄头打起冇？（锄头打好没有）//快滴把只鞋底公上起（快点把鞋底上好）⑤

隆回话：要做起作业才准看电视//门锁起咕哩⑥

祁阳话：作业做起［ʃʏ⁰］了，要看电视了//把禾捆起，背回去//天上起起五色云，地上凡人不均匀⑦

常宁话：关起［tɕ·i³］窗子//穿起衣服//锁起房门//写起名字⑧

---

① 伍云姬主编：《湖南方言的动态动词》，湖南师范大学出版社1996年版。
② 崔振华：《益阳方言的动态助词》，湖南师范大学出版社1996年版。
③ 崔振华：《长沙方言中的"起"》，《湖南师大学报》1985年增刊。
④ 王芳：《湘乡方言的几个动态助词》，转引自伍云姬主编《湖南方言的动态动词》，湖南师范大学出版社1996年版。
⑤ 陈晖：《涟源方言研究》，湖南教育出版社1999年版。
⑥ 丁加勇：《隆回方言的动态助词》，湖南师范大学出版社1996年版。"咕"表完成。表持续的"V起"和表完成的"V起"很容易混淆。
⑦ 李维琦：《祁阳方言研究》，湖南教育出版社1998年版。
⑧ 吴启主：《常宁方言的动态助词研究》，湖南师范大学出版社1996年版。

宜章赤石土话：佢炒起［ɕie⁵³ ᴸᴰ］麻仔，也用竹筒装好（他炒好了芝麻，也用竹筒装好了）//三斗三升谷，请起我来哭（三斗三升谷，请了我来哭）①

宁远平话：老唐讲起的古音（故事）我俚（我们）欢喜听②

江西婺源话：渠困着之［tɕi⁰］//我买之一碗//渠去之三年，还不曾回来//地湿之，不要坐

安徽休宁话：昨夜我阿朝过身着［tɕio⁰］（昨天晚上我爷爷去世了）//日头正中着，还不来家吃下昼（太阳正中了，还不回家吃午饭）

广东东莞话：鸡𡚸生起［hei³⁵ ᴵⁿ ᴸ］好多鸡春/拗起一碌蔗/大佬一手扯起细佬啊头毛③

8. ［l］/［n］类持续标记和完成意义

福建福州话：汝食吶［lɛ⁰］饭再行嘛（你吃了饭再走嘛）//衣裳换吶蜀件又蜀件（衣服换了一件又一件）

9. 零声母类持续标记和完成意义

山东博山话：吃□［ə］饭就来//睡□觉嗹//正好打□五更//他待□一天就走嗹//去□三回//我买□一本书

客家话：渠来□［e ᴸᴰ］（他来了）//捱食□［e ᴸᴰ］饭（我吃了饭）④

以上9类持续标记在方言中和表完成意义的成分的读音是相同的，而且，二者多是读轻声，从这一点上可说明二者语法化的程度是一致的。

（二）甲方言的完成意义读音和乙方言的持续标记读音一致的

还有不少方言，表示完成意义的成分和当地的持续标记不一定同音，甲方言表示完成意义的成分的读音却和乙方言表示持续意义的成分的读音相同，这样的话，还可比较明显地看出它们和中古的"著"有着一脉相承的关系。比如：

湖南吉首话：这段路我们走着［tsʻo⁰］四十分钟//住院用着两千

---

① 沈若云：《宜章土话研究》，湖南教育出版社1999年版。
② 张晓勤：《宁远平话研究》，湖南教育出版社1999年版。
③ 李荣主编，詹伯慧、陈晓锦编：《东莞方言词典》，江苏教育出版社1997年版。
④ 袁家骅：《汉语方言概要》（第二版），文字改革出版社1986年版。

元钱

贵州贵阳话：搬咗哟嘢出去，个房好似当堂大间咗

云南昆明话：他当着［tʂo⁰］知青，当着兵，当着工作，还上着大学，经历丰富得很

永胜话：我买着［tso³¹阳平］（文）衣服了//你嗨去着北京？①

福建建瓯话：未曾馣着［tio⁵⁵阳去］肉也觑见着豨行埠（没吃过肉也见过猪走路）//我总把去着七轮北京（我总共去过北京七次）//佢以前未曾处分着（他以前没有受过处分）

广东广州话：我食咗［tsɔ³⁵阴上］饭嘞//佢去咗未啊？//讲错咗//车走咗一批货

湖南常宁话用"哒""起"表示持续，用"到/倒"表示完成，例如：

湖南常宁话：我回来到［tɔ³³入声］//领导批准到//我看见大海到//我接到信到//咯本书我看刮两到到（这本书我看了两遍了）

新丰客家话用"紧""稳"表示持续意义，同时用"倒"表示完成意义，例如：

广东新丰客家话：县大爷听倒［tɔ³¹上声］，吓得让让秤秤（浑身哆嗦）……//加先有只大财主，请倒一只地理先生来看风水地

据吴福祥文中提供的一些方言语料可知：董同龢记录的四川华阳凉水井客家话，用［tau³］表达完成体；杨时逢记录的台湾桃园客家话，"倒"也有用作完成体标记的例子；柯理思提到，20世纪初由神父Rey. Charles（雷利）编写的《客语圣书》里有些"倒"的用法跟官话的"了"相应。② 此外，四县客话、南雄珠玑客话、湖南汝城客话等方言里"到（倒）"也有一些用法很接近完成体助词：

广东四县话：佢……kiuŋ⁵⁵（生）ᶜ到［to³¹］一个 mut²²（朽）子弟（他……养了一个没用的儿子）③

南雄珠玑话：种ᶜ倒［tau³¹］黄姜染黄指，染ᶜ倒［tau³¹］黄纸写

---

① 原著者特别注："着"相当于书面语的"过"。

② 吴福祥：《南方方言里虚词"到（倒）"的用法及其来源》，香港《中国语文研究》2002年第2期。

③ 罗肇锦：《客语语法》，台北学生书局1985年版。

文章①

湖南汝城话：干甲（/ᶜ倒［tau］）一条江（干了一条江）//红甲（/倒）噴多杨梅（红了这么/那么多杨梅）②

如果不考虑完成标记"了"在现代汉语方言中的使用情况，只是从中古"著"的发展轨迹来说，通过上面对一些方言语料的分析，可以看到，在地域广大的、长江以北的官话区（西北方言除外），同一个方言点，表示持续意义的"着"不能同时表示完成意义，用来源于中古"著"的成分表示完成意义的语料非常少，只是在属于西北方言的新疆话、西宁话和宁夏同心汉语回民方言等语料中有所发现；而在长江中下游及其以南地区，来源于中古"著"的成分同时表示持续、完成意义的语料则比较常见，这里又可以分为两种情况：

一是主要表示持续意义，或多或少地表示一些完成意义，二者读音相同，如：西南官话中的"倒"能表示持续但不表示完成；但赣语中的"倒"主要是表示持续，有的地方还兼表完成；"哒"在有的地方多表示持续，在有的地方多表示完成，语法功能的侧重点有所不同。"之/子/仔"也是如此：在有的地方只表示持续，如襄阳话的"之/子"；在有的地方既可以表示持续，也可以表示完成，如江淮官话一些地方的"之"；但是到了吴语，"仔"主要表示完成，在一些情况下人们已经开始对它是否表示持续意义表示怀疑。③

二是在读音上表示完成意义的成分已经和表示持续意义的成分划分了界限，例如：湖南境内一些西南官话用"倒"表示持续意义，用"哒"表示完成；粤语广州话表示持续意义用"紧"，表示完成意义用"咗"，"咗"只能表示完成，不表示持续意义了。这反映了来源于不同时期的不同的语音形式、不同的语法功能的"著"并存的现象。

从一些官话中的"着"只表示持续不表示完成，到"之/子/仔""哒"类持续标记既可以表示持续又可以表示完成，再到粤语中的

---

① 林立芳、庄初升：《南雄珠玑方言志》，暨南大学出版社1995年版。
② 黄伯荣主编：《汉语方言语法类编》，青岛出版社1996年版。
③ 汪平：《苏州方言的"仔、哉、勒"》，《语言研究》1984年第2期。刘丹青：《无锡方言的体助词"则"（仔）和"着"——兼评吴语"仔"源于"着"的观点》，转引自《中国语言学报》（总第五期），商务印书馆1995年版。

"咗"只表完成不表持续,这些具有同源关系的成分,从北到南形成了一个非常明显的渐变过程,越往北,持续的用法明显,越往南,完成用法增多。

前文提到,一定区域,可能有不同类型的持续标记并存。同样,也可能有来自中古"著"的表完成意义的不同读音形式并存。例如,江西鄱阳湖周边方言表示完成意义的成分语音形式比较多:①

江西彭泽县:喫哆 [to⁰] 饭哆 [to¹¹]（吃了饭了,下同）

都昌县:喫得 [te⁰] 饭个 [ko⁰]

湖口县:喫脱 [tʻo⁰] 饭脱 [tʻo¹²] /着 [tso⁰]

星子县:喫着 [tso⁰] 饭呃 [ε⁰]

永修县:喫仔 [tsʅ⁰] 饭哆 [to²]

这里,我们再补充一下 2008 年出版的《汉语方言地图集》语法卷 063 图"我吃了一碗饭"这句话中表示完成的一些成分的地理分布情况——它们和上文持续标记的语音形式相对应:②

1. "着"类:"着""则""咗"

说"我吃着一碗饭"的方言点有 16 个:江苏如东、安徽屯溪、休宁、岳西、潜山、怀宁、望江、江西彭泽、湖口、星子、德安、安义、武宁、修水、湖南嘉禾,等等。安徽南部和江西北部,连片分布。

说"我吃则一碗饭"的方言点有 9 个:江苏常熟、张家港、无锡、常州、宜兴、丹阳、金坛、溧阳,等等,连片分布。还有浙江昌化（旧）。

说"我吃咗一碗饭"的方言点有 10 个:广东从化、花都、广州、东莞、番禺、宝安、高明、高要、封开、郁南、香港、澳门、广西梧州。

2. "子"类:

说"我吃子一碗饭"的点有 17 个:上海浦东、南汇、奉贤、金山、闵行、青浦、江苏通州、平湖、嘉善、苏州、太仓、昆山、安徽石台、江西婺源、鄱阳、永修、福建武夷山,等等。在上海、江苏那儿连片分布。

---

① 肖萍:《鄱阳湖八县方言的完成体和已然体》,《浙江师范大学学报》2004 年第 6 期。
② 曹志耘主编:《汉语方言地图集》（语法卷）,商务印书馆 2008 年版。

3. "哒"类：

说"我吃哒一碗饭"的方言点有 33 个：重庆、湖北钟祥、潜江、宜都、秭归、恩施、湖南临湘、岳阳市、岳阳县、华容、南县、安乡、临澧、永顺、张家界、桃源、常德、汉寿、平江、浏阳、长沙市、长沙县、宁乡、桃江、安化、株洲、醴陵、湘潭县、衡东、衡阳县、安仁、汝城以及靠近湖南东边的江西上栗。湖南北部连片分布。

4. "得"类：

说"我吃得一碗饭"的方言点有 31 个：上海崇明、嘉定、江苏启东、南京、浙江湖州、桐乡、德清、上虞、嵊州、桐庐、安徽歙县、江西景德镇、乐平、万年、都昌、湖北通城、湖南汨罗、耒阳、资兴、郴州、新田、临武、宜章、江永、广东乐昌、连平、五华、茂名、化州、广西桂林、荔浦。

5. "倒"类：

说"我吃倒一碗饭"的方言点有 5 个：江苏靖江（吴）、浙江衢江、湖南常宁、广东阳东、阳西。这几个方言点比较分散。

6. "[l]／[n]"类：

说"我吃落一碗饭"的方言点有 3 个：浙江天台、缙云、汤溪（旧）。

7. 零声母类："啊""儿"

说"我吃啊一碗饭"的方言点有 31 个：湖北公安、鹤峰、江西崇仁、南城、黎川、福建长汀、武平、台湾台北、广东蕉岭、梅州、英德、怀集、广宁、四会、增城、南海、鹤山、新会、斗门、台山、开平、恩平、罗定、广西临川、临桂、恭城、阳朔、北海、龙州、云南大理、临沧。

说"我吃儿一碗饭"的方言点有 8 个：辽宁沈阳、北镇、朝阳县、凌源、兴城、岫岩、河北唐海、山东荣成。

除了最后一个"儿"类的 8 个方言点在北方，以上其他点绝大多数都在南方的非官话区。063 图中和表完成的"了"相对应的词还有："脱""矣""噢""罢""过""掉""开""去"等。

关于上述汉语南方方言表示完成意义的成分的来源，我们认为，和持续标记一样，表示完成意义的"著"也是来源于中古的"V 著 O"

格式。判断这类句子中的"着"是表示完成还是表示持续,有两个主要标准,一是"著"前面的动词是否具有持续性,没有持续性的动词的后面跟的"著",把它理解为表示完成,反之,就是持续;二是"V_1著O"后面若还有其他的动词 V_2,它们之间的关系如何,如果是表示动作 V_1、V_2 的发生有先后之别,就把"著"理解为表示完成,如果"V_1著O"表示的是动词 V_2 的方式或伴随动作等、V_2 和 V_1 有主从之别,通常就把"著"看作表示持续。当然,句子中的时间副词、数量短语等成分的使用,也可以帮助我们判断"著"的语法意义。

四 现代汉语方言持续标记和方位介词

(一) 有关汉语史文献"著"作介词的研究

魏晋南北朝时期出现了大量"V(O)著L",对其中的"著"的性质学术界有不同看法,有的学者认为它是介词,有的学者认为它仍然是动词,与前面的动词构成使成式,句子的意思是"做某个动作使宾语附着或位于某处"。"V(O)著L"中"著"有时相当于现代汉语里的"在",它的后面是动作发生或状态存在的场所,有时"著"相当于现代汉语的"到",它的后面是动作到达的场所,但"著"究竟作何解,它的后面应该跟什么,并不取决于"著"本身,而是取决于前面的动词,这说明"著"主要用来指示动作的场所,实在的语义并不明确。从"V(O)著L"的结构看,应该是动词"著"带上处所语位于连动式的第二个动词的位置上发展而来,这一点学术界已有共识。[①]

前面介绍了,魏晋南北朝前后,带"着"的动词中出现了一些不能造成"附着性状态"的,这些"着"字的功能主要是介绍动作使物体到达的处所,类似用法的出现为"着"转变为介词奠定了基础。唐代一些"着"字,主要都是表示动作使物体所及的处所,词性也从动词转向了介词。[②]

江蓝生在《"动词+X+地点词"句型中介词"的"探源》一文中分析了"动词+X+地点词"句型在发展轨迹:魏晋南北朝有"V 著/

[①] 张赪:《魏晋南北朝时期"著"字的用法》,香港中文大学中国语言及文学系、北京大学中国语言文学系《中文学刊》2000 年第 2 期。

[②] 江蓝生:《"动词+X+地点词"句型中介词"的"探源》,《古汉语研究》1994 年第 4 期。

箸 NL"(《世说新语》),唐五代有"V 著 NL"(《敦煌变文集》),宋金有"V 著/得 NL"(《朱子语类》《朱子语类辑略》),元明有"V 底/的/着 NL"(《元典章》《朴通事》《皇明诏令》《金瓶梅》),清代有"V 的 NL"(《燕京妇语》《小额》)。①

梅祖麟认为,方位介词"著"字最早在六朝江南的文献里出现,而闽语现在还保存这种用法。"著"字方位介词的用法在闽语里分布最广,保存得最完整。兰州话的"著"字有介词和持续貌两种用法:"拿着东西"和"放着桌子上(放在桌子上)",介词"著"是源,持续貌"著"是流,兰州话源流兼用,而且位置在西北,接近敦煌。

我们认为,从"著/箸",到"著/得""底/的/着""的"的变化,传达着这样一个信息:"动词 + X + 地点词"句型的发展过程中,句型没有改变,变化的是动词和地点词之间的这个 X,X 的不同用字,体现的是读音的不同变化形式——不论这些文献有什么样的方言背景,至少可以推测,在漫长的发展过程中,在一定的范围内,X 由魏晋南北朝时期的全浊声母"著"发展为宋金时期的清声母的"得"(仍读入声)、从最初的入声字演变到元代的舒声字"底",当然,各地发展不平衡,到了清代北方还有入声的"的"。历史上的语音不同形式的 X 都有可能在现代汉语方言中留下它们的痕迹。

(二)现代汉语方言"动词 + 方位介词 + 处所词"中的方位介词

有些学者认为,现代汉语方言持续标记"着"的直接来源是中古"动词 + '著' + 处所词"格式中的"著",有的学者认为"着"是来源于静态动词后面的"著",也有学者认为"着"是来源于"到"义的趋向补语"著"。这些看法都说明持续标记的"着"和"动词 + 方位介词 + 处所词"中的方位介词之间存在某种渊源关系。既然方言中的几类持续标记都有可能来源于中古"著",那么,这里可以将持续标记和动词后面的方位介词做一个比较:

1. 读音相同的

从表 20 中可以看出,持续标记和作方位介词的成分读音相同的方

---

① 梅祖麟:《汉语方言里虚词"著"字三种用法的来源》,《中国语言学报》(总第三期),商务印书馆 1988 年版。

言，涉及的范围还比较广：地理上，从北到南、从东到西，从官话到晋语、湘语、吴语、徽语、平话、闽语等；语音上，有［t］类声母的持续标记，有［ts］类声母的持续标记，还有［l］声母、［tɕ］声母和零声母，包括了"着""之""倒""哒""得""的""起""住""哩"等几类主要的持续标记。

表 20①

方言点	持续标记/方位介词	方位介词的例句
长海	ə⁰	掉儿井儿去了//睡儿炕上
潍坊	tʂuə⁰	他老是趴着桌子上
博山	tʂuə⁰/ə⁰	关ə⁰笼ə⁰/跑ə⁰北京去
西安	tʂɤ⁰	把手搁着被窝暖一下
昆明	tʂ ɔ⁴⁴ 阴平	这个月发奖金，我又着晾儿干滩儿上了
西宁	tʂ ɔ⁵³ 上声/tʂ ɔ⁰/tʂ ɛ⁵³ 上声	猫儿跳着缸上//站着泉儿上溜寡嘴//野人婆儿吓慌了，手碰者锅头上了
银川	tʂ ʅ⁰	老鼠钻着风箱里//盘子端来搁着桌子当中
中宁	tʂ ʅ⁰	把娃娃送着托儿所里去
呼和浩特	təʔ⁰	跑的庙里头一看，这布嘞也就叫人拿走了
武乡	tə⁰	花儿摆的桌的上咧
太原	təʔ⁰	把画儿挂的墙上
文水	tiəʔ² 阴入	挂的墙儿上//吃的肚里
大同	tʂəʔ³² 入声	走在路上
五台	tiəʔ²¹ 入声	把画儿挂的墙上
乌鲁木齐	ti⁰	铁锨让我撂底麦垛上头咧
襄阳	tau⁰	我睡倒你的头前儿在
萍乡	tau³⁵ 上声	放到桌上//住到街上
雷州	tɔ³¹ 阴上	跕在处衫伏倒涂啦
涟源	tɛ⁰	埋□［tɛ³⁵ 阴去］竹园子里
益阳	ta¹¹ 去声	饭热哒灶上，你自家拿得吃

---

① 潍坊点的材料来自冯荣昌的《潍坊方言的句法特点》，转引自黄伯荣主编《汉语方言语法类编》，青岛出版社 1996 年版。涟源话的古全浊、次浊声母入声字绝大部分已归入阴去。

续表

方言点	持续标记/方位介词	方位介词的例句
辰溪	ta^{31}上声	牛关哒牛栏内头//我把衣掌浪哒那就去
衡阳	ta^{22}入声	拦哒那里//哄哒那里看
柳州	ta^{54}上声	丢到水里头//放到门口
丹阳	tsæʔ^{3}阴入/tæʔ^{3}阴入	放则格里//坐则床里
绍兴	teʔ^{12}/teʔ^{45}/deʔ^{12}	伊坐得门口头//摆得桌子高头去
休宁	tɕio^{0}	搁着桌子
江永	ɕi^{35}阴上	他睏起上铺，我睏起下铺
南宁	tsy^{0}	老王背住手倚住（站在）门口
上海	la^{13}阳舒/laʔ^{13}阳入	□（扔）啦水里//睏啦床浪
和顺	lei^{0}	她嫁哩山里啦
平鲁	li^{0}	把衣裳挂哩衣架子上
福州	lɛ^{0}	伊侬拈礼伞著街中行

2. 读音不同的

表 21①

方言点	持续标记		方位介词（及例句）
北京	tṣɤ^{0}	tə^{0}	别就那么坐得那儿！//他搬得哪儿去了？
正定	tə^{0}	tʂau^{0}/tʂau^{412}去声	把字儿写着黑板上//把脏水洒着猪圈里
利津	tʂou^{0}	ta^{0}	书放ta^{0}桌子上//拽ta^{0}水里了
淄川	ə^{0}	tʂuə^{0}	趴着床上睡
武汉	tau^{0}	tə^{0}	放得箱子里//丢得水里
南昌	tau^{0}	tɛt^{0}	搁得桌上//剩菜剩饭都倒得潲缸里
岳阳	tao^{0}	te^{0}	车停得门口在//伢崽抱得手里在
长沙	ta^{0}	tə^{0}	站得屋顶上//牛胯里扯得马胯里
韶山	ta^{42}上声	tɛ^{24}入声	丢得街上哒//放得桌上哒
华容	te^{21}上声	te^{45}入声	把菜篮子搁得桌子高头

---

① 北京点的材料转引自赵元任著、吕叔湘译《北京口语语法》，商务印书馆 1979 年版。正定点的材料转引自宋文辉《正定话的介词"着"》，《中国语文》2000 年第 3 期。

续表

方言点	持续标记	方位介词（及例句）	
开化	təɯ⁰	tʌʔ⁰/tiɔʔ⁰	渠坐得桌高
玉山	tɐɯ⁵²阴去	tɐʔ⁰	钟挂得墙里
于都	tɕiẽ³⁵上声 / vẽ³⁵上声	teʔ⁵入声	你住得哪□［nã］？//你摒藏得被服里，子介事都唔管

一些方言的持续标记和作方位介词的成分读音不完全相同，从表21中也能看出一些规律来：如果两个读音中有一个是有喉塞音韵尾的，或读入声调的，很有可能是方位介词；如果两个读音中有一个是［t］声母的，十有八九是方位介词①。汉语的介词一般来自动词，方位介词和持续标记的这两点差别，说明方位介词意义还比较实在，它的语法化程度不如持续标记高。表20中方位介词透露着比持续标记较早的语音形式。

现代吴语的一个持续标记"仔"虽然没有方位介词的用法，但是同类的持续标记"着［tʂʅ⁰］"在银川、中宁话中同样可以作方位介词，不仅如此，梅祖麟曾指出：1801年写成的《三笑》，表白多用苏白，里面有方位介词"子（=仔）"的用例；18世纪乾隆朝代写成的《缀白裘》以及1908年记录老上海话的《土话指南》，里面也有方位介词"之、子（=仔）"的用例。② 这说明吴语也曾有过"仔"作方位介词的历史。

不少学者曾对现代汉语方言中和"动词+'著'+处所词"中的"著"相对应的成分做过深入的研究。在现代汉语书面语中，和这个"著"相对应的是"到"和"在"，前者是动态的，表示趋向、位移，后者是静态的，表示处所、存在。

赵元任在《北京口语语法》一书中谈到，北京话的第一动词没有宾语而第二动词为"在"或"到"的时候，"在"或"到"一般是轻

---

① 正定话比较特别，据宋文辉介绍，正定人是不同时期从山西迁来的，所以我们认为，正定话表示持续的读"着［tə⁰］"，应该和晋语的持续标记"的"有直接的关系。

② 梅祖麟：《先秦两汉的一种完成貌句式——兼论现代汉语完成貌句式的来源》，《中国语文》1999年第4期。

声，这样就成为第一动词的后附，中间不能停顿，不能插入别的词。第二动词"在"或"到"的后边的宾语只能是时间词和处所词。……"睡在床上。/坐在地上。好就好在这个上。/走到张家。/说到天亮。"在口语里，"在"或"到"经常读作"得 de"。上面举的"在"或"到"的例子大多数可以说成"得"。赵元任认为"得 de"可作为"在"和"到"的混合物。①

赵金铭从另一个角度论证了北京话中的"dē"在书面语中有两个条件变体，一个是"在"，另一个是"到"，它们分别表示不同的语法意义，呈互补分布。他认为，只要是单音节动词，在"S＋V＋（在/到）＋NL"句式中，"在/到"都可用"dē"替换。在口语中，"S＋V＋de＋NL"句式的语义是模糊的，要靠语境来确认。而"S＋V＋（在/到）＋NL"句式的语义是明确的。② 徐丹的文章中提到：梅祖麟曾提示过她，"动词＋'的'＋地点词"中的"的"有可能来自"著"。③ 现代北京话"扔的河里""穿的身上""扔的盆里"④ 中的"的"依据不同的语境，可以理解为"在"或"到"。

徐丹认为："V 在"与"V 著"有紧密的联系，"在"与"著"在"V＋X＋地点词"的句型里混用竞争了一个时期（六朝时期）后，"V 在"逐渐取代了"V 著"，同时继承了"著"的"附着"意义。撇开动词后面的"在"不谈，上面表格中的方位介词，不管它和持续标记读音是否相同，一般都有可能来源于中古的"著"，它们的一个共同点是，和北京话的"得 de"一样，相当于"在/到"的作用，依据不同的语境（如动词是静态动词还是动态动词、句子末尾有没有趋向动词等），来判断它是和"在"还是和"到"相对应。不少学者也注意到方言中的类似的现象。⑤

这种"V＋'着'＋处所词"的用法，不仅宁夏中宁话有，而且西

---

① 赵元任著，吕叔湘译：《北京口语语法》，商务印书馆1979年版。
② 赵金铭：《现代汉语补语位置上的"在"和"到"及其弱化形式"de"》，《中国语言学报》（总第七期），商务印书馆1995年版。
③ 徐丹：《关于汉语里"动词＋X＋地点词"的句型》，《语文研究》1995年第3期。
④ 刘一之：《北京话中的"着（zhe）"字新探》，北京大学出版社2001年版。
⑤ 徐丹：《汉语里的"在"与"着"》，《中国语文》1992年第6期。

北其他方言，如兰州、西宁，也有这样的用法。分析者一般认为"着"是介词，与后面的处所词构成介词结构作动词的地点补语。但是可以看到，中宁话里还有一种否定形式的"V不着＋处所词"，意义上与"能V着＋处所词"相对："有羊嘿怕赶不着圈里了""瓶子高得很，摞不着柜子里"，"V"与"不着"成了直接成分，"不着"作V的补语，表示可能性意义，这说明中宁话的"着"在这种结构中还保留着实词的成分，这也正是"着"由实词虚化而来的痕迹。① 在浙江的开化、常山，江西的玉山，也有"V＋'得'＋处所"的结构。例如：开化"渠坐得［tʌʔ⁰/tiəʔ⁰］桌高（他坐在桌子上）"，玉山"钟挂得［tɐʔ⁰］墙里（钟挂在墙上）""渠坐得地板里（他坐在地板上）"。吴语婺州方言，还有闽语都有这种用法。这个"得"从表面上看与介词"在"相当，有学者认为其来源是"著（着）"，属于南朝时期的层次。② 又如金华（汤溪）话："渠坐得沙发上""件衣裳晒得外头""尔住得哪里？"曹志耘强调：例句中的"得"虽然正好跟书面语介词"在"的位置相当，但这个"得"是动词的附加成分，作用是肯定动作已经发生并正在持续，跟介词"在"的作用不一样，在语感上也毫无介词的语感。③

绩溪方言的"□［tɤ⁰］"意义偏重于"在"。例如："本书放□［tɤ⁰］台盘上//台盘上放着本书"。④

从北京话到许多现代汉语方言中这种动词后面相当于"在/到"的成分，和汉语史上的"动词＋'著'＋处所词"格式有直接的联系。

将魏晋南北朝时期"动＋'著'＋处所词"格式中的"著"分成"到"义和"在"义的两个"著"，是现代人根据对书面语的语感做出的判断，实际上，在现代汉语方言中，存在大量像北京话"动词＋de＋处所词"中"de"，人们在实际语言中是通过语境去区别"到"或"在"的不同；西南官话武汉话、赣语南昌话的持续标记用"倒"，在

---

① 李倩：《宁夏中宁方言的虚词"着"》，《语文研究》1997年第4期。
② 曹志耘、秋谷裕幸、太田斋、赵日新：《吴语处衢方言研究》，日本好文出版社2000年版。
③ 曹志耘：《金华汤溪方言的介词》，转引自李如龙、张双庆《介词》，暨南大学出版社2000年版。
④ 赵日新：《绩溪方言的介词》，转引自李如龙、张双庆《介词》，暨南大学出版社2000年版。

"动+介词+处所名词"格式中的"介词"是"得","得"可以看作"倒"的语音弱化形式。魏晋南北朝时期的"动+'著'+处所词"格式是现代许多方言"动词+X+处所词"的直接来源;X和持续标记读音相同的现象说明二者有同源关系,读音不同的现象说明二者的分化。

(三)现代汉语方言"方位介词+处所词+动词"中的方位介词

"'倒'+处所词"结构一般都在动词的后面,但是也发现用在动词前面的用例,例如:

湖南吉首话:钥匙莫是到［tau⁰］车上打落的(钥匙恐怕是在车上丢的)

安仁话:大门开嘎到［tɔ³¹ ᵈᵉⁿˢʰᵉⁿᵍ］固里(大门开着)//我到固里做事,莫吵我(我正在干活,别吵我)

安仁地处湖南省东部的湘赣语交会处,当地还杂有客家移民后裔,甚至还受吴、粤等南部方言的影响,它有5个单字调:阴平44、阳平35、上声51、去声31、入声313。我们认为,安仁方言"到固里""到那里"的"到",调查者把它的声调记作去声31调,但它或许也可看作是入声313调的变调,或者是上声51调的轻读,本调不一定就是去声。①

湖南平江话属于赣语,当地古入声字自成一个入声调类,也有类似的用法:

湖南平江话:他落［loʔ⁰］咯吃饭//他落田里做生意

介词短语"落……",相当于书面语的"在""正在"。我们推测,这个"落"就是持续标记"倒"之前的一种入声的语音形式,只不过声母已经弱化。

福建建瓯话中的"到里［tau³³ ᵃⁿᵍ ᵗᵇⁿtiᵇ³³ ᵃⁿᵍ ᵗᵇⁿ］"可以表示实义的动词"在",例如:"钱故到里(钱还在)",也可以用在动词前,比如:

福建建瓯话:厝里到里开会(屋里正在开会)//苹果故到里烂(苹果还在烂)//两老妈到里吵(夫妻俩正在吵架)

福州话:伊着［tuoʔ⁵ ᵃⁿᵍ ᵖᵘ］厝吼(他在家里)//钢笔着桌面吼//着礼堂开会//着黑板吼 写字

---

① 陈满华:《安仁方言》,北京语言学院出版社1995年版。

福州话的"着［tuoʔ⁵ 阳入］"可以表示结果补语，也可以作动词用，还能作介词用，它的读音很值得注意：［t］声母，有喉塞音韵尾、阳入调。

这里，着重看看持续标记"住"作方言介词的用法。在有的方言中，"住"可以作持续标记还可以作方位介词用，例如：南宁平话可以说"渠就是（只是）一个崽女（儿女），又大喇，四层屋住［tsy²² 阳去］住［tsy⁰］（住着）冇识几（不知有多么）优雅（无负担，无忧无虑）"，这句话里，前一个"住"是动词，后一个"住"读轻声，表示持续意义。"住"后面可以跟处所词组成"'住'＋处所词"格式，这种格式不仅可以出现在动词后，也可以出现在动词前，例如：①

1. "'住'＋处所词"在动词后面

鬼崽睡住地上打地气容易病啊//躲住（在）床底下//亚张枱四平八稳，电视机可以放住上头//亚只篮挂住墙壁上头

2. "'住'＋处所词"在动词前面

渠住屋带人（他在家带孩子）//渠住糖厂做工//打雷冇住（在）木根脚（树下）躲雨//渠住江边洗衫

海南屯昌闽语中的"住"除了能表示持续意义以外，还可以作介词，"在口语中更多的是介引方位处所"，②和上面谈到的南宁平话一样，"'住'＋处所词"可以放在动词的后面，也可以出现在动词的前面，例如："伊坐住［ʔdu³³ 阳上］许带等我（他坐在那儿等我）""伊住宿做席（她在家编织席子）"等。

汉语史研究表明，以北京话"着"为代表的持续标记来源于中古时期附着意义的"著"，而这个"著"在汉译佛经中已经出现在"动（＋宾）＋'着'＋处所"结构中，表示物体通过某种动作而置（附着）于某地，到了南北朝时期"着"字表示动作使物体所及的处所的介词已经比较普遍。③ 据江蓝生考察，唐五代时，"著"的用法发展到可以不必跟在动词或动宾短语后面，而是直接在句首用作介词，相当于

---

① 李荣主编，覃远雄、韦树关、卞成林编：《南宁方言词典》，江苏教育出版社1997年版。
② 钱奠香：《海南屯昌闽语语法研究》，云南大学出版社2002年版。
③ 曹广顺：《近代汉语助词》，语文出版社1995年版。

"在"或"到",如"著街衢见端正之人,便言前境修来(《庐山远公话》,《敦煌变文集》)""着相见时心堕落(《维摩诘经讲经文》,《敦煌变文集》)",动词"著"摆脱了跟在另一动词后面的限制,独立地引出地点或时间,这表明它虚化的程度加深了,介词性增强了。①

在魏晋南北朝以前的文献中就已经出现了"'住'+处所词"的用法,例如:②

承,以帝为会稽王,遣楷奉迎,百寮噢噢,立住道侧(《三国志·吴志》)

复下空,王到其所,欢喜敬仰,时辟支佛,下住地上,即便坐於所敷之座尔时梵德,到辟支边。(《佛本行集经》)

然不现,从东方来,没於树下,四方亦尔,踊住虚空,而不堕坠,身出水火,升降自由。(《中本起经》)

现代汉语方言中"'住'+处所词"格式和汉语史文献中的"'著'+处所词"格式的这种整齐的对应关系,为说明持续标记"住"和中古的"著"之间存在同源关系提供了一个有力的证明。

据杨敬宇的研究,"住"到了元明时期,隐含持续意义的用例逐渐增多,但"住"在共同语(书面语)中仍然作为补语出现,并没能进一步虚化为表持续体貌的助词,但是在有的情况下"住"与"着"又是相通的,例如:③

一面旗白胡兰套住个迎霜兔,一面旗红曲连打着个毕月乌(《高祖还乡》)

将他一双脚昼夜匣着,又把木枒钉住双手(《水浒传》30回)

从清代用广州方言写作而成的《粤讴》这部作品看,"住"在当时的广州方言里已经是表示持续意义的了:

木兰双桨载住神仙(《容乜易》)

同心草,种在回栏,只望移跟伴住牡丹(《同心草》)

---

① 江蓝生:《"动词+X+地点词"句型中介词"的"探源》,《古汉语研究》1994年第4期。

② 江蓝生:《"动词+X+地点词"句型中介词"的"探源》,《古汉语研究》1994年第4期。

③ 杨敬宇:《广州方言动态助词"住"的历史渊源》,《学术研究》1999年第4期。

累得我多愁多病，抱住琵琶叹（《同心草》）

正系藕丝缚住荷花片，一体同根（《容乜易》）

五　持续标记和补语标记"得"

江蓝生认为，目前尚未发现文献中"著"作结果助词引出补语的例子，但是知道某些方言里有这种用法。比如在安徽含山话里，"著"既可作完成态词尾，又可作持续态词尾，例如：讲之讲之他就来之（"之"为"著"的音借字）"讲之"的"之"表持续态，"来之"的"之"表完成态。此外，"之"又可作结构助词，例如：把人笑之要命。//那人坏之伤心（"伤心"表程度之深）。可见助词"著"在早期白话及现代某些方言里也是身兼数职的。①

根据吴福祥的研究，用"到（倒）"作补语标记主要见于粤语、客家话、赣语以及平话等方言区。广州话里"到"和"得"都可以用作状态、程度补语标记，二者的用法之和相当于书面语"得"的功能。不过在广州话里这两个补语标记是有分别的。② 李新魁等指出，广州话用"得"时后头的补语是描写述语的情状，用"到ᵖ[tou³³]"时补语是强调状态或结果所达到的程度。例如：③

广东广州话：冷到打冷震（冷得发抖）//讲到天花龙凤（说得天花乱坠）

用去声的"到"作补语标记的方言点还有东莞粤语、增城粤语、阳江粤语，四县客话、东莞清溪客话、连城客话以及南宁平话等。例如：

广东东莞话：二哥睇书睇到[tɔu³²]定抑敲（二哥看书看得入迷了）④

增城话：急到[tou³³]佢面都红嘿（他急得脸都红了）⑤

---

① 江蓝生：《吴语助词"来""得来"溯源》，《中国语言学报》（总第五期），商务印书馆 1995 年版。
② 吴福祥：《南方方言里虚词"到（倒）"的用法及其来源》，香港《中国语文研究》2002 年第 2 期。
③ 李新魁、黄家教、施其生等：《广州方言研究》，广东人民出版社 1995 年版。
④ 陈晓锦：《东莞方言略》，广东人民教育出版社 1993 年版。
⑤ 何伟棠：《增城方言志》（第一分册），广东人民出版社 1993 年版。

阳江话：芋好多畀其吃到ᶜ饱去（芋头很多，让他吃个饱）①

四县话：佢讲到ᶜ[to⁵⁵] 大家就跌下目汁来（他讲得大家都掉下眼泪来）②

福建连城话：地下扫到[tau³] 恁伶伶俐俐（地扫得非常干净）③

广西南宁平话：讲到ᶜ[tau⁵⁵] 佢面红去（讲得他脸都红了）④

广东新宜粤语、梅县、平远和汝城等地客家话用上声的"倒"作补语标记。例如：

广东新宜话：黄老财激ᶜ倒[tou³⁵] 二四跳（黄老财气得直跳）⑤

梅县话：唱ᶜ倒[tau³] 异好//唱倒唔好//唱倒好唔好

平远话：佢唱ᶜ倒好听唔好听//佢坐倒正正尔

湖南汝城话：写ᶜ倒蛮好（写得很好）⑥

董同龢记录的华阳凉水井客话，上声的"tau³"和去声的"tau⁵"都可以用作补语标记："北风急得（tau³）就象疯子一样""轿夫吓得（tau⁵）一（摔）"等。⑦

此外，湖北大冶赣语和鄂南方言、湖南新化方言用轻声的"倒/到"作补语标记。例如：

湖南新化话：走倒[tɔ⁰] 出气唔赢（跑得喘不过气来）//讲倒冇力哩（说得没劲了）⑧

在收集持续标记的过程中，我们发现不少方言的持续标记同时兼有相当于北京话补语标记"得"的用法，除了上面提到的"之"和"倒/到"之外，几乎遍及各种类型的持续标记。具体如下：

青海西宁话：家吃者[tʂɛ⁰] 太快了，噎住了//地冻着[tʂɔ⁰] 铁

---

① 黄伯荣主编：《汉语方言语法类编》，青岛出版社1996年版。
② 罗肇锦：《客语语法》，台北学生书局1985年版。
③ 项梦冰：《连城客家话语法研究》，语文出版社1997年版。
④ 李荣主编，覃远雄、韦树关、卞成林编：《南宁方言词典》，江苏教育出版社1997年版。
⑤ 罗康宁编著，叶国泉审定：《信宜方言志》，中山大学出版社1987年版。
⑥ 黄伯荣主编：《汉语方言语法类编》，青岛出版社1996年版。
⑦ 董同龢：《华阳凉水井客家话记音》，历史语言研究所集刊第十九本，商务印书馆1948年版。
⑧ 罗昕如：《新化方言研究》，湖南教育出版社1998年版。

锹㖫挖不下//你走着好好的,耍绊下了//眼睛睁着［tʂɛ⁵³ᴸ声］大朗朗的//看把家急着脸都红了①

安徽桐城话:冷着［tʂʅ入声］直发抖//他急着脸都红了//我手笨,画着不好看//你只是说着好听②

巢湖话:水瓶达（把物举起向下扔）之［tʂʅ⁰］稀巴烂③

丹阳话:锁则［tsæʔ³阴入/tæʔ³阴入］住我格身锁弗住我格心④

湖北大冶话:你漏几个伢子张倒［tɑ⁰］蛮等痛（你家几个小孩长得挺可爱）//他累倒气都透不出来了⑤

鄂南话:他个字写得⁰好得很//他高兴到不得了⑥

湖南浏阳话:气吖［tɑ⁰］话都讲不出//急吖不得了//苦吖进不得口⑦

广西柳州话:慌到［tɑ⁵⁴ᴸ声］要死//困到眼皮打架//走到脚都断去//懵到认不得自己//热到烫手//红到发紫⑧

广东新丰客家话:带头介四只人拿紧浪篙看倒［tɔ³¹ᴸ声］黄蜂斗（窝）就打,搞倒满天都系黄蜂,见人就习（蜇）⑨

梅县话:分你吓到魂魄都散了,还魂唔转（回不过味儿来）⑩

四县话:累到要死（累得要死）//哭到眼睛红红（哭得眼睛红红）//臭到受不了（臭得受不了）⑪

雷州话:耶出戏做倒［tɔ³¹阴上］有略略（差不多,颇好）//伊会讲话,讲倒有理有路,好多侬无共讲得过（说不过他）⑫

---

① 李荣主编,张成材编:《西宁方言词典》,江苏教育出版社1994年版。
② 汪大明:《安徽桐城方言中的助词"着"》,第二届国际官话方言学术研讨会论文,重庆,2000年11月。
③ 许利英:《巢湖方言词汇》(一)(二)(三),《方言》1998年第2、3、4期。
④ 李荣主编,蔡国璐编:《丹阳方言词典》,江苏教育出版社1995年版。
⑤ 汪国胜:《大冶方言语法研究》,湖北教育出版社1994年版。
⑥ 陈有恒:《鄂南方言的几个语法现象》,《咸宁师专学报》1990年第1期。
⑦ 夏剑钦:《浏阳方言研究》,湖南教育出版社1998年版。
⑧ 李荣主编,刘村汉编:《柳州方言词典》,江苏教育出版社1995年版。
⑨ 周日健:《新丰方言志》,广东高等教育出版社1990年版。
⑩ 李荣主编,黄雪贞编:《梅县方言词典》,江苏教育出版社1995年版。
⑪ 罗肇锦:《客语语法》,台北学生书局1985年版。
⑫ 李荣主编,张振兴、蔡叶青编:《雷州方言词典》,江苏教育出版社1998年版。

新疆乌鲁木齐话：别人等你都急底［ti⁰］火上房底呢，……//炉子一个劲儿底打倒烟底呢，弄底满房子都是烟……①

湖南汨罗长乐：急几［ɕ i²¹⁽阴去⁾］跳（急得跳）//长几胖嘟嘟哩（长得胖乎乎的）//长几爱人（长得可爱）

广东东莞：树叶落起［hɐ i³⁵⁽阴上⁾］通地都係//兜树生起啲果又少又细

山西忻州话：胡子刮哩［liə⁰］净//火车跑哩快②

福建福州话：衣裳颂吼［lɛ⁰］破破㘃（衣服穿得破破烂烂的）//鱼仔曝吼干酥酥（小鱼晒得干极了）//跳吼蜀身都是汗（跳得全身都是汗）③

"着"类、"之/子/仔"类、"倒"类、"哒/得/的"类、"起"类、［l］/［n］类等持续标记在同一个方言中同时可以作补语标记，不仅说明二者之间的联系，也能从一个方面证明这几类持续标记之间的关系。

六 现代汉语方言持续标记和句尾先时语气词"着"

《现代汉语词典》中的"着"有四种读音：zhe⁰、zhao⁵⁵、zhao³⁵、zhuo³⁵，它们表示不同的意思，其中明确表示语气的有：④

1. "着"zhe：可以用在动词或表示程度的形容词后面，加强命令或嘱咐的语气：你听~/步子大~点儿/快~点写/手可要轻~点儿

2. "着"zhuo³⁵：公文用语，表示命令的口气：~即施行

其实，"着"还有一种用法，《现代汉语词典》中没有，但在现代汉语方言中却广泛存在，这就是"动词+'了'/'过'/补语/宾语+'着'"，"着"相当于书面语的"（先）……再说"等意思，这一现象已经引起了许多学者的关注。⑤ 为了行文方便，我们把它及其同类的语

---

① 李荣主编，周磊编：《乌鲁木齐方言词典》，江苏教育出版社1995年版。
② 李荣主编，温端政、张光明编：《忻州方言词典》，江苏教育出版社1995年版。
③ 郑懿德：《福州方言"吼"的词性及其用法》，《中国语文》1988年第6期。
④ 《现代汉语词典》（第7版），商务印书馆2019年版。第1661页，1730页。
⑤ 杨永龙：《汉语方言先时助词"着"的来源》，《语言研究》2002年第2期。邢向东：《论现代汉语方言祈使语气词"着"的形成》，《方言》2004年第4期。

气词姑且称作句尾先时语气词。

（一）汉语史研究成果

句尾语气词"着"在汉语史文献中经常可以看到。吕叔湘在《释景德传灯录中"在""著"二助词》一文中指出："今所论者为殿句之著，其用在助全句之语气者。"例如："退后著，退后著""且留口吃饭著"等。①

据吴福祥的研究，敦煌变文"用于句子或分句之尾"的"着（著）""有成句的功能，表示言语者的某种语气"。分为两类:②

A类，"着（著）"表示命令、劝勉的语气。例如：

道安答曰："汝缘不会，听我说著。"

语昆仑曰："君畏去时，你急捉我著。还我天衣，共君相随。"

"着（著）"的A类用法已见于唐代文献，例如："试留青黛著，回日画眉看"，五代成书的《祖堂集》里也有:③

师云："添净瓶水著。"

师云："吐却著。"

师云："拽出著。"

师唤沙弥："拽出这个死尸著。"

B类，"着（著）"表达的是一种肯定、确认的语气。例如：

经上分明亲说着，观音菩萨作仁王。

"着（著）"的B类用法唐五代文献少见。吴福祥认为，其来源可能与持续态动词"着"有关：当"动+着"用于判断句或确认句的末尾，而"着"所紧跟的动词又不表示持续的动作时，"着（著）"便由持续态助词变成表示肯定或确认语气的语气助词。

句尾"着（著）"的这种用法在近代北方文学作品中有类似情况，例如:④

---

① 吕叔湘：《释景德传灯录中在、著二助词》，转引自吕叔湘《汉语语法论文集》（增订本），商务印书馆1984年版。
② 吴福祥：《敦煌变文语法研究》，岳麓书社1996年版。
③ 吕叔湘：《释景德传灯录中在、著二助词》，转引自吕叔湘《汉语语法论文集》（增订本），商务印书馆1984年版。
④ 钱曾怡主编，张树铮著：《寿光方言志》，语文出版社1995年版。

等我放下这月琴着//待我扎上这头发着（《金瓶梅》）

你站在窗外，我认认着//江城……你支过钱来罢。（江城说：）再来一盘着（《聊斋俚曲集》）

（二）现代汉语方言句尾先时语气词和持续标记

尽管各地的调查语料详略不一，但一般看来，现代汉语方言中的句尾先时语气词在结构上表现为"动词＋'了'/'过'/补语/宾语＋'着'"格式，肯定句形式比较常见，在有的方言中，也有否定形式，否定词在动词的前面。句尾"着（著）"语义还比较实在，尽管所表达的语气有一些差别，但是，有一个共同点，那就是多为祈使语气，具体可以归纳为两种语气：①

一是相当于书面语的"（先）……再说"，"着"/"再说"后面的内容根据上下文等语境省略了。由于说话人强调的语义重点的不同，"着"又可以附上不同的语气：

另一种是语义重点在前：表示先做眼前的这件事，其他的事暂且不去说或不去考虑，强调的是前面的一个动作，表示命令、嘱咐、提醒等语气，如上一节中的例句。

一种是语义重点在后：眼前的这件事暂且不用多说，暗示着随后将要发生某种事情，多表示警告、威胁等语气。

二是单纯表达某种语气，往往有加强语气的作用，不能对译为"（先）……再说"。

在不同的方言中可能还会有其他不同的用法，但上面的这两个特点，可以看作各个方言比较一致的地方了。

据陈小荷文可知，这类句尾语气词在一些北方方言和湘方言里的读音，一般为轻声，比如：北京的"[tə/tʂə]"，吉林长春的"[ti]"，山东临邑的"[ə]"，陕西清涧的"[tʂə]"，青海西宁"[tʂau]"，四川绵阳"[tso/to]"，湖南长沙的"[tso]"双峰的"[da]"，等等。② 尽管句尾"着（著）"和持续标记"著"之间的关系还有待进一步的探讨，但是我们还是可以借助它来说明几类持续标记之间的关系。

---

① 罗自群：《汉语方言的"动词＋补语/宾语＋着"的特点》，转引自戴庆厦主编《中国民族语言文学研究论集》（语言专集，第4辑），民族出版社2004年版。

② 陈小荷：《汉语口语里的句末语素"着"》，《中国语文》1990年第6期。

1. 同一方言中,句尾先时语气词和持续标记同音

前面,我们一直在探讨几类持续标记和中古附着意义的"著"同源的可能性,而且,从大量的方言语料中,也发现在一些方言中,句尾先时语气词和持续标记的读音是相同的。请见表22:

表22

方言点	方言区	持续标记	句尾语气词(及其例句)
山东寿光	北方官话	着 [tʂuə⁰]	你先等等,我和他说句话着 [tʂuə⁰]//你先吃,我看完了书着
陕西神木	晋语	着 [tʂəʔ⁰]	慢慢儿走,操心跌进水圪钵(水坑)着 [tʂəʔ⁰](吧)//不要忙,等考完试着
宁夏中宁	兰银官话	着 [tʂʅ⁰]	上街把钱装好,小心贼娃子着 [tʂʅ⁰]//你放你的二十四个心着//娃子啥时候结婚呢?——房子盖好了着
上海	吴语	仔 [zʅ¹³ 阳舒/tsʅ⁵⁵ 阴上]	行李看好仔 [zʅ¹³ 阳舒/tsʅ⁵⁵ 阴上]//侬脱我先坐辣海仔//先拿事体做好仔咾再讲//吃脱仔咾
山东牟平	胶辽官话	着 [tə⁰]	放好着 [tə⁰]//捆结实着//扫干净着//看清亮着
贵州贵阳	西南官话	倒 [tau⁵³ 上声]	先问清楚倒 [tau⁵³ 上声]//给我看下倒//等我吃完倒
广东广州	粤语	住 [tsy²² 阳去]	咪嘈住 [tsy²² 阳去],有事慢慢讲//唔好去住,等渠来咗先
海南屯昌	闽语	住 [ʔdu³³ 阳上]	等下住 [ʔdu³³ 阳上]

已发现的句尾先时语气词和持续标记的读音相同的方言点并不多,但是从表22可以看出它们很有代表性,几个主要的持续标记类型都有所涉及:寿光话的"着 [tʂuə⁰]",代表在北方分布广泛的 [tʂ]/[ts] 类持续标记,神木话的"着 [tʂəʔ⁰]"代表读入声或喉塞音韵尾的持续标记,中宁话的"着 [tʂʅ⁰]"和上海话的"仔 [zʅ¹³ 阳舒/tsʅ⁵⁵ 阴上]"代表"之/子/仔"类持续标记,牟平话的"着 [tə⁰]"代表 [t] 类声母、韵母弱化的持续标记,而贵阳话的"倒 [tau⁵³ 上声]"和广州话的"住 [tsy²² 阳去]"又分别代表主要分布在南方的"倒"类和"住"类这两大持续标记。

另外,这几个方言点,不仅有官话的几个不同的次方言区,还有非

官话的（晋语、吴语、粤语）。我们相信，随着方言事实的不断发现，还会有更多的方言点有类似的情况。

2. 同一方言中，句尾先时语气词和持续标记不同音

方言中，更多的是二者不同音的情况，只是值得注意的是，它们的读音和几类持续标记的语音类型有许多一致的地方，具体情况如下：①

（1）"着"类句尾先时语气词

"着"类句尾先时语气词，北京话老派说"着[tʂau⁰]"，现在已逐渐被"的[te⁰]"代替。例如：②

北京话：等我先看一会儿着//让我说完了着//瞧他回来不揍你着//明天着

从目前所掌握的语料看，"着"类的句尾语气词在现代汉语方言中分布的范围比较广。比如：

山东临朐话：玩玩着[tʂuo⁰]（再走）（先玩玩＜再走＞）//玩够了着（再走）（先玩够了＜再走＞）③

江苏徐州话：你啥时到老王家去？等我有空着[tʂou⁰]//咋不去的，我吃饱着（吃饱以后就去）

陕西户县话：小心跌下去爬不上来着（儿）[tʂɤ⁰/tʂə⁰]

湖北武汉话：你先住几天着[tso⁰]//等我想下着//你有的无的先问下子他着

湖南长沙话：昨日子借哒你十块钱，今日还五块着[tʂo⁰]（意即另外五块以后再还）//咯大的雨，躲下着（暂时躲一会儿）//吃两口烟着//我梳咖头着[tso²⁴ ⁱⁿ ˢʰᵉⁿᵍ]（我先去梳头，再……）

常德话：肚子饿哒，吃碗饭啊着[tsuo³⁵ ˢʰᵉⁿᵍ]//走吃亏哒，坐几分钟哒着（走累了，暂且坐几分钟）//你到门口等哈哒着

岳阳话：打下球着[tso⁰]//关落门着//喝点酒着//把账记倒着//莫吃着

---

① 有的方言点的持续标记读音不详，句尾语气词的读音不一定和方言中的持续标记不同，例句中的句尾"着"及其对应成分也不一定都表示先时。

② 陈刚编：《北京方言词典》，商务印书馆1985年版。陈小荷：《汉语口语里的句末语素"着"》，《中国语文》1990年第6期。

③ 王晖：《山东临朐话的时间助词"着"》，《中国语文》1991年第2期。

第四章　几类持续标记和中古"著"句法上的关系

华容话：这本书尽我先看哒咗［tʂo³³］//你们有意见，等人家把话说完咗//这个问题等我想下咗

江西南昌话：你不听话吵，等你爷回来着［tsˑɔʔ⁵］（等你爸回来再说）//我现在冒有空，等下子着（等会再说）//冬天我不想出远门，等天热和了着

九江话：你看完新闻联播着［tʂo³²⁴］，衣服等下儿洗//小伢儿先吃了着，大人等下儿//洗冷水澡会受凉的——洗了着①

丰城话：等吃了早饭着［tsoʔ入声］（等吃了早饭再说）//先看一下货着（先看看货再说）//长大了着（长大了再说）//尝一个着（尝一个再说）//明日着（明天再说）

丰城市地处江西赣方言区的中心，与南昌、临川、樟树、高安等市、县相邻。据陈小荷的研究，这种句尾语气词在赣方言里分布甚广，并且一般读入声，例如南昌话读［tsoʔ］，跟丰城相同，临川读［tʂoʔ］，高安读［toʔ］，宜春读［toʔ］，崇仁读［tsˑɔʔ］。这种句尾语气词在丰城各乡镇口语里有好几种读法，比如：剑光镇、荣塘乡等大部分乡镇读［tsoʔ］/［toʔ］，希望乡、老圩乡、荷湖乡、白土乡读［toʔ］，罗山乡读［tsoʔ］，其中，［tsoʔ］和［toʔ］是当地大部分乡镇口语里的语素音位变体，以读［tsoʔ］为常。②

云南昆明话：你站过来着//先末开着，等我检查一下着

（2）"倒/到"类句尾先时语气词

湖南石门话：等下多［to⁴⁴去声］/试下倒［tɑu⁴⁴去声］/门关着［tʂo⁴⁴去声］/你到我屋里去坐下，好不好？等我把饭吃多/倒/着

安乡话：我去困一个钟头着［tso³³去声/to³³去声］//看戏去不啰？——吃哒饭着//……我还要梳个头着

石门话句尾的"多""倒""着"可以互换，意义、语气均无变化。当地出现频率最多的是"多"，其次是"倒""着"。

注意，和江西丰城话有些类似，石门话、安乡话的句尾"着"也有［ts］/［t］两种不同的声母。

---

① 张林林：《九江话里的"着"》，《中国语文》1991年第5期。
② 陈小荷：《汉语口语里的句末语素"着"》，《中国语文》1990年第6期。

（3）其他

浙江金华话：我吃歇（完）着［dʑiəʔ⁰］便去//等明朝着再去哇//歇子着再写

湖南祁阳话：菜还冒上来，动盘棋着［dʐyo⁰］//吃过饭着//才挑来的井水，吃一碗着

从金华、祁阳等地的句尾"着"还可以看出来自中古入声字"著"的痕迹：浊声母、三等、入声韵尾、入声等。

湖南绥宁话：人手有够，你个人先干映［tɕa⁵⁵阴平］（人手不够，你一人先干着）//咯个好地方，现占倒映（这个好地方，先站着再说）

常宁话：等下着［tɕiɑ³³入声］//收起着//穿起衣着//等两天着//做刮半天事到，坐下几着（干了半天活儿，这会儿坐一坐）//现在冇时间看信，先收哒着//莫来着

涟源话：你先试下哒［tɑ⁰］，要得就买//你等我一下，我去买快衣衫哒//把门开开哒//莫急哒，等下要来咕（先别急，等下会来的）

韶山话：等我运一下神扎［tsa²⁴入声］（等我想一想着）

益阳话：你侬先走，我收咖衣咋［tsa⁰］（你们先走，我收了衣再去）//买电视机呀，等我有哒钱咋（买电视机吗？等我有了钱再说）//借哒你一百块钱，还你五十块咋（借了你一百块钱，先还你五十块再说）

湖南是"哒"类持续标记的主要通行地域，从上面几个点句尾"着"的语音形式，至少可以看出声母从［tɕ］到［t］再到［ts］的演变过程。

湖南隆回话：做咕作业着［tɕiəu⁴⁴阴平/tʂa⁴⁴阴平/tɕiɑ⁴⁴阴平］，电视等一下看//看一下你格新彩电着//水开咕哩么？怕没开着［tɕiɑ⁴⁴阴平］//哎哟，地上有块钱，捡倒着

衡阳话：莫着急啊，歇一下嗟［tɕia³³上声］//把我奶奶买样东西嗟//买点好东西得我娘吃嗟

汝城话：唔要走□［ɛl去声］／［tɛ去声］／［tɕi去声］（先不要走）//出适□（先出去）//唔消借钱□（先不用接钱）

尽管还没有找到阳声韵类持续标记一致的句尾语气词，但是，隆回、衡阳、汝城的句尾语气词不论是齐齿呼韵母，还是［tɕ］声母和声调，都使我们对阳声韵类持续标记同中古"著"的关系有了新的认识。

第四章 几类持续标记和中古"著"句法上的关系

本章通过讨论现代汉语方言几类持续标记和来源于中古"著"的表示结果意义的成分、表示完成意义的成分、动词后面的方位介词,以及补语标记、句尾先时语气词之间的关系,我们更有理由相信持续标记"着""之/子/仔""倒""哒"等和中古"著"的渊源关系。

虚词"著"字的几种用法在各种可能的搭配中,似乎没有一种方言把"著"字用作介词和完成貌,而不用作持续貌。除此以外,各种可能的搭配都在现代汉语方言中出现。[①] 通过比较,我们知道,现代汉语方言的这些持续标记和相关的方位介词、表示完成意义的成分虽然语法功能不同,但是,由于可能有着共同的来源,在语音形式仍然保持着或多或少的一致性和对应关系,在一些地方的持续标记、表示完成意义的成分、方位介词三者的读音是相同的,如表23所示。

表23

方言点	表示持续	表示完成	作方位介词
山东博山话	他帮□ [ə] 我干活	吃□ [ə] 饭就来	栓□ [ə] 树上再说
宁夏同心话	他正说着 [tʂə⁰] 哩	家里请 [tʂə⁰] 着几个阿訇念经着哩	盘子端来搁着 [tʂə⁰] 桌子当中
青海西宁话	致个娃娃趴着 [tʂʂ⁵³上声/tʂə⁰] 睡者	坡坡儿上耍去,小心滚着下来了	站着泉儿上溜寡嘴(说闲话)
江苏丹阳话	他望则 [tsæʔ³阴入/tæʔ³阴入] 我弗说话	我已经写则回信咧	放则抽屉里
湖南衡阳话	得草皮子盖哒 [ta²²入声](用草皮盖着)	我买哒鳅鱼和鳝鱼	哄哒那里看(在那儿哄着看)

虽然没有找到阳声韵类持续标记同时可以表示持续、完成和作方位介词的方言语料,但是,还是有 [tɕ] 声母、齐齿呼的持续标记同时具有这些语法功能:据梅祖麟介绍,安徽休宁话有关"体"的形式是:表持续的是后缀"[te⁰]"、后缀"着 [tɕio⁰]"(据平田昌司的观察,这是后起形式,是近年来受官话方言的影响),表完成的是后缀"着

---

① 梅祖麟:《汉语方言里虚词"著"字三种用法的来源》,《中国语言学报》(总第三期),商务印书馆1988年版。

[tɕio⁰]"（中古韵母肯定是药韵，声母大概是澄母），作方位介词的是"着［tɕio⁰］"。①

表23所列的几个方言点，虽然不在一个方言区，持续标记的读音也不同，但是它们在表示持续、完成、方位介词三个方面表现出这么整齐的对应关系，这种一身兼数职的情况，的确很有代表性，说明它们在历史上存在某种密切的关系——同源的可能性是非常明显的：西宁话处于中原外围区，"着"读［tʂ］声母，保留上声的读法，但是韵母尚没有演变成央元音。同心回民汉语方言的"着［tʂə⁰］"已经和许多官话的持续标记一致了，这种特点更值得关注。属于吴语区的丹阳"处于吴方言和江淮官话两大方言区的交界地带，历来有'吴头楚尾'之称。""本方言十分复杂，本地人称'四门十八腔'。""东面的武进、南面的金坛是典型的吴语；西面北面是丹徒，属江淮官话。"② 丹阳话的"则"虽然还读阴入调、保留入声韵尾［ʔ］，但是声母正处于由［t］向［ts］的演变过程中。休宁话属于徽语，"着［tɕio⁰］"虽然韵母还有［i］介音，但是声母已经演变为［tɕ］。而山东博山虽属于北方官话，但它所处的地理位置也称得上是中原外围区，其零声母类持续标记虽然已经是很弱化的语音形式，但还是具体这种兼数职的功能。衡阳属于湘语，应该是比较完好地保留着较早的用法。

这里还有一个例子：

湖南浏阳话③：

表持续：他跪倒［tau⁰］求救（他跪着求救）

表结果：我在路上碰倒［tau⁰］他（我在路上碰巧遇见他）

表完成：他交倒［tau⁰］作文就跑（他交了作文就跑）

作方位介词：他站倒［tau⁰］别人门口哩。

作补语标记：他把茶碗洗倒［tau⁰］离干利唧（他把茶杯洗得干干净净）

湖南浏阳话位于湘语、赣语交会地带，有"倒""哒"和"起"三

---

① 梅祖麟：《朱子语类和休宁话的完成态"著"字》，转引自北京大学中文系编《语言学论丛》（第21辑），商务印书馆1998年版。

② 李荣主编，蔡国璐编：《丹阳方言词典》，江苏教育出版社1995年版。

③ 李冬香：《浏阳方言"倒"字研究》，硕士学位论文，湖南师范大学，1998年。

类持续标记，而持续标记"倒［tau⁰］"的语音形式和表示其他 4 种语法意义的成分相同（只有句尾先时语气词的语音形式不同）。

为了探求现在汉语方言不同持续标记之间的关系，本章通过梳理方言中表示结果意义的成分、表示完成意义的成分、动词后面的方位介词，以及补语标记、句尾先时语气词等的语音形式，通过比较，发现它们和持续标记存在着一定的对应关系，这些都是因为它们有更深的关系所致——因为都来源于中古附着意义的"著（着）"，在不同方言中，不同的语法功能，通过相同或不同的语音形式表现出来；因为同源，所以，才有如此密切的关系，使"著（着）"的语法化过程显得更加复杂、丰富——虽然"着""子/之/仔""倒"几类持续标记都有与以上几种语法功能成分在某一个方言中读音相同的情况，但是，一个方言的持续标记和以上几种语法功能成分的读音都相同的情况却很少看到，我们看到的更多的方言，不同的语法功能，为了表义的需要，在语音上有不同的选择。因为同源，所以，万变不离其宗。

表 24 罗列了几类持续标记同时兼有其他语法功能的情况——同一个方言内，持续标记和某个语法功能成分的语音形式相同的，用"＋"表示；某个语法功能成分的语音形式和持续标记类型一致，但和本地方言持续标记语音形式不同的，用"（＋）"表示；暂时没有收集到相关语料的，用"－"表示。

表 24

持续标记	结果义	完成义	方位介词	补语标记	句尾先时语气词
着	＋	＋	＋	＋	＋
子/之/仔	＋	＋	＋	＋	＋
倒	＋	＋	＋	＋	＋
哒	＋	＋	＋	＋	（＋）
得	－	＋	＋	＋	＋
的	－	＋	＋	＋	－

续表

持续标记	结果义	完成义	方位介词	补语标记	句尾先时语气词
起	+	+	+	+	(+)
住/居	(+)	−	+	−	+
[l]/[n]	−	+	+	+	(+)
紧/等/稳/餐/恁	(+)	−	−	−	−
∅	−	+	(+)	−	−

表 24 中现代汉语方言的几类主要持续标记和其他几种语法功能的成分在语音形式上的这种错综复杂的关系，值得做进一步研究。

第五章 "著"类持续标记的语音演变

和中古附着意义的"著"有关系的持续标记在各地的读音有很多，我们抓住主要的几类持续标记从语音形式（第三章）、相关句法功能（第四章）等方面分别说明了它们同"著"的关系，本章将进一步从语音方面讨论这几类不同的持续标记语音之间的语音演变和相互关系，及其来源"著"的可能性。这里，把和中古"著"可能有同源关系的持续标记，统称为"著"类持续标记——根据前文的研究，现代汉语方言"著"类持续标记包括《广韵》中3种读音的"著"："附也，直略切。宕摄、药韵、澄母、入声"的"著"、古去声的"著"以及古上声的"著"三个，其中，附着义的这个古入声的"著"演变至今，语音形式比较复杂多样，是讨论的一个重点。

根据目前所掌握的语料看，不同的方言之间，持续标记的声母、韵母、声调三者的发展是不平衡的，就如同实词一样，这里有一些粤语点的语料：[①]

	着（睡~）	着（~衣）	长（~短）	丈
广州	tsœk^{22} 阳入	tsœk^{33} 下阴入	ts'œŋ^{21} 阳平	tsœŋ^{22} 阳去
顺德	tsœk^{21} 阳入	tsœk^{33} 下阴入	ts'œŋ^{42} 阳平	tsœŋ^{21} 阳去

---

① 詹伯慧主编：《广东粤方言概要》，暨南大学出版社2002年版。

	着（睡~）	着（~衣）	长（~短）	丈
中山	tsœ k$^{33\ 阳入}$	tsœ k$^{33\ 阳入}$	tsʻœŋ$^{51\ 阳平}$	tsœŋ$^{33\ 去声}$
韶关	tsœ k$^{33\ 下阴入}$	tsœ k$^{33\ 下阴入}$	tsʻœŋ$^{21\ 阳平}$	tsœŋ$^{22\ 阳去}$
云浮	tsœ k$^{22\ 阳入}$	tsœ k$^{33\ 下阴入}$	tsʻœŋ$^{21\ 阳平}$	tsœŋ$^{21\ 阳平}$
斗门	tsɔ k$^{21\ 阳入}$	tsɔ k$^{33\ 下阴入}$	tsʻɔŋ$^{42\ 阳平}$	tsɔŋ$^{21\ 阳去}$
信宜	tsɛ k$^{21\ 阳入}$	tsɛ k$^{33\ 下阴入}$	tsʻɛŋ$^{21\ 阳去}$	tsɛŋ$^{24\ 阴上}$
廉江	tsɛ k$^{11\ 阳入}$	tsɛ k$^{33\ 下阴入}$	tsʻɛŋ$^{11\ 阳平}$	tsɛŋ$^{11\ 阳平}$
台山	tsia k$^{21\ 阳入}$	tsia k$^{33\ 下阴入}$	tsʻiaŋ$^{22\ 阳平}$	tsiaŋ$^{21\ 阳上}$
开平	tsia k$^{21\ 阳入}$	tsia k$^{21\ 下阴入}$	tsʻiaŋ$^{22\ 阳平}$	tsiaŋ$^{21\ 阳上}$

在上述10个方言点中，宕开三入声澄母的"着"和宕开三入声知母的"着"，声母、韵母是相同的，声调则形成了明显的古今对应关系，而中山、韶关两个"着"的声调也是一样的。不仅如此，它们和宕开三澄母舒声字"长""丈"相比，各方言点的主要元音也是相同的。两个"着"的主要元音有［ɔ］、［ɛ］、［œ］，也有［i］介音，声母已经演变成舌尖音［ts］，不是［t］或浊声母了，但韵母仍然保留着入声韵尾［k］，声调仍然是入声。

实词的演变尚且如此，虚词就更复杂了。一般认为，官话"浊音清化"和"入声消失"这两个过程，"浊音清化"在前，"入声消失"在后。通过前文的分析，我们推测：中古汉语的表示附着意义的"著"，在其语法化的过程中，语音发生了不同于一般实词语音演变规律的变化，例如：和实词的浊音清化不同步，可能比实词更早一些清化；当它的意义比较虚化后，它的语音演变方向和实词虽然有可能是一致的，但又显得有些滞后，由于它在句子中的独特地位，它在语音上会发生不同于实词的各种形式的弱化。

下面，将利用现代汉语方言的语料，勾勒一下"著"类持续标记的声母、韵母、声调三者可能经历的演变轨迹。

第一节 "著"类持续标记声母的演变

一 现代汉语方言持续标记的声母和中古"著"的联系

(一) 浊音声母与清音声母

中古宕摄澄母药韵、附着意义的"著"是一个古全浊声母字,在现代汉语方言中,古全浊声母除了湘语娄邵片部分清化、部分仍保持浊音,以及吴语全部保持浊音以外,在大部分汉语方言中已经全部清化。这点从几类持续标记声母的表现上也可以看得出来:

在仍保留浊音的方言里,持续标记也存在仍读浊音的现象,例如:吴语的持续标记之一"仔"在开埠后早期著作里记为清声母 [tsɿ],赵元任1927年记为浊声母 [zɿ]。现在上海老年人用的多是后者,青年人偶用"仔"时读清音。① 还有吴语松江的"是 [zɿ]"、霜草墩的"特 [dɤ]"、双林的"特 [də]"等。② 属于吴语的浙江绍兴话使用最广的持续标记是"得 [teʔ¹²]",老派及部分中派音则为 [teʔ⁴⁵]、[deʔ¹²];而属于闽语的海南话持续标记"着"读 [ʔdio⁴²阳去](文读),海口话古端母大部分字定母仄声字和知母澄母一些字读 [ʔd],它的持续标记是"着",读 [ʔdo²¹³阴上]。"著"读浊音的情况在它作意义比较实在的结果补语时也存在,比如:属于南部吴语的温州话"睏不着""撞着"的"着"读 [dʑia²¹²阳入]。

(二) 送气声母与不送气声母

古全浊塞音、塞擦音声母今音在送气不送气方面各地有些不同:官话方言平声送气,仄声不送气;客家话和赣语平仄都送气;湘语长益片平仄都不送气,闽语和徽语多数不送气、少数送气;粤语平上送气,去入不送气。除了仍保留浊音的以外,古全浊声母仄声字在今汉语方言中,除客家话和赣语之外,多读不送气音。桂北的某些平话基本上也是读不送气音。前文提到的"着""倒""哒""得""紧""的"等几种持续标记一般都是不送气清音,读送气清音的比较少:

---

① 钱乃荣:《上海话语法》,上海人民出版社1997年版。
② 潘悟云:《温州方言的介词》,转引自李如龙、张双庆《介词》,暨南大学出版社2000年版。

湖南宜章赤石土话：佢在这里食着［tsʻo⁰］饭呢∥话着话着，笑起来嗻

云南罗平话：坐□［tʂɤ阴平］（坐着）①

但是，从整体上看，"著"类持续标记中读送气声母的虽然不多，但是和不送气声母也形成了一种对应关系如表25所示。

表25②

不送气声母	持续标记	送气声母	持续标记
t	"倒/到/哒/得/的"、"等"、"住/居"（部分）	tʻ	"餐"（个别）
ts	"着"（大多）、"住"（部分）	tsʻ	"着"（个别）、"餐"、"住"（部分）
tɕ	"紧"（部分）、"住"（部分）"起"（部分）	tɕʻ	"起"（大多）、"住"（部分）
k	"紧"（部分）	kʻ	"起"（部分）、"住"（部分）

（三）［t］类声母与［tʂ］／［ts］类声母

从古知组字在方言中的古今对应关系看，一般在洪音前读［t］或［tʂ］/［ts］或［k］声母，在细音前读［t］/［k］/［tɕ］声母，从这一点上说，前面所提到的几类和"著"可能有关的持续标记的声母都符合这种对应规律。读［t］或［tʂ］／［ts］声母的持续标记分布范围比较广：读［tʂ］／［ts］声母的"着"类持续标记主要分布在长江以北的安徽、河南、河北、北京、山东、东北三省等地，读［t］声母的"的""倒""哒""紧"等类持续标记主要分布在北方的晋语区、西北官话区、西南官话区以及长江以南的广大地区。

当然，在一些方言点上，同时有［t］或［tʂ］／［ts］两类声母的持续标记。为什么持续标记的声母往往纠缠不清？这只能暗示二者之间存在某种内在的联系。"根据经典释文、一切经音义的反切，知道隋唐

---

① 杨时逢：《云南方言调查报告》，"中研院"历史语言研究所专刊之五十六，"中研院"历史语言研究所1969年版。

② "起"类持续标记的送气声母有［tsʻ］、［tʃʻ］、［tɕʻ］、［cʻ］、［kʻ］等。

时代知组并未从端组分出，直到晚唐才分出来。"① "古无舌上音"，徐丹认为，某些方言反映出"着"字的原始状态，即知组读如端系，这大概是古音底层的保留。从现代汉语方言所提供的语料看，古澄母读 [t] 的情况，应看作上古音的保留——[t] 声母是较早的形式，[tʂ] / [ts] 声母是较晚的形式。② 我们从大的方面来看，现代汉语方言的持续标记存在着 [t] 声母和 [tʂ] / [ts] 声母的对立；从小的范围来看，同一个方言区有 [t] 声母和 [tʂ] / [ts] 声母的对立，例如晋语；甚至同一个方言也有 [t] 声母和 [tʂ] / [ts] 声母的对立，如：宁夏中宁话有 "着[tʂʅ⁰]" 和 "的[ti⁰]" 的自由变读；从前文不同方言中实词"着"和虚词"着"读音的比较中，也可以看到 [tʂ] / [ts] 声母和 [t] 声母的对应关系。所以，如果一个方言中有 [tʂ] / [ts] 和 [t] 两类读音的持续标记，那么，[t] 声母的持续标记应该是较早的形式，[tʂ] / [ts] 声母的持续标记应该是后来的、很有可能是从外面引进的、受强势方言的影响所致，属于不同的历史层次。

尽管现代的汉语方言分区和中古以来的方言分布有很多的不同，但是，从古全浊声母的分化情况看，我们推测，直略切的"著"持续标记的演变、扩散大致是这样的：

"著"在北方地区随古全浊声母的演变规律一致，早在宋代的时候，北方地区的全浊声母全部消失了，那时候已变成不送气音，持续标记先是读 [t] 声母，后又在中心地区演变为 [tʂ] / [ts] 声母，这两种情况曾在广大的北方地区通行。由于北方地区是我国古代政治、经济、文化最发达的地区，又是人口密集、战乱频繁的地区，因而语音的演变速度也比其他地方相对要快一些。在过去一千多年的时间里，随着北方民众不断南下，北方不同时期的"著"的读音也扩散到了南方。

在古全浊声母消失的速度比较慢的南方，由于受到北方强势方言的影响，不断接受北方表示持续的"著"的不同读音：[t] 声母的持续标记先期到达南方并随着移民不断扩散，后来 [tʂ] / [ts] 声母的

---

① 王力：《汉语史稿》，中华书局1980年版。
② 徐丹：《从北京话"V着"与西北方言"V的"的平行现象看"的"来源》，《方言》1995年第4期。

持续标记又随着移民南下，但这次扩散的能量似乎远远不及前面［t］声母的持续标记，很难动摇［t］声母的持续标记在长江以南、汉族聚居区的稳固地位，所以［tʂ］／［ts］声母的持续标记只能在一些［t］声母的持续标记势力薄弱的地方落脚，这可以解释为什么相隔数千里的云南西南官话的持续标记"着［tʂɤ］"，读音竟和北方官话如此一致。

对［t］类声母的持续标记来说，"的""哒""倒""等"等在地理分布上基本上也是相连的、从北到南涉及的范围很广，它们形成的时间有先后：晋语的持续标记"的"不仅有［i］介音，而且有喉塞音韵尾［ʔ］，出现的应该比较早。徐丹分析了西北方言的持续标记"的"，她认为：大量"着/的"平行的例子是在元朝以后的文献中出现的。"着/的"最初有可能同源于"著"，是"著"的不同的变体。① 我们认为，乌鲁木齐话的"底"、中宁话的"的"和晋语的"的"有着直接的渊源关系。湘语中的持续标记"哒"应该是长江以南地区来源于"附着"意义的"著"，且保留着比较早的语音形式的一种持续标记，"哒"和晋语的"的"似乎没有直接的演变关系，从现在的方言语料来看，"哒"更可以看作"附着"意义的"著"声母清化、入声韵尾脱落之后的一种非常重要的语音形式。分布最广泛的持续标记"倒"出现的时间相对来说比较晚，而且它是来自古代北方话，是古知组声母读［t］音时产生的，它对长江以南地区的扩散和渗透远远超过其他几类持续标记。客家话、粤语中的阳声韵类持续标记"等"也来自古代北方，并在日母字读鼻音的南方语言环境中形成了阳声韵这一特点。从"等"的语音形式可以推测，它同"得［te］／［tə］"有着某种直接的联系。

对［tʂ］／［ts］类声母的持续标记来说，"着""之/子/仔"产生的时间比较晚，多集中在长江以北地区。张光宇曾把华北地区的方言分为"中原核心"与"中原外围"两部分，他认为："我们从见系二等文白异读在华北地区的分布情况可以知道，文读的辐射中心是中原核心地

---

① 徐丹：《从北京话"V 着"与西北方言"V 的"的平行现象看"的"来源》，《方言》1995 年第 4 期。

带的官话，也就是以河南方言为基础的读书音系统。文白异读现象的产生是因为方言语音与标准语音相互乖离：乖离愈甚，文白异读愈丰富。中原核心一带的方言没有文白异读，说明它是文白一致的地区，对其他地区来说，中原核心地带的白读是四邻方言崇奉的正音，只有输出而无输入。"[①] 按照这种说法来看，持续标记"着 [tʂɤ⁰] / [tsə⁰]"的确分布在中原核心区，而"之/子/仔 [tʂʅ⁰] / [tsɿ⁰]"则分布在中原外围区——在 [t] 类声母的持续标记和 [tʂ] / [ts] 类声母的持续标记之间形成了从西北地区到长江中下游地区的一条断断续续的分界线，这个分界线也就是 [tʂ] / [ts] 类声母的持续标记扩散的最前沿了（山东、东北等地的"着 [tʂʅ⁰]"也可以看作"着 [tsə⁰] / [tʂɤ⁰]"的进一步语音弱化形式）。"之/子/仔"分布的这条线的北面是 [tʂ] / [ts] 声母的持续标记占优势，这条线的南面是 [t] 声母的持续标记占优势，南面的 [t] 声母的持续标记应该反映了汉语的早期形式，而北面的 [tʂ] / [ts] 声母的持续标记则是晚起的形式。当然，这条线不是绝对的，在这条线的北面还有 [t] 声母，例如：晋语的 [t] 声母、乌鲁木齐的 [t] 声母等，这应该是"古无舌上音"这种语音特点在北方的持续标记中的遗留，而这条线的南面也有 [tʂ] / [ts] 声母的持续标记，例如：云南话的"着"等，这应该看作近代由北方的移民直接带来的。

产生时间较早的 [t] 类声母的持续标记也是从"中原核心区"扩散出来的，并和"中原核心区"后来产生的 [tʂ] / [ts] 类声母的持续标记形成对峙，这样，作为输出地的"中原核心区"，持续标记的语音形式比较单一，而在作为输入地的"中原外围区"，尤其是长江以南广大地区，同一个方言可能有多个不同语音形式的持续标记，所以，在一些地方兼有 [t]、[tʂ] / [ts] 两类持续标记，在有的地方只有一类，非此即彼，这些都是不同时期的语言扩散运动（移民、文教等因素）造成的。又如：从地缘上看，"哒"类的分布区域和"倒"类的分布区域是紧紧相连的，"哒"类的分布区域不仅受到"倒"类的分布区域的四面包围，也受到"倒"类的全面的侵蚀、渗透。在"倒"类的分布区域不断扩展的同时，"哒"类的分布区域则

---

① 张光宇：《闽客方言史稿》，台北南天书局1996年版。

不断地萎缩。

值得一提的是，[t]类声母持续标记都有可能进一步弱化为[l]／[n]声母，并且和[tʂ]／[ts]类声母持续标记一样，都有可能弱化为零声母音节。零声母的持续标记是持续标记声母的最弱化形式。

"所谓现代的南方话就是对应于古代与近代北方话的白读和文读的叠加物；所谓现代的北方就是古代北方、近代北方一脉相传的演变结果。"[①] 我们认为，现代汉语方言不同语音类型的持续标记的分布状况，实际上和整个现代汉语方言的形成和发展有着密切的、相辅相成的关系。北方"著"的早期语音形式扩散到南方之后，也没有完全中止演变的步伐，只不过，和北方地区的"著"的演变步调不一致了，有自己的特点了，如客家话的"紧""等""稳"等。

从现在南方湘语、吴语、赣语、粤语、闽语、平话等方言区持续标记的情况来看，它们和官话的持续标记还有一个不同之处在于：来源于"著"的几类持续标记之间存在一个竞争、共存的关系，在一些地方形成了几种持续标记并存并用的现象。第二章表7中，各类持续标记可以形成47种不同组合类型，分别在同一个方言中使用，最多的同时有4种持续标记，这种现象出现在西南官话的湖北荆沙话、湘语的湖南长沙话、益阳话和吴语的浙江宁波话。而47种组合中有17种组合是湖南话独有的。湖南境内的方言本身就比较复杂，有西南官话、湘语、赣语、客家话、乡话和湘南土话等，如表26中102个湖南方言点和普通话"坐着"对应的说法：

表26[②]

地名	坐 着	地名	坐 着
华容A	坐哒 [ta⁰]	辰溪A	坐哒 [ta⁰]
溆浦A	坐哒 [ta⁰]	郴州市A	坐哒 [ta⁰]
郴县E	坐哒 [ta⁰]	桂阳E	坐哒 [ta⁰]

---

① 张光宇：《闽客方言史稿》，台北南天书局1996年版。
② 语料来源于湖南省地方志编纂委员会编：《湖南省志方言志》（上、下册），湖南人民出版社2001年版。

续表

地名	坐 着	地名	坐 着
益阳市 B	坐哒 [ta⁰]	望城 B	坐哒 [ta⁰]
长沙市 B	坐哒 [ta⁰]	桃江 B	坐哒 [ta³³ 阴平]
长沙县 B	坐哒 [ta⁰]	宁乡 B	坐哒 [ta⁰]
湘潭市 B	坐哒 [ta⁴² 上声]	韶山 B	坐哒 [ta⁴² 上声]
湘潭县 B	坐哒 [ta⁰]	株洲市 B	坐哒 [ta⁰]
衡阳市 B	坐哒 [ta⁰]	衡南 B	坐哒 [ta⁰]
衡阳县 B	坐哒 [ta⁰]	南县 B	坐哒 [ta⁰]
沅江 B	坐哒 [ta⁰]	湘乡 B	坐者 [ta²¹ 上声]
安化 B	坐哒 [ta⁰]	城步 B	坐哒 [ta⁰]
洞口 BC	坐哒 [ta¹¹ 阳平]	桂东 D	坐倒 [tʌ⁰]
常宁 C	坐哒 [ta⁰]	平江 C	坐哒 [ta⁰]
浏阳 C	坐哒 [ta⁰]	茶陵 C	坐哒 [ta⁰]
东安 E	坐嘚 [te⁵³ 阳去]	娄底 B	坐着 [tɔ⁰]
湘阴 B	坐得 [te⁴⁵ 阴去]	涟源 B	坐着 [tɔ⁰]
耒阳 C	坐得 [te⁰]	永兴 C	坐倒 [tɔ⁴² 上声]
双峰 B	坐倒 [tɤ²¹ 上声]	通道 A	坐着 [tso⁰]
新化 B	坐着 [tɔ⁰]	安仁 C	坐到 [tɔ⁰]
冷水江 B	坐着 [tɔ⁰]	会同 A	坐哒 [to²⁴ 上声]
汉寿 A	坐着 [tou⁰]	桃源 A	坐倒 [tou⁰]
津市 A	坐着 [tou⁰]	保靖 A	坐倒 [tou⁴¹ 上声]
澧县 A	坐着 [təu⁰]	沅陵 A	坐倒 [təu⁰]
临澧 A	坐着 [tou⁰]	安乡 BA	坐着 [tou⁰]
蓝山 E	坐倒 [tou³³ 去声]	新田 E	坐倒 [tou³³ 阴去]
衡山 B	坐倒 [tou²¹³ 上声]	衡东 B	坐倒 [tou²¹³ 上声]
花垣 A	坐倒 [tɔu²² 阳平]	石门 A	坐倒 [tɑu⁰]
常德市 A	坐倒 [tau³¹ 上声]	慈利 A	坐倒 [tɑu⁰]
常德县 A	坐倒 [tau³¹ 上声]	桑植 A	坐倒 [tau⁵² 上声]
大庸 A	坐倒 [tau⁵² 上声]	凤凰 A	坐倒 [tau²² 阳平]
永顺 A	坐倒 [tau⁵⁴ 上声]	怀化 A	坐倒 [tau²¹ 上声]
古丈 A	坐倒 [tau⁵³ 上声]	芷江 A	坐倒 [tau³¹ 上声]
泸溪 A	坐倒 [tau³¹ 上声]	黔阳 A	坐倒 [tau³¹ 上声]

续表

地名	坐 着	地名	坐 着
吉首 A	坐倒［tau$^{42\text{上声}}$］	洪江 A	坐倒 tau$^{22\text{上声}}$］
麻阳 A	坐倒［tau$^{33\text{上声}}$］	靖县 A	坐倒［tau$^{31\text{上声}}$］
永州市 AE	坐倒［tau$^{55\text{上声}}$］	冷水滩 E	坐到［tau$^{53\text{上声}}$］
宜章 E	坐倒［tau^0］	双牌 E	坐到［tau$^{35\text{去声}}$］
临武 E	坐倒［tau^0］	汨罗 B	坐到［tau$^{42\text{上声}}$］
祁东 B	坐倒［tau$^{55\text{上声}}$］	武冈 B	坐倒［tɑu^0］
祁阳 B	坐倒［tau$^{54\text{上声}}$］	新宁 B	坐到［tau$^{41\text{上声}}$］
新邵 B	坐倒［tau^0］	邵东 B	坐倒［tau^0］
邵阳市 B	坐倒［tau^0］	隆回 BC	坐倒［tɔ^0］
岳阳县 BC	坐倒［tau$^{42\text{上声}}$］	绥宁 BC	坐倒［tau$^{33\text{上声}}$］
岳阳市 C	坐到［tau^0］	醴陵 C	坐到［tau^0］
资兴 C	坐倒［tau^0］	攸县 C	坐到［tau^0］
临湘 C	坐到［tau$^{31\text{上声}}$］	鄢县 CD	坐到［tɑu^0］
汝城 D	坐倒［tau^0］	龙山 A	坐倒起 tau$^{41\text{上声}}$］
宁远 E	坐着［tie^0］	嘉禾 E	坐□［ləu$^{33\text{上声}}$］
江永 E	坐起	新晃 A	坐起
江华 E	坐□［tsi$^{31\text{阴上}}$］	道县 E	坐□［sʅ$^{21\text{阴去}}$］

表 26 地名后面的字母分别表示：A 西南官话，35 个方言点；B 湘语，39 个方言点；C 赣语，17 个方言点；D 客家话，3 个方言点；E 土话，15 个方言点。有的地方有几种方言，最多标了 2 种。

从表 26 中可以看出，湖南省境内这 102 个方言点，主要还是以［t］类声母持续标记为主，"倒"类 59 个方言点，"哒"类 30 个方言点，"得"类 7 个方言点，"起"类 2 个方言点，还有"着"类 1 个方言点，［l］／［n］声母类 1 个方言点，其他不好归类的 2 个方言点。没有阳声韵类的。这里，还出现了一次 2 个持续标记连用现象（如龙山）。102 个方言点中，除读轻声外，有 35 个点方言读上声、6 个方言点读去声（包括阴去、阳去），还有 3 个方言点读阳平、1 个方言点读阴平。

正是由于历史上多次的大规模移民和语音演变的不平衡性，不仅造成湖南境内持续标记的这种复杂局面，而且让我们看到，湖南宁远话、广东雷州半岛的［t］类声母持续标记，和乌鲁木齐的"底"、晋语的"的"互相对应，昆明话的"着"和哈尔滨的"着"遥相呼应，都不是什么巧合，而是因为它们本来就很有可能有着共同的来源。

二 从文献记载看持续标记的声母和中古"著"的联系

（一）［t］类声母的持续标记

据徐丹的研究，西北方言的"的"与北京话的"着"均源于"著（着）"。她认为，"著（着）"在古汉语里应有两读，知系与端系分化后，"（着）"在各个方言里的演变不尽一致，某些方言反映出"著（着）"字的原始状态，即知系读如端系，这大概是古音底层的保留。从地理角度看，语言表现出一种连续体状态，阿尔泰语中的词尾／-dʒ／／-d／平行与北京话及西北方言"着/的"平行的现象大概是语言长期交融、互相影响的例证，而不像是一种偶然巧合。汉语里动词体的标记词产生较晚，从《敦煌变文》到近代的《醒世姻缘传》都能发现"的/得"相当于"着"或相当于"了"的用法。"着/的"平行现象比较显著的是《金瓶梅词话》，其中大量例子中的"的"相当于"着"。另外还有一个现象值得注意，大量"着/的"平行的例子是在元朝以后的文献中出现的。[①]

据研究显示，《原本老乞大》编撰于高丽末，反映了元代大都（北京）的汉语特点。而朝鲜中宗年间崔世珍用"训民正音"翻译的《老乞大》反映的是明代北京的汉语特点，其中，它用"着"替代了《原本老乞大》的"著"，那么，它们是否暗示着"著"和"着"二者语音上的变化？

《原本老乞大》中的"著"除了表示动作意义的用法以外，主要是表示持续意义，二者用字一致，这是否可以作为元代北方表示持续意义的"著"和动作义的"著"语音尚未分化的一个书证？《原本老乞大》主要是用"著"表示持续意义，但是也有几个表示持续意义的"的"

[①] 徐丹：《从北京话"V着"与西北方言"V的"的平行现象看"的"来源》，《方言》1995年第4期。

的用例，例如：①

将桌儿来，教客人每则这棚底下坐的喫饭（12右）

怎外头更有伴当么？有一个看行李，就放马里。他喫的饭却怎生？儘教（12右）

伴当，怎落后好坐的者（35右）

哥哥，俺每回去也，你好坐的者（39左）

"到"表示完成、持续的用法在宋代比较少见，宋代以后也只能见到少数例子。在宋代、元代还出现了"V得到""V不到"的例子：②

或问圣知。先生曰："知是知得到，圣是行得到"（《朱子语类》，卷38）

哥哥，你明日吃甚末，古自忍不到那十分饿（《元刊杂剧三十种·紫云亭第三折》）

《元典章》是元代法令文书的总集，文体可分为吏牍、白话、蒙文直译三种，后两种较接近当时的口语，是研究元代口语的重要材料。"刑部"除收诏令律例外，在各地官员的奏折中还摘录了不少犯人的供词，这部分材料是《元典章》中最接近口语的，所以，历来也最受汉语史研究者的重视。据曹广顺的研究，"《元典章·刑部》中的'到'是目前所见文献中最集中、最典型的助词用例，在此之前或之后的文献中，均未见大量使用。""'到'变化过程中关键的一步是趋向补语（或介词）向表示完成、实现的结果补语的转变，从目前所看到的材料看，'到'完成这一转变的时间在宋代，而其最终变为助词，可能是元代的事情。"曹广顺也指出："考虑到历史背景与个人生活经历的差异，助词'到'在文献中出现情况的变化，背后仍有可能是方言差异在起作用。"③依照前文的分析，我们怀疑，《元典章·刑部》中"到"有两个来源，一个是去声"都导切"的"到"，另一个表示结果补语的"到"，结合《中原音韵》中所反映的当时语音状况，很有可能就是中

---

① ［韩］郑光主编，梁伍镇、［韩］郑承惠编：《原本老乞大》，外语教学与研究出版社2002年版。

② 吴福祥：《南方方言里虚词"到（倒）"的用法及其来源》，香港《中国语文研究》2002年第2期。

③ 曹广顺：《近代汉语助词》，语文出版社1995年版。

古表示"附着"意义的"著"在当时一定区域内的方言中使用的音借字在文献中的反映,换句话说,就是现在南方的[t]类声母的持续标记"的""倒"元代时已经在全国很多地方使用了。

(二) [tʂ]／[ts]类声母的持续标记

梅祖麟指出,在《老乞大谚解》和《朴通事谚解》中,"着"字无论用作持续貌词尾还是结果补语,"着"字下面右方谚文对音是一样的——这说明16世纪前,北京话表示持续意义的"着"和表示结果补语的"着"语音形式是一样的。①

《训世评话》(李边1391—1473)是朝鲜朝初期学习汉语的教科书,在成书之前,已有《老乞大》《朴通事》等书作为汉语教科书广为流传,据刘坚的研究,《训世评话》的时代相当于明代前期,反映了明代前期汉语的特点,该书中的动词词尾"-着"在写成"着"和"著"的同时,大量地写成"者"字(如下例),"这种写法在别的文献里殊不多见。……我们猜想,动词词尾'-着'此时很可能已经变成轻声,这个字的韵母读音弱化,因而出现了不同的写法。"②

就和那秀才拄者拄棒,同到通利坊

杨和拿出帖字与他看,那将军跪者受帖字看。拣者元宝金银各三丁馈他

前面又有一个铁牌子,写者:"许由,许由,五百年上天添油"

这媳妇见了那鸡儿,对者那卓儿不吃啼哭

从唐代到明代,继[t]类声母的持续标记"倒/到""得"之后,又出现了[tʂ]／[ts]类声母的持续标记"着""者"等,这两类标记在方言中并存,文献中用字的不同暗示着持续标记语音的变化以及不同地域的方言中持续标记的使用情况。

前一章提到,晚明吴语已经用"仔(子)"来表示完成态,而《元曲选》有时把持续貌"着"字写作"只"字。③ 张相指出:"只,语助

---

① 梅祖麟:《汉语方言里虚词"著"字三种用法的来源》,《中国语言学报》(总第三期),商务印书馆1988年版。
② 刘坚:《〈训世评话〉中所见明代前期汉语的一些特点》,《中国语文》1992年第4期。
③ 梅祖麟:《汉语方言里虚词"著"字三种用法的来源》,《中国语言学报》(总第三期),商务印书馆1988年版。

辞，犹着也。"①

据钱乃荣的研究表明：1908年出版的《土话指南》（以下简称"土"）中，上海话中相当于持续意义的"着"的"之"有以下几种用法：②

1. 表示完成、实现：

后来就叫伊写之一张借票（土，80页）

大家听见之，快活得极（土，80页）

因为小的拉荡搭，买之一个妾，就拉镇上灯笼街上，租之两间住房（土，88页）

2. 表示持续：

有一年伲先伯父，同之一个朋友，到甘肃去，叫之两部车子，跟之两个人，各人坐之车子咾动身者（土，73页）

3. 相当于介词"在""到"：

箇辰光，做生意个客人咻，坐之里面去者（土，79页）

另据钱乃荣提供的语料：1881年初版、日本公使馆吴启太著的《官话指南》（以下简称"官"）记载了19世纪末、20世纪初北京话里"着"的用法，"着"表示持续，少数例子还能表示完成，例如：

您在哪儿住着了？在西河沿大成店住着了（官，20页）

我种着有一顷多地（官，36页）

他就冒着雪，各处找了会子，也没有（官，51页）

他是在保定府开着个洋货铺（官，62页）

钱乃荣在比较了19世纪末《官话指南》和20世纪初《土话指南》两书中"着""之"的用法之后指出："它们的唯补词和体助词的用法是大体相同的"，二者的差别在于：北京话中以表示"延续"为主，还有表示"伴随"也常见，表示"实现"的句例很少，其领域为另一个体助词"了"所占领；而上海话（北部吴语）中主要表示"实现""伴随"的用法与北京话一致，而"着"的"延续"的用法已经相当萎缩。

---

① 张相：《诗词曲语辞汇释》（上、下），中华书局1953年版。

② 钱乃荣：《20世纪初上海话和北京话中的体助词"着"》，转引自潘悟云主编《东方语言与文化》，东方出版中心2002年版。

第二节 "著"类持续标记韵母的演变

和声母相比，可能有同源关系的几类持续标记的韵母，多读开口呼，还有读齐齿呼、合口呼，为什么韵母会有这么多不同的形式？这是有多方面的原因的，最根本的一点是，除了"住/居"类持续标记的语音形式来源于中古去声的"著"之外，其他几类持续标记都很可能来源于一个共同的古入声字"著"（宕摄、药韵）——"著"在由古入声演变成今天的舒声之前，在不同的地方、不同的时期经历了不同的演变方式，韵母的演变和古入声字"著"声母的演变、入声韵尾的消失与否、介音的有无、古日母字"儿"的影响等关系密切。

一 入声韵尾

如果把现代汉语方言根据入声韵尾的有无分成两大类，那么，持续标记韵母主要元音类别在各方言区的分布情况如表27所示。

表27

韵母主要元音类别	无入声韵尾	有入声韵尾
[ə]／[ɤ]类	官话区的中心地带	晋语、客家话、闽语等
[ɔ]／[o]／[au]／[uə]／[ou]类	各大方言区	吴语等
[ɿ]／[ʅ]类	官话区的边缘地带、吴语	（江淮官话）
[a]类	西南官话、湘语、赣语	吴语
[e]／[ɛ]／[ɐ]类	湘语、赣语、粤语等	赣语、客家、吴语、闽语等
[i]类	官话、晋语、粤语等	晋语、闽语等

在有入声的地方，[ɿ]／[ʅ]类、[a]类持续标记即使没有入声韵尾但还有保留读入声的用法。例如：江淮官话的桐城话的"着[tʂʅ^{入声}]"、湘语的衡阳话的"哒[ta^{22入声}]"、吴语的温州话的"垯[ta^{313阴入}]"等。

王力指出："朱熹时代，入声韵尾仍有-p、-t、-k三类的区别……后代入声的消失，应该是以三类入声混合为韵尾［ʔ］作为过渡的。"① 许宝华也指出："汉民族共同语或称北方汉语的入声韵尾，大约在晚唐、五代开始失落，到11世纪至12世纪，塞音韵尾 –p、–t、–k 就完全消失，但是作为一个调类入声仍然存在，可能在音节的末尾还有一个喉塞音 –ʔ。其后，一直延续到17世纪，入派三声，才完成了消失过程。"② 我们认为，有入声韵尾的持续标记肯定比没有入声韵尾的持续标记出现的时间要早一些，由于药韵的"著"是个开口三等字，而宕摄药韵开口三等字在现代汉语方言中的韵母现代方言中保留［i］介音的情况比比皆是，从南到北，分布比较广泛，那么，有元音［i］的持续标记应该比其他元音类别的韵母的持续标记出现的时间要早，有入声韵尾的更早（如晋语、闽语等）。无入声韵尾的类持续标记，则可看作较晚出现的形式。中古入声的"著"入声韵尾脱落时的韵母很可能是单元音，元音开口度的大小对持续标记后来的语音演变影响很大，它基本上决定着后来持续标记韵母的走向，并对声母的演变有一定的制约作用：比如，如果入声韵尾脱落后最初的韵母形式是［a］／［ɔ］／［o］，它的声母就有可能一直保持为［t］，形成现代方言中的"哒""倒""得""着"等持续标记，它也能由［t］进一步演变为［tʂ］／［ts］，形成现代方言中的"着""之/子/仔"等持续标记。还比如，如果入声韵尾脱落后最初的韵母形式是［i］，它有可能继续保留［t］类声母，形成现代方言中的"的"类持续标记，或随着其他同类的实词声母一起演变为［tɕ］／［tɕʰ］类声母，成为"起"类、"紧"类持续标记的直接来源。

"之/子/仔"是"着"的弱化形式，其实道理应该和新疆乌鲁木齐等地的"底"的性质是一样的——声母的重要性比较突出，而"倒"则不同，"倒"更侧重于韵母，"倒"的语音弱化形式可以是［na u⁰］（襄阳话）。

---

① 王力：《汉语语音史》，中国社会科学出版社1985年版。
② 许宝华：《论入声》，转引自黄家教等《汉语方言论集》，北京语言大学出版社1997年版。

二 古日母字"儿"

据王力的研究,"根据《晋书音义》的反切,我们看到唐代中期,舌上音从舌头音分出,即从舌尖中塞音分出舌面前塞音,但是只分出知彻澄三母,没有分出娘母。娘母实际上是不存在的。敦煌石室《南梁汉比丘受温述》说:'知彻澄日是舌上音。'非常正确。可见隋唐时代,日母应是舌上音,它是和知彻澄同一发音部位的鼻音。""(晚唐至五代)这个时代的日母,我们拟测为闪音[r]。""'儿而耳尔二贰'等字原属日母,在元代读[ʈ],到明清时代转入影母,读[ɚ]。《等韵图经》把"尔二而"放在影母下,可以为证……'儿而耳尔二贰'等字在《五方元音》仍读日母。在这一点上,《五方元音》不代表北京音。"① 日母在不同时期不同方言中的反映,就更能说明这个推测的正确性:现代方言中的持续标记在历史上都很有可能受到儿化的影响,阳声韵的"紧""等""稳"产生在前,"着[tʂə]"产生在后。"日"字在历代的语音表现如表28所示。

表28

	先秦	西汉	东汉	南北朝	隋唐	五代	宋	元	明清	现代
日	ɲ	ɲ	ɲ	ɲ	ɲ	r	r	r	ʈ	ʈ

在第三章,讨论以北京话为代表的"着"类持续标记和以客家话为代表的"紧/等/稳"类持续标记时,提到了历史上的儿化和读鼻音的儿尾对持续标记语音演变过程中所可能产生的影响。

我们认为,"儿"音对持续标记产生影响,可能是基于两个方面:

1. 就历史上发展的先后来看,当"儿"还能自成音节时,它先是以读鼻音的儿尾形式出现,如现代吴语等方言中的小称现象;当儿化产生之后,它对入声韵尾的消失产生了直接的影响,周磊在考察了晋语、江淮官话等北方地区仍保留入声的方言中儿化对入声的影响之后,认为:古入声的消失和北方方言的儿化现象有很大的关系;汉语史上儿化

---

① 王力:《汉语语音史》,中国社会科学出版社1985年版。

现象的出现是古入声消失的主要原因之一；儿化现象逐渐形成的过程几乎就是古入声逐渐消失的过程。①

关于儿化产生的具体时期尚未确定，不同的说法有：② 北京话儿化的前提是"儿"音完成读［ər］的转变，对这个问题，唐虞《"儿"［ɚ］音演变考》、李格非《汉语"儿尾词"音值演变问题商榷》都进行过踏实而有成效的考证。至于儿化的产生时期，周定一说："根据有关资料和近人研究，在北方话里，'儿'字演变为零声母可能开始于金元时代；而儿化，例证从 16 世纪开始，一直到红楼梦问世的 18 世纪，不断出现，地区相当于现在的北京、河北、山西、山东。"李思敬通过对《金瓶梅》的考察，看到在"16 世纪中叶，北方话中的儿化音已经有了高度的发展，使用得非常普遍了"。林焘《北京儿化韵个人读音差异问题》根据北京至今还有一些老年人仍旧把一些应该儿化的音节读成两个音节，例如"灯儿""歌儿"读成 de nge r、ge'e r 而没有儿化成 de ngr、ge r 的情况，推测"北京话儿化韵儿化作用的完成，很有可能只是今一百多年的事"。薛凤生认为儿化韵的产生"不会早于明朝"，太田辰夫认为"最晚在清初就已存在"。

2. 就促成持续标记和"儿"的结合动因来看，是当时来自"著"的持续标记还具有动词义，因为从现代汉语方言的儿尾、儿化情况来看，历史上儿尾、儿化的繁盛时期，"儿"所涉及的词类对象比较普遍，名词、动词、形容词、副词、介词等都有，比如：河北保（定）唐（山）片的抚（宁）卢（龙）小片的儿化韵收［-ɯ］尾，抚宁、卢龙、秦皇岛等地可以说：（刀）橛儿［paɯ］、（鞋）带儿［taɯ］、（房）簷儿［iaɯ］、（桃）花儿［xuaɯ］、（手）绢儿［tɕyaɯ］、（家）底儿［tiɯ］、（刀）背儿［pəɯ］、（小皮）靴儿［ɕyəɯ］、（玉米）面儿［miaɯ］等。③ 在洛阳话中有"（大约）摸儿［mɐɯ³³］""（姿）势儿［ʂɯ⁴¹²］""（睡午）觉儿［tɕiɐɯ⁴¹²］""（打哈）闪儿［ʂaɯ⁵³］（打呵欠）""（打）滚儿［kuɯ⁵³］""（气不）忿儿［fəɯ⁴¹²］""哄儿

---

① 周磊：《从非音节性词尾看入声韵尾［ʔ］的脱落》，《中国语文》2003 年第 5 期。
② 钱曾怡：《论儿化》，《中国语言学报》（总第五期），商务印书馆 1995 年版。
③ 贺巍、钱曾怡、陈淑静：《河北省北京市天津市方言的分区（稿）》，《方言》1986 年第 4 期。

[xuɯ³³]（争抢东西）""（对）劲儿[tɕiu⁴¹²]""（希）乎儿[xuɯ]（差一点儿）"，等等。① 从以上这些儿化词来看，声母、声调都没有改变，只是韵母发生了变化，主要元音稍微有些变化，然后加上一个儿化韵尾[-ɯ]。现代北京话的"儿"是卷舌元音，儿化韵涉及的词类范围也很广泛，目前所看到的动词儿化的情况不多，但儿化的动词往往还是常用词，如"颠儿""玩儿""窜儿（发火）""嗝儿（死）""闷儿（不言语）""火儿""翻儿（翻脸）""狠儿（儿童作狠状）""呲儿（批评）"等。②

如果说，中古动词义的"著"的语法化过程，从汉代以后就开始了③，那么，"著"在语法化的过程中非常有可能在汉语的儿尾、儿化对词汇的强烈冲击下，一些地方的方言动词后面的"著"也带上了"儿"，当"儿"字还是鼻音、自成音节的时候，"著儿"发展到后来就是今天客家话等方言中的阳声韵持续标记，当"儿"字变成央元音、出现儿化韵时，也正值"著"的语法化程度加深，儿化可能使持续标记的读音更加弱化，也就更符合它的句法地位，如北京话的"着"。

南方的以客家话"紧/等/稳"等为代表的阳声韵类持续标记，和北方以北京话"着"等为代表的央元音韵母持续标记，正好是历史上读鼻音的儿尾、儿化现象先后对"著"类持续标记产生影响后在地理分布上的反映。自成音节的儿尾这种古日母字的早期形式，仍保留在吴语中，而和吴语邻近的赣语、客家话只剩下一些零星的表现，而"儿"读零声母是后来出现的新形式，这种形式起源地在北方话区，大致应该和入声韵尾、入声消失同时。

根据"著"的发展轨迹和目前读鼻音的儿尾在吴语等方言中的表现，"紧/等/稳"类持续标记最初应该也是带鼻音儿尾的阴声韵，后来和读鼻音的儿尾发生拼合而变成阳声韵，当然，产生新的形式之后，仍然可以带儿尾，比如，梅县话的持续标记"等[teŋ³¹上声]"后面还可以跟一个"儿[ne⁰]"，所表达的意义是一样的，例如：

广东梅县话：食等儿饭（正吃着饭）//看等儿书（正看着书）//

---

① 李荣主编，贺巍编：《洛阳方言词典》，江苏教育出版社1996年版。
② 周一民：《北京口语语法（词法卷）》，语文出版社1998年版。
③ 曹广顺：《近代汉语助词》，语文出版社1995年版。

含等儿（含着）

  现代的梅县话"儿"字读 $[e^0]$，不读鼻音，"儿 $[e^0]$"尾随前字而变，前字韵母读 $[n]$ 时，$[e^0]$ 改读 $[ne^0]$，客家话中鼻音的"儿"和赣语中的情况一样，应该也是早期的情况，现在这些地方已经没有或只有一些残留的现象了。

  以北京话"着"等为代表的央元音韵母持续标记也能进一步儿化，比如，洛阳话的持续标记是读轻声的 $[tʂə^0]$，当地"附着、睡着"的"着"、表示结果的"着"也是读 $[tʂə^{31阳平}]$。再如，陕西户县方言中的持续标记，既可以是"着 $[tʂɤ^0]$"，也可以是"着儿 $[tʂə^0]$"，例如：①

  陕西户县话：引着（儿）娃往东走//说着（儿）说着（儿），笑咧//争着（儿）吃//水渠两边栽着（儿）白杨树

  户县话的"着儿 $[tʂə^0]$"和客家话的"紧/等/稳"类持续标记，代表了"儿"字不同时期、不同方言中的语音形式对"著"类持续标记产生影响的两种类型。既然持续标记"着"还有儿化形式，"著"在经过第一次和鼻音儿尾的拼合成为"等"之后，又再次以语法成分持续标记的形式加儿尾成为"等儿"，是很自然的事情。

第三节 "著"类持续标记声调的演变

  前文提到，《广韵》中的"著"字有四种不同的读音。我们认为，除了宕摄药韵知母入声这个"著"后来发展成现代汉语方言中表示"穿衣裳"的"着衣"的"着"之外，宕摄药韵澄母入声、遇摄语韵端母上声、遇摄御韵知母去声这三个"著"的读音，演变发展至今，都有可能和"著"类持续标记有关。"著"类持续标记在声调方面一致性比较强，主要有这三种类型：一是读入声，二是读舒声，三是读轻声。

一 入声

  前面一直在讨论几类持续标记和中古入声的"著"的关系，而现

---

① 孙立新：《户县方言研究》，东方出版社2001年版。

代汉语方言中持续标记仍然读入声的情况也并不少见，从第二章的语料中可知，入声的分布范围虽然零散但比较广，涉及的声韵状况也不少，例如：

1. "着"类：

山西大同话的"着［tʂəʔ³²］"，陕西神木话的"［tʂəʔ⁴］"，江苏丹阳话的"则［tsæʔ³ 阴入］"。

2. "之/子/仔"类：

安徽桐城话的"着［tʂʅ 入声］"。

3. "哒"类：

湖南衡阳话的"哒［ta²² 入声］"，浙江温州话的"墰［ta³¹³ 阴入］"。

4. "得"类：

山西祁县话的"的［təʔ²²］"，陕西延川话的"得［təʔ⁴¹²］"，神木话的"得［təʔ⁴］"，江西永丰话的"得［tɛʔ³］"，江苏丹阳话的"则［tæʔ³ 阴入］"，浙江绍兴话的"得［teʔ¹²/teʔ⁴⁵/deʔ¹²］"。

5. "的"类：

山西五台话的"的［tiəʔ²¹ 入声］"，汾阳话的"的［tiəʔ¹⁻³¹］"，陵川话的"的［tiəʔ³］"，文水话的"的［tiəʔ² 阴入］"，平遥话"的［tiʌʔ¹³ 阴入］"，浙江宁波话的"的［tiiʔ⁵⁵ 阴入］"，福建厦门话的"着［tioʔ⁵⁵ 阳入］"，沙县话的"着［tio 阴入］"，湖南东安土话的"得［ti⁴² 入声］"。

6. ［l］/［n］类：

浙江处衢云和话的"落［loʔ²⁴ 阳入］"，福建厦门话的"唎［leʔ¹¹ 阴入］"。

入声涉及的持续标记的类型比较多、分布的范围比较广且分散，在一定程度上说明它是中古表示附着义的宕摄药韵澄母入声的"著"在声调上的直接表现和历史遗留——无论是声母［tʂ］/［ts］、［t］还是弱化音［l］/［n］都有可能带有入声韵尾，这个现象值得关注。

二 舒声

按照古全浊入声字的古今演变关系看，除了仍读入声的以外，在官话区多归入阳平（江淮官话除外）①，但清声母入声字在现代方言中的归并却没有那么一致，阴平、阳平、上声、去声都有。舒声的持续标记读上声的情况相对比较多见一些，还有读去声（包括阴去、阳去）、平声（包括阴平、阳平）的。这里再分别说说。

（一）上声

在第三章，讨论了读上声的"倒"持续标记和中古附着意义的"著"可能存在同源关系。从地域上看，"倒"类持续标记的通行范围很广，主要分布在四川、湖北、湖南、江西，还有陕西、江苏、广东等省份部分地区；从方言区来看，分布范围包括西南官话、湘语、赣语，另外还有中原官话、江淮官话、吴语、客家话、粤语以及闽语等，② 不仅如此，我们还发现，其他几类和"著"可能有关的持续标记也都有读上声的情况，例如：

1. "着"类：

青海西宁话的"着［tʂɔ^{53上声}］"、"者［tʂɛ^{53上声}］"。

2. "之/子/仔"类：

上海话的"仔［tsɿ^{55阴上}］"，崇明话的"子［tsɿ^{424阴上}］"。

3. "哒"类：

湖南湘乡（泉塘）、茶陵（清水村）、沅江（河渡桥）、通道、宜章（梅田）、大庸（东坪弓）、常宁（大同铺）等7个方言点的［ta/ta^{上声}］，韶山话的"哒［ta^{42上声}］"，辰溪话的"哒［ta^{31上声}］"，湘潭话的"哒［tɒ^{42上声}］"，广西柳州话的"到［tɑ^{54上声}］"，江苏苏州话的"倒［tæ$^{51阴上/33}$］"。

4. "等"类：

广东梅县话的"等［te n^{31上声}］"，四县（兴宁、五华、平远、焦岭）话的"著［te n^{31上声}］"。

5. "稳"类：

江西于都话的"稳［vẽ^{35上声}］"，全南话的"稳［vun^{42上声}］"，定

---

① 李荣：《官话方言的分区》，《方言》1985年第1期。
② 罗自群：《汉语方言表示持续意义的"倒"》，转引自戴昭铭主编，周磊副主编《汉语方言语法研究和探索——首届国际汉语方言语法学术研讨会论文集》，黑龙江人民出版社2003年版。

南话的"稳［vən³¹ 上声］",铜鼓话的"稳［vən²¹ 上声］",赣县话的"稳［vəŋ³¹ 上声］",三都话的"稳［vən²¹ 上声］",广东新丰水源话（蛇声）的"稳［un¹³ 上声/⁴⁴］",福建武平话的"稳［meŋ³¹ 上声］",长汀话的"稳［veŋ⁴² 上声］",广西陆川话的"稳［vun²² 上声］"。

6. "紧"类：

湖南嘉禾土话的"紧［tɕin³⁵ 阴上］",江西于都话的"紧［tɕiẽ³⁵ 上声］",大余话的"紧［tɕiəŋ⁴² 上声］",龙南话的"紧［tɕin⁵³ 上声］",广东广州话的"紧［kɐn³⁵ 阴上］",信宜话的"紧［kɐn³⁵ 阴上］",翁源话的"紧［kin²¹ 上声］",连南话的"紧［kin²² 上声］",揭西话的"紧［kin²¹ 上声］",西河话的"紧［kin³¹ 上声］",清溪话的"等［kin²¹ 上声］",增城话的"紧［kɐŋ¹³ 阴上］",新丰客家话的"紧［kin³¹ 上声］",东莞话的"紧［kɐ³⁵ 阴上］",开平话的"紧［kɐ̃n⁵⁵ 阴上］",云浮话的"紧［kɐn²⁴ 阴上］",台山话的"紧［kin³⁵ 阴上］",香港话的"紧［kin⁴¹ 上声］"。

阳声韵类的还有海丰话的"恁［niŋ⁵¹ 阴上］"。

7. ［l］/［n］类：

福州话的持续标记"咧［lɛ⁰］/［nɛ⁰］/［tɛ⁰］",同时兼有多种语法功能——这些功能,其中很多是和中古"著"的用法是一致的,例如：①

"咧［lɛ⁰］":②

（1）相当于北京话的"在、正在"：

伊咧 唱歌/各侬（大家）咧 开会/有侬咧 等我

（2）相当于北京话的"着、了、过"：

A）表示动作或状态的持续：坐咧 /共侬讲话咧 /门开咧 /覆咧睏（趴着睡）/骹抖咧抖咧（抖腿）/伊两只（他俩）拦咧（手搂着腰）行

B）表示动作已经完成：饭食咧 行/乍（才）看咧 电影

C）用在动词后面,连接表示结果的补语：蹽（跑）咧一身都是汗/啼咧无声去

---

① 李荣主编,冯爱珍编：《福州方言词典》,江苏教育出版社1998年版。

② 方言字,也写作"唎"或同音字"礼"。

还有一个现象值得注意：持续标记"吼""总是读轻声，韵母是[-ɛ]，声母随着前一音节的收尾音分析，在阴声韵、阳声韵、入声韵字后面分别读 [1-]，[n-]，[t-]"。①"吼"，除了紧跟在动词之后，"吼"还可以出现在动词之前，紧挨着动词，与动词合并为一个连读变调单位，符合上声字作为连读前字的一般变调规律，从来不读本调。为什么"吼"在语流中的变调也和上声字一样？我们认为，如果把"吼"和读上声的持续标记"倒""哒""等""紧"等联系起来考虑，上声应该可以看作它的本调，它和"著"同样存在同源的可能性。

从以上列举的语料可以看出，读上声（包括阴上阳上）的情况，无论是从所涉及的持续标记的类型上看，还是从分布的地域上看，都是比较广泛的。当然我们也注意到，这些读上声的方言点一般都在西南官话区和长江以南地区。按照一些学者主张的现在的南方方言是来源于古代的北方方言的说法，持续标记读上声应该是一种比较早期的声调形式。

那么，为什么从北到南那么大范围的方言的持续标记"倒"和作结果、可能补语的"倒"都是读上声调？要解答这个问题，还得先看看古入声字和今方言上声调之间的关系。

从现代官话古今语音演变的一般规律来看，古全浊入声字舒化后多数归入阳平，很少归入阴平和上声的。古入声消失的途径一般是 -p、-t、-k三个喉塞音韵尾合并为两个或一个喉塞音韵尾，当喉塞音韵尾 -ʔ 消失之后，入声调往往向调型相似的舒声调靠近，并有可能最终归入这个舒声调。当然，声母的清浊在很大程度上影响古入声的舒化方向，从现代方言的情况来看，一些有入声的方言，例如：山西、山东、湖北、浙江、福建等地的一些方言，部分古入声字已变为舒声，最先从入声分化出来的，是古全浊入声字，其次是次浊入声字，而清声母入声字总是还滞留在入声里。《中原音韵》所反映的当时北方话的"入派三声"是清入归上声，次浊入归去声，全浊入归阳平。由此推测，中古附着意义的古全浊入声字"著"由于语法化的缘故，在一定的时期和地域，表示持续意义的"著"比其他的古全浊声母字、包括附着意义的

---

① 陈泽平：《福州方言研究》，福建人民出版社1998年版。

"著"更早一步清化，并入古清入声字，进而和古清入字一起舒化为上声，这是完全有可能的。

从现代汉语方言的一般情况看，大多数官话方言的古全浊入声字今读阳平，而古清声母的入声字有归入上声的，比如：官话中，北京官话的部分清入字今归上声，胶辽官话的古清入字今读上声。分布于山东省30个县市和辽宁省14个县市的胶辽官话古清音入声字今读上声，据刘淑学的调查，属于北方官话的河北顺平县、唐县及周围地区的方言还保留着《中原音韵》的音系特点，那里的清入声字70%以上归上声。（顺平县城东距历史文化古城保定市30公里左右，东北距北京164公里。这两个县西依太行山，东临华北平原，地势从西北向东南依次为山区、丘陵、平原）在顺平县一带方言中，宕、江摄入声字还保留着文白两种读音形式或白读形式。在河北省无入声区方言中，凡有4个声调的方言，均平分阴阳，有3个声调的方言或平声不分阴阳，或浊平与上声调值相同。① 又据张世方的调查，在184个只有三个单字调的官话方言中，有包括北方官话、胶辽官话、中原官话、兰银官话在内的山东、河北、甘肃、宁夏、新疆、陕西等省的81个方言点，古全浊声母入声字和古次浊、全浊声母平声字、古清、次浊声母上声字合并为一个调类，另外还有4个点的古清声母、次浊声母入声字和古清声母平声字、古清、次浊声母上声字合并为一个调类。② 从以上可以看出，古入声字今读上声加上古入声字和今上声字调类合并的情况在官话地区有着非常广的通行区域。

再看看晋语的情况，据侯精一、温端政的调查，晋语从单字调和连读变调的调型上看，入声调型与舒声调类的某个调型具有明显的一致性。入声与舒声同调型的规律大致如下。以单字调为例：③

有两个入声的方言：阴入——阳平（平声）；阳入——上声（阴平上）

若只有一个入声的方言：入声——阳平（平声）

入声调型与舒声调型相同或相似，是入声变舒声的内在原因。从目

---

① 刘淑学：《中古入声字在河北方言中的读音研究》，河北大学出版社2000年版。
② 张世方：《汉语方言三调现象初探》，《语言研究》2000年第4期。
③ 侯精一、温端政主编：《山西方言调查研究报告》，山西高校联合出版社1993年版。

前尚保留入声的一些官话方言来看,"汉语入声转入舒声的条件和途径是:以塞音韵尾的丢失为前提,由浊音声母字开始,最后才是清声母字"。①

从第二章的语料可知,在分阴上、阳上的方言里,读上声的持续标记一般读阴上,这应该是和它们的声母来自清声母有关。例如:江苏苏州话的"倒 [tæ$^{51阴上/33}$]"、上海话的"仔 [tsɿ^{55阴上}]"、浙江宁波话的"仔 [tsɿ^{35阴上}]" "倒 [tɔ^{35阴上}]"、温州话的"底 [tei$^{35阴上-0}$]"、湖南江永土话的"起 [ɕi^{35阴上}]"、嘉禾土话的"紧 [tɕin^{35阴上}]"、广东广州话的"紧 [kɐn^{35阴上}]"、海丰话的"恁 [niŋ^{51阴上}]"、信宜话的"倒 [tou^{35阴上}]"、雷州话的"倒 [tɔ^{31阴上}]"、东莞话的"起 [hɐi^{35阴上}]"、海南海口话的"着 [ʔdo^{213阴上}]"、屯昌话的"倒 [ʔdo^{325阴上}]",等等,涉及属于吴语、湘语、粤语、闽语等方言的几类持续标记。而读阳上的持续标记比较少见。例如:广东东莞话的"紧 [kɐn^{13阳上}]"、增城话"紧 [kɐŋ^{13阳上}]"、海南屯昌话的"住 [ʔdu^{33阳上}]/lo^{33阳上}]"等。

银川话古入声字 90% 今归去声,也有少数读阴平、阳平和上声的,它的持续标记是"着 [tʂʅ^0]",但是它表示实义的"着"读上声 [tʂuɔ^{53上声}]",如"碰着""睡着了""睡不着"等,为什么这里的"着"也读上声? 它和西南官话以及赣语、客家话、粤语、闽语等方言中读上声的结果补语、可能补语"倒"(在地域上的分布也比较广泛)应该有一定的内在联系。南部吴语古入声的演变有不同方式,其中包括有清入归阴上、浊入归阳上等两种类型;② 浙江永康(县城)话没有入声,古阴入字并入阴上声调,古阳入字并入阳上声调,它的古入声字都并入了上声,并且按照声母的清浊归并。③

闽西清流客家话古清入今读上声。④

雷州半岛的持续标记"倒"和作结果/可能补语的"倒"都读

---

① 钱曾怡主编,张树铮、罗福腾副主编:《山东方言研究》,齐鲁书社 2001 年版。
② 曹志耘:《南部吴语语音研究》,商务印书馆 2002 年版。
③ 钱乃荣:《当代吴语研究》,上海教育出版社 1992 年版。
④ 蓝小玲:《闽西客话语音系统》,转载于李如龙、周日健主编《客家方言研究》,暨南大学出版社 1998 年版。

[tɔ³¹⁽阴上⁾]，它的古入声字全浊声母字和多数次浊声母字今读阳入，也有一部分字有文白两读，白读为阳上。①

在第四章表20，有几个方言点作方位介词的成分也是读上声，比如：青海西宁话"着[tʂɔ⁵³⁽上声⁾/tʂɛ⁵³⁽上声⁾]"、湖南辰溪话的"哒[ta³¹⁽上声⁾]"、广西柳州话的"到[tɑ⁵⁴⁽上声⁾]"等，这几个方言点虽然在地域上相距较远，但表现出如此的共性，不能不引起注意。

从以上可以看出，古入声字在演变过程中和上声字曾经有过非常密切的关系，动词后面表示持续意义的"著"在历史上可能随清入声字一起向上声归并：中古宕摄药韵澄母的"著"演变成今天读上声调的持续标记"倒"，在官话区，有两种可能的途径：一是同其他古全浊声母一起清化直接归入上声调。例如：在官话和湘语交界地带的、属于西南官话的湖南会同话"中古入声字大部分今读为上声调"；② 沅陵乡话的持续标记是"倒[cɑ⁵³]"，有时标音是"倒[təu⁰]"，而它的入声、上声调值都是53，只不过前者短促。③ 又如：衡阳话的"咧"，不同的调查者或记作[ta³³⁽上声⁾]，或记作[ta²²⁽入声⁾]，也就是说，当地的上声和入声都是平调，且调值比较接近。二是由于在语流中轻读的缘故比其他古全浊声母更早一步先清化归入古清入声字，并和古清入声字一起演变成舒声，也就是说，"著"成为舒声的持续标记，在北方中原一带最早、最有可能的是读作上声，而不是阳平或其他调类。

读上声的阳声韵类的"紧/等/稳"持续标记应该是在"著（着）"类持续标记进一步演变的结果：尚含有一些动词义的声母清化、上声的"著（着）"和自成音节的"儿"在长江以南，或者随着北方移民到达南方一些地方后继续演变，"著（着）"的韵母继续弱化，并最终和紧随其后的、已经读作鼻音的"儿"拼合成阳声韵的持续标记。

历史上有"湖广填四川"之说，随着移民的扩散而形成的持续标记"倒"的分布区域——四川、云南、贵州三省绝大多数方言的古入

---

① 李荣主编，张振兴、蔡叶青编：《雷州方言词典》，江苏教育出版社1998年版。
② 湖南省地方志编纂委员会编：《湖南省志方言志》（上、下册），湖南人民出版社2001年版。
③ 杨蔚：《沅陵乡话研究》，湖南教育出版社1999年版。

声字今读阳平,可是有 75 个县市的古入声字今自成调类,① 这种读入声调的情况可以看作一种底层,因为西南官话形成的时间比较晚,在"倒"到达之前,当地应该还保留有入声的汉语方言。李蓝据甄尚灵的研究,研究 19 世纪晚期成都话的重要材料、1900 年出版的《西蜀方言》与现代成都话的主要差别是:有阴平、阳平、上声、去声、入声五个调,入声尚未归阳平。……1899 年出版的《汉音集字》,反映的是 19 世纪晚期汉口的方音。据朱建颂的研究,从声调上看,古入声大体仍读入声。② 由于对西南官话形成初期的持续标记的语音形式缺乏相关资料,也不能完全排除持续标记的"倒"最初也是读入声的,只不过后来塞音韵尾脱落了的这种可能性,湖南常宁话至今还保留着读入声、没有塞音韵尾的表示完成意义的"到 [tɔ$^{33 入声}$]"。

需要强调的是,读上声的持续标记,随着由北向南的移民带到大西南和长江以南的广大地区,这是西南官话以及吴语、湘语、赣语、客家话、粤语、闽语等读上声的持续标记的源头,是影响最大、波及面积最广的中古"著"的一次语音分化——前文提到,李荣认为《广韵》上声语韵"著,丁吕切"的音在现代方言里的位置不明。这里,我们认为,这个语义不明确、读上声的"著"应该是现代汉语方言众多读上声的持续标记的一个重要来源,如今读上声的"著"类持续标记是古上声的"著"与部分古入声的"著"的合流。

(二) 去声

"住/居"类持续标记在其各个通行区域一般都读去声(包括阴去、阳去)。读去声的持续标记,不局限于此,其他类别的持续标记也有读去声的情况。例如:

1. "之/子/仔"类:

上海(嘉定)话的仔 [tsɿ^{34阴去}]。

2. "倒"类:

湖北荆门话的"到 [təu^{45去声}]"、江苏南京话的"倒 [tɔo^{44去声}]"、浙江处衢话的"倒 [tɯ^{52阴去}]"、福建建宁话的"倒 [tau^{5阴去}]"、江西

---

① 黄雪贞:《西南官话的分区》,《方言》1986 年第 4 期。
② 李蓝:《西南官话内部声调与声母的异同》,博士学位论文,中国社会科学院研究生院,1995 年。

修水话的"倒［tau⁵阴去］"、弋阳话的"倒［tau³⁵阴去］"、南城话的"倒［tɑi³阴去］"、湖南醴陵话的"到［tau³³去声］"、广西临桂平话的"倒［tou³³阴去］"。

3. "哒"类：

江西永新话的"到［tɒ⁵⁵去声］"、湖北阳新话的"到［tɒ³⁵阴去］"、湖南茶陵话的"着［tɒ³³阴去］"。

4. "的"类：

福建永安话的"地［ti阴去］"。

5. "餐"类：

湖南韶山话的"餐［tsʻan⁵⁵阳去］"。

6. "住/居"类：

内蒙古西部汉语方言的"住［tsu⁴⁵去声］"、山西太原话的"住［tsu⁴⁵去声］"、忻州话的"住［tʂəu⁵³去声］"、青海西宁话的"住［tʂu²¹³去声］"、河南驻马店话的"住［tsu³¹去声］"、湖南汝城客家话的"喥［tu去声］"、广东广州话的"住［tsy²²阳去］"、东莞话的"住［tsy³²去声］"、信宜话的"住［tsy¹¹阳去］"、顺德话的"住［tsy²¹阳去］"、中山话的"住［tsy³³去声］"、韶关话的"住［tsy²²阳去］"、增城话的"住［tʃiu²²阳去］"、福建建阳话的"住［tiu阳去］"、松溪话的"住［tiu阳去］"、建瓯话的"住［tiu⁵⁵阳去］"。

还有海南闽南话的"着［ddio⁴²阳去］"。

在相关文献中，调查者把持续标记写成"住"，是因为和当地"居住"的"住"同音，这也符合遇摄御韵知母去声的"著"的语音演变规律。和吴语、赣语、湘语的阴去不同，粤语中的持续标记"住"多读阳去，闽语中的持续标记"住"也读阳去，还保留三等韵［i］的特点。

这里，还有一个值得注意的问题，那就是：以上其他几类持续标记读去声的情况该如何解释？我们认为，一部分是由宕摄药韵澄母的那个古入声的"著"演变而来，一部分是由古去声的"著"演变而来，二者在一些地方、一些语音形式上合流了。

(三) 平声

现代汉语持续标记还有一部分读平声（包括阴平和阳平）的。例如：

1. "着"类：

陕西商县话的"着［tʂuo²¹⁽阴平⁾］"、山西临汾话的"着［tso¹³⁽阳平⁾］"、湖南临武官话的"着［tso¹¹⁽阳平⁾］"、云南元谋、牟定、昌宁（远丙镇）、云县、镇沅、罗次、弥渡、墨江（碧溪镇）、泸西、师宗等10个方言点的"□［tʂə⁽阴平⁾］"／"□［tʂɤ⁽阴平⁾］"、罗平话的"□［tʂɤ⁽阴平⁾］"、路南话的"着［tʂo⁴⁴⁽阴平⁾］"。

2. "倒"类：

湖南绥宁话的"倒［tɑo⁵⁵⁽阴平⁻⁵¹⁾］"。

3. "得"类：

云南沾益（文化乡）的"□［te⁽阴平⁾］"。

4. "餐"类：

湖南攸县话的"餐［tãi⁴⁴⁽阴平⁾］"。

5. "住/居"类：

湖南衡山话的"居［tɕy³³⁽阴平⁾］"、广东廉江话的"住［tsi¹¹⁽阳平⁾］"。

6. ［l］／［n］类：

江苏苏州话的"牢［læ¹³⁽阳平⁾］"、上海（嘉定）话的"牢［lɔ³¹⁽阳平⁾］"、浙江杭州话的"牢［lɔ²¹³⁽阳平⁾］"、宁波话的"牢［lɔ²⁴⁽阳平⁾］"、温州话的"牢［lə³¹⁽阳平⁾］"、云南石屏话的"□［lo⁽阴平⁾］"、通海话的"□［nə⁽阴平⁾］"。

还有持续标记：山东烟台话的"着［rə³¹⁽平声⁾］"。

现代汉语方言中读阴平、阳平的持续标记，虽然用例不多，但是，有一个现象值得注意：和吴语、粤语读阳平的持续标记不同，云南境内西南官话的持续标记"着"一般都读阴平，还有属于中原官话、湘语的不同类型的持续标记，也是读阴平。一般地说，在官话区，古全浊声母入声字不归阴平，但清声母入声字在中原官话、北方官话（冀鲁官话）、北京官话中全部或部分归阴平。这也许可以解释形成时间较晚的云南境内的读阴平的持续标记的来源问题。"明初经营西南，西南平定后向云贵两省大量移民。……这次移民使云贵的社会结构发生了根本性的变化，奠定了云贵两省以汉族为主体的人口格局，汉语方言也随之形成并一直延续下来。"① 云南境内持续标记读阴平的一致性和周边方言持续标记读上声的差异性，可以从云南汉语方言形成的历史中去找到答案。

当然，荣晶、丁崇明指出："昆明话没有普通话的本质轻声，类似普通话的轻音现象都读成类阴平，……阴平化现象在昆明话里能够起轻声的作用，……在各语言都存在类似的现象，即实词的虚化往往伴随着辅音或元音音质的弱化。"② 他们把云南话持续标记"着"读阴平的现象和由于语音弱化而读轻声的情况联系起来考虑，这种解释有一定的道理，至少在云南境内的西南官话，持续标记无论声母、韵母如何，一般都读阴平，且阴平的调型多为平调，调值为44、55、33等。另外，江西婺源话的"之[tɕi⁰]"在句中一般读作轻声，强调时为高平调44调，与阴平字相同。③ 从轻声的角度来考察持续标记的声调，这种做法有一定的启发性。

三 轻声

由于持续标记本身语法地位的特殊性，读轻声应该是比较容易接受的现象。事实也是如此，除了阳声韵类的持续标记还没有发现有读轻声的记载以外，其他各类持续标记都可以读轻声，包括有喉塞音韵尾的持续标记。例如：山西太原话的"的[təʔ⁰]"、交城话的"的[təʔ⁰]"、内蒙古西部汉语方言的"的[təʔ⁰]"、临河话的"着[tʂəʔ⁰]"、集宁话、二连浩特话的"的[tiəʔ⁰]"、河南获嘉话的"的[liʔ⁰]"、福建泉州话的"嘞[ləʔ⁰]"等。

这至少说明了声调和声母、韵母之间的发展是不平衡，轻声在一定程度上可以反映出持续标记语法化程度的高低，是持续标记语法化过程中在语音上的一个重要表现。

---

① 李蓝：《西南官话内部声调与声母的异同》，博士学位论文，中国社会科学院研究生院，1995年。

② 荣晶、丁崇明：《再论昆明话的"着"》，首届国际汉语方言语法研讨会论文，哈尔滨，2002年12月。

③ 冯爱珍：《婺源方言的体助词"之"》，全国汉语方言学会第9届学术讨论会论文，汕头，1997年2月。

在收集语料的过程中，我们也怀疑过一些标有调类的持续标记是不是就是读轻声的，比如：类似21阴平、11阳平、31阳平、21阳平、21去声之类的标调（详见第二章）。

从大量的语料中，我们发现持续标记的声调在分布上的一些特点：入声的持续标记可能出现在有入声的方言中，但是在没有入声的方言里，一般不会有读入声的持续标记；舒声或轻声的持续标记既有可能出现在有入声的方言中，也可能出现在没有入声的方言中。见表29：

表29

持续标记	入声区	非入声区
入声	A. +	B. –
舒声/轻声	C. +	D. +

A 种情况，例如：晋语的"的"，湘语的"哒"等；

B 种情况，目前还没有发现有例外的；

C 种情况，例如：赣语的"倒"，客家话、粤语的"紧"等；

D 种情况比较常见，例如：官话的"着"等；

读入声的持续标记一般出现在有入声的方言中，而持续标记读轻声的情况分布比较广泛，可以说是现代汉语持续标记在声调方面的主要特点之一。

一般研究表明，古入声字在演变成舒声的过程中，最终归入哪一个舒声调，和双方的调型的接近程度有很大的关系。中古附着意义的"著"在演变过程中，除了遵循古入声字古今调类演变的一般规律以外，还会因为语法化过程的推进，出现不同于实词声调演变的特殊的方式，比如，有可能比其他同类的古入声字更早一步地声母清化、随清入声字一起向舒声方向演变，在变为舒声之后，还有轻声化的倾向，而轻声和舒声的界限，在方言调查中往往又没有一个统一的标准，那么，人们会不会在记音的过程中，把已经弱化的持续标记的声调记作最接近的舒声的调值呢？这种情况完全有可能发生，因为持续标记不能单说，它没有一个严格意义的原调可以参考，而轻声又是相对原调而言的，轻声也是有一定调值的。当然，也不能完全排除古全浊入声在一些地方直接归入上声调的可能性。

既然持续标记语法化程度较高，在许多地方也是读作轻声，那么，反过来审视那些标有舒声调的持续标记，也很容易地就发现了一些问题，比如，有的著者在介绍一个方言的持续标记"到"时，把"到"记作去声，但是在给具体的例子标音时，又注的是轻声，并特别注明多读轻声。著者记作去声的"到"，是因为他认为这个持续标记的本字可能是去声；有的人在轻声的"倒"上标注上声的调，是因为别的地方的持续标记"倒"是读上声；还有的人给持续标记标两个调，一个是著者认定的这个持续标记的本调，另一个是这个持续标记的实际调值。类似的情况在语料的收集中时常会遇到。

以上这些都为人们从声调方面去探寻现代汉语方言持续标记的来源增加了很大的难度。

综上，持续标记的声、韵、调的种种表现和相互之间的各种拼合关系，使我们看到了持续标记发展的复杂性和多样性。通过对大量语料的排比，我们还发现：既可以从整个汉语的宏观上看出持续标记语音、语法方面的发展演变脉络，又可以在一定区域内看到这种变化的"缩影"——从一定区域内的持续标记的不同的语音形式也可以看到语音演变的连续性过程——尽管并不是每一个阶段的情况都有，但是这种连续性也能暗示持续标记的来源并反映它的语音演变趋势。比如，山西境内的方言（包括晋语和非晋语），持续标记的读音形式也是多样的，而且本身也形成了一个语音演变的小的序列，请看下面的表30。①

从表30中，既可以看到"[təʔ] — [tə]""[tʂəʔ] — [tsə]""[tiəʔ] — [ti]"的对应，也可以看到"[təʔ] — [tʂəʔ] / [ləʔ] — [nə̃]""[tə] — [tsə] / [tʂɤ]""[tiəʔ] — [li] / [liə]"的对应。山西境内的晋语，很多地方持续标记是入声韵，还有 [i] 介音，而且声母多为 [t]。

---

① 为简洁起见，声调部分省略了。

表 30　　　　　　　　山西方言持续标记读音比较

	开口呼			齐齿呼	
	有[-ʔ]	无[-ʔ]	有[-n]	有[-ʔ]	无[-ʔ]
t	太原"的[təʔ]"、交城"的[təʔ]"、祁县"的[təʔ]"	武乡"的[tə]"	—	山阴"的[tiəʔ]"、五台"的[tiəʔ]"、文水"的[tiəʔ]"、汾阳"的[tiəʔ]";平遥"的[tiʌʔ]"、陵川"的[tiəʔ]"	洪洞"的"[ti]
tʂ/ts	大同"着[tʂəʔ]"	广灵"着[tsə]"、临汾"着[tʂo]"、运城"着[tʂɤ]"、万荣"着[tʂɤ]"	—	—	—
n/l	沁县"勒[ləʔ]"	和顺"哩[lei]"	晋城"恁[nə̃]"	—	平鲁"哩[li]"、忻州"哩[liə]"

在山西方言的周围还分布着与这些语音相关的持续标记，比如：陕西境内，属于中原官话的西安话的"着[tʂɤ]"、户县话的"着[tʂɤ]""着儿[tʂə]"和属于晋语的神木话的"着[tʂəʔ]"、山西大同话的大同"着[tʂəʔ]"相比，少了一个塞音韵尾[ʔ]。内蒙古东北部海拉尔话的"着[tʂə]"和属于晋语的内蒙古西部汉语方言"的[təʔ]"的区别在于声母不同以及塞音韵尾的有无，它们都能在山西话中找到读音（声母、韵母）相同的持续标记。同属于晋语的河南获嘉话的"的[liʔ]"，和山西晋语[ts]声母的、齐齿呼持续标记相比，声母显得有些弱化。而新疆乌鲁木齐话的"底[ti]"和洪洞话的"的[ti]"是一致的。

"麻雀虽小，五脏俱全"，晋语的情况很有代表性，如果再把眼光放得远一点，我们更能发现，上述这种情况和整个现代汉语方言持续标

第五章 "著"类持续标记的语音演变

253

记的读音形成了一个很明显的对应关系，请看表31、表32：

表31　　　　　现代汉语方言持续标记读音比较表(一)

主要元音\声母声调	t		ts/tʂ/tɕ/tɕʻ		l/n		零声母
	舒声	入声	舒声	入声	舒声	入声	舒声
a/ɑ/æ/ɛ/e	哒[ta⁰]（湖南长沙）、倒[tɑ⁰]（湖北大冶）、倒[tæ⁵¹/³³]（江苏苏州）、者[tɛ⁰]（湖南涟源）、倒[te²¹]（湖南华容）	则[tæʔ³]（江苏丹阳）、得[tɛʔ³]（江西永丰）、得[teʔ¹²]/te ʔ⁴⁵/deʔ¹²]（浙江绍兴）	着[tʂɛ⁵³]（青海西宁）	则[tsæʔ³]（江苏丹阳）	啦[lɑ¹³]（上海）、牢[læ¹³]（江苏苏州）、唎[lɛ⁰]（福建福州）	[lɑʔ³]（上海）、唎[leʔ¹¹]（福建厦门）	啊[a⁰]（江西长汀）、仔[ɛ⁰]（江西黎川）、唎[e⁰]（福建宁德）
ə/ɤ	着[tə⁰]（山东牟平）、得[tɤ⁰]（云南曲靖）	的[tə⁰]（山西太原）	着[tʂə²¹]（天津）、着[tsə⁰]（内蒙古通辽）、着[tʂɤ⁰]（北京）	着[tʂəʔ³²]（山西大同）	牢[lə³¹]（浙江温州）、口[nə]（云南通海）、唎[lɤ⁰]（福建大田）	勒[ləʔ⁰]（山西沁县）	[ə²¹]（天津）
o/ou/ɔ/au	倒[to⁰]（湖北石首）、倒[tou⁰]（湖北荆沙）、倒[tɔ²¹]（湖北阳新）、倒[tau⁰]（湖北武汉）	—	着[tʂo¹³]（山西临汾）、着[tso¹¹]（湖南临武）、着[tʂou⁰]（山东利津）、着[tʂo⁰]（青海西宁）、着[tʂau⁰]（山东平邑）	—	落[lo⁰]（福建漳平）、牢[lɔ²¹³]（浙江杭州）、倒[lau³⁵]（湖南江永）	落[loʔ²⁴]（浙江处衢）、落[lɔʔ¹³]（上海）	—
ei	底[tei³⁵]（浙江温州）	—	—	—	哩[lei⁰]（山西和顺）	—	—
ʅ	—	—	着[tʂʅ⁰]（北京）/子[tsʅ⁰]（黑龙江哈尔滨）	着[tʂʅ入声]（安徽桐城）	—	—	—

续表

主要元音 \ 声母\声调	t		ts/tʂ/tɕ/tɕ·		l/n		零声母
	舒声	入声	舒声	入声	舒声	入声	舒声
i	的[ti⁰]（山西洪洞）	得[ti⁴²]（湖南东安（土话））、的[tiiʔ⁵⁵]（浙江宁波）	—	—	哩[li⁰]（山西平鲁）	的[liə⁰]（河南获嘉）	咧[i⁰]（福建周宁）
iə	—	的[tiəʔ²¹]（山西五台）	—	—	哩[liə⁰]（山西忻州）	—	—
io	着[tio]（福建沙县）	着[tioʔ⁵⁵]（福建厦门）	—	—	—	—	—
u/y/ʮ/ʯ	嘟[tu去声]（湖南汝城）	—	住[tsu⁴⁵去声]（山西太原）/著[tsu⁰]（江苏扬州）/着[tʂu⁰]（江苏东海）/住[tsy²²阳去]（广东广州）/住[tɕy⁰]（湖南益阳）/住[tɕ·y⁰]（湖南娄底）	—	—	—	—

表 31 比较了持续标记的韵母（按照开口、合口、齐齿呼、撮口四呼的顺序排列）与几个声母及舒声、入声的拼合关系，从中，我们可以看到一些有趣的现象：

第一行的几个开口呼"a/ɑ/æ/ɛ/e"若按照一个整体来看，可以出现在所有的情况中。

第二行中作为韵母的一种弱化形式的 ə，可以出现在所有的情况中——不仅有早期的t，还有后起的ts/tʂ；不仅有声母t的弱化形式l/n，还有零声母形式；不仅有舒声的，还有入声的——这是最齐全的一组语音对应形式。

零声母类的持续标记，作为最弱化的一种语音形式，只有舒声的，没有入声的。天津"着"tʂə²¹/ʐə²¹/ə²¹ 的几个读音很直观地展现了声母弱化的一种途径。

"o/ou/ɔ/a u"这一组韵母，既有t声母的，也有ts/tʂ声母的，没有零声母的用例。

声母为l/n的持续标记，一般都有韵母相同或相近的t声母持续标记相对应，包括不常见的语音形式"底［tei^{35}］"（浙江温州）和"哩［lei^0］"（山西和顺）也是如此，从而更有力地证明l/n是t的语音弱化形式。

开口呼的舒声和入声一般都形成了一一对应关系。

主要出现在声母ts/tʂ和t两类持续标记分布区之间"之/子/仔"类还保留有入声，其韵母ʅ也与齐齿呼 i 类持续标记形成了互补关系。两者相加，也就是一组比较完整的语音对应形式。值得注意的是，这两种语音形式也能在同一个方言点中并存，例如："着［tʂʅ^0］／［ti^0］"（宁夏中宁）。

"的［tiəʔ^{21}］"（山西五台）和"哩［liə^0］"（山西忻州）形成了声母的一组对应关系，将来也许还能找到与［tiəʔ］相对应的舒声形式［tiə］的持续标记？

"着［tio］"（福建沙县）和"着［tioʔ^{55}］"（福建厦门）的舒、促对应关系，也与"着［ddio^{42}］"（海南闽南方言）形成了声母的清、浊对应关系。

最后一组"ɯ/y/ʮ/ʯ"只出现在两类声母的舒声里，这与"住/居"类持续标记来源于中古去声的"著"有直接的关系。

下面表 32 展示的是"著"类持续标记中不同类型持续标记的声母与韵母在现代汉语方言中的对应关系。

现代汉语方言"著"类持续标记的上述表现，给人们提供了一个非常重要的信息：经过千百年的发展，"著"的语音无论是声母，还是韵母、声调都发生了很大的变化，在各地变化的形式、方式都有可能不同，尽管不同的声韵调形式交错分布，但最基本的演变脉络还是清晰可见的，如表 32 所示。

表 32　　现代汉语方言持续标记读音比较表(二)①

	开口呼			齐齿呼		
	有[-ʔ]	无[-ʔ]	[-n/-ŋ]	有[-ʔ]	无[-ʔ]	[-n/-ŋ]
t	晋语"的[təʔ]"；吴语"得[teʔ/tsæʔ/tæʔ]"	晋语"的[tə]"；西南官话、赣语、湘语"倒[tau/tɔ/te]"、湘语"哒[ta]"	客家话"等[ten/tɛn]"	晋语"的[tiəʔ]"、吴语"的[tiiʔ]"	中原官话"的[ti]"、平话"倒[tie]"、闽语"着[tio]"	—
tʂ/ts/tɕ/k	晋语"着[tʂəʔ]"	官话"着[tʂʁ/tʂo/tsʁ/tsɿ]"、吴语"仔[tsɿ]"	客家话"紧[kɐn]"、粤语"紧[kɐŋ]"		吴语"之[tɕi]"、徽语"着[tɕio]"	客家话"紧[tɕin]"、"等[kin]"
l/n/v	晋语、闽语"勒[ləʔ]"、吴语"牢[lɔʔ/lɑʔ]/[lʃə]"	晋语"哩[lei]"、官话、闽语"落[lo/lə]"、官话"[nə/lau]"、吴语"[lɑ/læ]"、闽语"[lɛ/le/lʁ]"	晋语"恁[nə̃]"、客家话"稳[vən]"	晋语"[liʔ]"	晋语"哩[li/liə]"	闽语"恁[niŋ]"
零声母	—*②	官话"[ə]"、客家话"[e/a]"、赣语"[ɛ]"	—	—*	闽语"[i]"	

① 不考虑声调以及浊声母的情况，也没有考虑读合口呼、撮口呼的持续标记的情况。
② 表 32 中的符号"＊"，表示出现这样读音的持续标记的可能性很小，因为当一个持续标记的声母已经弱化为零声母的时候，它很难还保留着塞音韵尾[ʔ]。

声母上，由浊音变清音，由［t］到［ts］／［tʂ］，由［t］到［l］／［n］。

韵母上，由齐齿呼到开口呼，由入声韵到舒声韵。

声调上，由舒声到入声，由非轻声到轻声。

还有一个重要的现象值得注意：无论是［t］声母还是［ts］／［tʂ］声母，它们不仅拥有相同的韵母形式，而且保留有入声韵或入声的形式。

随着现代汉语方言调查的不断深入，表31、表32中的一些空格还有可能被填充。

第六章　从"著"类持续标记看不同方言区之间的联系

在第一章，明确了什么是持续标记；第二章根据语音的标准把现代汉语方言持续标记分为了几大类型并分析了各大类型的地理分布情况；在此基础上，第三、四章主要借助于方言语料，从语音、语法两个方面分别探讨了"着""之/子/仔""倒/到""哒""得""的""紧/等/稳""起"及"住/居"等几类持续标记和中古"著"的关系；第五章站在全局的高度，进一步讨论了这几类持续标记和中古"著"在语音（声母、韵母、声调）演变上的对应关系。通过以上方方面面的分析，我们更相信这些持续标记和中古入声、上声、去声的"著"之间存在着同源关系，都属于"著"类持续标记。

当然，从中古（或者更早）"著"类持续标记发展到今天，不同方言中的持续标记，不仅读音上有差别，在是否兼有其他的句法功能上也有很大差异，而且，不同类型的持续标记在同一个方言中同时使用的情况也使持续标记的分布情况更为复杂。

在本章中，将从源头开始，梳理一下"著"类持续标记尤其是来自附着意义的"著"的持续标记古今演变轨迹。

第一节　"著"类持续标记的演变轨迹

这里，基于前文的分析，以《切韵》《广韵》和《中原音韵》作为语音上的两个参照点，以汉语史文献中不同时代的用字作参考，来推测几类来自中古"著"的持续标记的演变轨迹。

我们认为，来源于"著"的持续标记中古时有两个分支：一个是古去声的"著"（古知母、遇摄、御韵、合口、三等），另一个是古入声的"著"（古澄母、宕摄、药韵、开口、三等）。而古上声的"著"（古端母、遇摄、语韵、合口、三等）和古入声的"著"后来合流了。

古入声的"著"这一支：经过了漫长的发展过程，在不同的历史时期、不同的方言区域，都有不同的表现，具体来说，演变的轨迹大概是这样的：

"《切韵》时代，端知未分，透彻未分，定澄未分，……""在《经典释文》的反切中，大量事实证明。直到隋代，知系还没有从端系分化出来。""南北朝时代还没有产生知彻澄三母。有知彻澄三母的至多只是一部分方言而已。""（ȶ 知）、（ȶʻ 彻）、（ȡ 澄）乃是唐天宝年间由端透定分化出的""隋唐时代的前期，舌音还没有分化为舌尖中、舌面前两类，这就是说，还没有产生舌上音。""知彻澄三母，高本汉拟测为[ȶ]、[ȶʻ]、[ȡ]，陆志韦也拟测为[ȶ]、[ȶʻ]、[ȡ]……高本汉和陆志韦是对的。""上古无舌上音，知彻澄娘四母在上古属于端透定泥。"① 从王力上述这些精辟的论述中，可以找到清声母[t]类持续标记的源头，澄母字"著"今读[t]是保存了古音，当然，浊声母[d]类持续标记更是其早期的语音形式。

在唐代之后（907年）、元代之前（1279年）近四百年的时间里，经历了五代十国、北宋、南宋和同时存在的辽、西夏、金，这一时期应该是王力所说的汉语的中古期，是汉语，尤其是北方汉语变化比较多的时期。

《中原音韵》之前，北方"著"类持续标记的声母已经清化，尚保留有入声韵尾阶段元音已经开始分化：虽然还是单元音，但元音除了有[i]之外，至少已经出现了类似[a]、[ɔ]、[o]等开口呼形式：

1. 在一些地方，"著"保留着[i]介音和入声韵尾，这一支演变的结果，有些地方的入声韵尾消失了，[i]直接成为主要元音，有些地方入声韵尾一直保留至今，这是今天兰银官话和晋语中主要元音为[i]或有[i]介音的持续标记的来源，当然也是客家话、粤语中"紧"类持续标记的来源；前文也说到，在南方湘南、粤北、桂北土话、吴语、

---

① 王力：《汉语语音史》，中国社会科学出版社1985年版。

闽南话等地仍然有许多地方表示结果意义的"着（著）"保留着[i]介音这一古老形式。

2. 在一些地方，"著"为开口度比较低的[a]之类的元音、有入声韵尾，后来随着入声韵尾的消失，便成为今天"哒"类持续标记的来源。

3. 在一些地方，"著"为开口度比较高的[ɔ][o]之类的元音、有入声韵尾，后来随着入声韵尾的消失，一部分变成了[au]或[uo]之类的复合元音，这便成为今天"倒"类、部分"着"类持续标记的直接来源。

以上三类持续标记，可能由于语法化程度的加深导致其声母比其他同类的全浊声母更早地清化、入声韵尾的脱落也比较快，从而使这些地方持续标记的"著"和古清入声字一起演变，舒化后声调变为上声。这就是后来《中原音韵》所反映的清入归上声现象。

到了《中原音韵》时代，"入声韵部全部消失了，并入了阴声韵部。""宋代的觉药并入元代的歌戈和萧豪，其中一部分字兼入歌戈和萧豪，另有一部分字则不入歌戈，只入萧豪。并入歌戈者大约是文言音；并入萧豪者大约是白读音。"① "在14世纪，入声的转化是很有规则的。我们依照《中原音韵》来分析，看见全浊归阳平，次浊归去声，清音归上声，很少例外。"② 这时，声母为[t]类、韵母为[ɔ]/[o]/[au]类、读上声的持续标记的早期形式的分布范围应该已经比较广了：不仅在北方，由于战乱等造成的大规模的北方移民到达长江以南，使读上声的持续标记分布到南方的广大地区。

这一时期前后，读上声的持续标记又进一步分化：

一个是声母上的变化，在北方一些地方，随着知组声母的进一步发展，[t]类声母持续标记演变为[tʂ]/[ts]类声母，并最终成为韵母为[ɔ]/[o]/[au]之类持续标记的直接来源。

由于"在《中原音韵》音系里，知系字分化为两类：知系二等读[tʂ, tʂʻ, ʂ]，与庄系合流；知系三等读[tɕ, tɕʻ, ɕ]，与照系合流。"③

---

① 王力：《汉语语音史》，中国社会科学出版社1985年版。
② 王力：《汉语史稿》，中华书局1980年版。
③ 王力：《汉语语音史》，中国社会科学出版社1985年版。

可以推测，主要元音为［i］的持续标记的声母也随知组和照系、精组字一起演变为［k］／［tɕ］，在读鼻音的儿尾、儿化影响的大环境之下，经过和"儿"的拼合过程，成为粤语、客家话"紧"来持续标记的来源。

同样是由于"儿"的语音的直接作用，一部分已经弱化的［t］类声母持续标记由阴声韵又变成了阳声韵，成为阳声韵"等"类持续标记的来源。

与此同时，也有一支声、韵、调都没有发生大的变化，也没有受到儿化、儿尾的影响：声母仍为［t］、韵母为［au］／［ɔ］／［o］之类、声调除了读上声之外还出现读轻声的，一直使用到现在，它便是今天分布广泛的"倒"来持续标记的来源。如今西南官话等南方方言中的持续标记"倒"所通行的区域，除了和北方的官话区接近的地方有儿化现象、吴语有［n］／［ŋ］尾现象，很少有儿化、鼻音儿尾的影响。

《中原音韵》出现之前、之后，北方中原地区的一强势方言的古清入声大部分归上声的特点，对后世持续标记的分化产生了深远的影响。而先后出现的鼻音儿尾、儿化现象又对持续标记的分化起到了推波助澜的作用，日母字"儿"的在不同时期、不同地点的不同语音形式，对一些"著"类持续标记的语音演变方向产生了影响。

元代，是读上声的持续标记一个蓬勃发展的黄金时期。文献上有作持续标记的"到"为证。

到了明清时代，持续标记又出现了新的发展。

"明清入声的分配与元代入声的分配相比，主要的区别是，元代入声多转为上声，明清入声多转为去声……"① 我们认为，"明清入声的分配"与"元代入声的分配"的这种区别不应该是古入声字在同一种方言的不同时期的变化，应该是《等韵图经》和《中原音韵》这两本韵书所代表的方言对象的不同而造成的。"明清入声的转化比较有规律，一般是清音字归去声，浊音字归阳平，白话字归阴平。"② 从现代汉语

---

① 王力：《汉语语音史》，中国社会科学出版社 1985 年版。
② 王力：《汉语语音史》，中国社会科学出版社 1985 年版。

方言中作结果补语的"着（著）"声调就可以看出这个区别：一方面，读上声的"倒"类持续标记分布区表示结果补语的是读上声的"着（著）"、读上声的"紧/等/稳"阳声韵类持续标记分布区表示结果补语的是读上声的"倒"；另一方面，以北京话为代表的"着"类持续标记分布区表示结果补语的是读阳平的"着（著）"。再加上，《中原音韵》也提道："入声派入平上去三声者，以广其押韵，为作词而设耳。然呼吸言语之间，还有入声之别。"有人抓住他这句话，就说《中原音韵》时代还有入声的存在。① 所以，我们推测，有一种不同于《中原音韵》所代表的方言、在《中原音韵》时代仍保留有入声的方言在这一时期开始发展并成为在北方广大区域有着很大影响的强势方言。

这支以北京话为代表的"着"类持续标记声母从舌头转变为舌上音 [tʂ]／[ts]，韵母由于音节自身的弱化或受儿化的影响，由 [au]／[ɔ]／[o] 之类逐步变成了 [ɤ]／[ə]，这一支的持续标记语音进一步弱化：声母弱化直至脱落的结果，是很可能形成了山东等地的零声母"儿"之类的持续标记，韵母弱化的直接结果是成为"之/子/仔"类持续标记的一个重要来源。如果说吴语中表示持续意义的"仔"在16世纪的文献中已经出现，② 那么，现代汉语方言中的"之/子/仔"持续标记在四百多年前就已经有了。

北京话持续标记的"着"应该是《中原音韵》以后出现的，从北京话表示结果意义的"着"读 [tʂau³⁵]、句尾先时语气词读 [t] 声母等现象来看，北京话的"着"由 [t] 声母演变到 [tʂ] 声母的时间并不会太长，北京话的 [au] 韵儿化之后就是读央元音 [ə]／[ɚ]。

读上声的持续标记和北京话为代表的"着"类持续标记之间没有直接的继承关系，它们二者分别来自声母为舌上音、韵母为开口呼、声调为入声的"倒"，代表着两种不同时期、不同地域的强势方言。我们认为，读上声的持续标记在《中原音韵》之前就有了，在元代通行的区域比较广泛，长江以南、长江以北都有，但是随后，结果补语读阳平的、韵母为央元音的"着"类持续标记的早期形式所在的强势方言后

---

① 王力：《汉语语音史》，中国社会科学出版社1985年版。
② 梅祖麟著，陆俭明译：《吴语情貌词"仔"的语源》，《国外语言学》1980年第3期。

来居上，这种新出现的持续标记在长江以北的许多地区取代了读上声的持续标记，但是，从目前持续标记的分布情况来看，它的影响并没有波及长江以南，而是局限在长江以北，大致以北京—洛阳—西安等中原一带为中心，① 因为即使在长江以北，也能看到这种影响所没有波及的边缘地带仍保留着读上声的情况：

在第三章第二节提到，古入声字今读上声加上古入声字和今上声字调类合并的情况在官话地区（如北京官话、胶辽官话、中原官话、兰银官话）涉及的范围还是比较广泛的。

属于北方官话的山东博山话的持续标记是"着［tʂuə⁰］／［ə⁰］"，而表示结果意义的"睡不着/理不着（不理睬）"的"着"读［tʂuə⁵⁵］，上声。博山话的古全浊声母字今读上声（相当于北京话的阳平和上声）。②

青海西宁话表示持续的"着"读［tʂɔ⁰］："捂着脸佬，不敢见人/捧着哈达"；表示完成的"着"读上声："把土挖着［tʂɔ⁵³ 上声／tʂɔ⁰］下来/坡坡儿上夔去，小心滚着下来了"；引导处所词的"着"也读上声："猫儿跳着［tʂɔ⁵³ 上声／tʂɔ⁰／tʂɛ⁵³ 上声］缸上/站着泉儿上溜寡嘴/野人婆儿吓慌了，手碰者锅头上了"；表示结果意义的"着"虽然声母、韵母和上面的几个"着"有些不同，但还是读上声："我撂掉的东西寻着［tʂʻuo⁵³ 上声］了。"

山东博山（北方官话）、青海西宁（中原官话）从地理位置上看都处在"着"分布区的边缘地带，它们读上声的"着"是不是可以看作"倒"的源头的残留？

在"倒"［t］类声母和"着"［tʂ］／［ts］类声母两类持续标记并存的地带，也可以找到一些语音对应：例如：成都有［tsʻo²¹ 阳平］和［tau⁵³ 上声］，吉首有［tsʻo⁰］和［tau⁴² 上声］，南京有［tʂɔʔ⁵ 入声］、［tɔɛ¹¹ 上声］和［tɔɔ⁴⁴ 去声］，东莞有［tsø k²² 阳入］、［tɔu³⁵ 阴上］和［tɔu³² 去声］。

前文已经提到，上声的"倒"类持续标记除了来源于古入声的"著"以外，还有一种可能，那就是古上声的"著"。没有理由完全排

---

① 罗自群：《西北方言持续标记浅谈》，转引自邢向东主编《西北方言与民俗研究论丛》，中国社会科学出版社 2004 年版。

② 钱曾怡：《博山方言研究》，社会科学文献出版社 1993 年版。

除下面这种可能性：多音多义的"著"在语法化过程中随着词义的分化，语音也有可能进行分化，一定区域的人们将动词后面的"著"读如和入声关系密切的上声的"著"的声调以区别动词义的"著"，就如同在语音上选择去声的"著"一样。①

再说说古去声的"著"这一支：去声的"著"类持续标承袭了中古附着意义的"著"句法位置，但在语音上是独立发展的。这一支在作结果补语的时候，往往和"止也"义的"住"交织在一起难以分辨。去声"著"的语法化过程大致上是这样的：A."著"/"箸"（动词义）→B."著"/"住"（结果补语、方位介词）→C."住"/（持续意义）。这一语法化过程和附着意义的"著"完全是一样的，只是语音表现形式不同。而动词"住"在发展到结果补语之后，并没有进一步演变出表示持续意义的"住"，比如，北京话的"站住""站得/不住"中的"住"表示停止、稳固等实在意义。现代汉语方言中表示持续意义的、尽管有的在用字上选作"住"，但是它实际上不是"住"而是"著"。

根据以上的分析，可以勾勒一下"著"类持续标记的演变轨迹（见下图），虽然是粗线条，但呈现了现代汉语持续标记和中古"著"之间的源流关系以及几类持续标记之间的相互关系。当然，申明一点，这里呈现的与其说是"著"类持续标记的历史发展轨迹，还不如说是现代汉语持续标记关系图——共时的差异，反映了历时的演变。

我们说的"著"类持续标记，根据其来源，又分为古去声的"著"类持续标记和古入声、古上声的"著"类持续标记两类。下图②呈现了本书所讨论的现代汉语方言中几类和中古"著"有关的持续标记的来源及相互关系。只是这个入声的"倒"需要再说明一下：在现代汉语方言中做持续标记的"倒"读入声的情况不多见，目前所掌握的语料中有湖南沅陵乡话的"倒 [tɑɔ⁵³]"，当地入声和上声的调值都是53，只不过前者比较短促而已；还有湖南常宁话表示完成的"到/倒"是入声，读 [tɔ³³入声]（见第四章第二节）——当地的上声调值是44。另外，

---

① 罗自群：《汉语方言读上声的持续标记"倒"》，《语言研究》2006年第1期。
② 下图代表的是音类之间的关系，不是具体的某一个时期或方言中的音值。

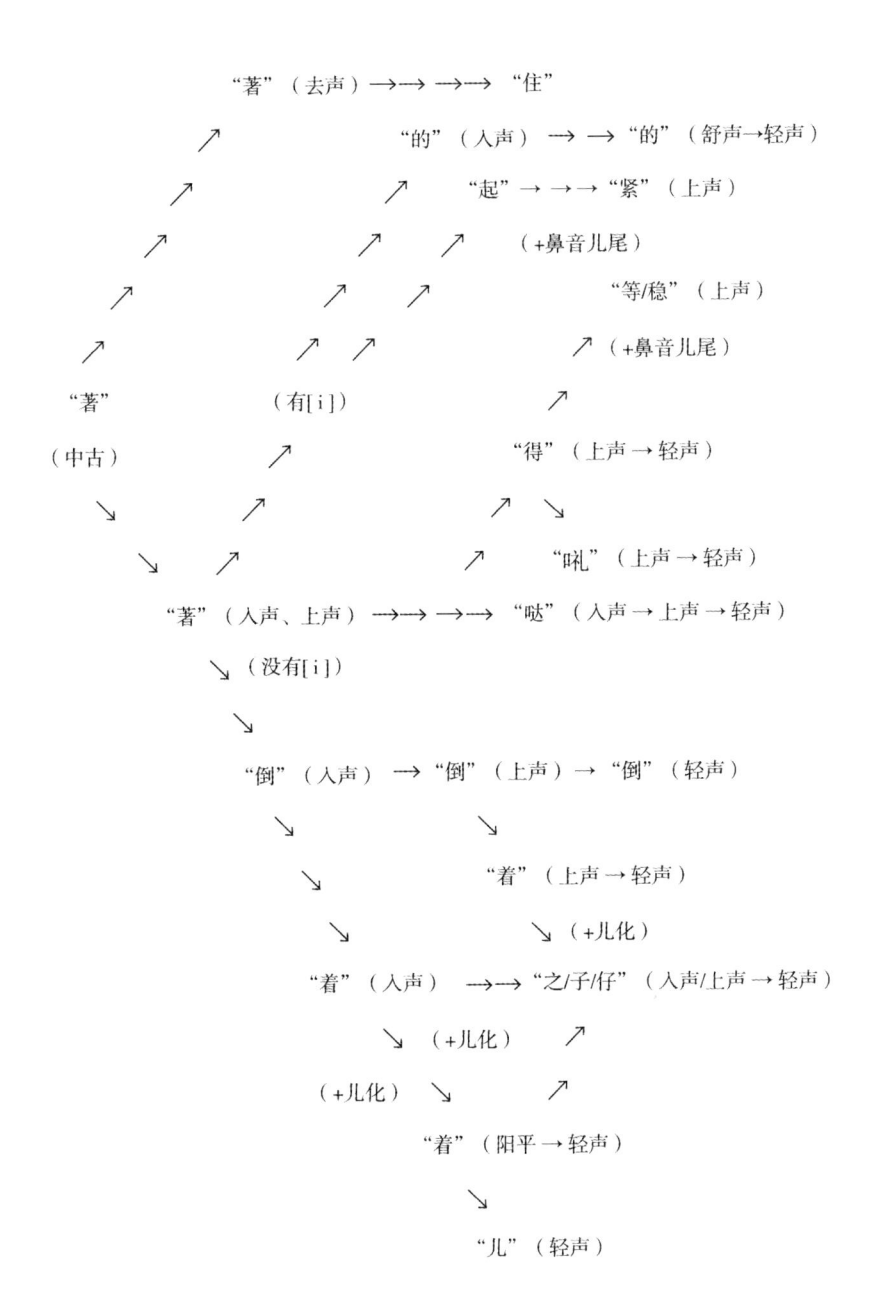

第六章　从"著"类持续标记看不同方言区之间的联系

```
                              "著"（去声）→ → → → "住"
                                    ↗
                                           "的"（入声）→ → "的"（舒声→轻声）
                              ↗           ↗
                                                "起" → → "紧"（上声）
                              ↗           ↗    ↗
                                                    （+鼻音儿尾）
                        ↗     ↗          ↗
                                                "等/稳"（上声）
                    ↗                ↗    ↗
                                           ↗（+鼻音儿尾）
              "著"        （有[i]）
             （中古）  ↗              "得"（上声→轻声）
                    ↘       ↗      ↗         ↘
                      ↘   ↗      ↗              "吼"（上声→轻声）
                "著"（入声、上声）→ → → → "哒"（入声→上声→轻声）
                    ↘（没有[i]）
                      ↘
                      "倒"（入声）→ "倒"（上声）→ "倒"（轻声）
                              ↘         ↘
                                    "着"（上声→轻声）
                              ↘     ↘（+儿化）
                      "着"（入声）→ → "之/子/仔"（入声/上声→轻声）
                              ↘（+儿化） ↗
                       （+儿化）↘    ↗
                              "着"（阳平→轻声）
                                    ↘
                              "儿"（轻声）
```

长沙话有个表示结果意义的"着"读[tʂo²⁴ ⁱⁿ声]，福州话表示结果意义的"着"读[tuoʔ⁵ ⁱⁿ声]……类似的情况将来还应该会有所发现。所以，我们比较倾向于认为，历史上曾经存在这样一个发展阶段，至少在一些方言中出现过入声的"倒"这种持续标记形式：声母仍然是舌头音（也许还是浊音）、韵母是开口呼、还保留入声韵或入声调，它既是上声"倒"的直接来源，也是今天的北京话"着"［tʂɤ⁰］/［tʂə⁰］的一个重要来源——从北方许多"着"类（［tʂ］/［ts］）声母的持续标记通行的方言、表示结果意义的"着"随古全浊入声字一起读阳平调可以推断，在入声的"倒"之后，还会出现入声的"着"（［tʂ］/［ts］），以及阳平的"着"（［tʂ］/［ts］）这些持续标记形式，直到最近的北京话的持续标记"着"。

第二节 有关"著"类持续标记演变轨迹的几点说明

上节所勾勒的演变轨迹尽管是粗线条的，但还是比较明确的。这里，有几个方面的问题还需要再强调说明一下。

一 《广韵》四个"著"和"著"类持续标记的关系

表33

著	语义	反切	声母	韵母	声调
著₁	服衣于身	张略切	知母	宕摄药韵	入声
著₂	附也	直略切	澄母	宕摄药韵	入声
著₃	著任	丁吕切	端母	遇摄语韵	上声
著₄	明也处也立也补也成也定也	陟虑切	知母	遇摄御韵	去声

表33中的四个"著"，可以分为两组来看：一组是"著₁"和"著₂"，二者在语音上的区别，仅仅是声母的清浊不同，如果再比较一下二者的语义，就会发现，其实，"著₁"和"著₂"是一组自主动词和非自主动词，二者通过声母的清浊加以区别，表达不同的语义："著₁衣"的"著₁"是自主动词，"睡著₂""附著₂"的"著₂"是非自主动词。

还有一组是"著₃"和"著₄"，二者在语音上的区别，主要是在声调上。

由此，我们认为，古入声的"著$_2$"、古上声的"著$_3$"和古去声的"著$_4$"三者是现代汉语方言"著"类持续标记的共同来源。古上声的"著$_3$"和古去声的"著$_4$"在中古以前就存在了，中古以后，二者除了继续发展演变以外，还和处于语法化过程中的古入声的"著$_2$"部分合流，古上声、古去声的"著"承袭了古入声的"著"的句法位置，三者共同发展至今，形成如今遍及现代汉语方言的不同语音面貌的持续标记。

二　持续标记和历史上的强势方言

古去声的"著"类持续标记和古入声的"著"类持续标记之间的关系、读上声的持续标记同以北京话为代表的央元音"着"类持续标记之间的关系，这两种关系中至少存在一个共同点，那就是历史上的强势方言对持续标记的分布所产生的影响。

需要申明的是：当谈到某一种语言现象的出现的时候，应该指的是它在某一个（段）时间、某一个（片）地方出现了，并进而可能影响其他地方，或者，通行的范围缩小了，但是，绝对不敢说，在所有说汉语的地方都同时出现这种情况。这个前提在谈到持续标记的时候更是需要特别强调的。

过去，人们习惯了根据语音的标准划分的现代汉语方言分区，但是，"著"类持续标记的共时平面上的分布，却打破了现有的方言分区的界限，几乎每一类持续标记都不是局限在某一个方言或次方言区内的，它们往往也不受官话和非官话的限制。不仅如此，这些持续标记虽然都来源于中古的"著"，但是它们之间的相互关系是不同的。如果说，语音上的分化是持续标记形式多样的一个内在动因，那么，每一种持续标记在现代汉语方言中的地理分布状况却是受到外因的影响——其中一个主要的外因应该就是历史上出现的强势方言，一种持续标记的通行范围是否广泛，是和使用这种持续标记的方言在一定区域内是否为强势方言有很大关系。

一种方言之所以能成为强势方言，可能由诸多因素引起。就汉语发展本身来说，北方话一直处在一个强势方言的地位上，历史上每一次的改朝换代，都有可能使北方话中产生新的强势方言，而北方一次又一次大规模的移民又把不同时期的强势方言、连同不同语音形式的持续标记带到了长江以南以及其他地区。

古去声的"著（箸）"是比较早期的一支，它的语音形式古今演变的规律性，使得它在经受了古入声"著"类持续标记的多次冲击之后，仍然能分散地保留在北至内蒙古汉语方言、中部的江淮官话、湘语、南部的粤语、海南岛闽语区这一广大的南北向的范围内。

隋唐到元代，是读上声的"著"类持续标记发展的重要时期，它进一步演变的不同的语音形式的持续标记分布范围到今天仍遍及全国，只是在北方受到明清时期出现的、以北京话为代表的"着"类持续标记的冲击。

我们还注意到，不同的方言在交界地带的相互影响，都有可能从持续标记上反映出来，因为强势方言中的持续标记，往往有可能冲击到弱势方言、全部或部分取代弱势方言中持续标记的使用范围。如果说相对于南方方言而言，北方方言一直是一种强势方言（直到今天的民族共同语地位的确立），是"著"类持续标记的起源地，而且，从方言事实可知，在北方话中，一种方言里通常也只有一种持续标记，那么，南方方言（主要是非官话方言）作为接受的一方，同一个方言同时存在两种甚至三种持续标记共存的情况却是很常见的。有的方言，同时有两个或两个以上的持续标记，它们和动词的搭配有分有混，无论是分还是混，和几个持续标记搭配的动词的总和还是和只有一个持续标记的方言相对应的。换句话说，其他地方一个持续标记的功能，在有的方言里是由两个或三个持续标记承担的。例如：粤语广州话中的"紧"和"住"，西南官话重庆话的"倒"和"起"，两个持续标记，一个"倒"侧重于动态的持续，另一个侧重于静态的持续。此外，广州话还有同样能表示持续意义的"埋［ma i^{21阳平}］"和"开［hɔ i^{53阴平}］"等（见第二章）。第二章的表7提到各类持续标记可以形成47种不同组合类型，最多的，一个方言点有4种不同的持续标记并存。不同的来源、不同读音的持续标记在同一个方言中并存，是持续标记历时发展在共时平面上的反映，弄清它们之间的关系，有助于进一步了解不同方言区之间的关系。

三　从持续标记看现代汉语方言之间的关系

既然"著"类持续标记是长期历史发展的产物，那么，不仅可以从目前持续标记的地理分布情况推测历史上强势方言的影响，也可以借此从共时平面上分析不同方言之间的关系和历史层次，因为通过持续标记这个虚词语音形式上的相同、相近、相关，可以使人们从一个新的角度认识不同方言之间的亲疏关系。

在一个地方同时有几个持续标记（或者说有不同读音的持续标记）的情况也比较多，在一个共时的平面上会同时存在不同时期产生的、或不同区域扩散过来的持续标记，它们的语音差异说明它们之间关系的不同。

如果从持续标记声母的角度来看现代汉语方言，很明显，是［t］声母和［tʂ］/［ts］声母两大类持续标记代表两个不同层次的方言：前者是"倒""哒""得""的""等"等类持续标记所在的方言，后者是以北京话为代表的后产生的"着""之/子/仔""住"等类持续标记所在的方言；从其他的语音特点来看，非官话方言以及北方的晋语等的持续标记的确要比北京话的早。

同是［t］声母，有入声或喉塞音韵尾［ʔ］的、齐齿呼的持续标记"的"主要分布在北方的晋语中，这也和晋语在语音上的古老性分不开的，而与晋语相连的广大西北方言中的没有喉塞音韵尾的"的"类持续标记应该是晋语这种"的"语音进一步弱化、喉塞音韵尾［ʔ］脱落的产物。晋语中的持续标记"的"，就应该比属于兰银官话的乌鲁木齐话的持续标记"底"要早。

从地域广大、人口众多的西南官话通行的持续标记"倒"到湘语、粤语、闽语、吴语中分散的持续标记"倒"，不仅可以看到历史上北方强势方言对长江以南地区的影响，也能看到南方非官话方言和西南官话之间的渊源关系和"湖广填四川"历史记载。

和持续标记"着""倒"等相比，"哒"显得更古老一些，持续标记"哒"的通行范围是在湘语区，这和湘语许多地方至今仍保留浊声母、入声等特点是分不开的，"哒"甚至还有读入声的情况。

同是［tʂ］/［ts］声母，持续标记"之/子/仔"作为［tʂ］/

[ts] 声母类持续标记的一种语音弱化形式，主要分布在 [t] 声母和 [tʂ] / [tɕ] 声母两大类持续标记的交界地带，而北部吴语用持续标记"仔"、南部吴语用"得"（如绍兴话）、"倒"（如处衢话）、"墶"（如温州话）等 [t] 声母类持续标记，这和北部吴语深受北方话的影响密切相关。江淮官话作为官话和非官话的交界地带，从使用持续标记"之/子"这一点上就可以看出，它与持续标记为"仔"的北部吴语之间的关系要更为紧密一些。

更值得关注的是，从持续标记的语音形式上，看到了历史上鼻音儿尾和儿化的作用，这点从现代汉语方言中也能得到一些解释：在南方，是受鼻音儿尾影响而产生的"紧"类持续标记，而在北方，可以看到儿化对形成以北京话为代表的"着"类持续标记所产生的影响，而在湘语的"哒"和与之相邻的西南官话的"倒"通行的中心区域，则很难看到儿化和鼻音儿尾的影子。虽然在"紧"类持续标记通行的客家话、赣语、粤语中，很少看到用儿尾表示小称的现象，但是这种现象在吴语中仍大量存在、在赣语中也能发现它的残留。从这一点，也可以看到客赣方言的内部联系以及它们与吴语、粤语的不同亲疏关系。

当然，在注意鼻音儿尾和儿化对持续标记影响的同时，我们也注意到晋语中一些方言的持续标记读音为 [tsə^0]，它们还有喉塞音韵尾，没有受到儿化的影响，韵母的央化应该是持续标记自身的句法地位所引起的语音弱化的结果。

四 "著"类持续标记声韵调发展的不平衡性

前面勾勒了"著"类持续标记的语音演变轨迹，并试图从持续标记在现代汉语方言的分布情况去分析不同方言区之间的亲疏关系，我们发现，即使是同一个来源，在不同的历史时期、不同的方言或区域，"著"类持续标记都可能有着不同的发展轨迹，从而形成现在语音形式多种多样的局面。就目前所掌握的方言语料看，古入声"著"类持续标记正处于不同的阶段：

声母方面：浊声母⟶清声母（舌头⟶舌上/零声母）；

韵母方面：齐齿呼⟶开口呼（单元音⟶复元音，舌面元音⟶舌尖元音）/合口呼；入声韵⟶阴声韵⟶阳声韵；

声调方面：入声→→舒声（上声/平声）→→轻声

如果说箭头前边的形式比箭头后面的形式要早，那么，对号入座，现代汉语方言中有没有"浊声母＋齐齿呼＋入声韵＋入声"这样组合的持续标记呢？也许有，只是还没有被发现？不同的持续标记，声母与声母比、韵母与韵母比、声调与声调比，也许比较容易说出哪一个出现的时间更早，但是，持续标记声韵调发展的多样性所呈现出来的不平衡性，使得在比较具体的、不同的持续标记时，往往会遇到新的问题：可以说，韵母是［i］或有［i］介音的持续标记比开口呼、合口呼的持续标记早；韵母是［au］／［ɔ］／［o］、声母是［t］的"倒"类持续标记，要比韵母是［ə］／［ɤ］和［ɿ］／［ʅ］，声母是［ts］／［tʂ］的"着"类持续标记产生的时间要早；有喉塞音韵尾［ʔ］的持续标记要比阴声韵、阳声韵的持续标记早；读入声的持续标记要比读舒声的持续标记出现早，等等。但是，如果有"浊声母＋开口呼＋上声""［t］＋齐齿呼＋轻声""［tʂ］＋阴声韵＋入声"这三种不同语音形式的持续标记，哪一种形式出现的时间会更早一些呢？不同的声、韵、调搭配的音节，使分辨工作显得比较棘手，具体问题还需具体分析，但有一点可以肯定，如果两个持续标记进行比较，其中声、韵、调三个方面的组合成分靠箭头前面的越多，出现的时间也就应该越早一些。

五 "著"类持续标记语音演变和虚词的本字

虚词的发展有一个语法化的过程，这就使它具有一些和实词的语音演变规律不完全一致的规律，所以，在考察虚词的语音演变规律时，既要参照实词的语音演变的一般规律，又要考虑到虚词因其在句子中特殊的语法功能而产生的与一方言点或同一方言区内其他同类的古声韵调的字不同的演变规律。

我们认为，在语音演变方面，虚词和实词的不同主要表现在两个方面：

一是虚词的演变速度在语法化的最初阶段，可能和实词同步，随后，浊音的清化可能比实词早，但是，当韵母、声调进一步弱化之后，声母的演变就又可能脱离同类声母而显得比较滞后。以"著"类持续标记的语音形式看，作为古全浊入声字，它可以比其他古全浊入声字更早地清化、更快地脱落塞音尾，当声母清化之后，韵母和声调的变化也开始了，这种变化的强化使［t］类声母不一定能和其他同类声母进一步演变为［tʂ］/［ts］声母。

二是虚词会因为语义的虚化而在语流中发生各种弱化现象，作为音节的组成部分的声母、韵母、声调都有可能发生不同程度的弱化、轻化直至完全消失。作为语法化过程中的"著"类持续标记，其语音形式往往呈现出一种弱化的趋势：声调的轻化、韵母的央化、声母变成［l］/［n］乃至脱落……一个音节中，声母、韵母、声调的变化是不同步的，哪一个先弱化，不同的方言有不同的表现，最初的形式是三者俱全，最弱化的形式是音节的重心落在其中的一项了：或声母（类似于"子/仔""的"等），或韵母（类似于"儿"等），或声调（类似于陕西户县、河南浚县的动词变韵等，持续标记作为独立的音节的那种形式已经不存在了）。也有一些持续标记语音弱化得也有可能和来源不同的其他虚词读音变得比较接近。比如：［ti］/［tə］/［ə］等之类的弱化音。

这样看来，"语音演变无例外"这一规律在持续标记问题上仍然是有效的：持续标记的语音表现，虽然在一些方面不符合实词语音演变的一般规律，属于"例外"，但是，作为一个仍然处在语法化过程中的语法标记来说，它的表现又符合虚词语音演变的一般规律。

持续标记（虚词）的这种具有特殊性的语音演变，使人们在考求它的本字时，必须考虑到它的这种特殊性，不能草率行事。

长期以来，书面语的（文字的书写形式）误导，加之历史方言口语（读音）语料的缺乏，使人们很容易地以为现代汉语方言不同的持续标记来源都不同，甚至有人认为是少数民族语言的影响（南方的、北方的均有）。我们认为，"著"类持续标记最初文字上都是写作"著"，只不过，随着时间的推移，动词后面的"著"渐渐同实在意义的"著"的读音差别越来越大，至少是在读上声的"著"和去声的"著"的地方，人们渐渐地不知道这个意义不太实在的字的本字是什么，为了记录方便，只好用同音字或音近字替代，这样，上声的"倒"和去声的"住"的书写形式出现了，只不过怀疑"倒"是本字的人比较多，而去声的"住"，由于和"停止"义的"住"在语音和语义上比较吻合，倒是没有多少人怀疑它的本字是不是"住"。

具有同源关系的持续标记的这种语音上的差别，产生的时间不一样，有的也许很早就有了，它们各自按照语音自身的规律发展演变，差异也就越来越大，那么，在考求虚词的本字时应该注意什么问题？

首先，鉴于虚词不同于实词的一些特殊性，在考求一个虚词的来源时，无论是语音方面还是语法意义上，都不能只在一个方言点，或一个狭小的范围内谈，应该放在尽可能广的视野下去考察，这样才有可能从周围其他方言的比较中发现语音渐变的规律，从而抓住它的本来面貌。

其次，不要被文献上的用字或方言用字这一表面现象所迷惑，应该从语音上进行仔细考察，首先考察它的语法功能是否表示持续意义，它和动词结合后能进入哪些句式。

再次，再考察它的语音形式，从实词的古今演变规律和虚词的语音弱化的可能性两方面综合考虑。

最后，如果能注意考察这个虚词语法化过程中可能出现的相关的其他语法成分的语音形式，还能更好地把握这个虚词语法化过程中语法、语音之间的相互关系和配置规律。比如，在考察"著"类持续标记的来源的时候，关注"著"在语法过程中表示结果意义、完成、作方位介词，以及句尾语气词等语法成分时的语音形式，非常有助于研究"著"类持续标记的演变过程。

六 从现代汉语方言看中古"着（著）"的语法化过程

古入声"着（著）"的语法化过程，在不同的方言或者说在不同的地域，有不同的表现，在一些地方，旧形式被新形式取代，在另一些地方，新、旧形式长期并存，只要用心去发现，就可以在现代汉语方言中找到它们的足迹。

（一）从现代汉语方言看中古"着（著）"的语法化过程

共时平面的差异，反映了历时演变的轨迹。根据现代汉语方言所提供的语言事实，我们对"着（著）"的语法化过程做了一番梳理：

从语法方面来看，来源于中古动词义的"著"，"著"最初是表示"附着"意义，后面跟的是处所宾语，到了魏晋南北朝时期"著"后面已经有了不是表示处所的宾语——格式"V 著 O"的出现，应该是

"著"真正的语法化的过程的开始——由指向其后的地点宾语，转而指向其前的动词 V。由于受主要动词 V 的排斥，"著"的动词性逐渐减弱、语法功能逐渐增强，先是出现了作结果补语的用法——还可以表示达成、结果等实在的意义，随着主要动词 V 使用范围的不断扩大（由最初的具有附着意义的动词扩大到没有附着意义的动词、由有处所意义的动词扩大到没有处所意义的动词、由静态动词扩大到动态动词），在作结果补语的"著"的位置上又平行先后产生了完成、持续两种语法意义的"著"的用法。而"著"前面的动词 V 是否具有持续性，成为判断"著"表示完成或表示持续最重要的标准之一。汉语史文献的这些情况在现代汉语方言中都能找到大量的、整齐的对应语料。

现代汉语方言中的相关句式，都是由古代汉语的相应的句式发展而来的。"着（著）"在文献中的语义比较多，出现的句式也有所不同，而现代汉语方言与之相对应的是，"着（著）"在方言中的语义也有很大差别、用法也很多。我们认为，"着（著）"的语法化过程，是在一定的句式中发生的，这个句式中的每一种组成成分的变化，都会引起其他成分的连锁反应——受事成分的变化引起动词使用范围的变化，诸多的变化，又必然引起"着（著）"的语法化程度的增加，并使"着（著）"在语音上和来源相同而语义不同的其他的"著"有所区别。语音的表现是表层的，组成成分之间的变化则是深层次的。

从语音方面来看，作结果补语的"著"还应该属于实词的范畴，所以它的语音演变还应该符合实词的语音演变规律。到了唐代，当"著"出现了表示完成、持续意义的语法功能时，由于语法地位的变化，使口语中表示完成、持续意义的"著"的语音形式在不同的地方出现不同的语音弱化形式，比如：在全浊声母清化的过程中，"着（著）"的变化是跑在前面的。原为古全浊入声字的"著"有可能比其他古全浊入声字先清化，归入清入字，并和清入字一起演变，在不同的地方或不同的时期，随清入字一起变成舒声，归入不同的舒声调类；清化后的声母有可能在后来的演变中和其他同类声母一起同步演变，或处于相对滞后的状态，或进一步弱化，它却不可能比同类声母演变速度更快了。原来语音相同的、有实在意义的字一个一个都在发生变化，把意义不实在的虚词抛在了后面，持续标记因其不能单用，总是在动词后面、从属于动词,所以,被忽视了。

从现代汉语方言持续标记的表现来看,在"着(著)"的实义、虚义分道扬镳之前,应该经历了一个声母同为[t]的阶段,这之后,有一些地方的"着(著)",无论虚实,声母一起演变为[ts];有一些地方的"着(著)",实义用法的"著"继续演变后变成了[ts]声母,虚义的"着(著)"仍为[t]声母,并一直保持到现在;还有一些地方的"着(著)"无论实义、虚义都仍为[t]声母,并一直保持到现在。比较各种持续标记的声母、韵母、声调,声母的表现也许更能直接说明持续标记的渊源关系。

从持续标记的分布情况来看,如果说"'着'字从动词向助词发展的过程,到唐为止,已经基本完成了"①,那么,从唐代起,或者更早,随着北方移民不断向南方以及其他方向扩散以及北方政治、文化的影响,北方"着(著)"的用法也随之扩散——现代南方汉语方言持续标记应该是在不同的历史时期北方表示持续意义的"着(著)"的语音基础上发展而来的。

(二)语法化和语音、语法功能的关系

从中古的"着(著)"发展到今天的持续标记,的确,在这个漫长的发展过程中,作为持续标记的"着(著)"和有实在意义的"着(著)"及有其他的语法功能的"着(著)"逐渐在语音上产生了分化,一些方言的持续标记。比如:北京话的"着[tʂɤ⁰]／[tʂə⁰]"有不同于"附着""找不着"的"着"的语音形式,从这个角度来讲,北京话的持续标记"着"语音形式比较弱化、语法功能单一。而陕西户县方言中,单音节动词表示持续意义时,可以通过动词的拖音或变调来表示,不用当地的持续标记"着"或"着儿"(孙立新 2001)(详见绪论有关内容),这大概可以代表"着(著)"类持续标记语法化程度的最高表现:语法功能单一,语音形式弱化以至于持续标记作为音节单位的消失并由此引起它前面的动词的音变。

但是,在谈到持续标记语法化程度的高低的时候,又不能简单地把语法化程度高和语法功能单一、语音形式弱化等同起来,它们之间并不

---

① 曹广顺:《近代汉语助词》,语文出版社 1995 年版。

是一个简单的成正比的关系，因为在现代汉语方言里，有不少语音形式已经弱化，但语法功能并不单一的情况，比如"之/子/仔"的语音形式是一种弱化形式，但是在吴语中"仔"不仅可以表示持续意义，还可以表示完成意义，不仅如此，属于江淮官话的安徽巢湖话的"之[tʂʅ⁰]"，不仅可以表示持续意义的"着"和表示完成意义的"了"，而且有相当于结果补语"着"的用法，例如：①

安徽巢湖话：
他们两个只做之半边夫妻//树叶黄之（相当于"了"）
他站之在//手上巴之橡皮膏//炉上垛之一壶水（相当于"着"）
跑开的水，小心烫之（相当于结果补语"着"）

广州话中的"紧""住（著）"分担了持续标记的功能，用"咗（著）"表示完成，应该是各司其职，但其语音形式却不是最弱化的形式。

在前面谈到声调问题的时候也说到，读轻声的持续标记还包括喉塞音韵尾的持续标记。

---

① 许利英：《巢湖方言词汇》（一）（二）（三），《方言》1998年第2、3、4期。

余　　论

　　现代汉语方言持续标记也许不止一个来源，经过多方考证，我们认为，现代汉语方言中许多语音形式不同的持续标记来源于中古入声、附着意义的"著"（也包括古上声、古去声的"著"），而且，通过分析可知，"著"最终成为现代汉语方言持续标记的主要来源之一，也不是偶然的，而是有它的历史必然性。

　　本书立足于语音和语法两个方面、共时和历时两个层次、口语和书面语两个角度，充分利用丰富的现代汉语方言语料，勾勒"著"类持续标记地理分布上的特点、追溯它的语法化轨迹。我们相信，语言的空间差异（共时）反映了语言在时间上的发展序列（历时），而语言在时间上的发展情况又必然在语言的空间差异中有所反映，希望所做的一切能经得起以后新发现的语法事实的检验。

　　上古汉语没有和"着"对应的词，但是也能表达持续意义，靠的是动词本身的语义，中古的"著（着）"从连动成分发展为动补成分，进而语法化为表示持续意义的标记，在不同的时期、不同的地域有着不同的语音演变，直至语音弱化为需要通过前面动词的变韵、变调来表示持续意义，仿佛又回到了起点。

　　持续标记最核心的作用就是凸显动词的持续状态，是把隐性的语法意义显性化，是汉语形态发展的一个具体表现，而从另一个角度上说，持续标记"著"的产生，也是动词双音化发展的产物。

　　对现代汉语持续标记的探源，其实也是对一个虚词考本字的研究个案。我们在参照相关实词语音演变规律的同时，充分考虑到虚词语音演变的特殊性，努力排除方言语料中同音字的干扰，以建立不同语音形式的持续标记之间的内在联系。

有共同来源的"著"类持续标记，由于受到不同因素的影响（共时的和历时的、语言内部的和语言外部的），不断出现新的语音形式，这些语音形式在不同的地区通行、彼此之间又形成了平行发展的关系。虽然从整体上看，语音形式呈现出一种不断弱化的趋势，但是从现代汉语方言事实来看，语音形式的弱化和语法功能的单一化并不一定是成正比的，因为即使是最弱化的语音形式，也同时兼有多种语法功能。

　　和很多语言现象一样，在漫长的历史发展过程中，推动"著"类持续标记不断分化的因素也来自两个方面：一是语言的内部因素，二是语言的外部因素。语言的内部因素又包括语法和语音两个方面。语法方面，随着语言向不断精密的方向发展，"著"的语法功能不断分化——语法功能上的分化对虚词来说非常重要。语音方面，又可以从两方面来谈，一是语法功能的分化引起"著"在语法化过程的不同阶段产生不同的语音形式，二是"著"在整个语法化过程的不同阶段，和音韵地位相同的实词的语音演变步调可能是不一致的，或快，或慢，也可能是同步的。语言的外部因素，对现代汉语"著"类持续标记的影响主要表现在移民方面。历史上，多次移民，方向一般是从中原地区向东、向南、向西南、向西北、向东北——这就造成了一种现象：分布广的持续标记，往往是近代形成的；而近代形成的持续标记随着移民的力量对早期的持续标记的分布区域又产生了强有力的冲击（渗透，以致替代）。

　　有人说，民族的，才是世界的。我们说，汉语的，也是世界的。

　　我们不能奢望一本书就能解决现代汉语方言持续标记的所有问题，但是，如果这本小书能引起更多的人关注这个问题，也就很知足了。

参考文献及引书目录

一　著作（按作者姓名音序排列）

［韩］郑光主编，梁伍镇、［韩］郑丞惠编:《原本老乞大》，外语教学与研究出版社2002年版。

［日］平田昌司主编:《徽州方言研究》，日本好文出版社1998年版。

［日］桥本万太郎:《语言地理类型学》，北京大学出版社1985年版。

［日］太田辰夫:《中国历史文法》，蒋绍愚、徐昌华译，北京大学出版社1987年版。

［日］太田辰夫:《中国语历史文法》，江南书院1958年版。

［日］志村良治:《中国中世语法史研究》，江蓝生、白维国译，中华书局1995年版。

B. Comrie：Language Universals and Linguistic Typology, Basil Blackwell, 1981；2nd edition 1989. 中译本《语言共性和语言类型学》（伯纳德－科姆里著、沈家煊译），华夏出版社1989年版。

J. K. Chambers and Peter Trudgill Dialectology Cambridge University Press, 1998.（《方言学》，北京大学出版社2002年版。）

Paul J. Hopper and Elizabeth Closs Traugott, Grammaticalization, Foreign Language Teaching and Research Press, 2001；Cambridge University Press, 1993.

William Croft Typology and Universals, Foreign Language Teaching and Research Press, 2000；Cambridge University Press, 1990.

鲍厚星:《东安土话研究》，湖南教育出版社1998年版。

鲍明炜、顾黔主编，胡士云著:《涟水方言研究》，中华书局2011年版。

鲍明炜、顾黔主编,汪平著:《苏州方言研究》,中华书局2011年版。
曹广顺:《近代汉语助词》,语文出版社1995年版。
曹志耘:《南部吴语语音研究》,商务印书馆2002年版。
曹志耘、秋谷裕幸、太田斋、赵日新:《吴语处衢方言研究》,日本好文出版社2000年版。
曹志耘主编:《汉语方言地图集》,商务印书馆2008年版。
陈刚、宋孝才、张秀珍编:《现代北京口语词典》,语文出版社1997年版。
陈刚编:《北京方言词典》,商务印书馆1985年版。
陈晖:《涟源方言研究》,湖南教育出版社1999年版。
陈满华:《安仁方言》,北京语言学院出版社1995年版。
陈山青:《汨罗长乐方言研究》,湖南教育出版社2006年版。
陈淑梅:《鄂东方言语法研究》,江苏教育出版社2001年版。
陈淑梅:《湖北英山方言志》,华中师范大学出版社1989年版。
陈晓锦:《东莞方言略》,广东人民教育出版社1993年版。
陈亚川、郑懿德:《汉语集稿》,台北文鹤出版有限公司1992年版。
陈泽平:《福州方言研究》,福建人民出版社1998年版。
陈章太、李如龙:《闽语研究》,语文出版社1991年版。
储泽祥:《邵阳方言研究》,湖南教育出版社1998年版。
戴庆厦主编:《中国民族语言文学研究论集》(语言专集,第4辑),民族出版社2004年版。
戴庆厦主编:《中国少数民族语言文学研究文集》(2),民族出版社2002年版。
戴耀晶:《现代汉语时体系统研究》,浙江教育出版社1997年版。
戴昭铭主编,周磊副主编:《汉语方言语法研究和探索——首届国际汉语方言语法学术研讨会论文集》,黑龙江人民出版社2003年版。
丁声树等:《现代汉语语法讲话》,商务印书馆1999年版。
董同龢:《华阳凉水井客家话记音》,历史语言研究所集刊第十九本,商务印书馆1948年版。
方松熹:《舟山方言研究》,社会科学文献出版社1993年版。
冯爱珍:《福清方言研究》,社会科学文献出版社1993年版。

何守伦:《永胜方言志》,语文出版社 1989 年版。
何伟棠:《增城方言志》(第一分册),广东人民出版社 1993 年版。
河北省昌黎县县志编纂委员会、中国社会科学院语言研究所:《昌黎方言志》,科学出版社 1960 年版。
贺凯林:《溆浦方言研究》,湖南教育出版社 1999 年版。
贺巍:《官话方言研究》,方志出版社 2002 年版。
侯精一:《现代晋语的研究》,商务印书馆 1999 年版。
侯精一、温端政主编:《山西方言调查研究报告》,山西高校联合出版社 1993 年版。
侯精一主编:《现代汉语方言概论》,上海教育出版社 2002 年版。
胡明扬主编:《汉语方言体貌论文集》,江苏教育出版社 1996 年版。
胡明扬主编《现代汉语方言体貌论文集》,江苏教育出版社 1996 年版。
湖南省地方志编纂委员会编:《湖南省志方言志》(上、下册),湖南人民出版社 2001 年版。
黄伯荣主编:《汉语方言语法类编》,青岛出版社 1996 年版。
黄家教等著:《汉语方言论集》,北京语言文化大学出版社 1997 年版。
黄群建:《通山方言志》,武汉大学出版社 1994 年版。
黄群建:《阳新方言志》,中国三峡出版社 1995 年版。
黄雪贞:《江永方言研究》,社会科学文献出版社 1993 年版。
江蓝生:《近代汉语探源》,商务印书馆 2000 年版。
蒋绍愚:《近代汉语研究概况》,北京大学出版社 1994 年版。
李蓝:《湖南城步青衣苗人话》,中国社会科学出版社 2004 年版。
李立成:《元代汉语音系的比较研究》,外文出版社 2002 年版。
李连进:《平话音韵研究》,广西人民出版社 2000 年版。
李启群:《吉首方言研究》,民族出版社 2002 年版。
李荣:《文字问题》,商务印书馆 1987 年版。
李荣:《音韵存稿》,商务印书馆 1982 年版。
李荣:《语文论衡》,商务印书馆 1985 年版。
李荣、熊正辉、张振兴主编:《中国语言地图集》,香港朗文(远东)出版有限公司 1987 年、1990 年版。
李荣主编,白宛如编:《广州方言词典》,江苏教育出版社 1998 年版。

李荣主编，鲍厚星、崔振华等编：《长沙方言词典》，江苏教育出版社1993年版。

李荣主编，鲍士杰编：《杭州方言词典》，江苏教育出版社1998年版。

李荣主编，蔡国璐编：《丹阳方言词典》，江苏教育出版社1995年版。

李荣主编，曹志耘编：《金华方言词典》，江苏教育出版社1996年版。

李荣主编，陈鸿迈编：《海口方言词典》，江苏教育出版社1996年版。

李荣主编，冯爱珍编：《福州方言词典》，江苏教育出版社1998年版。

李荣主编，贺巍编：《洛阳方言词典》，江苏教育出版社1996年版。

李荣主编，黄雪贞编：《梅县方言词典》，江苏教育出版社1995年版。

李荣主编，李如龙、潘渭水编：《建瓯方言词典》，江苏教育出版社1998年版。

李荣主编，李树俨、张安生编：《银川方言词典》，江苏教育出版社1996年版。

李荣主编，梁德曼、黄尚军编：《成都方言词典》，江苏教育出版社1998年版。

李荣主编，刘村汉编：《柳州方言词典》，江苏教育出版社1995年版。

李荣主编，刘丹青编：《南京方言词典》，江苏教育出版社1995年版。

李荣主编，罗福腾编：《牟平方言词典》，江苏教育出版社1997年版。

李荣主编，钱曾怡编：《济南方言词典》，江苏教育出版社1998年版。

李荣主编，沈明编：《太原方言词典》，江苏教育出版社1994年版。

李荣主编，苏晓青、吕永卫编：《徐州方言词典》，江苏教育出版社1996年版。

李荣主编，覃远雄、韦树关、卞成林编：《南宁方言词典》，江苏教育出版社1997年版。

李荣主编，汤珍珠、陈忠敏、吴新贤编：《宁波方言词典》，江苏教育出版社1997年版。

李荣主编，汪平编：《贵阳方言词典》，江苏教育出版社1994年版。

李荣主编，王军虎编：《西安方言词典》，江苏教育出版社1996年版。

李荣主编，王世华、黄继林编：《扬州方言词典》，江苏教育出版社1996年版。

李荣主编，魏钢强编：《萍乡方言词典》，江苏教育出版社1998年版。

李荣主编，温端政、张光明编：《忻州方言词典》，江苏教育出版社 1995 年版。

李荣主编，吴建生、赵宏因编：《万荣方言词典》，江苏教育出版社 1997 年版。

李荣主编，谢留文编：《于都方言词典》，江苏教育出版社 1998 年版。

李荣主编，熊正辉、张振兴副主编：《现代汉语方言大词典》（41 种分卷本），江苏教育出版社 1998 年版。

李荣主编，熊正辉编：《南昌方言词典》，江苏教育出版社 1995 年版。

李荣主编，许宝华、陶寰编：《上海方言词典》，江苏教育出版社 1997 年版。

李荣主编，颜清徽、刘丽华编：《娄底方言词典》，江苏教育出版社 1994 年版。

李荣主编，颜森编：《黎川方言词典》，江苏教育出版社 1995 年版。

李荣主编，叶祥苓编：《苏州方言词典》，江苏教育出版社 1993 年版。

李荣主编，尹世超编：《哈尔滨方言词典》，江苏教育出版社 1997 年版。

李荣主编，游汝杰、杨乾明编：《温州方言词典》，江苏教育出版社 1998 年版。

李荣主编，詹伯慧、陈晓锦编：《东莞方言词典》，江苏教育出版社 1997 年版。

李荣主编，张成材编：《西宁方言词典》，江苏教育出版社 1994 年版。

李荣主编，张惠英编：《崇明方言词典》，江苏教育出版社 1993 年版。

李荣主编，张振兴、蔡叶青编：《雷州方言词典》，江苏教育出版社 1998 年版。

李荣主编，周长楫编：《厦门方言词典》，江苏教育出版社 1993 年版。

李荣主编，周磊编：《乌鲁木齐方言词典》，江苏教育出版社 1995 年版。

李荣主编，朱建颂编：《武汉方言词典》，江苏教育出版社 1995 年版。

李荣主编：《现代汉语方言大词典》，江苏教育出版社 2002 年版。

李如龙：《福建县市方言志 12 种》，福建教育出版社 2001 年版。

李如龙：《汉语方言的比较研究》，商务印书馆 2001 年版。

李如龙、张双庆：《介词》，暨南大学出版社 2000 年版。

李如龙、张双庆主编：《客赣方言调查报告》，厦门大学出版社 1992

年版。

李如龙、周日健主编:《客家方言研究(第二届客家方言研讨会论文集)》,暨南大学出版社 1998 年版。

李思敬:《汉语"儿"[ɚ]音史研究》,商务印书馆 1986 年版。

李维琦:《祁阳方言研究》,湖南教育出版社 1998 年版。

李小凡:《苏州方言语法研究》,北京大学出版社 1998 年版。

李新魁、黄家教、施其生、麦耘、陈方定:《广州方言研究》,广东人民出版社 1995 年版。

李学军:《河南内黄方言研究》,中国社会科学出版社 2016 年版。

李永明:《临武方言——土话与官话的比较研究》,湖南人民出版社 1988 年版。

梁明江:《海南方言说要》,海南出版社 1994 年版。

林立芳、庄初升:《南雄珠玑方言志》,暨南大学出版社 1995 年版。

林连通、陈章太编著:《永春方言志》,语文出版社 1989 年版。

刘国斌著,陈有恒审订:《通城方言》,中国文史出版社 1991 年版。

刘海章等:《荆楚方言研究》,华中师范大学出版社 1992 年版。

刘坚、江蓝生、白维国、曹广顺:《近代汉语虚词研究》,语文出版社 1992 年版。

刘丽华:《娄底方言研究》,中南大学出版社 2001 年版。

刘纶鑫:《江西客家方言概况》,江西人民出版社 2001 年版。

刘纶鑫:《客赣方言比较研究》,中国社会科学出版社 1999 年版。

刘淑学:《中古入声字在河北方言中的读音研究》,河北大学出版社 2000 年版。

刘兴策:《宜昌方言研究》,华中师范大学出版社 1994 年版。

刘一之:《北京话中的"着(zhe)"字新探》,北京大学出版社 2001 年版。

刘月华、潘文娱、故韡:《实用现代汉语语法》,外语教学与研究出版社 1983 年版。

柳士镇:《魏晋南北朝历史语法》,南京大学出版社 1992 年版。

卢甲文:《郑州方言志》,语文出版社 1992 年版。

卢开礴、张苐:《永富方言志》,语文出版社 1988 年版。

卢小群:《嘉禾土话研究》,中南大学出版社 2002 年版。

卢小群、李蓝主编:《汉语方言时体问题新探索》,中央民族大学出版社 2014 年版。

吕叔湘:《汉语语法论文集》,科学出版社 1955 年版。商务印书馆 1999 年增订版。

吕叔湘主编:《现代汉语八百词》,商务印书馆 1980 年版。

吕叔湘著,张振兴校订:《丹阳方言语音编》,语文出版社 1993 年版。

罗康宁编著,叶国泉审定:《信宜方言志》,中山大学出版社 1987 年版。

罗昕如:《新化方言研究》,湖南教育出版社 1998 年版。

罗肇锦:《客语语法》,台北学生书局 1985 年版。

马国凡、邢向东、马叔骏:《内蒙古汉语方言志》,内蒙古教育出版社 1997 年版。

孟琮、郑怀德、孟庆海、蔡文兰:《汉语动词用法词典》,商务印书馆 2003 年版。

莫超:《白龙江流域汉语方言语法研究》,中国社会科学出版社 2004 年版。

聂建民、李琦编纂:《汉语方言研究文献目录》,江苏教育出版社 1994 年版。

彭泽润:《衡山方言研究》,湖南师范大学出版社 1999 年版。

钱奠香:《海南屯昌闽语语法研究》,云南大学出版社 2002 年版。

钱乃荣:《当代吴语研究》,上海教育出版社 1992 年版。

钱乃荣:《上海话语法》,上海人民出版社 1997 年版。

钱曾怡:《博山方言研究》,社会科学文献出版社 1993 年版。

钱曾怡:《论儿化》,《中国语言学报》(总第五期),商务印书馆 1995 年版。

钱曾怡等:《烟台方言报告》,齐鲁书社 1982 年版。

钱曾怡主编,曹延杰著:《德州方言志》,语文出版社 1991 年版。

钱曾怡主编,曹延杰著:《宁津方言志》,中国文史出版社 2003 年版。

钱曾怡主编,高慎贵著:《新泰方言志》,语文出版社 1995 年版。

钱曾怡主编,高晓虹:《章丘方言志》,齐鲁书社 2011 年版。

钱曾怡主编,罗福腾著:《牟平方言志》,语文出版社 1995 年版。

钱曾怡主编，马风如著：《金乡方言志》，齐鲁书社2000年版。

钱曾怡主编，马静、吴永焕著：《临沂方言志》，齐鲁书社2003年版。

钱曾怡主编，孟庆泰，罗福腾著：《淄川方言志》，语文出版社1993年版。

钱曾怡主编，钱曾怡、曹志耘、罗福腾：《诸城方言志》，吉林人民出版社2002年版。

钱曾怡主编，钱曾怡、罗福腾著：《潍坊方言志》，语文出版社1992年版。

钱曾怡主编，邵艳梅、张贵霞、张涛、王全宝著：《费县方言志》，商务印书馆2019年版。

钱曾怡主编，王淑霞著：《荣成方言志》，语文出版社1995年版。

钱曾怡主编，杨秋泽著：《利津方言志》，语文出版社1990年版。

钱曾怡主编，于克仁著：《平度方言志》，语文出版社1992年版。

钱曾怡主编，张鹤泉著：《聊城方言志》，语文出版社1995年版。

钱曾怡主编，张树铮、罗福腾副主编：《山东方言研究》，齐鲁书社2001年版。

钱曾怡主编，张树铮著：《寿光方言志》，语文出版社1995年版。

钱曾怡主编，张廷兴著：《沂水方言志》，语文出版社1999年版。

钱曾怡主编，赵日新、沈明、扈长举等：《即墨方言志》，语文出版社1991年版。

乔全生：《汾西方言志》，山西高校联合出版社1990年版。

乔全生：《晋方言语法研究》，商务印书馆2000年版。

青岛市史志办公室编：《青岛市志（方言志）》，新华出版社1997年版。

邵则遂：《天门方言研究》，华中师范大学出版社1991年版。

沈家煊：《〈语法化学说〉导读》，外语教学与研究出版社2001年版。

沈家煊：《不对称和标记论》，江西教育出版社1999年版。

沈若云：《宜章土话研究》，湖南教育出版社1999年版。

施其生：《方言论稿》，广东人民出版社1996年版。

石毓智、李讷：《汉语语法化的历程——形态句法发展的动因和机制》，北京大学出版社2001年版。

苏晓青：《东海方言研究》，新疆大学出版社1997年版。

孙立新:《户县方言研究》,东方出版社2001年版。

汤珍珠、陈忠敏:《嘉定方言研究》,社会科学文献出版社1993年版。

汪国胜:《大冶方言语法研究》,湖北教育出版社1994年版。

王福堂:《汉语方言语音的演变和层次》,语文出版社1999年版。

王力:《汉语史稿》,中华书局1958年版,1980年重印。

王力:《汉语语法史》,商务印书馆1989年版。

王力:《汉语语音史》,中国社会科学出版社1985年版。

王群生:《湖北荆沙方言》,武汉大学出版社1994年版。

王士元著、石锋等译:《语言的探索——王士元语言学论文选译》,北京语言文化大学出版社2000年版。

魏钢强:《萍乡方言志》,语文出版社1990年版。

温端政主编,吕枕甲著:《运城方言志》,山西高校联合出版社1991年版。

吴福祥:《敦煌变文语法研究》,岳麓书社1996年版。

吴启主:《常宁方言研究》,湖南教育出版社1998年版。

吴泽顺、张作贤:《华容方言志》,湖南人民出版社1989年版。

伍云姬主编:《湖南方言的动态助词》,湖南师范大学出版社1996年版。

夏剑钦:《浏阳方言研究》,湖南教育出版社1998年版。

项梦冰:《连城客家话语法研究》,语文出版社1997年版。

谢伯端:《辰溪方言》,湘潭大学出版社2016年版。

谢伯端:《张家界方言》,湘潭大学出版社2016年版。

谢留文:《客家方言语音研究》,中国社会科学出版社2003年版。

辛永芬:《浚县方言语言研究》,中华书局2006年版。

邢福义:《汉语语法学》,东北师范大学出版社1998年版。

邢向东:《神木方言研究》,中华书局2002年版。

邢向东、张永胜:《内蒙古西部方言语法研究》,内蒙古人民出版社1997年版。

邢向东主编:《西北方言与民俗研究论丛》,中国社会科学出版社2004年版。

徐慧:《益阳方言语法研究》,湖南教育出版社2002年版。

徐通锵:《历史语言学》,商务印书馆1991年版。

许宝华、汤珍珠:《上海市区方言志》,上海教育出版社1988年版。

杨必胜、潘家懿、陈建民:《广东海丰方言研究》,语文出版社1996年版。

杨发兴:《长阳方言志》,长阳土家族自治县新华印刷厂1994年版。杨时逢:《云南方言调查报告》,"中研院"历史语言研究所专刊之五十六,"中研院"历史语言研究所1969年版。

杨时逢:《湖南方言调查报告》,"中研院"历史语言研究所专刊之六十六,"中研院"历史语言研究所1974年版。

杨时逢:《四川方言调查报告》,"中研院"历史语言研究所专刊之八十二,"中研院"历史语言研究所1984年版。

杨述祖、王艾录著:《祁县方言志》,祁县县志办公室1984年版。

杨蔚:《沅陵乡话研究》,湖南教育出版社1999年版。

游汝杰:《汉语方言学导论》,上海教育出版社1992年版。

袁家骅:《汉语方言概要》(第二版),文字改革出版社1986年版。

曾毓美:《韶山方言研究》,湖南师范大学出版社1999年版。

詹伯慧、李如龙、张双庆:《第四届国际闽方言研讨会论文集》,汕头大学出版社1996年版。

詹伯慧主编:《广东粤方言概要》,暨南大学出版社2002年版。

张安生:《同心方言研究》,宁夏人民出版社2000年版。

张伯江、方梅:《汉语功能语法研究》,江西教育出版社1996年版。

张成材:《商县方言志》,语文出版社1990年版。

张成材、朱世奎:《西宁方言志》,青海人民出版社1987年版。

张茀:《澄江方言志》,云南民族出版社1996年版。

张光宇:《闽客方言史稿》,台北南天书局1996年版。

张鸿魁:《临清方言志》,中国展望出版社1990年版。

张华文、毛玉玲编著:《昆明方言词典》,云南教育出版社1997年版。

张双庆主编:《动词的体》,香港中文大学中国文化研究所、吴多泰中国语文研究中心1996年版。

张双庆主编:《乐昌土话研究》,厦门大学出版社2000年版。

张双庆主编:《连州土话研究》,厦门大学出版社2004年版。

张薇:《浙江方言资源典藏 海盐》,浙江大学出版社2019年版。

张维佳:《演化与竞争：关中方言音韵结构的变迁》，陕西人民出版社 2002 年版。

张相:《诗词曲语辞汇释》（上、下），中华书局 1953 年版。

张晓勤:《宁远平话研究》，湖南教育出版社 1999 年版。

张一舟、张清源、邓英树:《成都方言语法研究》，巴蜀书社 2001 年版。

张振兴:《广东海康方言记略》，《方言》1987 年第 4 期。

张振兴:《台湾闽南方言记略》，福建人民出版社 1993 年版；台北文史哲出版社（台一版）1989 年版。

张振兴:《漳平方言研究》，中国社会科学出版社 1992 年版。

张振兴:《著名中年语言学家自选集（张振兴卷）》，安徽教育出版社 2002 年版。

赵元任:《钟祥方言记》，科学出版社 1956 年版。

赵元任、丁声树、杨时逢、吴宗济、董同龢:《湖北方言调查报告》，"中研院"历史语言研究所专刊，台联国风 1972 年版。

赵元任著、吕叔湘译:《北京口语语法》，商务印书馆 1979 年版。

郑庆君:《常德方言研究》，湖南教育出版社 1999 年版。

中国社会科学院语言研究所:《方言调查字表》（修订本），商务印书馆 1983 年版。

中国社会科学院语言研究所词典编辑室:《现代汉语词典（第 7 版）》，商务印书馆 2019 年版。

周本良:《桂北平话与推广普通话——临桂义宁话研究》，广西民族出版社 2005 年版。

周日健:《新丰方言志》，广东高等教育出版社 1990 年版。

周一民:《北京口语语法（词法卷）》，语文出版社 1998 年版。

周振鹤、游汝杰:《方言与中国文化》，上海人民出版社 1986 年版。

朱德熙:《语法讲义》，商务印书馆 1982 年版。

一 论文（按作者姓名音序排列）

［美］张琨:《汉语方言中的几种音韵现象》，《中国语文》1992 年第 4 期。

［日］木村英树:《关于补语性词尾"着/zhe/"和"了/le/"》，《语文研

究》1983年第2期。

[日] 桥本万太郎:《现代吴语的类型学》,《方言》1979年第3期。

曹广顺:《元典章·刑部中的"讫"和"到"》,转引自四川大学汉语史研究所编《汉语史研究集刊》(第1辑,上),巴蜀书社1998年版。

曹广顺:《祖堂集中的"底(的)""却(了)""著"》,《中国语文》1986年第3期。

陈刚:《试论"着"的用法及其与英语进行式的比较》,《中国语文》1980年第1期。

陈平:《论现代汉语时间系统的三元结构》,《中国语文》1988年第6期。

陈小荷:《汉语口语里的句末语素"着"》,《中国语文》1990年第6期。

陈有恒:《鄂南方言的几个语法现象》,《咸宁师专学报》1990年第1期。

储泽祥:《赣语岳西话的过程体与定格体》,《方言》2004年第2期。

崔振华:《长沙方言中的"起"》,《湖南师大学报》1985年增刊。

戴庆厦主编:《中国少数民族语言文学研究文集》(2),民族出版社2002年版。

邓玉荣:《贺州(莲塘)客家话体助词"典"和"倒"》,转引自朱方冈主编《广西语言研究》,广西师范大学出版社1999年版。

丁崇明、荣晶:《昆明方言的"着"字》,《方言》1994年第4期。

丁崇明、荣晶:《昆明话的"着"》,《云南大学研究生论丛》1980年第1期。

丁声树撰文、李荣制表:《汉语音韵讲义》,《方言》1981年第4期。

费春元:《说"着"》,《语文研究》1992年第2期。

冯爱珍:《福清方言声母与〈广韵〉声母比较》,《方言》1990年第2期。

冯爱珍:《婺源方言的体助词"之"》,全国汉语方言学会第9届学术讨论会论文,汕头,1997年2月。

傅国通:《武义方言的连读变调》,《方言》1984年第2期。

傅国通、方松熹、蔡勇飞、鲍士杰、傅佐之:《浙江吴语分区》,浙江省语言学会《语言学年刊》第三期(方言专刊),《杭州大学学报》1985年增刊。

龚千炎:《谈现代汉语的时制表示和时态表达系统》,《中国语文》1991

年第 4 期。

郭熙:《"放到桌子上""放在桌子上""放桌子上"》,《中国语文》1986 年第 1 期。

郭正彦:《哈尔滨话的一些语法特点》,《学习与探索》1981 年第 2 期。

贺巍、钱曾怡、陈淑静:《河北省北京市天津市方言的分区(稿)》,《方言》1986 年第 4 期。

胡双宝:《文水方言志》,《语文研究》1984 年增刊。

黄丁华:《闽南方言的虚字眼"阿"和"仔"》,《中国语文》1958 年第 1 期。

黄丁华:《闽南方言的虚字眼"在、着、里"》,《中国语文》1958 年第 2 期。

黄家教等:《汉语方言论集》,北京语言大学出版社 1997 年版。

黄雪贞:《湖南江永方言音系》,《方言》1988 年第 3 期。

黄雪贞:《西南官话的分区》,《方言》1986 年第 4 期。

江蓝生:《"动词 + X + 地点词"句型中介词"的"探源》,《古汉语研究》1994 年第 4 期。

江蓝生:《吴语助词"来""得来"溯源》,《中国语言学报》(总第五期),商务印书馆 1995 年版。

金奉民:《助词"着"的基本语法意义》,《汉语学习》1991 年第 4 期。

黎运汉:《汉语虚词演变的趋势初探》,《暨南大学学报》1981 年第 4 期。

李冬香:《浏阳方言"倒"字研究》,硕士毕业论文,湖南师范大学,1998 年。

李金陵:《皖西潜怀十县方言语法初探》,全国汉语方言学会第 8 届学术讨论会论文,武汉,1995 年 10 月。

李蓝:《贵州大方话中的"ᶜ到"和"起"》,《中国语文》1998 年第 2 期。

李蓝:《西南官话内部声调与声母的异同》,博士学位论文,中国社会科学院研究生院,1995 年。

李讷、石毓智:《论汉语体标记诞生的机制》,《中国语文》1997 年第 2 期。

李倩:《宁夏中宁方言的虚词"着"》,《语文研究》1997 年第 4 期。

李荣:《方言研究中的若干问题》,《方言》1983年2期。

李荣:《官话方言的分区》,《方言》1985年第1期。

李荣:《切韵与方言》,《方言》1983年第3期。

李小凡:《现代汉语普通话体貌系统新探》,转引自《21世纪的中国语言学》,商务印书馆2003年版。

李行杰:《描写、分析、综合、创新》,《方言》1999年第1期。

厉兵:《长海方言的儿化与子尾》,《方言》1981年第2期。

林立芳主编:《第三届客家方言研讨会论文集》,《韶关大学学报》2000年增刊。

刘丹青:《无锡方言的体助词"则"(仔)和"着"——兼评吴语"仔"源于"着"的观点》,转引自《中国语言学报》(总第五期),商务印书馆1995年版。

刘丹青:《语法化中的创新、强化与叠加》,《语言研究》2001年第2期。

刘坚:《〈训世评话〉中所见明代前期汉语的一些特点》,《中国语文》1992年第4期。

刘宁生:《论"着"及其相关的两个动态范畴》,《语言研究》1985年第2期。

刘祥柏:《六安丁集话体貌助词"倒"》,《方言》2000年第2期。

刘一之:《北京口语中的"着"》,转引自北京大学中文系编《语言学论丛》(第22辑),商务印书馆1999年版。

陆俭明:《"着(zhe)"字补议》,《中国语文》1999年第5期。

吕叔湘:《释景德传灯录中在、著二助词》,转引自吕叔湘《汉语语法论文集》(增订本),商务印书馆1984年版。原载华西协合大学业中国文化研究所集刊1941年第1卷第3期。

罗骥:《论语气词"著"的来源及与动词形尾"著"的关系》,《云南师范大学学报》(哲学社会科学版)2004年第4期。

罗骥:《试说句末语气词"著"在北宋的使用及其来源问题》,《云南教育学院学报》1993年第2期。

罗骥:《现代汉语"着呢"的来源》,转引自四川大学汉语史研究所编《汉语史研究集刊》(第一辑,上),1998年版。

罗自群:《从"坐着吃比站着吃好"谈起——汉语方言中持续意义的几

种表现形式》,《语文研究》2002年第1期。

罗自群:《从官话"着(之/子)"类持续标记看中古"著"的语法化过程》,香港《中国语文研究》2004年第2期。

罗自群:《从湖北方言调查报告看湖北方言的声调特点》,《语言研究》2002年特刊。

罗自群:《汉语方言读上声的持续标记"倒"》,《语言研究》2006年第1期。

罗自群:《论"在N处+VP"和"在+VP"的关系》,《语言研究》1998年第2期。

罗自群:《现代汉语方言"VP+(O)+在里/在/哩"格式的比较研究》,《语言研究》1999年第2期。

罗自群:《现代汉语方言表示持续意义的"住"》,《中国语文》2005年第2期。

罗自群:《现代汉语方言持续标记的比较研究》,博士学位论文,中国社会科学院研究生院,2003年。

罗自群:《现代汉语方言持续标记的类型》,《语言研究》2004年第1期。

罗自群:《襄樊方言的"V倒O/L在"》,《语言研究》1999年增刊。

罗自群:《襄樊方言的"倒"和"在"》,硕士学位论文,华中理工大学,1996年。

罗自群:《襄樊方言的"在"字句》,《汉语学报》2005年第1期。

罗自群:《襄樊话"倒"和北京话"着"之比较》,《语言科学》2004年第6期。

马庆株:《时量宾语和动词的类》,《中国语文》1981年第2期。

马希文:《北京方言里的"着"》,《方言》1987年第1期。

麦穗:《广西贵港方言的"住"》,《语言研究》2002年特刊。

毛玉玲:《云南方言语法特点》,《玉溪师专学报》1987年第1期。

梅祖麟:《汉语方言里虚词"著"字三种用法的来源》,《中国语言学报》(总第三期),商务印书馆1988年版。

梅祖麟:《先秦两汉的一种完成貌句式——兼论现代汉语完成貌句式的来源》,《中国语文》1999年第4期。

梅祖麟:《朱子语类和休宁话的完成态"著"字》,转引自北京大学中文系编《语言学论丛》(第 21 辑),商务印书馆 1998 年版。

梅祖麟著,陆俭明译:《吴语情貌词"仔"的语源》,《国外语言学》1980 年第 3 期。

潘家懿:《交城方言的语法特点》,《语文研究》1981 年第 1 期。

潘家懿:《临汾方言的语法特点》,《陕西师大学报》1987 年第 4 期。

彭小川:《广州话表示"进行体"的动态助词"紧"》,《语言研究》2001 年特刊。

钱乃荣:《20 世纪初上海话和北京话中的体助词"着"》,转引自潘悟云主编《东方语言与文化》,东方出版中心 2002 年版。

钱乃荣:《进行体、持续体和存续体的比较》,香港《中国语文研究》2002 年第 1 期。

乔全生:《从洪洞方言看唐宋以来助词"着"的性质》,《方言》1998 年第 2 期。

饶长溶:《福建长汀方言动词的体貌》,《中国语文》1996 年第 6 期。

饶长溶:《关于客家方言体貌助词"啊"》,粤北土话及周边方言国际研讨会论文,广东韶关,2000 年 11 月。

荣晶、丁崇明:《昆明话的"着"字及其语法化过程中的历时择一与共时制衡问题》,《中国语文》2004 年第 3 期。

荣晶、丁崇明:《再论昆明话的"着"》,首届国际汉语方言语法研讨会论文,哈尔滨,2002 年 12 月。

沈家煊:《实词虚化的机制——演化而来的语法评介》,《当代语言学》1998 年第 3 期。

石毓智:《论现代汉语的"体"范畴》,《中国社会科学》1992 年第 6 期。

史有为:《汉语方言"达成"貌的类型学考》,《语言研究》2003 年第 3 期。

宋文辉:《正定话的介词"着"》,《中国语文》2000 年第 3 期。

宋秀令:《汾阳方言中的"的"》,《语文研究》1988 年第 2 期。

苏俊波:《丹江方言的"圪"》,《汉语学报》2012 年第 3 期。

孙朝奋:《再论助词"着"的用法及其来源》,《中国语文》1997 年第 2 期。

孙立新:《陕南方言略说》,《方言》1998年第2期。

田希诚、吴建生:《山西晋语区的助词"的"》,《山西大学学报》1995年第3期。

汪大明:《安徽桐城方言中的助词"着"》,第二届国际官话方言学术研讨会论文,重庆,2000年11月。

汪平:《贵阳方言的语法特点》,《语言研究》1983年第1期。

汪平:《苏州方言的"仔、哉、勒"》,《语言研究》1984年第2期。

王晖:《山东临朐话的时间助词"着"》,《中国语文》1991年第2期。

王燕:《乌鲁木齐话里"V_1+底(+N)+V_2"格式——兼谈"底"的意义及功能》,全国汉语方言学会第12届学术年会论文,贵阳,2003年7月。

魏钢强:《赣语中带[-n]尾的"女"字》,《方言》1997年第3期。

吴福祥:《持续体标记"着"的语法化历程》,《浙江大学汉语史学报》2003年第四辑。

吴福祥:《南方方言里虚词"到(倒)"的用法及其来源》,香港《中国语文研究》2002年第2期。

吴立友:《开县话中的"哒"》,《渝西学院学报(社会科学版)》2003年第3期。

肖萍:《鄱阳湖八县方言的完成体和已然体》,《浙江师范大学学报》2004年第6期。

邢向东:《论现代汉语方言祈使语气词"着"的形成》,《方言》2004年第4期。

邢向东:《陕北神木话的助词"着"》,《中国语文》1997年第4期。

熊正辉:《官话区方言分ts、tʂ的类型》,《方言》1990年第1期。

徐丹:《从北京话"V着"与西北方言"V的"的平行现象看"的"来源》,《方言》1995年第4期。

徐丹:《关于汉语里"动词+X+地点词"的句型》,《语文研究》1995年第3期。

徐丹:《汉语里的"在"与"着"》,《中国语文》1992年第6期。

许利英:《巢湖方言词汇》(一)(二)(三),《方言》1998年第2、3、4期。

杨必胜、陈建民:《海丰方言动词的态》,《语言研究》1984年第2期。

杨永龙:《汉语方言先时助词"着"的来源》,《语言研究》2002年第2期。

杨子仪:《固原话语法特点撮要》,《宁夏大学学报》1986年第1期。

姚亦登、金江丰、朱文夫、鞠彩萍:《高邮话动词后的"块"和"住"》,《贵州大学学报》(社会科学版) 2002年第3期。

喻遂生:《重庆方言的"倒"和"起"》,《方言》1990年第3期。

袁毓林:《方位介词"着"及相关的语法现象》,香港《中国语文研究》2002年第2期。

曾献飞:《湘南官话语音研究》,博士学位论文,湖南师范大学,2004年。

张赪:《魏晋南北朝时期"著"字的用法》,香港中文大学中国语言及文学系、北京大学中国语言文学系《中文学刊》2000年第2期。

张崇:《延川方言虚字初探——延川话中"得、来、价(家)、格"的语法作用》,硕士学位论文,西北大学,1981年。

张黎:《"着"的语义分布及其语法意义》,《语文研究》1996年第1期。

张林林:《九江话里的"着"》,《中国语文》1991年第5期。

张清源:《成都话的动态助词"倒"和"起"》,《中国语言学报》(第四期),商务印书馆1991年版。

张盛裕:《潮阳声母与广韵声母的比较》,《方言》1982年第1、2、3期。

张世方:《汉语方言三调现象初探》,《语言研究》2000年第4期。

张振兴:《闽语及其周边方言》,《方言》2000年第1期。

张振兴:《漳平(永福)方言的文白异读》(一)(二)(三),《方言》1989年第3期、第4期,1990年第1期。

张振兴:《重读中国语言地图集》,《方言》1997年第4期。

赵怀印:《霍邱方言中的一种动词重叠句》,《方言》1995年第3期。

赵金铭:《敦煌变文中所见的"了"和"着"》,《中国语文》1979年第2期。

赵金铭:《现代汉语补语位置上的"在"和"到"及其弱化形式"de"》,《中国语言学报》(总第七期),商务印书馆1995年。

赵元任:《苏州、常州语助词的研究》,《清华学报》1926年第三卷第三期，《方言》1992 年第 2 期重载。

郑懿德:《福州方言"吼"的词性及其用法》，《中国语文》1988 年第 6 期。

周磊:《从非音节性词尾看入声韵尾［ʔ］的脱落》，《中国语文》2003 年第 5 期。

周元琳:《安徽庐江方言的虚词"之"》，《方言》2000 年第 2 期。

朱德熙:《现代汉语语法研究的对象是什么》，《中国语文》1978 年第 5 期。

庄初升:《粤北土话中知组三等读如端组的性质——兼论早期赣语中知二、知三的分化》，日本早稻田大学《开篇》21 期，2002 年。

附　　录

附录1　论"在 N$_处$ + VP"和"在 + VP"的关系[①]

"在"和处所词（记作 N$_处$）所组成的介词短语"在 N$_处$"，位于动词或动词短语（记作 VP）前面时，"在 N$_处$ + VP"句可以表示动作正在进行或状态正在持续，请看下面的句子：

1）曹先生在个大学里教几点钟功课。（老舍《骆驼祥子》）

2）老程出去看，在门洞儿里叫："祥子！找你的！"（同上）

3）……他们都安分守己的混着，而他没有一点营生，在大街上闲晃。（同上）

4）现在，她要捞回来这点缺欠，要大摇大摆的在街上，在庙会上，同着祥子去玩。（同上）

5）一进屋门，虎妞在外间屋里坐着呢，看了他一眼，脸沉得要滴下水来。（同上）

6）他走出老远，回头看了看，老头子——一个大黑影似的——还在那儿站着呢。（同上）

7）街上的柳树，像病了似的，叶子挂着层灰土在枝上打着卷，枝条一动也懒得动的，无精打采的低垂着。（同上）

8）……屋中只剩下他的一份铺盖和那几件挑出来的衣服，在没有席的炕上放着。（同上）

例1）至例6）"在 N$_处$ + VP"表示动作正在进行，例7）、例8）表

[①] 本文已发表于《语言研究》1998年第2期（总第35期）。

示状态正在持续。

通常情况下,人们将动词前面的"在"称作副词,处所词前面的"在"称作介词。介词"在"和副词"在"同形,范继淹先生(1982)认为:"副+动"跟"介+处所"构成"副+介+处所+动"的序列,副词如为"在、正在",介词是"在",则副、介同形相连,语音上自然合并,句法上形成合体。即一个"在"字身兼二任,既有副词的功能,又有介词的功能。他曾举过这样的例子:

他在看书+在里屋⇒他在在里屋看书⇒他在里屋看书

他正在看书+在里屋⇒他正在在里屋看书⇒他正在里屋看书

对范继淹先生的这一说法,我们不敢苟同。请看下面的对话:

——他呢?

——他在家里。/他在家里吃饭。/他在吃饭。

问者可能是要询问"他在哪里",还可能是要询问"他在哪里"和"干什么",而答者的"他在家里吃饭"和"他在吃饭"这两句,从语法角度看,都表示"他"发出"吃"这个动作,"吃"这个动作正在进行。从这个意义上说,"他在家里吃饭"和"他在吃饭"是等价的。若照范继淹先生的看法分析,是"他在吃饭+在家里"变成"他在家里吃饭",而我们的看法是"他在家里吃饭"省略"家里"变成"他在吃饭","家里"可以是因语境而省。

又如,根据表达上的需要,我们可以将例1)至例6)中的"在$N_处$+VP""在叫""在闲晃""在同着""在坐着""在站着"等,省略后,仍表示动作正在进行。但是例7)、例8)省略$N_处$变成"叶子挂着层灰土在打着卷""……铺盖和……衣服在放着",句子不能成立。

我们认为,当"在$N_处$+VP"句表示动作正在进行时,省略$N_处$变成"在+VP"仍表示动作正在进行,当"在$N_处$+VP"句表示状态正在持续时,$N_处$不能省略,省略后,句子不能成立。请看几个有关"在+VP"的句子:

9)我正在收拾东西,不想和她费话。(王朔《空中小姐》)

10)"他们在等着你从我屋里出来。""我这就出去。""不行,他们正在火头上,领导正在劝他们。"(王朔《永失我爱》)

11)顾客都在乱哄哄地说话、鼓掌、高喊着点歌。(王朔《浮出海

面》）

12）我从窗户看到一群邻居的孩子在捉一只血淋淋的鸡。（王朔《过把瘾就死》）

例9）至例12）的"在+VP"句，根据需要可以添补上处所名词 $N_{处}$，依次是"房里""外边"（两处）、"酒吧""草丛"等，$N_{处}$ 是因语境而省。

13）她告诉我，我才明白，原来她在"浏览"我。（王朔《空中小姐》）

14）阿眉一个人在看我扣在桌上的书。（同上）

15）他们一帮人正在说什么，见我进来石静先闭了嘴。（王朔《永失我爱》）

16）我们聊了会儿，他正在和卫宁下围棋，卫宁一早就来了……（王朔《一半是火焰，一半是海水》）

17）在小镇的街上，胡亦指给我看那两个正巧在买西瓜的"流氓"。（同上）

例13）至例17）的"在+VP"句，根据语境能添补上指示代词 $N_{处}$ "这儿/那儿""这里/那里"，添上 $N_{处}$，句子仍是通顺的。

18）换句话说，他们都有着自己正确的生活轨道，并都在努力地向前，坚定不移而且乐观。（王朔《空中小姐》）

19）云层在有力、热烈地沸腾，仿佛是股被释放的巨大能量在奔腾，前挈后拥，排山倒海。（同上）

20）我知道，有形形色色的人在追她……（同上）

21）我说了我们在笑谁，她却说我们在笑她。（同上）

22）我拾起摔碎了玻璃蒙子的小钟，放倒耳边听了听："还在走呢。"（王朔《过把瘾就死》）

23）"别演戏，说真的，你一生都在撒谎，死到临头就说句真话。"（同上）

例18）至例23）的"在+VP"句，"在"后面无法添补上处所名词 $N_{处}$，也不能添补上"这儿/那儿"等指示代词，分析其原因，可能同施事、动作发生的处所不明确有关，由于处所不明确"在"失去了其作为介词所依赖的对象，"在"难以表达空间意义，从而成为表示动作正在进行的体标记。

从上文的分析可以看出：表示动作正在进行的"在 $N_处$ + VP"句省略 $N_处$ 变成"在 + VP"，仍表示动作正在进行，但是"在 + VP"句并不是都能加上 $N_处$ 变成"在 $N_处$ + VP"，分为两种情况：一种是"在 + VP"句根据表达需要，可以添补上处所名词 $N_处$ 或指示代词"这儿/那儿"等；另一种"在 + VP"句不能添补上处所名词 $N_处$ 或"这儿/那儿"等，表示空间意义的"在"已经虚化成单纯表时间意义的体标记。

由于语言共时平面的变异是历史演变的不同阶段不同层次的反映（沈家煊1998），我们认为现代汉语"在 + VP"句的这两种情况，实际上也许反映了它历时的演变过程：先有"在 $N_处$ + VP"句，因语用的需要省略 $N_处$ 变成"在 + VP"句，"在 + VP"句进一步虚化，虚化的结果，"在"后面不能添补上处所词 $N_处$，"在"最终成为体标记。

"在 + VP"前面除了由施事作主语以外，主语的位置上还可以是处所词 $N_处$，表示某处某动作正在进行，例如：

24）……他似乎没看见过太阳，心中老在咒骂，头老低着，忘了日月，忘了老天。（老舍《骆驼祥子》）

25）"十一"晚上，全城在放焰火，……（王朔《永失我爱》）

26）她沉着脸瞪我，嘴里还在嚼着。（王朔《一半是火焰，一半是海水》）

例24）可以理解为"他老在心中咒骂"，例25）可以理解为"人们在全城（范围内）放焰火"，例26）可以理解为"她还在嘴里嚼着（什么）"。这一类的特点是，施事被省略了，根据需要，是可以添补上来的，应看作是 $N_处$ 的前置。又如：

27）夜里，我忽然惊醒，隔壁房间有人在激烈地争吵，……（王朔《一半是火焰，一半是海水》）

28）脸上雨水在流淌，我不知道她是否在哭。（同上）

例24）至例28）可以看作 $N_处$ 的前置，也许从另一个角度可以把"$N_处$ + 在 + VP"看作"在"发展成体标记过程中的产物。这里的"在"兼有空间义和时间义。

外面在下雨→外面？在下雨→？在外面下雨

山上在化雪→山上？在化雪→？在山上化雪

上面两例表示某处有某种非人力所控制的自然现象，言语中，施事是无法补上来的。从形式上看，它们仍是"$N_处$ + 在 + VP"，但从内容上看，$N_处$不能移到"在"之后，这里的"在"只是作为体标记表示时间意义。

B. Comrie 在他的 Aspest 一书中说，很多语言的进行态都是从表示"处所"的词语虚化而来的。英语的进行态 – ing 就是这样，He is on – fishing〉He is a – fishing〉He is fishing（胡明扬 1996）。本文对现代汉语"在 $N_处$ + VP"句和"在 + VP"句关系的考察，清楚地表明：表示动作正在进行的"在 $N_处$ + VP"句可以省略 $N_处$ 变成"在 + VP"句，"在 + VP"句只能表示动作正在进行；"在 + VP"句存在两种情况——后面能添补 $N_处$ 的，"在"还保留空间义，不能添补上 $N_处$ 的，"在"已完全虚化成了体标记。通过共时的分析，我们或许可以推测出历时的演变过程：汉语进行态的副词"在"是通过表示动作发生处所的状语"在 $N_处$"虚化而来，即"在 $N_处$ + VP"——"在（$N_处$）+ VP"——"在 + VP"。

参考文献

范继淹:《论介词短语"在 + 处所"》,《语言研究》1982 年第 1 期。

胡明扬:《B. Comrie〈动态〉简介》,《国外语言学》1996 年第 3 期。

沈家煊:《实词虚化的机制》,《当代语言学》1998 年第 3 期。

附录 2　现代汉语方言"VP +（O）+ 在里/在/哩"格式的比较研究[①]

近年来，围绕现代汉语是否存在"体"的语法范畴和"时"的语法范畴、二者的关系怎样等问题，语法学家做了进一步的研究，取得了许多进展，但也存在明显的分歧。我们认为，如果想真正认清汉语的特

---

① 本文已发表于《语言研究》1999 年第 2 期（总第 39 期）。本文在写作过程中得到华中理工大学文科基金资助，谨表谢忱。

点，那么，现代汉语方言就是一个非常重要的语料库。只有从汉语实际出发，通过对现代汉语方言语法的深入研究，才有可能早日解决上述一些棘手问题。

一定的语法意义是和一定的语法形式相对应的，本文将从现代汉语方言中选取"VP+（O）+在里/在/哩"格式的句子（VP为动词性短语，O为宾语），通过比较，探讨这一格式的分布规律和语法特点。吕叔湘先生在《释景德传灯录中"在""著"二助词》一文中指出：《景德传灯录》中的语助词"在"，当以"在里"为最完具之形式，"在里"又有"在""里"两种省略形式，而"里"字后又写作"哩"，现代北京话及其他方言中的"呢"是"哩"的变形，蜀语以"在"字为语尾助词，现代吴语中的"勒里""勒浪"，其例盖同于唐宋之"在里"。从现有的调查情况可知，近代汉语的句尾成分"在里"以不同形式存在于现代汉语方言之中。为讨论方便起见，我们把"VP+（O）+在里/在/哩"格式根据句尾成分的不同，分成以下三种类型："在里"型、"在"型、"里/哩/呢"型等。本文所引用的方言材料主要选自公开发表的论文和专著，一部分出自笔者的调查。

一 "VP+（O）+在里/在/哩"格式的分布规律

1.1 "在里"型

我们将"在"和指示代词（如：这里/那里）组成的介词结构都归为"在里"型，"在里"型主要分布在吴方言区、闽方言区和赣方言区的许多地方，在山东话中也有所反映。关于吴、闽方言，已有不少学者做过专门的研究，"在"和指示代词组成的介词结构可以用在动词性短语后，也可以用在动词前，语法意义不同。本文只讨论"在里"型这一介词结构位于动词性短语后的情况，位于动词前的情况另文讨论。

吴方言：

上海　　炉子里向个火还旺辣辣　　相公辣屋里等我辣海

江苏苏州　门开好勒海　　　　　　墙头浪挂仔一张图画勒海

浙江杭州　电灯开来东　　　　　　我帽儿戴来东，不怕冷的

温州　　门开着搭，屋底＜没有＞＜人＞

海盐　　台子浪摆起茶杯（落）霍　　门开起（落）霍

海盐话的"勒霍""落霍"相当于"在那里/那儿",用在动词后表示持续,省略式是"霍"(胡明扬 1992)。游汝杰(1996)认为:杭州话表持续的"来东"与上海话的"勒海"或绍兴话的"来亨"都是同类、同源的,只是在现代的语音形式不同,它们早见于明代的吴语文献,写作"来""里"或"来搭""来里""里东"。吴语各地的"来东、来哈、辣海、来亨、来搭、着搭"的第一个音节,就语义或语源来说应该是"在",第二个音节则是近指代词("东""搭")或远指代词("海""亨")。表持续时,位于动词之后,它们一般可以表示实在的处所义,同时,也存在不同程度的虚化。

闽方言:

海南海口　拍风胎在带,汝无用去外(正在刮台风,你不要到外面去)汝等下,伊在洗浴房洗浴带(你等一下,他正在洗澡间洗澡)

陈鸿迈(1993)认为,海口话句末有"在带""带"的,和动词前的"正""尚""犹"等配合,表示正在发生或持续的状态,"在带"本来是"在那里"的意思,是个表示处所的介词结构,出现在句末时,有时意义已经虚化,例如:"拍风胎在带"这里的意思只有"正在刮台风",很显然"在带"已不表示处所意义,而表示正在发生什么的意思。"带"的作用跟"在带"相同,疑为"在带"的省略形式。

赣方言:

江西樟树　人家话着事在里　　渠病着在里,你莫吵渠

湖南安仁　壁头上写嘎三只字到那里

樟树话"在里"用在动词或动宾短语后,表示状态持续,也有说成"在"的(陈小荷 1996)。

安仁话的"到固里/那里"是"在这里/那里"的意思,尚有远近指的不同,远近不明时,任选一个。用在动词后表示动作完成后的状态的持续。在有词汇义时,除"里"字外都念轻声,而在没有词汇义时,除"到"外都念轻声,甚至三个音节都念轻声(陈满华 1996)。安仁话的指示代词是双音节的。

西南官话:

湖北天门　他站倒在的　　　　东西还保存在的

湖南安乡　大家都望斗他的　　门关斗的

石门	他闭倒眼睛的	门关倒的	
常德	房门锁起的	毛毛小孩子醒斗的	

"在"和"的"中间可加上表处所的名词，如"他在馆子的吃饭"，这说明"在的"的"的"就是"在里"的"里"（邵则遂1991）。

北方官话：

山东泰安　哟！这门上怎么贴个封条在这里，知不道谁贴的老早就穿了一身新衣裳在那里，大半是走亲戚

莱芜　路上翻了一车西瓜在那里

安乡话的句尾"的"［ti］相当于"在里"的"在"或"在里"的合音（应雨田1996）。我们认为，把"的"看作"在里"的合音，也许更合适。这种现象比较特殊，值得注意。又如：

上三例泰安、莱芜话中的表示远、近指的指示代词是双音节的，"在这里/那里"的处所义不明显，主要是表示状态的持续，但使用频率和虚化程度都不像吴方言的"辣辣"之类那样高，使用情况是农村多于城市，老年辈多于青年辈，大有衰退之势（俞光中1986）。

1.2　"在"型

句尾"在"型主要分布在西南官话区、江淮官话区以及赣方言区、湘方言区的一些地方。

西南官话：

湖北武汉	他看到书在	门开倒在
襄樊	他骑倒车子在	电视开倒在
宜都	帽子在墙上挂倒在	床上睡倒病人在
荆沙	大家都等倒在	灯还亮倒在
荆门	门开倒在	
仙桃	杯子泡倒茶在	茶泡倒在
长阳	药在罐子的煨倒在	
通城	煮倒饭在	小王心里想倒小李在
随州	他读倒书得①	
阳新	我在立倒得	我伢在说是得　　我在等你得

---

① "得"和"在"同音。

通山　我在做事赖　　　　灯亮倒得

湖南华容　他一个人坐倒在　灯亮倒在

通山话的"赖"和"得"功能相同，都相当于"在"，只是"赖"偏重于强调动作正在进行（黄群建 1994）。

江淮官话：

安徽合肥　他看书在　　　　他正在看着书在

巢县　爹爹坐门口在　　　　牌子挂墙上在

霍邱　那本书他看子在大家都忙着搬石头在，搬搬，老张一个人挑着粪筐走了老师在讲台上讲课在，正讲讲，叫值日生上来擦黑板

赣方言：

江西丰城　唱倒歌在　猥倒在（正玩着呢）居顶帽子（我戴着在）渠当着干部在

湖北嘉鱼（簰洲）书包放得桌子高里在

蒲圻　细仔儿坐倒得高里在　　包嘚搁倒柜子里在

丰城话的句尾"在"还没有完全虚化，因为"V + '着'（+NP）+ '在'"还可以作定语，例如："许是间堆着化肥在咯屋（那是一间堆着化肥的屋子）。"（陈小荷 1996）

湘方言：

湖南辰溪　灯还亮起在　　书放哒桌子高头在　　我向哒他在（我正看着他呢）

岳阳　车停得门口在　　门关倒在

黄丁华（1958）指出，现代闽南方言有"我企在""你坐在""伊倒在"之类的说法，句尾"在"只能表示静态的持续，不能用于表示动作的频接，例如：可以说"牵在""跪在""摆在"，但不能说"行在""跳在""讨论在"。

1.3 "里/哩/呢"型

朱德熙把北京话的"呢"分为三个，分别表示时态、疑问语气、夸张语气。其中"呢1"表示持续的状态，比如："下雨呢""门开着呢"等。

"里/哩/呢"型主要分布在官话区，吴、闽方言中也有。

北方官话：

河南郑州　老张哩？他正盖那儿该一个朋友说话哩

洛阳　改那儿做饭哩

西南官话：

湖北宜昌　他在那哈儿跟一个朋友说话哩

西北官话：

甘肃兰州　我正想你着哩，你就来了

宁夏固原　吃（饭）着呢　　写（文章）着呢

内蒙古西部　我正复习功课的嘞①偏偏人家忙的嘞，东家请，西家叫，看病的跟下一大梢

新疆　　走的呢，说的呢　　看电影子的呢②

山西洪洞　门开着呢/哩　　　　桌子上还搁一碗水呢/哩

文水　在墙上挂的哩

汾阳　钟走的咧　　　　　　俺正吃的饭咧

平遥　兀家们正说话咧

汾西　我娘娘（奶奶）在炕上睡的嘞　　柜子里头放衣裳的嘞

榆次　校门开得勒，你进得吧　　他正等得你勒，快些去吧

交城　他等的我嘞

大同　她正跟一个朋友说话呢

吴方言：

浙江绍兴　伊眠床高头困亨（他在床上躺着）

温州　墙上有张画挂搭

金华（汤溪）尔捏达（你拿着）　　渠身新衣裳着得达（他穿着一身新衣裳）

绍兴话的"埭"（近指）、"亨"（远指）和"动"（混指）都能放在动词后表持续，还有处所义（陶寰1996）。温州话的"搭"是处所词，相当于北京话的"那里"（潘悟云1996）。金华（汤溪）话句尾的轻声"达"是由处所词"达"演变而来，还带有一定程度的处所意味

---

① "的嘞"相当于"着呢"。
② 新疆汉话中的"的呢"相当于"着呢"（陈汝立）。

（曹志耘 1996）。

闽方言：

福建 福州 汝坐吼，我来做（你坐着，我来做） 伊其手捏紧吼（他的手紧捏着）

福州话"吼"单独成词可作处所指代词，与汕头话的指代词"块"十分相似，也是不分远近（施其生 1996）。

1.4 通过以上大量的现代汉语方言语料的分析，我们可以比较清楚地发现，"在里"型、"在"型和"里/哩/呢"型分布比较广泛，涵盖汉语的各大方言区，三者都有各自相对独立的分布区域，又互有联系，归纳起来，具体情况是这样的：

"在里"型主要分布在北起山东，向南，包括江苏、浙江、江西、广东直至海南的许多地方，以及相邻的湖北、湖南的一些地方，分别属于北方官话区、江淮官话区、吴方言区、闽方言区以及赣方言区等。"在"型主要分布在湖北、湖南、四川等地，分别属于西南官话区、湘方言区，在赣方言区、闽方言区也有所反映。"里/哩/呢"型主要分布在北方、西北官话区，吴方言区、闽方言区也有。

各分布区域内部有较强的一致性，但也不是绝对的，据目前所掌握的语料可知，某一方言点，由于自身的发展或邻近方言的影响，同时具有两种或三种类型。比如：

广东汕头 日昼无食，肚困到堵唔缀在块（中午没吃饭，正饿得要命呢） 日还早在（天还早呢） 行李且放块（行李暂且放着）

四川成都 他们开倒会在/得/哩 房间里开起电灯在/得/哩

湖北英山 他吃在里，你就莫说了（他在吃饭，你就不要责备他了） 外头落雨在里，你驮把伞去（外面在下雨，你那把伞去） 我占倒手在 杯子装倒酒在

汕头话有三种类型，海口话有两种类型（"在带""带"），它们都是典型的闽方言，这种情况很可能是自身发展的结果；成都话、英山话有两种类型，它们地处几个次方言区的过渡地带，这种情况则很可能是受邻近方言的影响。由于材料有限，也不能排除某一方言点使用的句尾形式不是分布区域主要类型的可能性。

1.5 从结构方面讲，"VP +（O）+在里/在/哩"格式在一般都

能用于肯定句,有一些地方也能用于否定句,例如:

  山东泰安 好生着,别这个那个的,我没有空在这里

  上海 灯勿是关辣辣

  江苏苏州 俚头浪勿曾/勿戴帽子勒海 墙头浪勿曾挂图画勒海
耐明朝来吧,王主任勿空勒浪

  浙江杭州 我帽儿没有戴来东

  福建福州 伊固未来吼(他还没来呢)

  海南海口 我尚感冒无舒服在带(我尚感冒正不舒服)

  黄流 吃饱非?否饱在 他回来了非?否回在

  安徽巢县 人还没来齐在 学校还没放假在

  北京 他还没有吃饭呢

  "VP+(O)+在里/在/哩"格式的否定形式是在 VP 前面加否定词,否定的是"VP+(O)+在里/在/哩"所表示的这种持续状态并不存在。从以上的方言点的分布情况可以推测有两种可能性:要么这种否定形式是历史的遗留,在其他地方还会有所发现;要么这种否定形式是后起的,尚未普及。我们更倾向于前一种推测。在襄樊话中,就没有这种否定形式,例如:不能说"他还没有吃饭在"。

  1.6 从语音形式方面讲,"在里"型一般至少为两个音节。吴、闽方言在形式上都是两个音节,有的地方和"里"相对应的成分有远、近指的区别,只不过,这种远、近指的区别在句尾"在里"中表现不明显了。赣方言江西樟树话既有单音节的"里",又有双音节的"许里",只不过,动词前的"在许里"可指示处所,而动宾短语后的"在里"已不表处所(陈小荷1996)。"在里"型在官话区(山东)也有,受汉语双音化的影响,指示代词有的已变成了双音节的"这里/那里"。"在"型的声母一般为[l, t, ts],"里/哩/呢"型的声母一般为[l, n]。

二 "VP+(O)+在里/在/哩"格式的语法特点

  2.1 从上面的现代汉语方言语料可以看出,"VP+(O)+在里/在/哩"格式主要的语法意义是表示某种状态正在持续,这一持续的状态可以是动作完成后遗留下来的状态,如"窗开勒海",也可以是动作所形成的一种稳定的静态,如"他坐着呢",还可以是动作所形成的一

种持续的动态，如"他打球在"。刘丹青（1996）认为，上海话的"勒海"等用在句末或不带宾语的动词后，是表示持续的更为基本的手段。

"VP+（O）+在里/在/哩"格式中的 VP 可以是及物动词，也可以是不及物动词，若 VP 是及物动词，后面的宾语有可能省略；若 VP 是不及物动词，"VP+在里/在/哩"格式和普通话中的"VP+在 L处所"格式有明显的区别，值得注意。如普通话的"他睡在这里"强调动作"睡"的处所是"这里"，而襄樊话的"他睡在"表示"他（正）在睡觉"。如果 VP 前面没有介词结构或"在"的话，"VP+（O）+在里/在/哩"格式可以转换成"在里/在+VP+（O）"格式，只不过后者的语气增强了。句尾成分"在里"等和动词前的"在""在这（那）里"同处于表示动作正在进行、状态正在持续的句子中，处所意义均有不同程度的虚化（罗自群 1998），它们也许有着直接的渊源关系，这一现象值得进一步研究。

2.2 "VP+（O）+在里/在/哩"格式所表示的状态可以是处于过去、现在和将来的时间里。谢伯端认为（1996），湖南辰溪话的句尾"在"只能用在表过去、现在时间的句子中，不能用在表将来时间的句子中。但是，襄樊话的句尾"在"可以指过去或现在的一段时间，也可以用在表示将来一段时间的句子中。

我进去的时候，看倒他坐倒墙角儿在　　我写作业在

明儿早你去看，他肯定还睡倒在

这三个句子所表示的"坐""写""睡"等状态分别处于过去、现在和将来。第三句有一个特点：虽然"睡"这一动作发生在将来的"明儿早"，但"睡"是从说话以前（过去）或说话的当时（现在）开始的，并且根据说话人的推测，"睡"这一动作会一直延续下去，直到将来的"明儿早"还在持续。

2.3 "VP+（O）+在里/在/哩"格式之所以能表示某种状态正在持续，这与"在里/在/哩"的作用是分不开的。下面我们将着重讨论一下表示处所的介词结构"在里/在/哩"，如何能一步步地演变成表示持续意义的语法标记。

2.3.1 "在里/在/哩"的虚化程度不同

从"在里"型到"在"型再到"里/哩/呢"型，虚化程度依次逐

渐增加，具体表现如下：

1. 带语气词情况不同。"在"型和"在里"型后面还可能有语气词，而"里/哩/呢"型后面不能跟语气词。这说明"在里"型、"在"型句尾成分还处于半虚化状态，"里/哩/呢"型的句尾成分已完全虚化或说虚化程度较高。例如：

  苏州 今朝要去看房子，是一个礼拜前头约（好）勒海个
看看俚面黄肌瘦，晓得俚忒吃力，做仔毛病勒海哉
  杭州 你雨衣戴来东啊 墙高头有一幅画儿挂来东啊
  岳阳 书放得桌上在吗
  辰溪 他们还企（站）哒那下在吗
  襄樊 小王还哭倒在咪 小鸟还活倒在吧 我站倒在呀
莫催，我不在做（作业）在吧 他这几天就呆到家里在噻，哪儿也没去

以上句子中，句尾可以有不同的语气词，句子语气的不同受语气词的影响，和"在里""在"没有直接关系。

"里/哩/呢"只能用在句尾，作语气词用，在书面上，已不用"里"，各地根据实际的读音，还有"嘞/咧"等写法。

2. 处所义逐步减弱。"在里"型在许多地方还有处所义，而"里/哩/呢"型的处所意义最弱，在许多地方已几乎感觉不到处所义，"在"型情况介于二者之间。

"在里"型中的介词结构和实在的处所意义比较，虽然还有处所义，但已呈半虚化状态，以至于和"里"相当的成分远、近指的对立已消失。例如：上海话的"辣辣""辣海"分别表示近指"在这里"和远指"在那里"，放在动作之后表示状态的持续。许宝华、陶寰（1995）指出，在五十多岁以下的中派和新派口语中，"辣辣""辣海"两者的远、近指的对立已基本消失，多用"辣海"。潘悟云（1996）认为，温州话"着搭"相当于"在那里"，"着 [z-]"是近代汉语中使用得很普遍的存在动词，相当于北京话的"在"，在其他吴语中声母弱化为[l-]，读为"辣、勒、拉"等。"搭"为处所词，相当于"那里"，有变体 da、la，"搭"可以被表近指或远指的处所词所替代。"着搭"位于静态动词后表示持续。表持续时还可以是"着搭"的省略形

式"搭",只不过,"着搭"和"搭"的虚化过程不一样,相比之下,"着搭"的处所义较强,"搭"的处所义较弱。

"在"型尽管处所意义不明显,但仍能让人感觉到它是介词结构"在里"的省略形式。例如:襄樊话"你住哪儿在"也可以说成"你在哪儿住",人们最常用的说法是前者,但又往往理解为后者,觉得"在"后面应该有个处所词。

"里/哩/呢"型的虚化程度较高,但它的内部也还存在着差异。具体地说,吴方言区(绍兴话、金华话、温州话等)、闽方言区(汕头话等),尚有一些地方还有一点处所义,例如:汕头话的"在块"有时还带有微弱的处所意义,"块"独立成词可做处所指示词,只表示某个有定的处所而不分远近,"块"用于句尾时还有处所意义(施其生1996)。"里/哩/呢"型在官话区已经没有什么处所义,虚化程度最高。

2.3.2 "在里/在/哩"和实义的句尾介词结构的关系

我们说"在里/在/哩"是从句尾的介词结构虚化而来的,还有一个很有力的证明,那就是在现代的一些方言中,还存在实义的句尾介词结构。

在"在里"型的分布区域,除了意义已开始虚化的"在"和指示代词组成的介词结构以外,处在句尾的还有实在意义的介词结构,例如:

浙江海盐　茶杯摆起(勒)台子浪(茶杯放在桌子上)
　　　　　客人来起(勒)屋里(客人来了,现在就在家里)

海盐话中,句子末尾若用"(勒)+处所成分"表示动作或状态变化结果的持续,和句尾"落霍"一样,有实义,没有虚化(胡明扬1996)。

在"在"型的分布区域,有的方言,句尾有实在意义的介词结构,例如:

江西丰城　放着在桌子上　　　写着在簿基本子上

丰城话的这类句子表示动作所造成的遗留状态在持续(陈小荷1996)。

湖南省境内属于湘语、赣语的一些地方,句尾只有实在意义的介词结构,处于尚未虚化的阶段,例如:

湖南衡阳　把粽子蒸起在咯里
新化　一件衣挂倒在壁头高落　　放包牛肉在冰箱里
常宁　我坐哒在教室里　　杂志放哒在桌子上
涟源　水烧者在火高里　　　　好多人围者在马路边上

涟源话"水烧者在火高里"（水烧在火上/水在火上烧者），不能变为"水在火高里烧者"一类的格式。隆回话则有点不同，例如：

隆回　鱼养（起）在缸子里——鱼在缸子里养起
　　　我养起鱼在缸子里——我在缸子里养（起）鱼

2.3.3　表空间成分到表时间成分的渐变过程

从大量的现代汉语方言的语料中，我们能勾勒出句尾表示持续意义的介词结构的一个演变轨迹：完全没有虚化的实义的介词结构（如湖南的湘语、赣语）——半虚化的、仍含有微弱处所意义的介词结构（如吴方言的"在里"型）——进一步虚化的、没有明显处所意义的介词结构的省略形式（如西南官话的"在"型）——虚化程度最高的介词结构的省略形式（如北方官话的"里/哩/呢"型）。由于方言的复杂性，这个演变轨迹只是一个发展趋势，还有例外情况存在，例如：虚化程度最高的"里/哩/呢"型在有的方言中还有含处所义的成分，如汕头话。

许多学者都已经注意到，由"在"引导的介词短语在句中的作用，已从单纯表空间演变为兼表时间。我们认为，空间和时间是密切相关的，任何一个实际的动作都是存在于一定的空间和时间内的。当一个动作在一定的空间持续性地存在的时候，这个动作同时就占据了这段时间，客观上也就为表处所的成分兼表时间提供了可能。从"'在'+具体处所词"到"'在'+指示代词"是虚化过程中的一个必经阶段，用指示的方式代替具体的处所词，使得处所变得模糊起来，再由此通过介词结构（"在里"）的组成音节的脱落、弱化，进一步演变为"在"型或"里/哩/呢"型。处所意义减弱的同时，语法意义不断增强，语言的这一内在的变化，在语音形式上得到了明确的反映。

在如此广大的范围，"在里"型、"在"型、"里/哩/呢"型所呈现出共同的鲜明特点和相互之间的联系，充分说明了汉语在表示持续的语法意义方面的特点：一、它所采取的这一语法形式来自词汇意义，这是一个漫长的发展过程,由于语言发展的不平衡性,词汇意义的虚化程度差别很大,以至于到了今天,有的方言还处于完全未虚化状态,有的方言处于半虚化状态,而有的方言虚化程度已经很高。二、这一虚化过程,是从表空间的词汇意义向表时间的语法意义的过渡。动作或动作的结果在一定空间中的持续,伴随的是在一段时间上的延续,空间和时间在表持续意义方面的统一,为表处所的介词结构向表时间的语法形式的过渡提供了可能。

三 "在里/在/哩"和"着"的关系

3.1 我们注意到,"VP+(O)+在里/在/哩"格式最基本的语法意义是表示状态的持续,但在不同的方言中,这种持续的状态所指的范围是不同的。如果将持续的状态进行细分,可以分为三类:

A 表示动作的结果所呈现出来的状态的持续。
B 由静态动词表示的动作所形成的状态的持续。
C 由动态动词表示的动作所形成的状态的持续。

一般来说,在现代汉语方言里,动宾短语后的"在里/在/哩"都可以表现 A 类持续意义,此外,在一些方言里,有 B 类无 C 类(如福州话 陈泽平 1996),而在另一些方言里,则有 B 类也有 C 类(如北京话、襄樊话)。例如:襄樊话既可以说"门开倒在",又可以说"我吃饭在"。另一方面,有的方言有"在+VP+(O)+在"格式,表示动作的持续进行,语气较强。例如:襄樊话的"我在吃饭在"的语气就比"我吃饭在"的语气强,武汉话也有这种格式,但宜都话的句尾"在"就不能同动词前的"在"同现(李崇兴 1996)。总体上说,持续的范围由一种发展到三种、由静态发展到动态,这也是一个渐变的过程。

3.2 我们还注意到,在一些方言中,表示状态的持续时,"在里/在/哩"必须和动词后的"着"及其相应成分配合表达持续意义,有的则可以单独表示。比如,北京话的"门开/关着呢"在一些地方的说法是:

上海 门开勒海 绍兴 门开埭,里头人唔有
金华 门开得达 杭州 门开来东,里头没有人

温州　门开着搭，屋里＜没有＞＜人＞
福州　门开吼，里势无侬

绍兴话的"来埭"表近指，相当于"在这儿"，省略形式"埭"用在句尾表示状态的持续；金华话的"达"也是由处所词演变而来的；上海话"勒海"、杭州话的"来东"、温州话的"着搭"等介词结构，还有实在的处所意义。福州话的"吼"单独成词也可作处所指示带词。

许多地方除了用"在里/在/哩"之外，还有和北京话"着"相对应的成分（可以把它们看作"着"的变体）。例如：

安仁　大门开嘎到固里　　洛阳　门关着哩
霍邱　门关子在
石门　门关斗的　　　　　襄樊　门关倒在

3.3 以上这些语料说明了这样一个问题：

1. "在里/在/哩"型具有和"着"相同的语法意义，即表示持续。

2. 二者表示持续的对象不同。"在里/在/哩"位于句尾，从属于整个句子，说明某一状态在一段时间里正在持续；"着"从属于动词，它只能附着在表持续意义的动词之后，增强动作的持续性，或同某一动词结合，使这一动作带有持续意义，例如："点头"是瞬间性的动作，"点着头"则变成持续性的动作了。

3. 由于表示持续的对象的不同，"在里/在/哩"有完句作用，"着"有补足音节的作用。方言中的许多动词都是单音节的，加"着"及其变体后，"V着"成为一个双音节的组合单位，这也许可以看作汉语双音化趋势在动词中的反映。

以北京话、襄樊话为例来说明一下：

V着——V着（O）呢——＊V着O
V倒——V倒（O）在——＊V倒O

"V着"和"V倒"只能用于祈使句，例如："坐着！""站倒！"是表示希望出现或保持某种持续的状态，这里的V只能是"坐""站"一类的静态动词，不能说"吃着！""吃倒！"，只能说"吃！"，可见，"着""倒"在这里更重要的作用应该是补足音节，吕叔湘先生认为"着"相当于词尾。"V着（O）呢""V倒（O）在"可以是一个完整的句子，但是，"V着O"和"V倒O"则只是半句话。例如：可以说

"我吃着饭""他看倒电视",但它们必须加上后续句才是完整的句子。

我们认为,"着""倒"对状态的持续意义起强调作用,"呢""在"则是表示状态的持续,没有特别的强调作用。在表动作进行时,可以省略"着""倒",但必须有"呢""在"等。例如:"他吃(着)饭呢""他吃(倒)饭在"。

3.4 通过分析,我们清楚地看到,处于动词性短语之后的"呢"及其变体,和动词之后的"着"及其变体,有共性,又有个性。共性表现在:二者都具有表示持续意义的语法功能,而且,如上文所述,"V着(O)呢""V倒(O)在"可以和表示过去、现在或将来的时间词同现。个性表现在:"呢"及其变体是附着在句子之上的,虚化程度最高的"呢"已经变成了语气词,它们均具有完句作用;"着"及其变体是附着在动词之上的,有加强持续性和补足音节的作用。

人们在讨论"时""体"范畴时,往往认为"着"属于"体"的范畴,"呢"属于"时"的范畴,本文所谈论的"在里/在/哩"是不是属于"时"的范畴呢?我们的答案是否定的。因为"在里/在/哩"本身并不能表示过去、现在或将来,它只是表示动作延续的一段时间,这段时间可以是过去的,也可以是现在或将来的。"VP(O)+在里/在/哩"格式表示某种状态正在持续,有强调"正在"的意味,本身并没有表示过去、现在或将来,口语中,往往和表过去、现在或将来的时间词搭配使用,只不过,根据语境的不同和语用的需要,时间词经常省略。例如:襄樊话"他怎么晓得是你做的?我笑在",从语境可知,"做"这一动作发生在过去的某一段时间里,"我笑在"意思是"我当时在笑","笑"也是发生在过去,这里的时间词省略了;如果是指说话时正在持续的状态,表"现在"的时间词省略的情况更是司空见惯,上文已有大量例子,此处不赘述;如果偶尔表示将来的一段时间里持续的状态,则需要和相应的时间词搭配使用。所以,从这一点上说,"呢"及其变体不属于"时"的范畴,但它们和属于"体"范畴的"着"及其变体有区别又有联系,这充分表明了汉语的独特性。

在过去很长的一段时间里,人们自觉或不自觉地照搬西方语言学的理论模式,在汉语的语法研究方面走了一些弯路,现在,越来越多的学者认识到这一点,汪平(1997)特别指出,"关键的是,应该以汉语为出发点，人家的理论只用来启发思维，起辅助性的作用，而不是以人家的理论为出发点，在自己的语言里找适合人家理论的现象"。我们是否一定要给"着""呢"贴上"体""时"的标签呢？"体""时"的说法适合汉语的实际吗？从上文的讨论可以看出，"呢"及其变体同"着"及其变体的关系是有联系的，二者并不是属于两个不同的语法范畴，更像是同属一个语法范畴的两种不同的表现形式。语言是有共性的，但语言的个性更能体现这种语言的特点。我们必须立足于汉语实际，充分利用现代汉语方言这一丰富的语料库，以便能更清楚地认识汉语的真面目。

参考文献

陈鸿迈:《海南话时态表达的方式》，汉语方言年会第七届年会论文，1993年。

陈平:《论现代汉语时间系统的三元结构》，《中国语文》1988年第6期。

陈淑梅:《湖北英山方言志》，华中师范大学出版社1989年版。

陈有恒:《蒲圻方言》，华中师范大学出版社1989年版。

戴耀晶:《现代汉语表示持续体的"着"的语义分析》，《语言教学与研究》1991年第2期。

龚千炎:《谈现代汉语的时制表示和时态表达系统》，《中国语文》1991年第4期。

胡明扬:《海盐方言志》，浙江人民出版社1992年版。

胡明扬主编:《汉语方言体貌论文集》，江苏教育出版社1996年版。

黄伯荣主编:《汉语方言语法类编》，青岛出版社1996年版。

黄丁华:《闽南方言的虚字眼"在、着、里"》，《中国语文》1958年第2期。

黄群建:《通山方言志》，武汉大学出版社1994年版。

金奉民:《助词"着"的基本语法意义》，《汉语学习》1991年第4期。

李崇兴:《宜都话助词"在"的用法和来源》，《方言》1996年第1期。

李新魁、黄家教、施其生、麦耘、陈方定:《广州方言研究》,广东人民出版社 1995 年版。

刘国斌著、陈有恒审订:《通城方言》,中国文史出版社 1991 年版。

刘海章等:《荆楚方言研究》,华中师范大学出版社 1992 年版。

刘兴策:《宜昌方言研究》,华中师范大学出版社 1994 年版。

卢甲文:《郑州方言志》,语文出版社 1992 年版。

吕叔湘:《释景德传灯录中"在""著"二助词》,转引自《汉语语法论文集》,科学出版社 1955 年版。

吕叔湘主编:《现代汉语八百词》,商务印书馆 1984 年版。

罗昕如:《新化方言研究》,湖南教育出版社 1998 年版。

罗自群:《论"在 N$_处$ + VP"和"在 + VP"的关系》,《语言研究》1998 年第 2 期。

罗自群:《襄樊方言的"倒"和"在"》,硕士学位论文,华中理工大学,1996 年。

洛阳市地方史志办公室:《洛阳方言志》,河南人民出版社 1987 年版。

钱乃荣:《上海话语法》,上海人民出版社 1997 年版。

邵则遂:《天门方言研究》,华中师范大学出版社 1991 年版。

施其生:《方言论稿》,广东人民出版社 1996 年版。

汪国胜:《大冶方言语法研究》,湖北教育出版社 1994 年版。

汪国胜:《湖北方言的"在"和"在里"》,《方言》1999 年第 2 期。

汪平:《苏州方言语法引论》,《语言研究》1997 年第 1 期。

王群生:《湖北荆沙方言》,武汉大学出版社 1994 年版。

吴泽顺、张作贤:《华容方言志》,湖南人民出版社 1989 年版。

伍云姬主编:《湖南方言的动态助词》,湖南师范大学出版社 1996 年版。

许宝华、陶寰:《〈上海方言词典〉引论》,《方言》1995 年第 4 期。

俞光中:《〈水浒全传〉句末的"在这(那)里"考》,《中国语文》1986 年第 1 期。

张济卿:《汉语并非没有时制语法范畴——谈时、体研究中的几个问题》,《语文研究》1996 年第 4 期。

张清源:《成都话的动态助词"倒""起"》,《中国语言学报》(第四期),商务印书馆1991年版。

张双庆主编:《动词的体》,香港中文大学中国文化研究所、吴多泰中国语文研究中心1996年版。

朱德熙:《语法讲义》,商务印书馆1982年版。

左思民:《现代汉语的"体"概念》,《上海师范大学学报》(哲学社会科学版)1997年第2期。

附录3 "著(着)+处所词"在共时平面中的两种句法位置[①][②]

[提要] 本文通过对"著(着)+处所词"在现代汉语方言中两种句法位置的比较,分析了"V 著(着)L"和"著(着)LV"在地理分布及使用频率上的差异,指出这种差异有可能是由历史上不同方言之间的语言接触造成的。

[关键词] 汉语方言 "著(着)+处所词"　介词　动词前　动词后　语言接触

众所周知,"著"最初是动词,有"附着""置放"等义。从汉代以后,动词"著"开始了其语法化历程。魏晋南北朝前后,"V 著"中的动词出现了一些不能造成"附着性状态"的用法,类似情况为"著"转变为介词奠定了基础。到了唐代,出现了表示动作使物体所及的处所的介词"著"。"V 著"中的"著"除了作介词以外,还可以表示结果、持续、完成等语法意义。[③]

"著(着)+处所词 L"结构[④],自魏晋以来至少有三种句法位置:

---

① 本文已发表于《汉语学习》2007年第5期。

② 本文得到中国博士后科学基金项目"汉藏语系语言的持续范畴"(项目批准号为"20060390591")的资助。本文在2007年5月第二届"汉语史中的语言接触"专题研讨会上宣读过。

③ 曹广顺:《近代汉语助词》,语文出版社1995年版。

④ 为行文方便,文中一般把"著(着)"写作"著"。

1. 动词后:"动词+著+处所词",即"V 著 L";
2. 动词前:"著+处所词+动词",即"著 LV";
3. 宾语后:"动词+受事宾语+著+处所词",即"VO 著 L"。

本文重点讨论前两种情况在共时平面中的表现,并对造成二者之间差异的外部、内部原因做一番探讨。

一 "著+处所词"在现代汉语方言中的两种句法位置

在现代汉语方言中,来自中古附着义"著"的"著"类持续标记,根据其语音的不同,可以分为"着""倒""哒""住""得""的"等几类。而和"著"类持续标记来源一致的"著"类介词,根据其读音的不同,也可以分为"着""倒""哒""住""得""的"等几类。它们分布的范围也比较广泛,从南到北、从东到西,从官话到晋语、湘语、吴语、闽语等。"著+处所词"结构在句中的两种位置:动词后、动词前。二者在地理分布上有一些差异,前者比较常见,分布也广。

"著+处所词"结构位于动词后时,"著"一般相当于"在"或"到"。例如:①

"着"类:

山东潍坊:他老是趴着[tʂuə⁰/tʂə⁰]桌子上

河北正定:把字儿写着[tʂau⁰/tʂau⁴¹²去声]黑板上/把脏水洒着猪圈里

陕西西安:把手搁着[tʂɤ⁰]被窝暖一下

青海西宁:猫儿跳着[tʂɔ⁵³上声/tʂɔ⁰/tʂɛ⁵³上声]缸上/站着凳儿上溜寡嘴

云南昆明:这个月发奖金,我又着晾着[tʂə⁴⁴阴平/tə⁴⁴阴平]干滩儿上了

"倒"类:

江西萍乡:放到[tau³⁵上声]桌上/住到街上

湖北襄樊:我睡倒[tau⁰]你的头前儿在

广东雷州:跍在处衫伏倒[tɔ³¹阴上]涂啦

---

① 罗自群:《现代汉语方言持续标记的比较研究》,中央民族大学出版社 2006 年版。

"哒"类：

山东利津：书放□［ta⁰］桌子上/拽□［ta⁰］水里了

湖南益阳：饭热哒［ta¹¹去声］灶上，你自家拿得吃

江苏丹阳：放则［tsæʔ³阴入/tæʔ³阴入］格里/坐则床里

上海：□（扔）啦［lɑ¹³阳舒/lɑʔ¹³］水里/睏啦床浪

广西柳州：丢到［tɑ⁵⁴上声］水里头/放到门口

"得"类：

北京：别就那么坐得［tə⁰］那儿！/他搬得哪儿去了？

内蒙古呼和浩特：跑的［təʔ⁰］庙里头一看，这布嘞也就叫人拿走了

山西太原：把画儿挂的［təʔ⁰］墙上

江西南昌：搁得［tɛ t⁰］桌上/剩菜剩饭都倒得潲缸里

湖北武汉：放得［tə⁰］箱子里/丢得水里

湖南长沙：站得［tə⁰］屋顶上/牛胯里扯得马胯里

浙江开化：渠坐得［tʌʔ⁰/tiəʔ⁰］桌高

"的"类：

新疆乌鲁木齐：铁锨让我撂底［ti⁰］麦垛上头咧

山西文水：挂的［tiəʔ²阴入］墙儿上/吃的肚里

"著+处所词"结构位于动词前的情况，一般见于长江以南的湘语、赣语、吴语、闽语等。这时，"著"一般相当于"在"。例如：

"倒"类：

湖南吉首话：钥匙莫是到［ta u⁰］车上打落的（钥匙恐怕是在车上丢的）（湘语）

安仁话：我到［tɔ³¹去声］固里做事，莫吵我（我正在干活，别吵我）（赣语）

湖南平江话：他落［loʔ⁰］咯吃饭//他落田里做生意（赣语）

福建福州话：着［tuoʔ⁵阳入］礼堂开会//着黑板吼写字（闽语）

建瓯话：厝里到［ta u³³阴去］里开会（屋里正在开会）//苹果故到里烂（苹果还在烂）

在徽语、吴语、客家话、闽语、平话等方言区中，"著+处所词"位于动词后、动词前的两种句法位置在一些方言中同时并用。动词后的

"著"相当于"在"或"到"义,动词前的"著"相当于"在"或"到""从"等义。例如:

安徽绩溪话①:小李睏是[tsʻɿ⁰]地面上(小李睡在地面上)(徽语)

渠是灶下搞饭(他在厨房里做饭)

江苏苏州话②:住勒[laʔ²³]/[ləʔ²³]城外(住在城外)//我个意思是要避勒外头去,你看阿避得脱?(我的意思是要避到外头去,你看避得了吗?)(吴语)

勒天浪飞(在天上飞)//一只苹果勒树浪突下来。(一个苹果从树下掉下来)

浙江温州话③:我的意见写着[zɿ阳去]纸上(我的意见写在纸上)(吴语)

渠着纸上画画(他在纸上画画)

福建连城话④:着[te³⁵阴入]黑板上写字(在黑板上写字)//放着桌上去(客家话)

着床上睡/着那角来(从哪儿来)//着那角去寻正寻得倒(往/到哪儿去找才找得到)

江西石城(龙岗)话⑤:棉夹tə着打[ta³¹上声]底下(棉夹衣穿在底下)(客家话)

打檐阶上洗汤(在屋檐下洗澡)

---

① 李如龙、张双庆:《介词》,暨南大学出版社2000年版。见赵日新的《绩溪方言的介词》。

② 李如龙、张双庆:《介词》,暨南大学出版社2000年版。见石汝杰的《苏州方言的介词体系》。

③ 李如龙、张双庆:《介词》,暨南大学出版社2000年版。见潘悟云的《温州方言的介词》。

④ 李如龙、张双庆:《介词》,暨南大学出版社2000年版。见项梦冰的《连城方言的介词"着"》。

⑤ 李如龙、张双庆:《介词》,暨南大学出版社2000年版。见曾毅平的《石城(龙岗)方言的介词》。

闽南方言①：细汉囝坐橐［lɔk⁵］涂骹嘞吼（小儿子坐在地上哭）

橐大鼎嘞煮的饭恰好食（在大锅里煮的饭更好吃）

福建平和话②：一尾簸箕甲＜藏＞伫［ti^阳去］空底（一条银环蛇藏在洞里）（闽语）

兄弟仔两侬一股伫福州读册，一股伫厦门做工（兄弟俩一个在福州上学，一个在厦门打工）//伊伫我即位借三本册去（他从我这儿借走了三本书）

海南屯昌话③：伊徛有［u³³^阳上］曷带等我（他站在那儿等我）（闽语）

伊有宿做席（他在家编织席子）

广西南宁话④：躲住（在）床底下//亚只篮挂住墙壁上头（平话）

渠住［tsy²²^阳去］屋带人（他在家带孩子）//渠住糖厂做工

和"著"类持续标记一样，"著"类介词的语音来源也不是只有一个。《广韵》中的"著"有张略切、直略切、丁吕切和陟虑切4种读音，它们都有可能成为某一地域或某一时期的"著"的读音，并在现代汉语方言中交错分布，情况比较复杂，但是由于受汉字的制约，它们的句法位置的来源还应该是一致的。⑤

在汉藏语系的壮侗语族、苗瑶语族、藏缅语族的一些语言中，也存在着类似"著"类介词在动词后、动词前两种句法位置的用法，有的语言只有一种，有的有两种，都和汉语史文献及现代汉语方言形成了明

---

① 李如龙、张双庆：《介词》，暨南大学出版社2000年版。见李如龙的《闽南方言的介词》。"橐［lɔk⁵］"用作动词表示"放置"，如说"车唔通橐嘞楼梯口"（车别放在楼梯口），更常用作介词。

② 李如龙、张双庆：《介词》，暨南大学出版社2000年版。见庄初升的《闽南平和方言的介词》。

③ 李如龙、张双庆：《介词》，暨南大学出版社2000年版。见钱奠香的《屯昌方言的介词》。"有"字读音［u³³］，另外还有两个音［ʔdu³³］和［lo³³］，表示动词"（处）在"义和用作介词时多读念［ʔdu³³］，作完成体标记时多念［lo³³］。

④ 李荣主编，覃远雄、韦树关、卞成林编撰：《南宁平话词典》，江苏教育出版社1997年版。

⑤ 有关语音问题，将另文讨论。

显的对应。① 例如：

布依语羊场话：②

kaʔ^8 zaŋ^6 tso^5 sa ːŋ^1 taŋ^5 va i^4 dia u^1.   独自坐在一张木凳上。
独自坐   在   上   凳   木   一

黎语：③

pẽɯ^1 tsok^7 ploŋ^3. 回家去。
回   家

黔东苗语：④

pẽ n^2 tu^3 i^3 tu^1 tio^5 tɕ o^2 ta^5 ki^3 vɛ^2. 那本书搁在桌子上面。
本 书 那   搁   在   张   桌子面 上

vi^4 tio^5 ki^3 noŋ^3 moŋ^4 haŋ^3 ɛ^1.   我从这边去那儿。
我 从   路这   去   处   那

吉卫苗语：⑤

ȵɑ^{31} qo^{53} tɕ o^{44} ȿaŋ^{53} phu^{44}: "qẽ i^{33} tɔ^{42} qhu^{44} tɕ i^{35} tə^{33}."
婆 老虎 赶快   说: "屙   着   坑   火."
老虎婆赶快说："你就屙在火塘里吧。"

wu^{44} tɔ^{42} pẽ^{31} ci^{44} lo^{33}. 他从北京来。
他   从   北京   来

彝语：⑥⑦

tshɿ^{33} o^{21} dz o^{33} ta^{33} la^{33}. 他从西昌来。
他   西昌   从   来

---

① 罗自群：《汉藏语系语言放置义类持续标记的比较研究》，中央民族大学博士后研究工作报告，2006年。这种对应是否都是语言接触所致，有待进一步研究。

② 贵州省龙里县。

③ 郑贻青、欧阳觉亚：《黎汉词典》，四川民族出版社1992年版。动词后的tsok^{7}表示"到、向、往"的。

④ 曹翠云：《苗语动词tio^{5}的虚实兼用现象》，转引自戴庆厦主编：《民族教育研究》1999年增刊。

⑤ 向日征：《吉卫苗语研究》，四川民族出版社1999年版。

⑥ 陈士林、边仕明、李秀清：《彝语简志》，民族出版社1985年版。

⑦ 戴庆厦、胡素华：《彝语ta^{33}的多功能性》，《民族语文》1998年第2期。

nu³³　thi⁵⁵　ta³³　ŋa⁴⁴　la³³hɯ⁴⁴　ta³³．你在这儿等着我。①
你　　这儿（助）我　等　　（助动）

二　"著+处所词"两种句法位置在地理分布上差异的成因

从以上语言事实中可以看出，"著+处所词"在共时平面上的表现很复杂。比如："著"的语音形式的多样性及其交错分布，是汉语内部不同历史时期方言之间的语言接触的结果；从非汉语对"著+处所词"这一结构的借用，也可以发现汉语和周围少数民族语言之间语言接触的一些特点，等等。这里，我们分析一下"著+处所词"的两种句法位置在地理分布上差异的成因。

"著+处所词"这一结构，动词前的用法分布比较广泛，北方南方、官话非官话都有，而动词前的用法主要分布在长江以南的非官话区。我们认为，造成这种地理分布上差异的原因可以从外部、内部两个方面来看。

（1）外部原因

"著+处所词"两种句法位置在现代汉语方言地理分布上的差异，我们认为，这是不同时期的不同汉语方言之间语言接触的结果，具体地说，应该是一种词汇替换的产物。比如，就"在"义的"著"而言，在普通话中，相对的是"V在L"和"在LV"，许多北方方言都已经看不到"著"作介词的影子。再往南，长江流域及长江以南地区，许多地方是"V著L"和"在LV"并存，而到了南方，如上所述，不少地方"V著L"和"著LV"两种用法仍然并存（包括汉藏语系的一些语言，如前所述）。

据汉语史研究可知，"著""在"作介词的历史几乎一样久远。

王力认为，到了南北朝以后，"着"字开始虚化，这时候，"着"字一般只用于处所状语的前面，这种"著"字颇有"在"字的意义（附着某处就是在于某处），但它是连上念的，不是连下念的，所以与

---

①　我们认为，这句话的第一个 ta³³ 不是助词而是介词，语序为"你这儿在我等着"，对应的汉语意思是"你在这儿等着我"。

"在"不同。① 江蓝生从历代典籍中发现了"动词+X+地点词"句型的发展轨迹：魏晋南北朝有"V 著/箸 NL"(《世说新语》)，唐五代有"V 著 NL"(《敦煌变文集》)，宋金有"V 著/得 NL"(《朱子语类》《朱子语类辑略》)，元明有"V 底/的/着 NL"(《元典章》《朴通事》《皇明诏令》《金瓶梅》)，清代有"V 的 NL"(《燕京妇语》《小额》)。② 从这些文献记载中，我们可以看到"著"类介词语音及用字上的一些变化。

据马贝加研究，表示所在的"在"历史悠久，甲骨文、金文已见。在《诗经》中用作介词，表示主语（施事）的动作、行为或持续状态的处所，位于 V 前，有 10 余例。先秦时期，表示运动之所在，多用"于"(於)，有 V 前 V 后两种位置，介词"在"已处于萌生过程中，也有这样两种位置。动-介并存的现象，一直延续到现代。③ 王力认为，"在"字在诗经时代还是动词，晋代以后，"在"字往往用来代替"於"字，这时，"在"字才真正成为介词。④

孙锡信指出，《世说新语》中，"於"有介词的多种用法，仅在作方所介词时与"在""箸"有交叉现象，"於"作方所介词可置于动词前，也可置于动词后，"在"也是如此，而"箸"用作方所介词只用于动词后。"箸（著、着）"的运用持续到唐五代时期，在并存了一段时期后，"在"逐渐取代了"着"，到宋元时期就不见"动+着+处所词"的形式了。⑤ 徐丹认为，"V 在"与"V 着"有紧密的联系，"在"与"著"在"V+X+地点词"的句型里混用竞争了一个时期（六朝时期）后，"V 在"逐渐取代了"V 著"，同时也继承了"著"的"附着"意义。⑥

结合汉语史研究成果，再看看"V 著 L""著 LV"与"V 在 L"

---

① 王力：《汉语语法史》，商务印书馆 1989 年版。
② 江蓝生：《"动词+X+地点词"句型中介词"的"探源》，载《古汉语研究》1994 年第 4 期。
③ 马贝加：《近代汉语介词》，中华书局 2002 年版。
④ 王力：《汉语语法史》，商务印书馆 1989 年版。
⑤ 孙锡信：《汉语历史语法丛稿》，汉语大词典出版社 1997 年版。
⑥ 徐丹：《从北京话"V 着"与西北方言"V 的"的平行现象看"的"来源》，载《方言》1995 年第 4 期。

"在 LV"几个格式在地理分布上的差异,我们可以推测,历史上所经历的一场介词"著"与"在"的竞争结果是,"在"在北方占据了上风,而"著"退守到南方;当然,从句法位置上看,介词"著"的动词后的用法保留得要比动词前的用法要好。介词"著""在"地理上的分布特点也正好反映了这种语言接触的方向性是由北向南扩散的,它们分布上的不平衡性是这种语言接触在各地的深浅程度不一造成的。

(2)内部原因

"著+处所词"的两种句法位置,在汉语史文献中的出现频率明显不同,动词后的"著+处所词"用例很多,而动词前的"著+处所词"用例就比较少。后者比如:①

著街衢见端正之人,便言前境修来(《庐山远公话》,《敦煌变文集》)

花不向沉香亭上看,树不著唐昌宫里玩(陈亮最《高楼·咏梅》,全宋词,2105)

著路里小心呵,且须在意(《西厢记诸宫调》下,35)

江蓝生认为,唐五代时,"著"的用法发展到可以不必跟在动词或动宾短语后面,而是直接在句首用作介词,相当于"在"或"到",这说明动词"著"摆脱了跟在另一动词后面的限制,独立地引出地点或时间,它虚化的程度加深了,介词性增强了。②

如果说,"著+处所词"位于动词前的用法,相对于动词后的用法,是后起的,那么,到现代汉语方言中,这种动词前的用法依然少于动词后的用法,其成因有两种解释:一种是"著 LV"一开始就受到"在 LV"的排挤、使用区域受到限制;另一种是"著 LV"在一定程度上发展起来,但是后来由于受到强势方言的影响,在一些地方被"在 LV"所替换。这种词汇替换趋势,由北向南逐渐减弱。

上文已说,从北到南,介词"著"和"在"主要有三种搭配:

---

① 江蓝生:《"动词+X+地点词"句型中介词"的"探源》,载《古汉语研究》1994年第4期。马贝加:《近代汉语介词》,中华书局2002年版。

② 江蓝生:《"动词+X+地点词"句型中介词"的"探源》,载《古汉语研究》1994年第4期。

1. "在 LV"和"V 在 L";
2. "在 LV"和"V 著 L";
3. "著 LV"和"V 著 L"。

还没有发现"著 LV"和"V 在 L"搭配的汉语方言。为什么,同样受到介词"在"的冲击,动词后和动词前的"著"受到的影响却不同。我们认为,这种介词"著"被"在"等词语的替换及两种句法位置在实际使用上的不对称性,也可以从语言内部发现一些动因。

首先,从语义上看,魏晋南北朝时期附着义的"著"一开始就为它以后的语法化方向打下了一个非常好的语义基础。既然是附着,就必然要涉及两个物体/对象——这两个物体/对象可以是相对静止的状态,也可以是一个物体向另一个相对静止的物体移动。这样,只要"著"的后面是处所词,介词的用法就有可能出现。也正因为"著"本身的语义特点,使它作介词时也会根据前后语境的不同,出现不同的意思,从而和后来的"在""到""从"等对应。随着不同方言中不同用法的互动,语义宽泛的"著"在一些地方被"在""到""从"这些语义单一的词语所替换(这一变化也在文献中得到体现),完全符合语言准确、精密的发展趋势,是语言一种内在的表义要求。

其次,从句法位置上看,我们发现,"著+处所词"在动词前、动词后的两种句法位置上时,语义上仍然有着明显的对应关系,而且和最初的动词义——附着义有密切的联系。如下表所示。

介词"著"		"从"义	"到"义	"在"义
语　义		表起点(后面必须有趋向动词)	表趋向(本身有方向性,不强求后面一定要有趋向动词)	表终点(不用趋向动词)
位置	动词前	+	+	+
	动词后	−	+	+
状　态		静止—动态	动态	静止

"到"义、"在"义的"著"都有动词后、动词前两个句法位置,形成一种对称。既然语义是对等的,那么,为什么动词前表示"在"

义、"到"义的"著"比动词后的更容易被"在""到"替换呢？我们认为，这是因为动词后的"著"有前面动词的依托，它和动词组成了一个音节单位，尤其是在单音节动词占绝对优势的汉语方言，"动词+著"由于组成了一个双音节的句法单位而在很多方言，尤其是在南方方言及非汉语中保留了下来。相反，"著+处所词+动词"中的"著"就显得比较孤单，在语言精密化的内在要求和周围强势方言介词"在""到"的冲击下，稳定性自然远远不如动词后的介词"著"。

通过对"著+处所词"在共时平面两种句法位置的一些差异的分析，我们发现，不论是语义宽泛的"著"顺应语言精密化的内在要求被"在""到"等单义的词所替换，还是动词前的介词"著"比动词后的介词"著"更容易被替换，在一定程度上，都体现了语言接触中的一个很重要的规律：外因通过内因起作用，而且是从最薄弱的环节先发生变化。当然，有关这种接触是何时产生的、过程如何等问题，还需要今后做进一步的研究。

参考文献

曹翠云：《苗语动词tio^{5}的虚实兼用现象》，转引自戴庆厦主编《民族教育研究》1999年增刊。

曹广顺：《近代汉语助词》，语文出版社1995年版。

陈士林、边仕明、李秀清：《彝语简志》，民族出版社1985年版。

戴庆厦、胡素华：《彝语ta^{33}的多功能性》，《民族语文》1998年第2期。

江蓝生：《"动词+X+地点词"句型中介词"的"探源》，《古汉语研究》1994年第4期。

李荣主编、覃远雄、韦树关、卞成林编撰：《南宁平话词典》，江苏教育出版社1997年版。

李如龙、张双庆：《介词》，暨南大学出版社2000年版。

罗自群：《汉藏语系语言放置义类持续标记的比较研究》，中央民族大学博士后研究工作报告，2006年。

罗自群：《现代汉语方言持续标记的比较研究》，中央民族大学出版社2006年版。

马贝加:《近代汉语介词》,中华书局 2002 年版。

孙锡信:《汉语历史语法丛稿》,汉语大词典出版社 1997 年版。

王力:《汉语语法史》,商务印书馆 1989 年版。

向日征:《吉卫苗语研究》,四川民族出版社 1999 年版。

徐丹:《从北京话"V 着"与西北方言"V 的"的平行现象看"的"来源》,《方言》1995 年第 4 期。

郑贻青、欧阳觉亚:《黎汉词典》,四川民族出版社 1992 年版。

附录4　吴语"勒海"与"著(着)+L"的关系①

[内容提要] 本文通过方言比较,从句法和语音两个方面,分析吴语上海话、苏州话介词短语"勒海"与"著(着)+L"之间的对应关系及内在联系,认为"勒"来自"著(着)"。

[关键词] 吴语　勒海　著(着)+L　来源

引　言

普通话"在"引导的介词短语可以分别位于动词之前和动词之后,如"他在教室看书""他坐在教室看书"等。

现代汉语方言中,表示"在"义的介词短语至少有两个来源,一个来源于"在"(罗自群1999),另一个来源于"著(着)"(罗自群2006),二者存在一种平行发展的态势:从历时上看,都可以追溯到中古;从共时上看,地理上交错分布。

罗自群(2007a)认为,中古以后,发生了词汇替换,表示存在义的介词短语中,"在"有逐渐取代"著(着)"的趋势,"V 在 L"和"在 LV"逐渐占上风,至少在官话区里是这样的,而"V 著(着)L"和"著(着)LV"在南方方言中还是有一定优势的。

中古的"著(着)"用法比较多,分化也比较早,在漫长的历史发展过程中,不同句法位置上的"著(着)"、不同语义的"著(着)",

---

① 本文 2011 年 11 月 11—14 日在福建师范大学召开的汉语方言国际学术研讨会暨全国汉语方言学会第 16 届年会论文宣读过。本文写作过程中,钱乃荣先生不仅表示同意本文的观点,而且提供了一些吴语材料,谨致谢忱。V 表示动词,L 表示处所词。

因为发展的不平衡性，各地方言口语中尚在使用的"著（着）"又呈现出不同的语音形式。罗自群（2006）以"著（着）"类持续标记为例，分析了现代汉语方言中作介词的"著（着）"与持续标记"著（着）"的关系：同一个方言中，二者读音有相同的，也有不同的。

本文重点考察吴语以上海话、苏州话"勒海"为代表的介词短语中的介词与中古"著（着）"的关系。

一 吴语"勒海"与"著（着）+L"的句法对应关系

据已有的研究成果可知，吴语中相当于"在这里""在那里"的介词短语各地都有，因语音形式不同而在用字上不完全相同，例如：（钱乃荣1992）

上海："辣海""辣辣""辣盖"（旧上海话的"垃拉""垃里""垃海"）

苏州："勒海""勒里""勒浪""勒笃"

宁波："垃盖""来的""来东""来盖"

宜兴："勒笃""勒荡"

靖江："来刚""勒刚""来荡"

崇仁："勒古""来古""来蒙""勒蒙"

常州："勒头""勒浪"

无锡："勒娘""勒勒"

江阴："勒鉴"

常熟："辣海""辣浪"

昆山："勒海""勒里""勒浪"

罗店："勒里""勒浪"（乡下）

嘉兴："勒海""勒化"

盛泽："勒辣""勒化"

周浦："勒拉""勒浪""勒盖"

松江："辣辣""辣海""勒盖"

杭州："辣哈""来东""辣喝""辣东"

绍兴："来亨""来埭""来洞"

余姚："来葛""来浪"

有关这方面的研究成果不少，吴语各地与此类似的介词短语，有共性也有差异。它们一般都能实实在在地表示处所义，有远指、近指等诸多方面的不同，也有一部分，只用相当于"在"义的第一个音节（如"勒"），与双音节的介词短语整体（如"勒海"）使用时不同。除此之外，这类介词短语在一定的语境下，表示进行、持续等语法意义。下面以上海话、苏州话为例。

上海话的"辣海"与"辣辣"用法大致相同，只是写法不同，现今上海话里"辣辣"的主要用法有以下几种：（钱乃荣2000，43—44页）

1. 作动词：我今朝一日天辣辣电视台里（我今天一天都在电视台里）

2. 作介词（动词前、后）：我辣辣床浪看书已经成习惯（我在床上看书已经成了习惯）/垃圾袋快点拎辣车子浪去（快些把垃圾包提到车上去）

3. 作介词结构：伊昨日还辣辣要走，今朝哪能主意变了？（他昨天还在那儿要走，今天怎么改变主意了？）

4. 作进行体：警察辣辣走过来了（警察走过来了）

5. 作存续体：青菜侪切辣海量（青菜都已切好放在那儿了）

6. 作语气助词：足球踢得正好紧张辣海（足球正踢得紧张着呢）/吴淞伊要明朝去辣海（他要明天去吴淞呢）/五斤肉几化钞票辣海！（五斤肉多少钱哪！）

还有"辣辣海"的用法，例如：（许宝华、陶寰1997）

1. 表示存在：小王辣辣海口伐？勿辣辣海

2. 副词。在：我辣辣海做事体，侬无没看见啊？

3. 介词。引出地点、方位词：伊辣辣海楼浪向读书

汪平（2000）指出："苏州方言中有'辣''勒海''勒浪''辣搭''辣里''辣笃'共六个说法。一般认为，他们相当于北京话的'在'（包括动词和介词）……有'里'而没有与之相对的'外'，有'浪（上）'而没有与之相对的'下'。结果是'里'和'浪'成了一对，'辣里'表示'在这里'，'辣浪'表示'在那里'。情况的复杂还不止于此。其中又插入了一个'勒海'。它也表示'在这里'。在我的

语感中,'辣里'的意义比较实,是明确地表示近,甚至就在身边。而'勒海'的语义要弱得多,只是含混地表示'在这里'。并且'辣里'较老,我已经很少说(代表50年代),我怀疑现在苏州是否还说'辣里'。……只是在某些场合,'勒海'和'勒浪'相对为'在这里'和'在那里'。但有许多场合,二者几乎没什么区别,说话人可以随便换用。"

吴语其他地方的方言,也有和苏州话类似的情况:同一个方言中,与"勒海"相当的介词短语也许不止一个。有时代的差异,也有近指远指的不同(有时二者的差异不是很明显),表义上也有虚实的不同。

当然,除了相当于介词短语的"辣海""勒海"等,相当于"在"义的单音节的"辣""勒"也可以单用。关于它们的来源,学者也有一些讨论和不同看法,但一般都认为"辣""勒"有着共同的来源,"勒"是"辣"的语音弱化形式。

这里,我们想探讨一下"辣海""勒海"与中古"著(着)+L"之间的关系。

中古以来,《广韵》中的张略切、直略切、丁吕切、陟虑切等不同读音的"著(着)"演变到现在,在现代汉语方言中呈现出非常丰富、复杂的局面:除了语音上的千差万别、需要仔细甄别才能厘清关系之外,方言中"著(着)"的用法也很多,基本上包括了历史上曾经出现过的动词、持续标记、完成标记、结果补语、方位介词、句尾助词等用法。语音和语法上的不同搭配关系以及地理分布上的不规则性,又给我们大大增加了辨析其来源的难度。单就作介词而言,"著(着)"现有的几种主要的语音形式都有,与"着""之""倒""哒""得""的""哩"等几类主要的持续标记相比,同一个地方,语音形式有相同,也有不同的。例如:(罗自群2006,2011b)

表1

方言点	持续标记	介词用法
西安	$tṣɤ^0$	把手搁着[$tṣɤ^0$]被窝暖一下
银川	$tṣʅ^0$	老鼠钻着[$tṣʅ^0$]风箱里/盘子端来搁着桌子当中
襄阳	tau^0	我睡倒[tau^0]你的头前儿在

续表

方言点	持续标记	介词用法
益阳	ta^{11}	饭热哒 [ta^{11}] 灶上,你自家拿得吃
太原	tə$ʔ^0$	把画儿挂的 [tə$ʔ^0$] 墙上
五台	tiə$ʔ^{21}$	把画儿挂的 [tiə$ʔ^{21}$] 墙上
乌鲁木齐	ti^0	铁锨让我撂底 [ti^0] 麦垛上头咧
平鲁	li^0	把衣裳挂哩 [li^0] 衣架子上

表2

方言点	持续标记	介词用法
北京	tʂɤ^0	别就那么坐得 [tə^0] 那儿!/他搬得哪儿去了?
利津	tʂou^0	书放□ [tɑ^0] 桌子上/拽□ [tɑ^0] 水里了
武汉	ta u^0	放得 [tə^0] 箱子里/丢得水里
长沙	ta^0	站得 [tə^0] 屋顶上/牛胯里扯得马胯里
华容	te^{21}	把菜篮子搁得 [te^{45}] 桌子高头
开化	təɯ^0	渠坐得 [tʌʔ^0/tiə^0] 桌高
于都	tɕʅ iẽ^{35}/vẽ^{35}	你掰藏得 [teʔ^5] 被服里,子介事都唔管

表1中的持续标记和介词二者读音相同,表2中持续标记和介词二者读音不同。两表中的例子都可以看作"著(着)+L"介词短语。这种介词短语,在一些方言中,不仅出现在动词后,也可以出现在动词前,还可以出现在宾语之后的句末位置上,与汉语史文献中"著(着)+L"的三种句法位置一一对应(罗自群 2004,2007a,2011b)。

就"著(着)"而言,共时平面上的差异,反映着历时演变的轨迹。上海话"辣海"/"勒海"的几种用法(动词前、动词后、句末),都和其他方言与"著(着)"相关的句法成分形成了比较整齐的对应关系,同样可以表示存在义、持续义,尤其是介词短语前面的音节"辣"/"勒"可以单独作介词用,与"著(着)"也很对应。

吕叔湘(1941,1984)曾指出:《景德传灯录》中的语助词"在",当以"在里"为最完具之形式,"在里"又有"在""里"两种省略形式,而"里"字后又写作"哩",现代北京话及其他方言中的"呢"是

"哩"的变形，蜀语以"在"为语尾助词，现代吴语中的"勒里""勒浪"，其例盖同于唐宋之"在里"。罗自群（1999）又将现代汉语方言"VP +（O）+ 在里/在/哩"格式中的句尾成分分为"在里"型、"在"型和"里/哩/呢"型。随着过去这些年汉语方言描写材料的不断丰富和认识的不断深入，我们认为，有必要重新检讨一下过去的一些认识。也许，吕文说现代吴语中的"勒里""勒浪"其例盖同于唐宋之"在里"，是指二者形似，"勒"为"在"义，而不是明确认定"勒"就是"在"？据观察，"在里"型主要分布在北起东北，向南，包括江苏、浙江、江西、广东直至海南的许多地方以及相邻的湖北、湖南的一些地方，分别属于北方官话、江淮官话、吴语、闽语以及赣语等（罗自群1999）。不可否认，属于"在里"型的那些用法，有一部分的确是介词"在"，但还有一部分，尤其是在南方方言中，可能还有一些义同"在"但未必就是"在"的情况，上海话等吴语区的"勒海""辣辣""勒里"之类就可能另有来源，介词结构中的第一个音节"勒""辣"的本字应该就是"著（着）"？上文的"勒海""辣辣"与"著（着）+ L"的对应关系可见一斑。

二 吴语"勒海"与"著（着）+ L"的语音对应关系

过去已经有一些学者注意到吴语"勒海"之类介词短语与"著 + L"的语音对应关系以及作介词的第一个音节与"著"的关系（潘悟云2000，罗自群2006 等）。

如果说，"著（着）"类持续标记主要来自直略切的"著（着）"的话，那么，"著（着）"类介词的读音也就与直略切的"著（着）"的语音演变相关。只是由于句法位置的不同，语义虚实的不同，持续标记"著（着）"的语音更容易弱化一些，从而与语义稍微实在一点的介词"著（着）"的语音在演变的步伐和方向上不断分化，区别越来越大。

据钱乃荣（2000）所知："目前笔者能见到的最早的一本记录上海话的书是1862 年麦高温（John Macgowan）著的《上海方言习惯用语集》。这本书中记录开埠时的'辣辣'为'垃拉'，读音为［leʔ lɑ］或［leʔ leʔ］，经常简作'拉'［lɑ］。……上海话的'垃拉'语法特点与北部吴语其他地方的用法是相同的。明清近代白话小说和弹词里,有不少这样的例子。"

苏州话相当于"在"义的"辣""勒海"和"勒浪"等,汪平(2000)认为:"'辣'和'勒'应是同一个语素,'勒'是'辣'的弱化。"

据罗自群(2006,2011a)所知,来自直略切的"著"类持续标记因语音形式的不同,分为几大类型,其中:

"哒"类持续标记主要分布在四川、湖北、安徽、湖南、江西、江苏、浙江、广西等地。例如:倒[tɑ⁰](湖北大冶)、哒[ta⁰](湖南长沙)、倒[tæ⁵¹ 阴上](江苏苏州)、倒[tɒ⁰](江西永新)、□[tʌ⁰](湖南武冈白仓)。

与"哒"类语音最接近的"得"类持续标记主要出现在湖北、安徽、湖南、江西、江苏、浙江、云南等南方一些地方。例如:1)韵母是[ə]/[ɤ]/[e]等:得[tɤ⁰](云南曲靖)、着[tə⁰](山东牟平)、倒[te²¹ 上声](湖南华容)、者[tɛ⁰](湖南涟源)、得[tɜʊ⁰](安徽黟县)。2)有入声韵尾的:的[təʔ⁰](山西太原)、得[tɜʔ³](江西永丰)、得[teʔ¹²]/[teʔ⁴⁵]/[deʔ¹²](浙江绍兴)、则[tsæʔ³ 阴入]/[tæʔ³ 阴入](江苏丹阳)。

而声母为[n]/[l]的"勒/哩/牢/落"类持续标记主要出现在山西、云南、湖南、江苏、浙江、福建等地。例如:1)韵母为舒声韵的:牢[læ¹³ 阳平](江苏苏州)、唎[lɛ⁰](福建福州)、牢[lə³¹ 阳平](浙江温州)、□[nə 阴平](云南通海)、唎[lɤ⁰](福建大田)等。2)有入声韵尾或有入声的:勒[lɛʔ¹² 阴入](浙江舟山)、唎[leʔ¹¹ 阴入](福建厦门)、啦[lɑ¹³ 阳舒]/[lɑʔ¹³ 阴入]/落[lɔʔ¹³ 阴入](上海)。

如果把上海话、苏州话中"勒海""辣辣"之类介词短语的第一个音节的语音形式和上述持续标记的语音形式排列在一起又会如何呢?

我们认为,"辣""勒"来源于"哒"类持续标记,来源于早期"著(着)"类持续标记的语音形式,大致的演变轨迹如下①:

---

① 这里的a、ə只是两个代表,就主要元音而言,还有ɑ、æ、ɤ、e等。

$$da? \rightarrow ta? \rightarrow la?/na? \rightarrow l\schwa/n\schwa$$

with upper variants: $t\schwa?$, $l\schwa?/n\schwa?$, $l\schwa/n\schwa$

在漫长的演变中，经历了浊音清化、塞音声母弱化、主要元音弱化（还包括从a到ə之间的几个过渡音）、入声韵尾脱落等变化，最终形成现在的"辣""勒"等的读音——这个过程中出现的一系列语音形式在上述几类"著"类持续标记中也都可以找到一一对应的方言点。

苏州话较老的一种说法"辣里"与"在里"形似，但与"著里"（"著+L"）神似，"在"义的"辣"与"著"的对应更加明显。

上海话和苏州话还有一个表示持续、完成义的"仔"[tsᴇ]，罗自群（2006）认为这个"仔"来自"著（着）"——一个方言里，表示介词"在"义的"著（着）"与表示持续义的"著（着）"二者读音有同也有不同的，所以，上海话和苏州话表"在"义的"勒"与表示持续、完成义的"仔"都来自"著（着）"并不是孤立的现象。而梅祖麟（1999）曾指出：1801年写成的《三笑》，表白多用苏白，里面有方位介词"子（=仔）"的用例；18世纪乾隆时代写成的《缀白裘》以及1908年记录老上海话的《土话指南》，里面也有方位介词"之、子（=仔）"的用例。这说明吴语也曾有过"仔"作方位介词的历史。

小 结

研究表明，"辣海""辣辣"之类的介词短语由于意义的空灵或含糊，由表空间义转而表时间义，位于动词前时，表进行体，位于动词后、句末时，又表示持续义。

总之，通过对吴语上海话、苏州话介词短语"勒海"的分析，认为"勒海"是"著（着）+L"的一种具体表现形式，"著（着）+L"与"在里"在汉语方言中平行发展，有必要加以区别。

参考文献

巢宗祺：《苏州方言中"勒笃"等的构成》，《方言》1986年第4期。

李荣主编：《现代汉语方言大词典（42种分卷本）》，江苏教育出版社 1993—1998 年版。

崇明（张惠英 1993）　　丹阳（蔡国璐 1995）　　杭州（鲍士杰 1998）

苏州（叶祥苓 1993）　　金华（曹志耘 1996）　　南京（刘丹青 1995）

温州（游汝杰　杨乾明 1998）　　上海（许宝华　陶寰 1997）

宁波（汤珍珠　陈忠敏　吴新贤 1997）

李如龙、张双庆：《介词》，暨南大学出版社 2000 年版。

吕叔湘：《释景德传灯录中在、著二助词》，见《汉语语法论文集》（增订本），商务印书馆 1984 年版。原载《华西协合大学业中国文化研究所集刊》1941 年第 1 卷第 3 期。

罗自群：《"著（着）+处所词"在共时平面中的两种句法位置》，《汉语学习》2007 年第 5 期。

罗自群：《从语言接触看汉语方言"哒"类持续标记的来源》，《语言研究》2007 年第 4 期。

罗自群：《汉语方言"著"类持续标记的地理分布特点》，《语言研究》2011 年第 2 期。

罗自群：《论"在 $N_{处}$ + VP"和"在 + VP"的关系》，《语言研究》1998 年第 2 期。

罗自群：《西北方言持续标记浅谈》，选自邢向东《西北方言与民俗研究论丛》，中国社会科学出版社 2004 年版。

罗自群：《现代汉语方言"VP +（O）+ 在里/在/哩"格式的比较研究》，《语言研究》1999 年第 2 期。

罗自群：《现代汉语方言持续标记的比较研究》，中央民族大学出版社 2006 年版。

罗自群：《现代汉语方言介词"打"的来源》，《汉藏语学报》第 5 期，商务印书馆 2011 年版。

钱乃荣：《当代吴语研究》，上海教育出版社 1992 年版。

钱乃荣：《苏州方言中动词"勒浪"的语法化》，《中国语言学报》第 11 期，商务印书馆 2003 年版。

钱乃荣：《吴语中的"来"和"来"字结构》，《上海大学学报》（社会科学版）1997 年第 3 期。

汪平：《苏州方言的"仔、哉、勒"》，《语言研究》1984 年第

2 期。

徐烈炯、邵敬敏：《上海方言"辣、辣辣、辣海"的比较研究》，《方言》1997 年第 2 期。

杨蓓：《上海话"辣~"的语法功能、来源及其演变》，《方言》1999 年第 2 期。

于根元：《上海话的"勒勒"和普通说的"在、着"》，《语文研究》1981 年第 1 期。

张双庆主编：《动词的体》，香港中文大学中国文化研究所、吴多泰中国语文研究中心 1996 年版。

原版后记

上中学的时候，就知道了王国维先生描绘的治学三个境界：昨夜西风凋碧树，独上高楼，望尽天涯路；衣带渐宽终不悔，为伊消得人憔悴；众人寻他千百度，蓦然回首，那人却在灯火阑珊处。当初并不明白这三个境界的深层含义，现在回首往事，深有感触。

从1993年进入华中科技大学中文系汉语言文字学专业攻读汉语方言学方向的硕士学位开始，到2003年获得中国社会科学院研究生院语言系文学博士学位，再到如今的中央民族大学少数民族语言文学学院博士后流动站工作，十几年来，方言学、语言学的无穷魅力深深吸引着我，尽管自己感兴趣的课题很多，但是从读硕士研究生开始就一直把汉语的持续标记问题作为自己的主攻方向。当初选持续标记这个内容做博士学位论文的时候，不少人为我担心，有关这个问题的研究论文、论著很多，我也知道自己的压力有多大，但我还是抑制不住内心追寻谜底的渴望，博士学位论文答辩时专家们肯定的话语、系学术委员会给我评定的优等成绩，都是对我莫大的鼓励。毕业后的近三年时间里，对论文中涉及的所有问题又进行了重新的思考，补充了新材料，还有不少的新想法，所以，不少章节差不多是重新写了一遍，整体感觉又好了许多。十年磨一剑，我尽可能穷尽性地收集材料，面对剪不断、理还乱的材料，在经历了多少朝思暮想、寝食难安、呕心沥血的日子，今天终于可以提交一个答卷了。

本书是在同名博士学位论文的基础上修改完成的。过去很长一段时间，和语音、词汇相比，方言语法研究比较薄弱，往往局限于单点或方言母语的描写研究，或者是有限的几个方言点之间的比较研究。读硕士的时候，看了梅祖麟先生的《汉语方言里虚词"著"字三种用法的来源》，很受启发，硕士学位论文就是从方言母语襄樊话出发，从共时和历时两个角度来分析襄樊话的"倒"和"在"，博士学位论文则打破了方言与方言之间的界限，从整体汉语的角度，通过充分利用汉语方言材料来考察汉语方言持续标记的现状，并从纷繁复杂的现象中去寻找它们之间的对应关系，从而探求几类持续标记和中古附着意义的"著"之间的同源关系。

研究的过程是辛苦的，也是快乐的。如今，十几年来苦苦追寻的心路暂时要画上一个句号。此刻，充满我的内心的，不是轻松，而是无限感激之情：我要感谢中国社会科学院语言研究所给了我一个深造的机会。我要感谢我的博士生导师张振兴先生给我的指导和关心，谢谢张振兴、汪平两位恩师在百忙之中审阅我的书稿并给我写序。我要感谢所有在我写作过程中给过我帮助的老师和朋友们，他们是（按姓名音序排）：曹广顺、曹志耘、陈章太、程邦雄、侯精一、胡明扬、黄国营、黄雪贞、李崇兴、李蓝、李小凡、刘丹青、钱乃荣、吴福祥、伍巍、邢向东、熊正辉、杨永龙、周长楫、周磊……我要感谢方言调查中给予协助的人们，还要感谢所有我在书中引用过的论文、著作的作者们。我感谢华中科技大学的领导和中文系的老师们。我还要特别要感谢中央民族大学语言文学学院的支持，感谢合作导师戴庆厦先生的鼓励，感谢博士后流动站给我提供了重新审视、最终完成书稿的时间并有幸获得学校"211工程"建设项目的出版资助，感谢中国少数民族语言文学研究院文日焕院长的大力支持，我还要感谢中央民族大学出版社和编辑们的努力。这里，我一定还要感谢已故的李荣先生，我很幸运能聆听他的教诲并得到他的指点。最后，我感谢我的亲人们，是你们多年来默默无闻的奉献，才使我能全力以赴地投入我所热爱的研究工作中，我想借这本书告慰我父亲、我兄长的在天之灵，很遗憾，尽管我自认已经很努力了，但还是未能让在新华书店工作一辈子的他们亲眼看到我的第一本书。

我感谢所有真正关心我的人，我愿把我的这本小书献给你们，感谢你们为我所做的一切——这只是一个新的起点，我会继续努力！请为我加油！

2006年3月于中央民族大学青年公寓

再版后记

2019年10月22日那天突然收到母校华中师范大学汪国胜先生的电邮，说："《汉语方言语法研究丛书》已联系中国社会科学出版社，想将大作《现代汉语方言持续体标记比较研究》纳入《丛书》。如你愿意，请填好《选题单》发给我。"问明原因后，我非常高兴，因为虽然我2007年博士后出站后，就把注意力转到少数民族语言研究方面了，但是，《现代汉语方言持续体标记比较研究》2006年出版以后，我时不时还是会想到有关现代汉语方言持续标记的一些尚未解决的问题，一些困惑总在心里，挥之不去。现在，终于有机会重新审视这个问题、在过去的基础上，一则弥补第一版中的一些不足，二则分享一下我的最新想法。

原版的《现代汉语方言持续体标记比较研究》是在同名的博士毕业论文的基础上修改而成的。博士毕业19年了，毕业答辩那天的情形，还像昨天发生的一样，历历在目。我读硕士研究生的时候，就开始关注持续体的问题，读博士研究生后选题时，导师张振兴先生鼓励我继续做方言语法，说"发挥你的特长"，博士学位论文写作期间，我多次向李荣先生请教，李先生说："这个问题，水太深，……我给你泼了三次冷水，既然你还坚持要做，那就试试吧！"2003年年初，非典（SARS）肆虐，我还清晰地记得，6月13日毕业答辩那天，答辩委员会的陈章太（主席）、李小凡、曹志耘、熊正辉、黄雪贞、周磊（秘书）几位先生说的话：李小凡先生说："罗自群同学的博士学位论文写得相当不错，跟开题时相比，比原来预期的好，论文全面的论述，实际上，已经超过了原来开题时候的预期。作为重要的语法范畴的比较，以前没有人做过，具有开拓性，这个现象又是各种语法范畴中比较麻烦的一种，选择它来做博士学位论文，难度很大。……"曹志耘先生说："方法上具有开创性、尝试性，对同类问题的研究有借鉴作用。"熊正辉先生说："文章的价值，对整个方言的研究提出了一个新方向的探索。过去，单点调查，语法也是单点的。这篇文章在语法上对整个汉语进行比较，对我们提出了一个问题，过去没有注意到的一个新的方向、新的途径。从方言来说，先有点的比较深入的描写，然后才有几个点的大的比较。"陈章太先生说："看了这篇论文之后，很高兴，连着两三天一口气看完了。"黄雪贞先生说："最近看了几部博士学位论文，这是写得相当好的一篇。敢于对热点问题提出自己的观点、看法，下了很大功夫，看了很多书。不仅对自己，也对别人有很大的启迪。整篇文章写得挺好，具有开拓精神。"

2003年博士研究生毕业，2006年博士后在站期间，将博士学位论文修改、出版了，我的博导张振兴为拙作写序，他在序中说"罗自群博士几年前就读于中国社会科学院研究生院语言系方言学专业，这本书原来是一篇博士毕业论文。在博士学位论文答辩会上，答辩委员会对该论文给予充分的肯定，评分等级为'优秀'……罗自群博士在写作论文的前后，我们经常进行热烈的讨论，有时甚至是争论。我认为这是一个很艰难的题目，需要非常丰富的方言事实，涉及的范围又太广泛……论文在答辩会上最终获得通过的时候，证明我的担心是多余的。现在的这本书，……补充了最近三年多来新鲜的语料，现在书中的方言材料涉及31个省、自治区、直辖市600多个方言点，所参考的有关文献多达360多种。为了研究一个汉语方言的专题语法现象，考察了这么多的方言事实，参考了这么多的文献资料，到目前为止，几乎是穷尽性的，这是不容易做到的，也是不太多见的。这么算起来，从准备材料，到写成博士学位论文，最后改定成现在的这本书，前后至少花了六年以上的时间，差不多可以说是'十年磨一剑'了，可见罗自群博士学业之严谨。这个正是我们应该提倡的治学态度和精神"。

因为读硕士时就开始关注汉语方言持续标记问题，当时我还请硕导汪平先生也为拙作写序。他在序中说"自群是我指导的第一届硕士生。我们语言专业一向门庭冷落，招生之初就不指望有人主动登门，谁知我一开始就错了。自群明确说喜欢方言，不必我动员，顺理成章地成了我的学生。目标明确，处事认真，这是她给我的最深印象。入学没多久，就锁定了方言语法。从那时开始，她的方向始终没有变过，一直走到今天。当时，她的孩子还小，作为一个母亲，再怎么专注于事业，也是无法割舍母子亲情的。……看到事业、亲情穷于兼顾的困境，我深深体会到女性创业的艰辛有多巨大。……在当今经济大潮中，纯学术工作不受欢迎，应该说是难免的。我有一颗平常心，并不为自己的学生一个个毕业后转行而大惊小怪，倒是反过来，对自群这样执着于语言学事业有点意外。因为这才是更难得，也是更可贵的。……汉语方言中表持续的说法，是一个大题目，也是一个热门题目。……自群面对的就是这么一个艰巨的任务。她做了，并且已经做出来，还得到好些专家的首肯。……对自群的决心和努力，我非常高兴和坚决支持。……自群一方面坚信自己的观点是正确的，这样的自信是每一个研究者都应该有的；同时，她也诚实地承认自己的工作远远没有结束。一个重要观点完美化的过程很可能是极其漫长的。此书的出版，只表示前一个阶段的结束，后一个阶段将随之而开始。这句话并非我个人的想象，在自群那里，已经是一个事实。看着和听着自群坚定的语态，我在此满怀热情和希望地期待她新一轮的努力和成果，我想她是不会让我们大家失望的"。

如果说，2006年正式出版的那个版本（2.0版）在博士学位论文（1.0版）的基础上有了一个很大的进步，那么，现在再版的这个版本（3.0版），又比2006年版上了一个新的台阶。过去两年多来，虽然遭遇新冠肺炎疫情，但是，还是努力抽时间认真修改，在尊重原著的主要观点和写作框架的基础上，除了修订原著中的一些不足以外，一是增加了一些2006年以后学界研究成果中的相关语料，同时对原著中的持续标记语料做了进一步的深入分析；二是将"起"类持续标记也归入"著"类持续标记；三是明确将"著"类持续标记的源头和中古入声、上声、去声的"著"联系起来。另外，为了和此系列丛书的要求相吻合，还增加了附录部分的内容。篇幅有一定的增加。因为制图、审图的缘故，不得不删掉第二章第八节中有关现代汉语方言持续标记地理分布特点的5张地图。由于时间关系，加之能力所限，挂一漏万，修订版肯定还有很多不足之处，敬请专家学者和读者朋友们批评指正。根据此丛书的统一要求，2006年版中张振兴、汪平两位恩师当年给我写的序都不能再现，深感遗憾。

　　学无止境。研究亦如此。研究的过程是一个不断向上攀登、不断探寻未知世界的过程……有人说，好文章是写出来的，更是改出来的……我把文章当作自己的孩子，虽说丑媳妇早晚都要见公婆，但是，如果自己不满意，就不必轻易见人……感谢上天让我能在克服了种种困难之后，如今终于达成心愿、完成修订任务。感谢汪国胜先生的支持，感谢张振兴先生和邢福义先生的厚爱，感谢博士学位论文答辩委员会的先生们，感谢所有帮助过我的朋友们，天上人间，请一起来审阅我这最新的一份答卷。

　　爱我所爱，无怨无悔。

罗自群
2022年5月于中央民族大学家属院

《汉语方言语法研究丛书》书目

安陆方言语法研究
安阳方言语法研究
长阳方言语法研究
崇阳方言语法研究
大冶方言语法研究
丹江方言语法研究
高安方言语法研究
河洛方言语法研究
衡阳方言语法研究
辉县方言语法研究
吉安方言语法研究
浚县方言语法研究
罗田方言语法研究
宁波方言语法研究
武汉方言语法研究
宿松方言语法研究
汉语方言持续体比较研究
汉语方言完成体比较研究
汉语方言差比句比较研究
汉语方言物量词比较研究
汉语方言被动范畴比较研究
汉语方言处置范畴比较研究
汉语方言否定范畴比较研究
汉语方言可能范畴比较研究
汉语方言小称范畴比较研究
汉语方言疑问范畴比较研究

《汉语方言语法研究丛书》书目

石城方言语法研究
山西方言语法研究
固始方言语法研究
海盐方言语法研究
临夏方言语法研究
祁门方言语法研究
宁都方言语法研究
上高方言语法研究
襄阳方言语法研究
苏皖方言处置式比较研究